Library of
Davidson College

LIFE OF THE
BLACK PRINCE

AMS PRESS
NEW YORK

LIFE OF THE
BLACK PRINCE

BY THE HERALD OF SIR JOHN CHANDOS

EDITED FROM THE MANUSCRIPT IN WORCESTER COLLEGE
WITH LINGUISTIC AND HISTORICAL NOTES

BY

MILDRED K. POPE
DOCTEUR DE L'UNIVERSITÉ DE PARIS
RESIDENT TUTOR OF SOMERVILLE COLLEGE, OXFORD

AND

ELEANOR C. LODGE
RESIDENT TUTOR OF LADY MARGARET HALL, OXFORD

OXFORD
AT THE CLARENDON PRESS
1910

Library of Congress Cataloging in Publication Data

Chandos Herald, fl. 1350-1380.
　　Life of the Black Prince.

　　French text of the Worcester ms., and a
corrected version, in parallel columns, followed
by English translation.
　　1. Edward, Prince of Wales, called the Black
Prince, 1330-1376.　2. Hundred Years' War,
1339-1453.　I. Pope, Mildred Katherine, 1872-
ed.　II. Lodge, Eleanor C., ed.　III. Title.
DA234.C4 1974　　942.03'7'0924[B]　　74-178519
ISBN 0-404-56532-8

923.242
E25ch

Reprinted from the edition of 1910, Oxford
First AMS edition published in 1974
Manufactured in the United States of America

AMS PRESS INC.
NEW YORK, N.Y. 10003

PREFACE

WE are glad to have this opportunity of recording our gratitude to those who have lightened our labours in the preparation of this edition and made its publication a realized fact.

Our thanks are due in the first place to the Provost and Fellows of Worcester College for their courtesy in giving us access to the manuscript and permission to publish it; in the second place to the Delegates of the Clarendon Press for their acceptance of our work and for the consideration and care which they have shown in all the business of its production.

Some apology is needed for the final form in which the text and notes of this edition appear. The work was carried through in the precarious leisure of many vacations, and whilst this circumstance has been advantageous in giving us time to mature or correct our opinions on various points, it has on the other hand led to some inevitable inconsistencies. In particular, since it was necessary for the text to be printed off before the Introductions and Notes were in final form, emendations which we should have wished to embody in the text could only be inserted in the Critical Notes.

To our former teachers, M. Paul Meyer, Directeur de l'École des Chartes, and M. Bémont, Directeur adjoint à l'École des Hautes Études, we are under a special obligation for their recommendation of the work and suggestive criticism. We are also indebted for assistance

†

in various ways to Mr. C. R. L. Fletcher, Miss E. E. Wardale, Dr. Henry Bradley, Miss Myers of Lady Margaret Hall and Miss Darbishire and Miss Kempson of Somerville College.

Finally our best thanks are due to Miss Olwen Rhys for the generous help which she has given us throughout our labours, not only by placing her scholarly knowledge and critical judgement at our disposal, but by assisting in the lengthy task of transcribing the manuscript and compiling the glossary.

MILDRED K. POPE.
ELEANOR C. LODGE.

CONTENTS

	PAGE
Preface	iii
Linguistic Introduction	vii
Historical Introduction	liv
Text	1
Translation	135
Critical Notes	171
Historical Notes	179
Glossary	222
Index of Proper Names	237

LINGUISTIC INTRODUCTION

§ I. PREVIOUS EDITIONS

THE Chandos Herald's Life of the Black Prince is preserved in one manuscript only, the property of Worcester College, Oxford. It has been twice published: first in 1862 by Bodley's Librarian, H. O. Coxe, for the Roxburghe Club,[1] and, secondly, in 1883 by Francisque Michel.[2] Coxe's edition, now out of print, gives a careful reproduction of the manuscript. No correction is attempted, even where the text is unintelligible, and the accompanying translation is very faulty. Michel aimed at constructing a 'critical' text. The numerous emendations, inspired by his 'long familiarity and intimate acquaintance with the language of the period', are unfortunately based on no preliminary study of the Herald's own usage, and therefore render his edition valueless for linguistic purposes, while its historical worth is gravely diminished by the blunders of the translation and the incompleteness and inaccuracies of the notes.

In more recent times the poem has been made the subject of a doctor's dissertation by Johannes Kötteritz,[3] who gives a careful account of Michel's alterations and the orthographical peculiarities of the manuscript as reproduced by Coxe.

§ II. LANGUAGE OF THE POEM[4]

A. PHONETICS. (a) *Stressed Vowels.*

§ 1. a. (a) The Middle French confusion of *er* and *ar* is very noticeable in the orthography: *Barri* 721, *guarre* 1574, *Bartram* 1685, *varrez* 2857, *sarray* 3131, *ffarranz* 3625, *desermer* 1420, *atergier* 1591, 2200, *Nauerre* 2210. The rhyme *Edwardz : heirs* 829/30 may indicate that this graphy corresponds with the Herald's pronunciation.[5]

(b) Before the *mouillées l* and *n, a* rhymes with *e*: *mervaille : bataille* 1331/2; *faigne : Espaigne* 1639/40, *: montaigne* 3339/40.

---

[1] The Black Prince. An Historical Poem, written in French, by Chandos Herald, with a translation and notes by the Rev. Henry Octavius Coxe, M.A., Sub-Librarian of the Bodleian. Printed for the Roxburghe Club. London, 1842.

[2] Le Prince Noir, Poème du Héraut d'Armes Chandos, Texte critique suivi de notes par Francisque Michel. London and Paris, 1883.

[3] Sprachliche und textkritische Studien zur anglonormannischen Reimchronik vom schwarzen Prinzen. Greifswald, 1901.

[4] The following study is based entirely on the rhymes and metre of the poem, excluding all consideration of the titles and appended list of officers and all purely orthographical questions.

[5] But cf. below, p. ix, § 8.

LINGUISTIC INTRODUCTION

§ 2. ai. No rhymes in *ai* final or *aie* are found; before consonants, single or in group, the reduction to ɛ is regular: *plest* : *est* 891/2; *Engleterre* : *gere* 411/12, : *retrere* 1565/6, : *affere* 1579/80; *Labret* : *entreset* 623/4, : *en het* 3349/50; *feit* : *Navaret* 2475/6; *entette* : *hayette* 1221/2.[1]

§ 3. ē. *ē* (from Latin *a* free) rhymes with ɛ before *l* and *r* : *cruelle* : *querelle* 113/14; *loiel* : *castel*[2] 2265/6; *Maguelais* (MS. *Maguelers*) : *bachelers* 969/70.

§ 4. (*a*) ĕ. *ĕ* blocked also rhymes with ɛ : *hayette* : *entette* 1221/2, *s'entremet* : *Labret* 3313/14, and in *mettre* : *estre* 3133/4, if the emendation is adopted.

(*b*) Before *l* + *cons.* and λ + *cons.* it rhymes with *a* and *ia* (*ea*): *eaux* (*illos*): *reveaux* 475/6, : *Burdeaux* 1451/2; *consiaux* : *baus* 2481/2.

§ 5. e. ɛ blocked diphthongizes regularly in *yvier* (*hibernum*) : *yvier* : *chevalier* 659/60, : *herbergier* 693/4, : *messagier* 1459/60, &c. The borrowed word *matere* rhymes usually in *e* : *clere* 81/2, 633/4, &c., : *pere* 453/4, 843/4; if the *mestiere* of 1818 is rightly taken as *mestire* (*magisterium*) the doublet *matire* is also used.

§ 6. ẽ. Before *n* the distinction between *ẽ* and *ã* is consistently observed. In the apparent exception, *pacience* : *vaillance* 1879/80, the borrowed *pacience* has been assimilated to the older words in *-ance*.

Before *m*, *ẽ* is kept in two rhymes: *temps* : *parents* 1767/8, : *contens* 1835/6, but more usually it is confounded with *ã* : *tamps* : *ans* 99/100, &c., : *champs* 681/2, &c., : *grants* 1141/2, &c. An indication as to the pronunciation is perhaps afforded by the rhyme in 569/70 *Mawne* : *sanle* (MS. *Maunee*) : *semble*). *Mawne*, a graphy which occurs in the interior of line 1311, is the old Norman family name *Moion*, *Moon*, written in the fourteenth-century documents *Mooun*, *Moun*, *Moune*, and now *Mohun*.[3] In the somewhat earlier 'Siege of Carlaverock' (1300) it is still dissyllabic and rhymes with *oun* (*homo*).[4] If the rhyme here is at all exact, it indicates that before the nasal the *a* has been rounded and is pronounced as a low-back-narrow round vowel, something like modern English *au* (*vaunt, taunt*).[5]

§ 7. eau rhymes with *iau* and with the product of *e* + *l* + *cons.* : *vessealx* : *joialx* 603/4; *eaux* (*illos*) : *reveaux* 475/6, : *Burdeaux* 1451/2.

§ 8. O.F. *ei* rhymes as follows:—

with *oi*, *arroy* : *poy* 639/40; *ambedoy* 297/8; *avoie* : *joie* 757/8; *voie* : *joie* 3151/2; *roys* : *vois* 223/4, : *nois* 1747/8, &c. ; *estrois* : *crois* 2297/8; *vois* : *ffrancois* 1129/30, : *foitz* 1337/8;

with *uɛ, mois* : *entrois* (= *entrues*) 3717/18;

with *ouɛ* (*oua* ?), *hoirs* : *Edwarz* 829/30;

with ɛ, *frees* : *baneres* 345/6; *foitz* : *paix* 847/8; *Englois* : *atres* 2677/8, : *parfees* 3419/20.

---

[1] Probably also *traite* : *poeste* 2749/50. Cf. critical note.
[2] MS. *loielle* : *Castelle*.
[3] The name is still found in Normandy in the village Moyon near St. Lô. On the name and all its forms see Lyte, Dunster and its Lords 1066-1881. Exeter, 1882.

[4] Jaune o crois noire engreelie
La portoit John de Moouu.
Cele de Tateshale a oun
Por sa valour o eus tire.
(Siege of Carlaverock, ed. Nicolas, p. 18.)
[5] For *e* + *n mouillé* cf. above, § 1 b.

The rhymes with *ue, oue* attest the pronunciation *ue*.¹ In *hoirs* this ɛ, placed before *r*, may have been already lowered to *a*,² but it is perhaps more likely, at this date, that it is the *a* of *Edwarz* that has been raised to ɛ.

The rhymes in ɛ are ambiguous: they may either be somewhat imperfect rhymes, or may indicate the reduction of *ue* to ɛ. This reduction is constant in A.N. and of tolerable frequency at this date on the continent.³

§ 9. ie. (*a*) The distinction between *e* and *ie* is observed with regularity and is clearly enough marked to allow of the two sounds being used in consecutive couplets, e. g. 321/5, 977/8, 1289/92; though the rhymes in these sounds are very numerous, they are confounded on two occasions only: *bien* : *Montauben* 3933/4; *voider* : *excuser* 1067/8; and of these one contains a proper name and the other is somewhat doubtful.⁴ Older *-i-er* has become regularly *i-ier*: *crier* : *apparailler* 2235/6, : *logier* 2639/40; *espier* : *chivachier* 2455/6. *Detrier* rhymes in *i-er* and *i-ier* : *detriee* : *destourbee* 1097/8, *detrier* : *atergier* 1591/2, : *apparaillier* 1931/2.

(*b*) *iee* is consistently reduced to *-ie*: *chivachye* : *mye*⁵ 375/6; *obliee* : *die* 455/6; *gaignie* : *perie*⁶ 505/6; *a ceste fie* : *Normandie* 959/60, &c.

§ 10. ieu. ɛ+*u*, *e*+*l*+cons., *i*+*l*+cons.,⁶ ɔ+*u* rhyme together: *Dieuz* : *mieuz* 2713/14, : *fieux* 1943/4, : *gentieux* 1797/8; *Dieu* : *lieu* 275/6, : *Bartholmieu* 381/2. There is nothing to show whether the pronunciation is *ieu* or *iu*.

§ 11. o. No rhymes in *eu* occur,⁷ and, before *r*, *o* free rhymes frequently with *o* blocked: *meillour* : *jour* 331/2, : *retour* 437/8; *valour* : *jour* 351/2, &c. Before *s* only one such rhyme occurs : *religious* : *processions* 3755/6.

Before a supported nasal *o* rhymes with the blocked or free *o*: *mout* (*multum*) : *pont* 173/4, : *Clermont* 939/40, 1139/40, : *Beaumont* 199/200; *processions* : *religious* 3755/6.

Similar rhymes are not infrequent in Middle French and even earlier, cf. 'L'Escoufle', *temoute* : *monte* 4095/6; 'La Panthère d'Amour', *contes* : *toutes*⁸ 1880/1; Rustebuef, *mont* (*molt*) : *ont*.⁹

§ 12. oire. In borrowed words *ɔire* (=oriam) is reduced to *ɔre* : *encore* : *Vitoire* 2571/2, 2861/2 (*Vitoire* : *memoire* 2555/6).

§ 13. ue. Two rhymes indicate the pronunciation *ue* : *entrois* : *mois* 3717/18; *Bertues* : *fes* 2373/4; *Coers* rhymes with *soers* in 587/8, but in lines 4063/4 the very distinctive Anglo-Norman rhyme *coer* : *fuyer* is found.

§ 14. u. *u* is found combined both with *o* and *i*: *ducs* : *prus* 2213/14; *escarmusshe* : *enbusshe* 1101/2; *Artus* : *Clarus* (=*Claris*) 51/2, 4099/100.

---

¹ Cf. also the graphy *Point* for the Spanish *Puente* 2196 (the graphy is wrongly changed in the text).

² It is in this position that the modern pronunciation first shows itself—cf. *voar*, sermon of thirteenth century (quoted Nyrop, i, § 160), and the examples of fifteenth-century rhymes given by Chatelain, Recherches sur le vers français au XVᵉ siècle, pp. 35-36.

³ See Suchier, Altfr. Gr. § 30; Brunot, i, p. 406.

⁴ Line 1068 is evidently corrupt. For lines 313/14, 1223/4, in which the rhyme *rencontrer* : *mestier* has been admitted into the text, see the critical note to line 313. For *yvier* see above, p. viii, § 5.

⁵ MS. *chivache, gaignee* : *perree*.

⁶ See also below under *l*.

⁷ Unless *demoere* : *hoere* 1145/6 is one, but the vowel here is more probably *ou* (*u*).

⁸ Quoted Brunot, H. L. Fr., i, p. 334.

⁹ Quoted Godefroi, who gives several other examples.

§ 15. **ui.** The products of Latin $\bar{u}+jod$ and $\breve{o}+jod$ rhyme together: *nuyt*: *desduyt* 435/6; *anui* : *autrui* 1723/4. No rhymes of *ui* either to *u* or *i* are found.

(*b*) *Consonants.*

§ 16. **Palatals.** *cj* gives two results: *s*(*z*) in the rhymes *solas* : *pas* 1601/2, : *prelaz* 3797/8, more frequently *ch*, rhyming with the voiceless initial medio-palatal : *franche* (*franca*) : *enfance* 73/4, : *ffrance* 443/4, 771/2, 873/4, 1567/8, 3889/90. No rhymes indicate the hard pronunciation of the initial medio-palatal.

§ 17. **Dentals.** (*a*) *t* final is constantly disregarded both after vowels and consonants : *Chaundos* : *tantos* 3121/2, : *hos* 2257/8, 2719/20 ; *moz* : *tantos* 2401/2 ; *Agen*[1] : *logement* 685/6 ; *entroubleant* : *Baigerant* 2375/6 ; *d'adonc*[2] : *ont* 447/8 ; *dit* : *merci*[3] 1421/2, : *menti*(*t*) 3787/8 ; *esly* : *lundy* 2237/8.

(*b*) *s* is mute before *t* in the rhyme *mist* : *dist* (= *dicit*) 1783/4, and, if the suggested emendations are adopted, also in the rhymes *poeste* : *traite* 2749/50 ; *estre* : *mettre* 3133/4.

(*c*) *z* is regularly reduced to *s* : *ditz* : *jadys* 1, 41/2 ; *escutz* : *plus* 605/6 ; *filtz* : *pris* (p.pt.) 449/50 ; *solas* : *pas* 1601/2.

§ 18. **Labials.** The rhyme *Maune* : *sanle*[4] 569/70 indicates a pronunciation of the group *m'l* without labial glide.

§ 19. **Liquids.** (*a*) After *ē* (from Latin *a free*) and *ue*, *l* and *λ* fall : *nez* (*natus*) : *hostes* 1609/10 ; *Bertues* (= *Bretueil*+*s*) : *fes* 2373/4. After *i* both vocalization and loss occur : *Dieux* : *gentieux* 1797/8, : *fieux* 1943/4, and *gentils* : *païs* 1595/6, : *d'avys* 1851/2, : *sis* 2017/18, : *hardis* 2365/6, &c. ; *filz* : *pris* 449/50, 489/90, &c., : *petiz* 4135/6. The vocalized liquid merges in a preceding *o* : *dous* : *nous* 1427/8 ; *moult* : *tout* 3021/2, 3969/70, : *pont* 173/4, &c.

(*b*) In two or three rhymes to proper nouns *r* preceding a consonant is mute : *Pieregos* : *mos* 701/2, 767/8, 3845/6 ; *bachelers* : *Maguelais*[5] 969/70.

§ 20. **Nasals.**[6] *n mouillé* is coupled with *n* in the rhyme *reygne* : *digne* 2485/6. *Mentitionea* occurs in the form *mencoigne* (: *Gascoigne* 525/6, 1319/20).

§ 21. The final consonant of the radical is often found written before flexional *s*, but never affects the rhymes, cf. : *champs* : *arestans* 13/14, &c., *ducs* : *vertuz* 501/2, &c., *corps* : *records* 103/4, *mortz* : *corps* 1387/8, *escutz* : *plus* 605/6.

(*c*) *Unstressed Vowels.*

In the extant copy of the poem unstressed vowels are added and omitted in the haphazard fashion usual in A.N. manuscripts. If, for the moment, we disregard orthography and assume syllabic correctness of metre[7] we find that this irregularity

---

[1] MS. *Agent*.
[2] MS. *dadont*.
[3] MS. *merciet*.
[4] See above, § 6.
[5] MS. *Maguelers*.

[6] For the pronunciation of *o + n + consonant* cf. above, p. ix, § 11.
[7] The regularity of the treatment of unstressed vowels observable on this assumption goes far to prove its validity. For further evidence cf. § D. Prosody.

LANGUAGE OF THE POEM

of treatment is only apparent. Given correct octosyllabic lines, the values that must be attributed to the unstressed vowels are those that obtain in ordinary fourteenth-century continental French.

A. ə.

I. Post-tonic.

(1) *Post-consonantal.* No examples of suppression.[1] In the interior of the line, ə placed before a consonant is always syllabic (cf. *roialmë* 110, *coronë* 112, *banierës* 1036, 1288, &c.); in the rhymes masculine and feminine endings are always distinguished. In lines 3223-6 and 3269-72 *-ier* and *-iere* form consecutive couplets.

(2) *Post-vocalic.* (*a*) *Verbs.*

(α) The terminations *-oie*, *oies* are dissyllabic in 101, 153, 1666, 2063, 2137, 2207, 2939, 3577, 3701, 3702. In a number of interrogative sentences in which *-oie* is followed by the unstressed pronoun, ə has lost syllabic value—330, 632, 1034, 1097, 1706, 1953, 3556, 3935.[2] It would be easy to restore syllabic value here by omitting the pronoun, but a similar reduction under like conditions is found in contemporary poets, e. g. Froissart,[3] Gilles le Muisit.[3]

(β) *Termination -oient.* Ordinarily dissyllabic, e. g. 2, 3, 255, 257, 390, 437 &c., this termination has monosyllabic value in 240, 269, 2680, 2752, 3326, 3384, 3923, 4086. In lines 332, 882, 1117, 1615, 1914, 2797, 3602, 3812, 4007, in which reduction is metrically required, the use of the imperfect (for perfect) is very probably in the majority of cases attributable to the scribe.[4]

(γ) *Other verbal forms.* No instances of reduction[5]: *soië* 972, *soiënt* 977, 2980, *dië* 836, *diënt* 2101, *ayë* 3004, *traiënt* 3227.

(*b*) *Substantives and adjectives.* Syllabic value is retained with the single exception of *archigais* in 2765[6], but *archigaiës* 3358, *eawë* 241, 262, 2474, 3439, *espeës* 2026, 3267, *jorneë* 903, *galayës* 1781, *hardië* 3282, *maladië* 4070, *myë* 838, 1141, 1383, 1428, &c., *Normandië* 209, *vië* 3181, 4094, *lië* 3147, *joië* 1581, 2097, 3766, &c., *soië* 3124, *voië* 3731, *lieuwes*[7] 2637, 2649, 3017. In the rhymes the various pairs *e-ee*, *i-ie*, *ai-aie*, *oi-oie* are always kept apart; in 927-930, 375-379, 421-424, *e*, *eë*, and *i*, *iè* form consecutive couplets.

II. Praetonic.

(1) *In hiatus to the tonic.* (*a*) *Verbal forms.*

(α) In *Veoir* and its parts ə usually retains syllabic value—e. g. *vëoir* 165, 1259, 2601, &c., *vëir* 327, 1227, 3059; *vëoit* 318, 1390, 2299, 3387, *vëoient* 2785; *vëist* 309,

---

[1] For the discussion of two apparent exceptions cf. notes to lines 1058 and 3925.
[2] Line 2839 *Tant li dourroie dargen et dor* is the only instance of reduction of *oie* unaccompanied by the unstressed pronoun, and here the introduction of *de* is very probably imputable to a scribe. Cf. p. xxxix.
[3] Cf. Blume, who gives numerous instances of reduction before *je* (pp. 42-44), and Schmidt, who comments on the regularity of the reduction of *oie* to *oi* when *je* follows (p. 13).
[4] Cf. below, p. xlvi.
[5] For the participial endings see below, p. xxiii.
[6] *Audele*, l. 1283, is perhaps an exception.
[7] MS. *leuges*.

2605, 3246, *vëissiez* 590, 620, 985, &c. But *vëoir* 611, 2594, and always imperative *vez*[1] 913, 1244, 2102.[2]

(β) Imperfect subjunctive of *s*-formation. Ordinarily intervocal *s* is preserved: *fesist*[3] 647, 1861, 2505, *fesissiez* 544, *tramessist* 1465; the forms in which it is lost are contracted in 1931 (*fist*), 1793 (*fissent*[4]), uncontracted in 194 (*feïst*[5]), 1643 (*empreïst*[6]).

(γ) Imperfect subjunctive of *u*-formation. Contracted forms are found, but the uncontracted predominate very decidedly:—

avoir. *eüst* 450, 466, 2705, *eüssent* 2176; *eüst* (*euïst*) 162, 449, 1336, 1766, 1986, 2707, 4163, 4164, *eüssent* (*euïssent*) 188, 1255.

devoir. *deüst* 3660; *deüst* (*deuïst*) 2030, 2818, 2930, *deüssent* (*deuïssent*) 3032.

plaire, no uncontracted forms. *pleüst* (*pleuïst*) 2453, 3689.

pooir. *peüssent* 2042[7], *poïst* (*peuïst*) 1211, 1463, 1765, 1985, 2455, &c.

(δ) Participles of *u*-formation. *debere*-type.

Contracted: *aperceü* 3703, *beü* 3653, *deceü* 444, *lue* 1887.

Uncontracted: *cheüz* 3276, *coneü* 3616, *esleüs* 1684, *receüz* 3603, 3754.

Other types. Uncontracted with only one exception: *eües* 1835, but *eü* 1900; *esmeüe* 2587, *esmeü* 3158; *veü*[8] 1896, *veüz* 2575, *veüe*[8] 1888, 3447.

(*b*) *Substantival and adjectival forms*. Reduction appears with some frequency before the termination *our* (*eur*), but rarely elsewhere.

+ *a* *creänce* 3193, but *granter* 2454.

+ *e* *seëtes*, *seëller*[9] 2436, *seëlee*[9] 2952.

+ *i* *abateïs* 3336, *fereïs* 3335, *meïsmes* 1499, *meïsmement* 3663[10]; but *logis* 2702, 3492.

+ *o* *benoite* 3488.

+ *ou* *bourdeöur* 18, *courreöurs* 2585; but *joglour* 18, *menteur* 17, *courreur* 2582, 2700, 2702, 2723, 3021.[12]

+ *u* *porteüre* 1476, *asseür* 3462; but *sëure* 784.

(2) *In hiatus after the countertonic*, ə is always syllabic: *detrïerez* 934, *païement* 2024, 3692, 3748, *vraïement*[13] 3176, 4088, *joliëte* 76, 478, *joliëment* 3013.

(3) *Interconsonantal*.

(*a*) *Counterfinal*. ə usually syllabic: *chevalerie* 611, 2977, &c., *chevalerousement* 315, 1225, *bachelerie* 612, 2978, &c., *gueredon* 4127, *sierement* 2221, 3373[14], *durement* 1598, 2152, 2675, 3279, *fierement* 2791, *premierement* 931, 1167, 1870, 3664, *meismement* 3663, *soulement* 2430, 2453, *arbalastiers* 953, 2997, 3087, 3253, *samedi* 749. Exception: *darrein* 519.[15]

---

[1] Written *veiez* or *veetz*.
[2] 1908 *veiez*, pres. indic. 2nd pl.
[3] MS. *faisist* or *feisist*.
[4] MS. *firent*.   [5] MS. *fist*.
[6] MS. *emprist*.
[7] 2774 doubtful.
[8] MS. *view*, *vewe*.
[9] Or *saieler*, *saiele*; MS. *sealler*, *seallee*.

[10] For O.F. *reine* cf. p. xiii.
[11] *ronde* in ll. 50, 1652 is doubtful, cp. note to l. 50.
[12] Always *geneteurs*.
[13] MS. *verrayment*, *varrayment*.
[14] MS. ꝑementz and *seurement*. In 3634 a dissyllabic form was possibly used.
[15] In 3799 *debonairment* should perhaps have been left.

Between a *labial consonant* + *r* a glide is often developed : *atemperance* 1627, *feverier* 2044, 2295, *averil*¹ 3475.

(*b*) *Initial*. The future and conditional of *faire* are never shortened ; of *ferir* syncopated forms of the perfect are found twice : *frirent* 2531, *fri* 2739, but *ferir* 1244, 1329, 3169, *freoit* 1197, *feru* 263.

Vrai and its derivatives are ordinarily shortened², e. g. 320, 827, &c.; *verai* is required once, 886.

B. Other Vowels.

a retains syllabic value in : *esfraee* 2198, *paöur* 3003, 3439, 4054, *traïn*³ 746, 1219, 4010, *traïtour* 3512, 3541, *aÿde* 275, 2947, *aït* 3187 ; it merges in the following vowel in *gaigner* 3159, and its derivatives *gaignez* 356, *gaignons* 1340, *gaignerent* 1228, *gaignage* 1394.

i is generally syllabic : *alliance* 1916, 1842, 1872, *amïablement* 2082, 2144, 2429, *celestïal* 1272, *carïäge* 1084, 2699, *vïande* 3651, *terrïën* 1704, 2422, *crestïën* 1643, 1898, *pacïënce* 1879, *mencïön* 377, 3784, 1679, 3414, *possessïon* 1594, 1791, *conclusïon* 3783, *lïön* 1108, *glorïöus* 3422, *gracïöuses* 2916, *relïgïöus* 3756, *gracïant* 3759, *gracïöit* 3963. Exceptions : *amiablement* 3688, *terrien* 1850.⁴

o retains syllabic value regularly in *poöir* 227, 310, 708, &c.⁵, *roïne* 59, 461, 518 &c., *rcyalme* 730, 1567 1676, 1804, 3110, 3612,⁶ *oïr* 53, 647, &c., *oï* (pf.) 743, 1469, *oïrent* 4031, *oïssez* 989, and in *oï* (p. pt.) in 1902, 2798, 2914, 3649. In lines 394, 734, 888, 1370, 1385, 1386, 1400, 2467, 4085, in which a monosyllabic form of the participle seems required, the past indefinite *jay oï* used in all is probably faulty. In the identical lines 888 and 1400, *Si come iay oi en mon recort*, it has certainly been substituted by the scribe for the present *oi*, used in the precisely similar lines 508, 1930, 3852, 4004, and probably also in the very similar line 1386 *Et a ce qe iay oy retraire En la matiere*, in which the Herald also refers to a written source. In the identical lines 1384, 2626, 4085, *Mais a ce qe iay oy conter*, and in the somewhat similar lines 394, 734, 2467, in which the expression *com iay oy conter* (*dire*) is found, it is probably a mistake for the perfect used in the corresponding expressions made with *entendre*, e. g. 2047 *Mais a ce qe je entendi*. Cf. also 762, 1163, 1375, 2048.

u retains its syllabic value throughout : *escuïer*⁷ 1396, 1614, 1678, 2606, *fuïr*⁸ 3388, 4064, *fuïrent* 1345.

C. Proper Names.⁹

(1) *French*. Syllabic value of the unstressed vowel in hiatus is retained in *Jehans* 131, 151, 199, &c., *Clayëkyn* 1662, 2674, *Normandïë* 209, *Craön* 715, *Loërayne*

---

¹ Cf. also p. xvi, § 9.
² *e* is always kept in the MS.
³ In the obviously faulty l. 3553 *traïner* seems to be required.
⁴ For the termination -*iez* cf. p. xvi, § 5 (*b*).
⁵ 145 is faulty.
⁶ In l. 1565 a dissyllabic word is required ; it is possible that a contracted *rēalme* was used, but it seemed more likely, in view of the frequent instances of trisyllabic value, that originally another word stood here.
⁷ MS. always *esquier*.
⁸ MS. *fuyer*.
⁹ The frequent use of the title *comte* and *monß*, both of uncertain metrical value, makes it often impossible to determine the syllabic value of the proper names.

335, *Amenïon* 628, *Millïön* 673, *Pierëgos* 701, 711, 768; reduction occurs in : *Jehans* 2125, *Claykin* 3975, *Ken* 172, *Kersin* 711, 2341 (*Cressyn*).

(2) *English. Edouwart* is regularly trisyllabic, cf. 57, 829, 3763, 4062, 4185, and so is *Bartholmieu* or *Bertremieu*,[1] cf. 133, 381, 879, 1315; *Guillaume*, trisyllabic in 2251, 2272, 2648, 3156, 3202, 3210, is doubtful in 2462, 2737, 2756.[2] *Johans* (*Jehans*) is monosyllabic in 2275 and 2276, dissyllabic elsewhere; *Hughe*(s), dissyllabic in 2199, 2202, 2463, appears to be monosyllabic in 3232; *Raoul*, dissyllabic in 132 and 1615, is monosyllabic in 2729.

Wynchelesee is five-syllabled in 510, *Calverlee* is regularly quadrisyllabic, *Burlee*, *Pennebrok* (MS. *Pembrok*), and *Warrewik*, trisyllabic. The other surnames often fluctuate :—

Audelee, quadrisyllabic in 139, is trisyllabic in 1283 and also in 573, 881 and 1281 if the plural form of the verb be retained.

Canolles (Knolles), trisyllabic in 2129, 2463, is doubtful in 2321.

Cressewell is trisyllabic in 2270, dissyllabic in 1989.

Cobeham, trisyllabic in 571, is doubtful in 132 and 1313.

Felleton, quadrisyllabic in 1911, 2272, 2461, 2547, 2559, 2727, 2806, is doubtful in 1936, 2322, 2451, 2647, 2756, 3330.

Sarsburi is trisyllabic in 129, 150, 671, quadrisyllabic in 1206, doubtful elsewhere.

We may summarize the Herald's treatment of unstressed vowels as follows :— regular retention of *ǝ* when it is interconsonantal or final after a consonant and after a vowel (except in the verbal endings *-oie*, *-oient*) or when it stands after a countertonic vowel; reduction beginning under certain conditions when *ǝ* precedes the tonic vowel (i.e. before stressed *-our*, and in certain verbal forms) or stands between a fricative labial and *r*; retention of syllabic value by *o* and *u* in hiatus, occasional consonantalization of *i* and absorption of *a* in hiatus.

This summary corresponds in every particular with the description given by Schmidt of the metrical usage of Gilles le Muisit, and with one exception, the slurring over of *ǝ* in the termination *oient*, it would serve equally well for Froissart.[3] The deviations from continental usage in the Worcester MS. are entirely attributable to the scribes.

B. MORPHOLOGY. (*a*) *Nouns and Adjectives.*

§ 1. **Declension.** In the Worcester MS. flexional *s* is used mainly to indicate number, but the study of metre and rhyme shows clearly that with the author its case significance was by no means obsolete. The addition or omission of *s* in the nominative is, in principle, entirely in conformity with later Old French usage : some of the exceptions observable are occasioned by the exigencies of verse-making.

In the interior of the line no breaches of rule are certainly attested, and some thirty-four correct nominatives are metrically required.[4] In the rhyme words

---

[1] The scribe often writes *Bertrem*(*e*), but three syllables are always required.
[2] Cf. note to l. 2462.
[3] Cf. Bode.
[4] Nom. sg. *Princes* is required some twenty times; other correct Nom. sgs. in 12, 357, 803, 3821, 3833, 3849, 3952, 3962, 4136; Nom. pl. in 491, 1603, 1658, 2280, 3616, 4149.

irregularities are sometimes found, in particular in the complements of the verb *to be*,[1] the vocatives,[2] proper nouns, and words like *estille, nombre, romant, fait, livre*.[3] The instances of correct observance, however, outnumber the incorrect in the proportion of 4 : 1, and this proportion indicates a grammatical usage widely different from that of both A.N. and contemporary continental French writers. Except in the north-east of France, where provincial writers, like Froissart[4], retain the older case system almost intact, the later fourteenth-century Frenchman was as uncertain in his use of flexional *s* as the earlier Anglo-Norman writers.[5]

The declension rules observed by the Herald are, in the main, those of Old French, but, as with Froissart, some modifications are admitted:—

(1) Feminines ending in stressed vowels or consonants, and masculines of the *pere* type, appear indifferently in the nominative singular with or without flexional *s*.

Thus *fem. sg.* with *s* 144, 1416, 1434, 3030, 3449, 3841, 3952, 4026; without, 35, 426, 1018, 1356, 1619, 2218, 3565, 3796, 4037.

Masc. sg. with *s*, 108, 822, 3131 ; without, 340, 2164, 2667, 3917.

(2) *Baron* 193, 1792, *compaignon* 2648, *home* (as a substantive) 1692, *traïtour* 3401, are admitted as nominatives ; *soer* 587, and *fiz* 1477, 1547, 4135, as accusatives, but *fil* is used in line 3767.

The declension of the title-words *comte* and *monseignour* offers some difficulty, as the form in the MS. seems often to be at variance with the Herald's usage.

Comte (*contes*) is admitted as a nominative in rhyme in lines 337, 730, &c., and is metrically required elsewhere, but its use in lines 1173, 2183, over-long by a syllable, is perhaps attributable to the scribe, as the substitution of the older monosyllabic nominative form *quens* secures metrical correctness.

As a substantive *seignour* is regularly declined : Nom. sg. *sire* 625, 1077, 2253, *seigniour* 567, 629, 631, 1201, 2367 ; acc. sg. *seigniour* 967, *seigniõ* 1107, β^2 715, 1606, 2261 ; nom. pl. β^2 1339, 1704. As a title *sire* is found in 2559, and *mes*β[6] in 2371, 2673 (as a nominative), 2321, 2323 (as an accusative), but ordinarily it is *mon*β that is used for both nominative and accusative. The metrical value of this abbreviated form fluctuates. Ordinarily trisyllabic, a dissyllabic form is metrically required in lines 132, 563, 2535, 2647, 2757, 3310, 3401, 3975.

§ 2. **Feminine of Adjectives.** The older forms of the one-termination adjectives still predominate, but the analogical forms in *ə* are often metrically required : *tel* (f.) 185, 187, 1476, 1726, 3774, *tele* 1055, 1455; *quel* (f.) 2431, *quele* 115, *cruelle* 114[7] ; *grand* (f.) 230, 311, 458, 459, &c., *grande* 426, 810, 1122, &c. ; *loialment* 4125, *loialement* 3374 ; *fortment* 206, 1886 ; *vaillantment* 431, 441, 503, &c. ; *grief* 784.

§ 3. **Numeral Adjectives.** The nominative plural *doi* rhymes with *roi* in 297/8, 1575/6.

---

[1] 546, 976, 1788, 1824, 2306, 2326, 3351, 3389, 3412, 3979, 3998.
[2] e. g. 1270, 3496.
[3] *estille* 737, 868 ; *nombre* 993 ; *romant* 1112 ; *fait* 1256 ; *livre* 1524.
[4] Cf. Mann, pp. 39–42.

[5] Cf. Brunot. i, p. 411 : 'Partout des vestiges de déclinaison, nulle part une déclinaison véritable, nulle part un usage régulier.'
[6] In 2221 the abbreviation β stands for the initial syllable of *sacramentum*.
[7] Rhyming with *querelle*.

(b) *Verbs.*[1]

§ 4. **Infinitive Present.** With one exception,[2] *fuyer* : *coer* in line 4063/4, the terminations of the infinitive of the 2nd and 3rd conjugations are kept apart from that of the 1st conjugation. *Avoir, pooir, voloir* rhyme with *voir* (verum) 111/12, 189/90, 1293/4, &c.; *videre* rhymes in *-oir* (: *voir* 1259/60, 1457/8, &c.) and *-ir* (: *envahir* 327/8, : *alentir* 3060); *recipĕre* in *-oir* (: *voir* 7/8); *conquaerere* in *-erre* (*conquerre* : *guerre* 539/40) and *-ir* (*conquerir* : *ouvrir* 1701/2).

§ 5. **Terminations.** (*a*) The only termination for the 1st plural attested in rhyme is *-ons*: *avrons* : *feignons* 983/4, *aions* : *barons* 1179/80. *Sons* is metrically required in 3163.[3]

(*b*) For the 2nd plural of the subjunctive present *-ez* is the only attested form: *escoutez* : *purrez* 53/4; *alez* : *entendez* (imperative) 793/4; *combatez* : *trovez* (ind. pres.) 955/6; *amesnez* : *prenez* (ind. pres.) 1011/12; *mettez* : *osez* (p.pt.) 975/6; *servez* : *avez* 4137/8. In the imperfect indicative and conditional *-iez* is monosyllabic in 543 *trouviez* and 2918 *vourriez*.[4]

§ 6. **Present Indicative**, 1st sing. In the 1st conjugation forms without *-e* are found or are metrically required, but those in *-e* preponderate: *affy* : *entendy* 1375/6; *merci* : *servi* 3807/8; *pri* : *my* 4117/18; *suppli* 3182; but *adresse* : *joefnesse* 79/80; *conte* : *aconte* 95/6, 2651/2; *affie* : *chivachie* 709/10, : *compagnie* 1079/80, : *Brie* 1527/8; *esmaye* : *vraye* 851/2; *ottroie* : *vorroie* 3537/8; *presente* : *attente*[5] 3137/8; *conseille* 3522; *ose* 1608.

In the 3rd and 4th conjugations the etymological form is the only one attested in rhyme : *doy* : *moy* 469/70; *croy* : *ffoy* 671/2; *say* : *verray* 885/6; *di*[6] : *nasquy* 1549/50.

§ 7. **Present Subjunctive**, 3rd sing. The 3rd sing. of *garder* appears twice in the older form *gard* : *Rocheward*, 2333/4, : *dart*[7] 2775/6, and *laist* is used 3144, otherwise *e* is always added : *garde* : *garde* 293/4, 2361/2; *avoye* : *soye* 319/20, : *joie* 661/2; *aiuwe* : *viewe* 4153/4; *pense, ottroie* are metrically attested in lines 1277, 4182. The termination *-ge* is found once in rhyme, *remorge* : *George* 2287/8.

§ 8. **Imperfect Indicative.** The terminations are the same for all conjugations, e.g. *regretoit* : *avoit* 359/60, *vantoient*[8] : *estoient* 481/2,[9] &c.

§ 9. **Future and Conditional.** In the 1st conjugation some contracted forms are found or are metrically required : *dourroie* 2839, *merrez*[10] 1002, *merra*[11] 1091. In the 3rd conjugation lengthened forms are found in verbs whose radical ends in a dental or *v* : *descenderoit* 2864, *perderoient* 1132, *attenderoit*[12] 3120, *prenderoye* 3966, *combateretz* 2847, *averai* 2986, *avera* 4167.

---

[1] So few pronominal forms are metrically attested that the whole subject has been relegated to the section dealing with Orthography.

[2] In lines 1647/8 where *oier* rhymes with *escoltier* simple transposition brings a correct rhyme, one, moreover, already used by the Herald (53/4).

[3] The *estoiasmes* of l. 1177 is probably a corruption of the Northern *estiemes*.

[4] MS. *vouldroiez*. In 2928, 2940 the syllabic value of the termination is doubtful owing to the uncertainty as to the syllabic value of the radical.

[5] MS. *present* : *attent*.

[6] MS. *die*.

[7] MS. *garde* : *darte*.

[8] MS. *avantoient*.

[9] For the termination of the 1st and 3rd person cf. above, p. xi.

[10] MS. *amesnerez*.

[11] MS. *mesnera*.

[12] MS. *attendroit*.

§ 10. **Perfect.** (*a*) *Weak in i.* 1st and 3rd persons rhyme in -*i*. 1st, *entendi* : *choisi* 761/2 ; 3rd, *nasquy* : *dy* 63/4, *rendy* : *mercy* 403/4. *Valoir* forms a weak *i* perfect, *valli* : *mercy* 2757/8, : *failly* 2899/900.

(*b*) *Strong s perfect.* The 3rd plural is found in rhyme [1] under two forms : the more usual is -*irent*, e. g. *firent* : *combatirent* 601/2 ; *mirent* : *virent* 2783/4, : *partirent* 2834/5 ; *prirent* : *frirent* 2531/2, : *partirent* 3813/14 ; once -*issent* : *fissent* : *deuissent* 3031/2.

(*c*) *Strong u perfect.* The only forms attested in rhyme [2] are *ot* rhyming with *Talebot* 137/8 and *mot* 2491/2, and *fu* rhyming with *kenu* 877/8 and *vertu* 2329/30.

§ 11. **Imperfect Subjunctive.** The only persons of the *u*-formation attested in rhyme have stressed -*i* : *poist* : *tramessist* 1465/6, *deuissent*[3] : *fissent* 3031/2.

C. Syntax.

(*a*) *Nouns and Adjectives.*

Case. As in Old French, the accusative serves for the dative of possession and participation : *l'amour Dieu* 773, *la grace Dieu* 850, &c., and *Ses somiers et son cariage ffirent les courreurs grant damage* 2699, *Et la congie dona sa gent* 3747.[4]

Ungrammatical, but not infrequently observed in other writers, is the use of the nominative with *se tenir pour* in 3790 (*Et bien se tenoit pour contens*), and of *chier* uninflected in 3926 (*Et moult fesoient yaux chier*).[5]

(*b*) *Verbs.*[6]

Person. Hesitation between the singular and plural of the 2nd person is still found, cf. 1265–1268.

The use of the 3rd person in line 2912 *Henry* . . . *qui s'appelle* . . ., i. e. in an adjectival clause referring to a vocative, is probably a concession to metre, as such constructions seem only to appear in verse [7] ; that in line 2408, where *sont* refers to a compound subject containing a pronoun of the 2nd person (*Vous et voz gens sont venu*), is possibly due to the same cause, but similar instances occur in prose writers.[8]

Number. In accordance with older French usage *gent* and *puissance* are followed by the verb in the plural in ll. 160*, 187*, 3683 ; *os* on the other hand

---

[1] For the graphies -*isent*, -*issent*, -*istrent*, cf. below, p. xlix.

[2] For graphies cf. below, p. l.

[3] MS. *deussent*.

[4] The scribe has inserted *a*.

[5] e. g. in Jehan de la Mote's 'Li Regret Guillaume'. Cf. Scheler's note to 886 ' On s'attend à *ciere*, mais notez que *cier* est adverbe '.

[6] The syntax of the Pronoun is taken in the section dealing with Orthography, as the indications afforded by rhyme and metre are too fragmentary to allow of adequate treatment here. The syntactical remarks given below are based on the study of the prosody, but in the sections dealing with the Number and Mood of the Verb and with Prepositions examples are included to which the metrical test does not apply. An asterisk is affixed to the examples not quoted *in extenso* that are metrically attested.

[7] Cf. Fierabras, 1169 *Glorieus sire peres qui en crois fu penes*—(quoted Krafft, but perhaps *fu = fus?*); Deschamps, *O peuple ingrat . . . qui veult . . .* and *Tuit sont en ta balance, Mors, qui . . . veult.* (Quoted Bode, p. 56.)

[8] Cf. the examples quoted by Krafft : Villehardouin, 608 *Que vos et li vostre ont mande* ; Joinville, *Pour ce que vous et vostre frere puissent penre* ; Monstrelet, 250 *Toy et autres seront punis.*

is regularly followed by a singular verb (761*¹, 2393*, 2509*, &c.), as are *bataille, avant garde, ariere garde, barnages,* and also *compaigne* in 1738 and 3586*.

In the case of compound subjects the usage is also that of ordinary Old French,² i. e. if the subject precedes, a plural verb is usual, unless the nouns coupled are synonyms; if the subject follows, both numbers are found, but the singular is the more frequent, e. g. :—

Subject preceding plural verb: 660*, 1021*, &c.
    „   „   singular verb: 76* (*joliete* and *noblece*), 2941* (*raisons et droiz*), 3422* (*Le glorious dieux* and *seinz Pieres*).
Subject following singular verb: 35*, 663*, 1518*, 1707*, &c.
    „   „   plural verb: 1317*, 1710*, 2802*, 4090*.

In line 2720, metrically incorrect, tense and number are probably both to be ascribed to the copyist.³

Plus de followed by a numeral takes a singular verb in 3434 *Plus de deux mille en y noia*. A like construction is found in other texts but rarely. Cf. *Plus de xv mile n'an soit saus entrez*, Gui de Bourgogne 633, and *Plus de set mile en gist morz e naffrez*, Ger. de Rouss. p. 384.⁴

Tense. (1) *Past Tenses*. The poem is a historical narrative, couched in epic style, and consequently the past definite is the predominant tense. Whether narrating or describing, the Herald hurries on from fact to fact, much as did earlier the Roland poet and all succeeding epic writers down to and including the author of 'Baudouin de Sebourg'.⁵ It is only here and there that he stops to describe at length and betakes himself to the imperfect. Cf. 1606–1638.

Apart from this characteristic epic usage—stylistic rather than grammatical—the distinction between the past definite and the imperfect is observed as in modern French. Cf. 367/8 *Et trova le roy de Beaume Qui gisoit morz sur le champaigne*, 2538/41 *Lors se revindrent sans detri A Navaret ou se logeoient Et par les prisoniers qu'avoient Sorent del host la verite*, and 2696/9. The few deviations, such as that in 924 *Car tout plorant s'en departoit* and perhaps the use of *venoient* in 3757, 3764, 3959, are imputable to metrical exigencies.

The use of the past indefinite is that of Old French verse, which seems to have found this composite form of great metrical convenience.⁶ It often stands for a past definite, e. g. 600, 739, 1445/6, 2233, 2584, &c., and is sometimes even coupled with this tense. Cf. 1121/2 *Adonc comencea le huee Et moult grande noise est levee*, and 1157/8.

In entire conformity also with the Old French usage⁷ is the use of the past anterior as equivalent to a perfect. Cf. 598/9 *Tant chivacha soir & matyn Qu'a Plummuthe fu arrivez* (but a few lines lower down *Tant siglerent par my le mer Qu'il*

---

¹ But cf. 763 ... *l'une hos l'autre choisi et ... l'un devant l'autre se logierent.*
² Cf. Krafft, p. 69 et seqq.
³ Cf. below, p. xlvi.
⁴ Quoted Krafft, p. 50. In the somewhat similar construction in lines 3415/16 the plural verb of the text should perhaps be replaced by a singular.
⁵ Cf. Vising, p. 17 et seq., and Meyer-Lübke, iii, § 113.
⁶ Cf. Vising, p. 74.
⁷ Cf. Vising, pp. 78 and 79.

arriverent a Bourdiaux), 1388/9 *Dieux eit les ames! car li corps ffeurent demore sur les camps*, and 2219, 2515, 4073.

The fuller significance of the auxiliary verbs *avoir* and *estre* here noticeable is observable also in two other constructions exemplified in the poem[1]:—

(*a*) The use of *avoir* to make a completed present: 1075/6 *Je vous pri en ceste journee Avez l'avant garde menee*, 1047/8 *Et lour pria Qu'il pansassent de bien ferir Et qu'il ne s'esparnassent mie D'avoir la bataille partie*. (Cf. Baudouin de Sebourg, xxiv, 263. *Je vos pri que chascuns ait le jovente armee*.)

(*b*) The use of the compound infinitive with verbs of mood: 3675 6 *Et le jorz estoit ja passez Qu'il devoit estre retornez*. 3445/8 *Tant fut granz la desconfiture Que je croy qu'onques creature Ne pooit onc avoir veue Le pareille* . . . 3660/1 *Mais s'on les deust avoir pendu* . . . (Cf. Aye, p. 28, *Au pas li glouton durent estre passe*.)

(2) *Future*. Examples of two Old French usages may be noted:—

(*a*) The use of the future to denote habitual action[2] in 3829/30 *Car l'ennemi qui touz jours veille Plus tost grevera un preudhomme Que un mauveis*.

(*b*) The use of the future of *vouloir* as a present: 980/1 *Ensi les vorray je arraier Dist lui Dauffyns, piere, p foy*, 2254/6 *Et maint bon chevalier hardi, Qui maintenant ne voeil nomer, Car aillours en vorray parler*, and by emendation in 43/5 *Ore est bien temps de comencier Ma matere et moy adrecier Au pourpos ou vorai* (MS. *voloi*) *venir*.

Mood. The Herald's use of Mood is that of his continental contemporaries.

(1) *Noun Clauses*. The subjunctive is found with verbs of wish and command (e. g. 883, 977, 1465*, 2235, &c.), of fearing (3003*), of intention (544*, 839, &c.), and with impersonal verbs expressing moral judgement (456*, 1639*, 2287*). *Cuidier*, used positively, is followed by a subjunctive in 1255 and 1764*. Verbs of emotion are still constructed with the indicative, cf. 784, 4056; in 249/50 the form of indirect question with the conditional is used with *soi merveillier*.

A few clauses call for explanation:—

(*a*) In 1176/8 *Puis qu'il plest a Seint George ensy Que nous estiemes li derier Et nous serons tout li premier*; 1899 *Et ore a droiz et Dieux consentu Que nous avons eu vertu*; 2356/7 *Et Dieux . . . consenti qu'il feurent passe* the indicative is used, as not infrequently in Old French,[3] to emphasize the reality of the fact expressed in the subordinate clause. The subjunctive is found when the expression of wish is stronger, e. g. in 2633/4 *Mais ne pleust pas au filz Marie Que cely jour venissent mye* . . ., 2453/5 *Que il li pleüst . . . Li granter . . . Qu'il peuist aler* . . .

(*b*) In 835-7 *Mais nient contrestant pas ne voeil Qu'on die que par mon orgoeil Moerge* . . . the subjunctive (*moerge*) is probably due to the negative implied in the governing clause.

(*c*) The use of the conditional in 4143/4 *Et lour supplia . . . Que chascuns les aidier vorroit* is probably to be ascribed to A.N. influence. The construction is

---

[1] Cf. Brunot, i, p. 243; Meyer-Lübke, iii, §§ 300, 303; and Engwer, from whom the parallel examples are taken (pp. 16 and 33).
[2] Cf. Martius, pp. 10-13.
[3] Cf. Bischoff, pp. 28-30; Ritchie, p. 15.

found not infrequently in Gower (cf. Miroir 1060/1 *une file que vorroit qu'au sainte l'en la quideroit*) and had its starting point in all probability in the Middle English use of the periphrasis with *shulde* in noun clauses depending on verbs of wish and command.¹

(2) *Adverbial Clauses.* (*a*) Hypothetical Clauses of Rejected Condition.

(α) The usual construction is that of Modern French. Imperfect indicative in the Protasis; Conditional present in the Apodosis. Cf. 543*, 727*, 1722*, &c.²

(β) The subjunctive is still frequently used; sometimes, as in older French, in the imperfect. The types are :—

    a. Imperfect subjunctive and imperfect subjunctive 2029*,³ 2774*.⁴
    b. Imperfect subjunctive and pluperfect subjunctive 2816*.
    c. Pluperfect subjunctive and pluperfect subjunctive 449*, 2175*, 2705*.
    d. Imperfect subjunctive and imperfect indicative 3660 *Mais si home les deust avoir pendu Lour faloit il faire p force* (cf. Froissart⁵ *Se il se fuissent embattu ils estoient perdu d'avantaige*, II, 67, &c.).

(*b*) In the other forms of adverbial clauses we note the following points:—

(α) In temporal clauses introduced by *avant que* and *devant que*, both subjunctive and indicative are found, the former in 1211, 1865, the latter in 3320.⁶

(β) As not infrequently in Old French⁷, particularly in the north-east and in Anglo-Norman, a subjunctive is used in comparative clauses in 911* and 3361*.

(γ) In the clauses depending on *tant* the subjunctive is used in 817, 1151, 1179; the indicative in 804 (*Tant ferey que bien serez saus*) and in 69, 216, 241, &c., when the result is looked upon as certain.

(δ) In the consecutive clauses, determining a negative principal clause, the subjunctive is found as usual in 1335 *Tant q'il n'i avoit si hardy Qu'il n'eust le coer esbahy*, and 3264 *La ne fut . . . Nul coer en monde si hardis Qe ne puist estre esbahis*, and the use of the indicative in the similar construction of 308 *Unqes ne fuist corps si hardis qe nen poeit estre esbahis* is probably attributable to the scribe.

(3) *Adjectival Clauses.*⁸ In 2980* the subjunctive is used in the clause determining a superlative, but, as usual in Old French, an indicative is found in that determining *le darrein*, l. 520, and in the clauses denoting extent of capacity : *Le plus tost que il pourra* 1095, *Au mulz qil pooit* 3914, and *Des meillours Qe home poet trouver* 2993. In the two generalizing relative clauses—*Sachez qe moy et ma compaigne y entreroms p lequel lieu Qe nous y plerra a entrer* 2946/9 ; *Chescun de eux sa partie tenoit A quel part qe meultz li plesoit* 3905/6,—the indicative is also used.⁹ The construction in

---

¹ E. g. *A voice me bede I ne shulde nought feinte.* (Adam Davy's Dream), cf. below, p. xxx.
² This construction is so usual that it is probable that the *poit* of l. 818 *Si home vous poit mettre a acort Dieux et la seinte Trinitee Vous en purroit sauoir bon gree* would have been better taken as *pooit* contracted and not *poist*.
³ MS. *fuy* for *fust* in the Apodosis.
⁴ By emendation also in ll. 1066-8.

⁵ Quoted Stimming, Zts. für rom. Phil. v, p. 338.
⁶ The MS. gives *purroient*, which stands probably for a 3rd sg. past definite, cf. below.
⁷ Cf. Horning, Zts. f. rom. Phil., v, p. 391.
⁸ For clauses depending on negative principal sentences cf. below, p. xlvii.
⁹ Cf. Bischoff (p. 93), who quotes . . . *Quel heure qu'a Dieu plaira* from Chrestien de Troies, and Burgatzky, pp. 30-31.

ll. 3608–12, *Per tout Espaigne a on mande Si qil niad Cite ne ville Et a Tollette ⁊ Seuille, A Cordevalle ⁊ a Lion Per tout le Roialme enuiron Qe chescun venist*, in which the relative clause has to be supplied, is also not infrequent in contemporary authors, cf. Froissart, *Et estoient, n'i avoit baron ni chevalier, tout esbahi dou meschief*, iv. 416; Jean de Condé, *Si plourerent, n'i ot celui*.[1]

(4) *Infinitive.* The older construction of simple infinitive depending on a finite verb is rare. It stands with *consentir* in line 1803, and *plaire*[2] (impersonal) in line 2454. With other verbs a preposition is always used : *a* with *soi adrecier* 80/81*, *aidier* 1420*, *comander* 1109*, *defendre* 157*, *se mettre* 2824*, *se plaire* 775, 1877, 2949*, 3689*, *se prendre, prendre garde* 2240*, *supplier* 2489*, *tarder* 1666* ; *de* with *accorder* 1054*, *attiser* 3180*, *s'avanter* 482*, *s'esmayer* 852*, *s'espargner* 1049, *esprouver* 1181*, *soi pener* 270/1*, *penser* 1244* ; with *comencier a* is usual, cf. 89, 301, &c., but *de* is found in 1180. Before an infinitive depending on locutions like *mettre m'entente, m'estudie, a* and *en*[3] are used, e.g. *a* 47, *en* in 70; after locutions consisting of the verb *estre* and a noun or adjective *de* and *a* are both found : *de* with *estre tamps*[4] in ll. 43, 1649, and *estre pres*, 1052, 2610 ; *a* with *merveille fu* 327, 1123, 1227, &c., *granz deduis fu* 1182, *merveilleus* 3292.

With both the simple and with the prepositional infinitive, whether they serve as complement of a finite verb or as an adverbial extension, the subject is not infrequently expressed :

1803/4 *Si ne purroit il consentir Un Bastard Roialme tenir*;
2502/3 *Lors comanda a apparaillier Loost pur partir...*;
3342/3 *La ot home comandee a yestre La reregarde sur le les...* ;
3176/8 *Si verrayment come vous sauez Qe ie ne sui pas cy venuz ffors pur droit estre sustenuz.*[5]

This construction is by no means rare in Old and Middle French. Cf. Tobler, Vermischte Beiträge, i. 13 ; Stimming, Zts. für rom. Phil. x. 535.

Auxiliary Verbs. The verbs *comencier à, prendre à, vouloir, faire* occur with great frequency and at times with such weakened significance as to form with the infinitive they accompany a mere periphrasis for a finite verb.

This weakened use of *comencier à* and *prendre à* is observable in the following :— *Donc comença a apeler Le bon Mareschal...* 938, *Et chescuns prist a chevauchier*

---

[1] Quoted Ebering, Zts. f. rom. Phil. v, p. 372, and cf. Tobler, V. B., i, No. 19.
[2] The scribe has inserted *de*, a construction familiar to him, to judge from the headlines.
[3] In 41 *de* is used, perhaps introduced from the line following.
[4] The scribe has omitted *de*.
[5] Stimming (Boeve de Haumtone, note to line 2548) gives lines 3176/8 as analogous to the A.N. construction *faire ... estre fermé* &c. It is, however, unconnected with the use of *faire*, and the use of the passive—probably here due to metrical exigencies—is found elsewhere. Cf. Troie, 3686 *Si enveions en lor contree Por la terre estre confondue*; Mir. N. D., xxxix. 1066 *Et y fu du pere envoiez Pour nous estre a dieu ravoiez*, xxxix. 73 *Quanque direz nous consentons a estre fait* (all quoted by Tobler) ; *l'or estre moi deshirete ne lairoie* (Trist.), quoted by Stimming ; and the following from Monstrelet, quoted by Busse (Das finale Satzverhältniss in der Entwicklung der französischen Sprache), *Pour laquelle reparacion estre faite madame et ses enfants prendroient conclusion criminelle*, i. 341.

111, *Lors se prisent a chevauchier Parmy Navarre, jour et nuyt* 2470/1, and in 920, 3321, 3365, 3598, 3870.¹

The periphrasis with *vouloir* takes the place of a subjunctive in polite requests and commands, e. g. in 404/5 *Priant au Roy . . . Qu'a mercy il les vousist prendre*, 1869-1881 *priant au Prince . . . Car il lui plese a socourir Droiture et li . . . Et qu'il vousist . . . Envoier nefs*, and similarly in 2429, 3187, 3689, 4118, 4144, and in 2235 *Et l'endemain fist ou crier Que chescuns voeille apparailler*; it functions as a future in 106 *matere a qui je voeil tendre*, and 260, as a conditional in 19 *Qui vourroit faire une grimache Ou contreferoit le lymache*, as a present in 1290 *Si que pour Dieu vous voeil prier*, and 3153/4 *Et ne se voeillent plus attendre; Au combatre voeillent entendre*, and cf. 105, 1879, as a past definite in 3115 *Et le Princes voet . . . Jus de la montagne descendre*, and 1591, and as an imperfect in 1247 *Car vers lui se voilloit traire*.

Faire is used almost constantly with the verbs *apparaillier* and *amasser*, cf. 226/7, 733, 1931, 1967, 2012, 2892, *assambler* 228, 486, 547, 729, 864, &c., often with *mander* 579, 3965, 3873, and *crier* 2235, 2640, and also in 603 *Il fist carkier touz ses vessealx*, 647... *Qu'il ne faisist tout exiler*, 1939 *Entrues qu'il fissent trousser*, 2436 *Lors fist ses letres saieler*, 3370 *Par trois foitz les fist realer*, 3899 *Et lors fist touz les compaignons Mettre en touz les garisons*. In all cases a causative signification is discernible.

These usages are not entirely foreign to the continental French,² but they are, as a rule, employed but sparingly. It is only in the countries in which Teutonic influence is strong that instances occur in anything like as high a proportion. In England, under the influence of *do, give, will*, this modal use showed itself early, and Burghardt, the latest writer on the subject, attributes the similar development in Northern France, on the Belgian border, to the Belgian influence.³ The usage is particularly frequent in 'Baudouin de Sebourg'⁴ and the 'Geste de Liege' of Jean des Preis.⁵ Cf. 'Baudouin de Sebourg': *Tout droit envers Tournai comenchent a aler* vi. 774; *Quant li Rouges-Lions le prist a ecouter* i. 500; *Font leur gens ordener* vii. 194; *Pour Dieu vous voeil prier* viii. 729.⁶ Jean des Preis: *l'archeveché voloit vaquer, l'eawe de somme qui bien vuit circueir la citeit*.

Between the fourteenth-century usages in the two countries there seem to have been some slight differences:—

(1) The later A.N. almost discarded *prendre à* in favour of *comencer*,⁷ but the Northern Continental French showed no such predilection.

---

¹ These verbs are used in their ordinary signification in 1124, 1159, 3050.
² Cf. Haase, p. 100; Meyer-Lübke, Gr. iii, § 326; Stimming, Boeve de Haumtone, Notes to 148, 152, 230, 1298; Ernst Burghardt, Ueber den Einfluss des Englischen auf das Anglo-Normannische, in 'Studien zur englischen Philologie,' xxiv, pp. 23, 33, 51, 65, 69, 74.
³ Cf. Burghardt, op. cit.
⁴ Op. cit. p. 76, Note: 'Alle diese syntaktischen Erscheinungen finden sich in dem in der Nähe von Valenciennes entstandenen, also germanischem Gebiet eng benachbarten, Baudouin de Sebourg, z. B. *comencer* mit dem Inf. im Sinne des verb. finitum.'... *prendre, voloir* ditto.
⁵ 'Dans la Geste *voloir* est constamment employé pour donner au verbe la forme périphrastique, c'est entre les mains d'un rimeur un excellent moyen pour aider la prosodie.' Scheler's Glossaire.
⁶ Quoted Burghardt, pp. 76, 77.
⁷ Burghardt, p. 33.

(2) A.N. tended to construct *comencer* more and more frequently with a simple infinitive,[1] while Northern French retained the use of the preposition.

(3) The use of *faire* as a simple tense auxiliary is carried much further in A.N. than in Northern French, in which ordinarily a slight causative meaning remains.

In all these respects the Herald's usage is the continental.

Agreement of Participles.[2] (1) Participle conjugated with *avoir*. The Herald's ordinary usage is :—

(*a*) *Object follows*—non-agreement—932, 1275, 1839, 1900, 3062, 3151, 3152, 3289, 3668.

(*b*) *Object precedes*—agreement :—

(α) Auxiliary + Object + Participle—641, 929, 1050, 1076, 1137, 1477, 1709, 1744, 2845, 3476, 4055.

(β) Object + Auxiliary + Participle—1891, 3175, 4170.

The exceptions are as follows :—

(*a*) Agreement with the object placed after the participle, 1009, 3185, 3447, 3730.

(*b*) Non-agreement with an object placed before the participle :—

(α) *Auxiliary + Object + Participle*—one doubtful instance only in line 3062, *Avoit ordene sa bataille et duit,* in which *duit* is a somewhat uncertain emendation.

(β) *Object + Auxiliary + Participle.* In this position the participle is not infrequently invariable. The examples are :—*Et la matere lour a moustre* 1848, *Qui l'avoit assene* (f.) 2053, *Que li Princes li a mande* (f.) 2964, *Je l'ay passe* (f.) *legierement* 1410 and 4096, *Cils Cardinals nous a traï* 922, *de la grace qu'il lour a fait* 3489, *S'on les deust avoir pendu* 3660.

(*c*) In line 3715 *Tant jour et nuit ont chevauchië* the participle is made to agree with a preceding accusative of time.

(2) Participle conjugated with *estre*. The ordinary rule of agreement with the subject is violated in 481 *A l'Escluse assemblez estoient Nefs d'Espaigne* . . .

The Herald's usage is that of his continental contemporaries except that the proportion of uninflected participles following the direct object is perhaps somewhat higher. Similar instances occur in Froissart[3], Deschamps[4], and more frequently in Christine de Pisan[5], but it is only in a writer like Jehan de la Mote[6] that they are relatively as numerous, and with him, as also with the Herald, pronunciation must probably be taken into account.

The slurring of ǝ final first showed itself in the termination *-ee*, and already in 'Baudouin de Sebourg' *jornee* and *vespree* figure in *é*-assonances.[7] In the Herald's poem, as we have seen, the substantival termination *-ée* is still intact, but the relatively high proportion of uninflected participles of verbs of the first conjugation, i.e. ending in *-ee* and *-ees*, indicates probably the beginning of this reduction.

---

[1] Burghardt, pp. 28–29, e.g. *Langtoft, assayllir comencayt, arder comencaynt.*

[2] All examples given here are metrically attested.

[3] Cf. *passes* for *passees* in II, 100, 3677.

[4] Cf. Bode, p. 76, who quotes four instances from vol. iii.

[5] Cf. Müller, p. 59, e. g. *ma matiere que trop ai delaissé*; *la relacion que trouve ay* &c.

[6] Cf. Scheler, note to 529–30, 'L'auteur est très négligent quant à l'accord du pt. passé avec le régime direct.'

[7] Cf. Breuer, p. 14.

(c) *Indeclinable Words.*

(1) *Conjunctions.* (a) Direct construction takes the place of indirect in 1075/6 *Je vous pri en ceste journee Aiez l'avant garde menee.*

(b) In two instances juxtaposition is used instead of subordination: *Gardez si vous Englois trovez Ouesqe eux vous vous combatez* 955/6, and 785/6 *Et se ne poet on destourner Mourir ne faille a l'assambler.*

With both these verbs juxtaposition was particularly frequent in Old French.[1]

(c) In 1035/6, 1877, *que* is replaced by *car*, as frequently in Middle French.[2]

(d) To indicate a slight pause *si* is sometimes inserted between the subject and the predicate, e.g. 114/15 *Il maintint guerre moult cruelle Laquele si dura longe temps,* 509/10 *Et sachez qe cest journee Si fuist devant Wynchelesee,* 1028/9 *Cils deux si estoient sanz ffiltz...*, and 1786/7, 2941. A similar usage is found in Froissart (cf. *L'autre raison si estoit...; Jupiter si est son droit pere*[3]) and other late Old French or Middle French writers.[4]

(2) *Prepositions.* Two or three older French usages may be noted:

(a) The construction in which the subject is conceived as the source of the action and not the doer[5] found two or three times: *Et s'est de ce voir* 8, *Car c'est almoigne et charitee De bien dire* 35/6, *De ce est bien chose certaine* 3782, and in a shortened comparative sentence in 1476/7 *Qui luye avoit tel* (MS. *cel*) *porture Envoie come de son filtz.*[6]

(b) The illogical use of *forsque*[7], excluding what could never have been included, in 1860/1 *Qe y n'est home vivant fforsqe dieu qi li feisit tort.*

(c) The use of *a* with *allier* in 2193*, and *traitier* in 3837.

D. PROSODY.

(a) *Syllabic correctness.*

A cursory perusal of the extant MS. would certainly lead one to form a poor opinion of the Herald's metrical skill. On almost every page, 6-, 7-, 9-, 10-syllabled and even longer lines come near outnumbering the octosyllabic, and reduction to syllabic correctness would seem to involve re-writing the whole poem.

Appearances here, however, are entirely misleading. We have already seen that in a large number of lines the adoption of continental pronunciation and grammar brings with it rectification of the metre; and examination of the remainder supplies further and conclusive evidence of the metrical correctness of the poem in its original form. The faulty lines, whether too long or too short, are, in nearly all cases, of the type that are readily corrected by the application of the methods that ordinarily obtain in the editing of texts from A.N. manuscripts, viz.: a change of order,

---

[1] Cf. Ritchie, p. 141.
[2] Meyer-Lübke, Gr. iii, § 585—this construction is particularly frequent in 'Baudouin de Sebourc'.
[3] Quoted by Ebering, Zts. f. rom. Phil. v. 345.
[4] Cf. Tobler, Vrai Aniel, p. 25.
[5] Cf. Tobler, V. B. i, No. 2.
[6] Cf. Tobler, V. B. i, p. 15.
[7] Cf. Tobler, V. B. iii, No. 13.

LANGUAGE OF THE POEM

the adoption of one or other of the concurrent forms of a word, or the omission or addition of some entirely unimportant particle. The lines that cannot readily be reduced to regular octosyllabic form by the adoption of some such simple methods form such an insignificant proportion of the poem that they cannot fairly be taken as evidence of defective skill on the part of the poet.

The discussion of these more refractory lines will be found in the critical notes.[1] The classified list of the others is as follows:—

(1) Change of order. 578, 962, 1211, 1352, 1468, 2542, 2581, 3436/7, 4178.

(2) Adoption of one or other (usually the shorter) of the concurrent forms of *ovesqes, illoeqes, adonqes, adont, onqes, encoer, ore, lors, come*—e. g. *avoec* for *ovesque* 118, 943, 1003, &c., *illoec* for *illoeqes* 453, 600, 693, 883, &c., *adonc* for *adonqes* 656, 724, 890, 984, &c., *donc* for *donqes* 938, 1245, for *adonqes* 999, 1850, *onc* for *onqes* 3446, 4186, *encore* for *encoer* 1014, 2083, 2189, 2844, &c., *or* for *ore* 1602, 1639, 1814, &c., *lores* for *lors* 3391, 3841, *com* for *come* 344.

(3) Use of the simple for the derivative or vice versa, e. g. *mener* for *amener* 1002, 3736, *aquillie* for *quillie* 3730, *vis* for *avis* 2586, 2650, 3222, *partir* for *departir* 806, 1252, 2116, *desus* for *sus* 1039, *desoubz* for *soubz* 3554, *sur* for *desur* 2711, *vers* for *devers* 1247, *devant* for *avant* 3320, *contre* for *encontre* 3904, *encontre* for *contre* 3761, *esmerveilloit* for *merveilloit* 3298, *rapasser* for *passer* 977, *remercier* for *mercier* 3808, *recomencier* for *comencier* 3869, *tourna* for *retourna* 2903, *garda* for *regarda* 2962, *accort* for *accorder* 848, *cel* for *cely* 294, *cely* for *celle* 1063, for *ce* 1507, *nulli* for *null* 2950, 3120, for *null home* 329, *doel* for *dolour* 278.

(4) The omission or addition of one of those insignificant words, of no importance to meaning, that the A.N. scribes were notoriously prone to neglect or insert:—

Et omitted 127, 594, 663, 862, 1011, 1023, 1135, 1269, 1355, 1359, 1434, 1579, 1848, 1899, 2277, 2239, 2713, 2953, 3013, 3139, 3330, 3799, 3802, 3811, 3965, 3987, 4045; added 125, 130, 135, 180, 389, 1284, 1286, 1405, 1618, 1655, 1676, 1691, 1736, 1968, 2138, 2244, 2474, 2525, 2595, 3395, 3647, 3921.

Ne (nec) added 193.

Se (sic) added 894; *se (si)* omitted 450.

De omitted (simple repetition) 62, 1568, 3508; obtruded in an older construction: 773, 850 (genitive for accusative), 1468, 3996 (with adverbs of quantity), 2454 (finite verb + Infinitive); added 97, 131, 874, 2114, 2250, 3757, 3810.

A omitted 1542, 2604, 2646, 3308, 3688; added 604, 4168.

Other prepositions added 1882, 3179, 3478.

Enz omitted 2704.

Article omitted: before names of peoples 1131, 2678, 3046, 3364; before titles 277, 292; in combinations of verb + noun 400, 566, 1494, 1791, 1992, 2264, 3668; otherwise 21, 69, 1302, 1931, 2193, 2227, 2751, 3166, 3252, 3554; added 155, 335, 337.

une added 21.

[1] Cf. ll. 145, 212, 1346, 1373, 2462, 2542, 2910, 3077, 3150, 3163, 3546, 3553/4, 4042, 4119.

Unstressed pronouns:
    je omitted 45, 1410, 2497, 2646; added 845, 3504.
    vous omitted 812, 947.
    il omitted 182, 447, 640, 2425; added 2141.
    ils omitted 258, 2540, 2581.
    ele omitted 2564, 2581, 3567.
    le omitted 893, 2542; added 1260, 3034, 3137.
    lui (*li*) omitted 1958, 2162; added 1772.
    les omitted 1501.
    lour omitted 592.
    se (*s'en*) omitted 889, 1555, 2236; added 1127, 1440, 1748, 3153, 3601.
    en added 1470, 2984.
    y omitted 242, 474, 736, 957, 3653; added 305, 1239, 1296.
    ce omitted 2499, 3222, 3907; added 526, 2478, 3519.
Adverbs of Degree:
    tres omitted 2143, 3596, 4154, 4156; added 169, 741, 842, 1007, 1266, 1377, 3058, 3756.
    moult omitted 996, 2238, 2326; added 2096, 3070, 3100.
    tout omitted 2221; added 438, 1870, 2001, 2294.
    trop, par, bien added 2868, 941, 1020, 2214, 157.
    si omitted 394; added 431.
    plus omitted 862; added 1134.
Adjectives of Quality: omitted *grant* 861, 1171, 1236, *droiz* 3421, *nobles* 4058.
Negative Particles: omitted 413, 4158; added 1319, 1742, 4064.
Titles: added 3202, 3238.

(5) *Various.* In lines 715, 1033, 2283 the defect arises from the repetition of a word or phrase belonging to a neighbouring line; in lines 1033, 1354, 2776, 3114, 3164, 4042, 4174 from the mechanical use of a ready-made phrase in the wrong place; in 591, 706, 1992, 2190, 2720, 3903, 4026 from the use of a plural for a singular or vice versa, in lines 1979, 2193, 2828, 3045, 3530 from the substitution of *Bastart* for *Roi*.

(*b*) *Hiatus and Elision.*

With one A.N. manuscript this is a difficult question to treat, but the following conclusions seem to be adequately supported.

(1) Monosyllables. *ne* (*nec*), *que*, *si* (*sic*), *je*, *ce* and the article *li* are found in hiatus; *ne* regularly (e.g. 52, 1630, 2416, &c.), the others under certain circumstances.

(*a*) *Que.* Elision is usual, but hiatus occurs with considerable frequency. In the majority of cases *que* is correlative to an adverb of degree, e.g. to *tant* 1219, 1446, 2514, 3572, 3716; to *tel* 186, 4158; to *si* 316; but hiatus is also found in lines 64, 73, 1093, 1095, 2893, 3584, 3697, 3859, 3874, 4181 when *que* (relative adverb or conjunction) is placed before an unstressed subject pronoun, and in lines 1806, 3525, 3627, 3830. All cases are in accordance with ordinary older French usage.[1]

[1] Cf. Rydberg, § 218.

(*b*) *Si, se* (*sic*). Elision is usual before *i*. With the other vowels hiatus occurs in 2727 (*si*), and in 2245 and 4109 (*et si*), but elision is as frequent, e. g. 691 *S'alerent prendre Pieregos*, 602 *Et s'avint auxi tost apres*, 951 *Et s'avrez ii mille servanz*.¹

(*c*) *Si* (*se*) (*si*). Except in line 778, where *si* introduces an indirect question, elision is constant,² e. g. 818, 840, 848, 1341, 1725, &c., and the notation *si*, regular except in line 3528 where *ce* is found, is to be ascribed to the scribe.

(*d*) *Je*. In Post-verbal position no cases of hiatus occur, but two of elision, ll. 980, 1902. There are no instances of it forming the unstressed syllable of a rhyme. Placed before the verb, elision is the more usual practice, but hiatus is found in 1371, 2047, 3519.

(*e*) *Ce*. *Ce* subject is frequently elided, but hiatus is found in ll. 234, 288, 3535, 3830, 3992.

Ce accusative is never elided, and never forms the unstressed final syllable of a rhyme-word; hiatus occurs in 8, 908, 963, 1915, 3510, 3782, 3815.

(2) *Polysyllables*. In the question of the admissibility of hiatus after polysyllables the ground is even less secure than with monosyllables, as throughout Old French the individual idiosyncrasy of the poet, or perhaps rather his rhythmic talent, is more concerned in the question than established usage. To judge from the number of lines against which hiatus is the only objection to be brought, the Herald was not careful to avoid it. The kinds of hiatus he allows himself are those practised by other poets, though with less frequency.

(*a*) Before a monosyllable 138, 175, 1198, 1660, 3123, 3425, 3840.

(*b*) After the group mute + liquid or nasal 471, 722, 1664, 1818, 2037, 2957.³

In all probability they are mainly to be ascribed to that unskilfulness in versification shown in the rhymes.

(*c*) *Enclisis, Synalœpha, Aphaeresis*.

(1) *Unstressed Pronouns*. Uncontracted forms are the only ones found in the MS.: *ne les* 957, 975, 1137, 3467, *ne se* 3303, *je le* 3537, but in line 3737 *Si conduist tout outre le pas*, certainly, and in lines 194 *Que tous ne feist assambler* and 733 *Que touz ne fesoit amasser*, probably, enclitic forms are required. Such forms, though unused by Froissart, are found twice in Machaut's *Prise d'Alexandrie*,⁴ and are used comparatively frequently by the northern poets of a slightly earlier time, e.g. Gilles le Muisit⁵ and the author of 'Baudouin de Sebourg'.⁶

(2) *Article*. In 353 *De la bataille avoit l'avant garde* and 3416/17 *Cink cenz hommes d'armes et plus Morurent en la piece de terre* contraction of the feminine article appears to be requisite. In the second case a singular verb might perhaps be substituted for the plural,⁷ as in 3434 *Plus de deux mille en y noia*, where *plus de* is

---

¹ In 1080, 1443, 1608, 2668 elision is probable, but not necessary. For the graphy cf. below, p. xlviii.
² Here elision could be adopted if the ungrammatical *home* (Nom. sg.) were left—a form used in Froissart &c.
³ Cf. Rydberg, i, § 59.
⁴ Cf. Gengnagel, p. 28.
⁵ Cf. Schmidt, p. 20.
⁶ E. g. *nel*, iii. 813, v. 3; *sel*, iv. 515 &c.
⁷ Cf. above, p. xviii.

xxviii   LINGUISTIC INTRODUCTION

construed with a singular ; in the first *ot* or *eut* might be substituted for *avoit*,[1] but such contracted forms are found both in A. F. and, though more rarely, in northern poems.[2]

Laou appears in the contracted form *leur* in 3977, and this form is required in 681.

In lines 178, 493, 4165, where *la* stands before *avoit*, contraction seems to have been admitted, as also in 1159 and 2502, in which the preposition *a* precedes immediately a verb beginning with the prefix *a*.[3]

In 2873 *scarmuches* and in 3797 *vesques* are metrically required.

(d) Enjambement.

Enjambément is practised with great moderation : the subject is separated from the predicate in 1850, the participle from the auxiliary in 1537, 3009, and 4055, but the separation of the substantive from its qualifying demonstrative adjective (*celly*) in 3941 and of the title *Roys—Bastarz* in 2859/60 are the only instances of the more violent type found only too frequently in Froissart and Christine de Pisan.

(e) Rhythm.

The rhythm of the verse is that of the ordinary continental octosyllabic line. The interior rhythmic stress is movable, avoiding rather than singling out the fourth syllable.[4]

(f) Rhyme.

Except for two or three assonances[5] the rhymes are correct, but very commonplace. Homonyms like *garde, conte, pas, france, pris, fait*,[6] compounds like *tere : Engletere, accort : recort, attendre : entendre, conte : aconte, droit : endroit, venir : avenir*,[7] are tiresomely often coupled together. In the beginning and end of the poem, where the diction is a little less bald, rich rhymes represent about 35 per cent., in the main narrative part they barely reach 25 per cent. and a considerable number of these are secured by often meaningless encomiums adjusted to fit each proper name[8] or by tags of other kinds.[9] The use of ready-made set phrases extends

---

[1] Cf. below.

[2] Cf. Nehb, Zts. für frz. Sprache, xxiv, p. 222.

[3] In all these lines synalœpha may be easily obviated, in the first set of examples by the substitution of *ot* or *eut* for *avoit* (cf. below, p. xlvi), and in the other two by the omission of the preposition. Like contractions are, however, found in contemporary poetry, cf. Nyrop, Gr. Hist. i. § 287.

[4] In the first 500 lines of the poem 37 per cent. only have a stressed fourth syllable, and in 15 per cent. the vowel of the fourth syllable is *ǝ*.

[5] *persone : some* 813/4, *Octobre : Septembre* 1405/6.

[6] E.g. *garde* 253, 293, 353, 947, 1001, 1091, 1165, 2239, 2643, 2705, 2889 ; *conte* 123, 731, 1071, 2651, 4075 ; *pas* 260, 267, 1125, 1141, 2189, 2381, 2813 ; *france* 443, 771, 873, 1567 ; *pris* 177, 465, 717, 1239, 1661, 4049 ; *fait* 1255, 2201, 2561, 2819.

[7] *tere : Engletere* 145, 159, 361, 399, 797, 1009, 1467, 1493, 1655, 2145 ; *accort : recort* 887, 1705, 3851 ; *attendre : entendre* 1777, 2103, 3153, 3639 ; *conte : aconte* 190, 287, 337, 343, 558, 875, 1205, 1583 ; *droit : endroit* 805, 1273, 3599, 3887 ; *venir : avenir* &c., 45, 1073, 1651, 1815, 2209, 2891.

[8] E.g. *Qui le coer ot preu et loial* 680, 1690, 2266, 2390, &c., and more varied, *Qui pas deriere ne se muce* 1364, *Qui ne doit estre mis en l'angle* 2285, and cf. 3240 ; *Qui la mort ne conte a ii guignes* 2730, *Qui volentiers fiert de l'espee* 1694, *Qui n'eut mie trop des parolles* 2332.

[9] Cf. *a voir entendre* 203, 409, 1396, 1777, 2107, 2715, 3634, 4029, *au voir jugier* 224, 613, 851, 2801, 4008, &c., *sachiez pour voir* 189, 550, 1456, 2459, 2506, 3013, 3238, *sachiez de fi* or *du fait* 244, 501, 899, 2372, 3392, *sachiez sans faille* 721, 2984, 3032, 3301, *c'est chose clere* 151, 635, 1000, 2226, 2667, *c'est chose voire* 184, 753, 1032, 2844, *c'est (bien) chose certeyne* 725, 1924, 2359, 2516, 3812, 3891, *sans nul si* 582, 741, 1874, 1922, 2378 ; *si dieux me garde* 297, 949, 1002, 1165, 2334, 2361, 2704, 2884, *si dieux m'avoye* 663, 759, 1117, 2099, 2441, and cf. 324 and 3099, *si dieu me poet doner*

even to the narrative, in which we find identical lines not infrequently repeated.[1] A professional verse-writer of some technical ability, the Chandos Herald is unfortunately denied the gifts alike of copious vocabulary and of imagination.

§ III. DIALECT OF THE POEM.

A. INSULAR OR CONTINENTAL.

It is very clear from the foregoing study that the Herald's French is not of the debased fourteenth-century A.F. type. A writer who constructs ordinary octosyllabic lines correctly, who in the main uses his cases rightly, distinguishes his genders and conjugations, maintains at the continental standard the value of *e*, and keeps *e* apart from *ie*—to mention only the more salient traits—has certainly not learned his French at the Schole of Stratford atte Bowe. He is no Langtoft or Bozon.

The degenerate French mocked at by Chaucer was, however, not the only kind familiar to English people of his day. In the later fourteenth century, side by side with the revival of English letters, there had arisen a short-lived revival of French, and writers of undoubted English nationality and English upbringing had striven hard to free themselves from their insular forms of speech, and to model their French on standard continental forms. Carefully schooled in France as well as in England, they succeeded in producing a French relatively pure as compared with the merely technical or courier-like jargon into which the earlier A.N. was rapidly sinking. The best-known and most typical of these writers is the Kentishman Gower, and a comparison between his language and that of the Herald will best decide whether or not the Herald is to be counted among the adherents of this new school. The task of comparison is much facilitated by Mr. Macaulay's excellent edition of Gower's Works.[2]

Gower successfully avoids some of the grosser insular traits. His metre is extremely regular, his verbal forms are tolerably correct, his rhymes not glaringly impossible, his syntax is not entirely destitute of guiding principle. But closer examination of his language reveals numerous anglo-normanisms. The rhymes betray the old confusion of *ie* and *e*,[3] and *o*, *u*, *ui*;[4] the pronunciation of *ə* is to some extent systematized, but while syllabic value is regularly retained in the termination *oient*[5] it is wholly disregarded after tonic *e* and unstable in other positions.[6] The verbal forms are comparatively correct—there is no attempt to put all verbs into the

---

leesse 1055, and other like asseverations in 1454, 1504, 2080, 2349, 2774, 3442, 3905, 4145. *A quoi faire vous conteroie La matiere et alongeroie* 201, 308, 1201, *Quei vous ferroy je longe fin* 1034, *Quei vous ferroie longe demain* 2137, *Quei vous ferroie je long recortz* 334, 1705, *Que vous ferroie longe barre* 632, to quote only a few of the commonest.

[1] *Et tout li noble chevalier* 609, 1444, *Et tout li chevalier de non* 1488, 1564, *Adonc comencea la huee* 1121, 1157, *En faisant d'armes le mestrer*

Si tres chivalerousement 314/15, 1224/5, *Ensi com vos oir pourrez S'un poi vous ascolter volez* 1667, 1821, and cf. 53/4, *Moult ḟ feurent granz ses vertus* 503, 706.

[2] The complete works of John Gower, ed. G. C. Macaulay, Clarendon Press, 1899, vol. i.

[3] Cf. *op. cit.* p. xvi.

[4] Cf. *op. cit.* pp. xx–xxii.

[5] Cf. *op. cit.* pp. xxviii–xxix.

[6] Cf. *op. cit.* p. xix (*e* for *ee*) and ll. 588, 1237, &c.

first conjugation—but here and there old and new mistakes creep in, e. g. the infinitive termination -*eir* is assimilated to -*er*,[1] *retient* appears in rhyme as a perfect [2] and *absentónt* as a third pl. present indicative.[3] The older relative nominative *que*, masculine and feminine, is still of frequent occurrence.[4]

It is, however, in his syntax and prosody that Gower betrays his insular origin most clearly. His French offers frequent examples of the solecisms to which the late A.N. writers were prone: gross blunders due to insufficiency of grammatical knowledge, and the more interesting type, wholly or partially anglicized constructions.

Mistakes of the first type occur on every page. Mr. Macaulay notes a 'tolerably extensive disregard of gender',[5] and a complete grammatical indifference to the presence or absence of flexional *s*,[6] and to this we may add an ignorance or perhaps rather a metrically convenient forgetfulness of the declension of the article [7] and sometimes of the use of verbal forms.[8]

To many of the anglicisms the editor calls attention in his notes:—The use of *faire* as a simple tense auxiliary [9]; the addition of the article to the comparative [10]; the extension of the use of *pour* [11]; the omission of the negative particle in *ne . . . que* [12]; the use of the future or conditional in noun clauses depending on verbs of command [13]; and we may add to them two other constructions that find their parallels in Middle-English: the substitution of the indicative for the subjunctive in adjectival clauses depending on a negative,[14] and the use of the future or conditional in the protasis of hypothetical sentences.[15]

The prosody also is equally clearly moulded by English influence. 'With all the correctness,' says Mr. Macaulay [16], 'the verses of the Miroir have an unmistakably English rhythm and may easily be distinguished from the French verse of the continent and from that of the earlier Anglo-Norman writers. One of the reasons for this is that the verse is in a certain sense accentual as well as syllabic, the writer imposing upon himself generally the rule of the alternate beat of accents, and seldom allowing absolutely weak syllables to stand in the even place of his verse.'

Here, then, no misapprehension is possible; Gower's French, with all its

---

[1] E. g. *poer seculer* Mir. 1252.
[2] E. g. 2180, 17472.
[3] 20294.
[4] E. g. 266, 1118, 1201, 1284, &c. Cf. Rydberg, § 205. To judge from orthography, the newer pronominal use of *quel* is also familiar to him.
[5] p. xvi.
[6] Cf. p. xvii. Macaulay gives among other examples the rhymes of Ballad xvii, in which the termination -*u* is f. pl. and the termination -*us* both nom. sg. m. and acc. sg. m.
[7] E. g. *a les* Mir. 608, 1764, &c., *de les* Mir. 5, 67, 1342, &c., *en les* 3423, *au* for *a la* 961, 2394, *du* for *de la* 157, 1225, 2409, &c., *l'autres*, acc. pl. 1665.

[8] E. g. ind. for subj. 1180, 1401, 2768.
[9] Note to 1135 and cf. Burghardt, pp. 33-50.
[10] Note to 2700 and cf. Boeve, Note to 2701.
[11] Note to 6328.
[12] Note to 575.
[13] Note to 1184. This construction is not specifically attributed by Mr. Macaulay to English influence, but see above, p. xx.
[14] E. g. ll. 1313, 1812, 2092, cf. Boeve, Note to 419. M.E. examples are frequent, cf. Chaucer, 'There is no man that lyveth under the trone' (Pardoner's Tale).
[15] E. g. ll. 25, 33, 555, 560, &c. Cf. Juliana (modernized), 'If thou wilt forsake the faith.'
[16] Introduction, p. xlv.

superficial appearance of correctness and metrical smoothness, has an unmistakable English ring; it is the French of a tolerably well-taught and fluent foreigner.

The Herald's French is certainly not free from anglo-normanisms. He is, as we have seen, uncertain about the *ü*-sound, rhyming it with *o* and *i*,[1] he rounds once the *a* nasal,[2] confuses once the infinitive termination of the second conjugation with that of the first and makes it rhyme with *coer*,[3] and adopts an anglicized construction in lines 4143/4 (*Et lour supplia la endroit Que* [4] *chescuns les aidier vorroit* [4]). Insular habits of speech may also be responsible for the four doubtful rhymes of *e* and *ie*, the occasional equivalence of *ei* to *ę*, the weakening of the *ə* of the imperfect termination -*oient* and in the participial ending -*ee*, though, as we have seen, all of these phenomena find their parallels in fourteenth-century poems composed in the North of France.[5]

Beyond this, however, the Anglo-Norman influence does not go. It has indeed affected his pronunciation, but the real determining factors of a language, the morphology, the syntax, the prosody, the elements, in fact, that in the main constitute its identity, remain practically untouched.[6]

The contrast with Gower's French is indeed fundamental. With the Englishman the A.N. characteristics are all-pervasive, they manifest themselves as strongly in grammar and prosody as in pronunciation and vocabulary. They are part and parcel of the French as he knows it. With the Herald, as with the twelfth-century Marie de France and Frère Angier, the anglo-normanisms are a late accretion. They indicate merely a superficial accommodation of his language to the environment of his later life, an accommodation induced, one is inclined to suspect, to no small extent by metrical exigencies and the paucity of his vocabulary. To the one writer French was obviously the painfully acquired accomplishment of late childhood or youth, to the other it was the slightly modified mother tongue. It is only the guise under which the poem is presented to us in the Worcester MS. that has hitherto obscured the recognition of this fact.[7]

The Herald was an alien immigrant and cannot be ranked among the English-French writers of the fourteenth century. What further evidence does the poem supply as to his birthplace?

B. Localization in France.

The French in which the Life of the Black Prince is written is neither the French of Paris nor a mere congeries of different dialectal traits, picked up in reading or travelling. It is a consistent provincial speech, characterized by very definite and clearly marked local traits.

---

[1] See above, p. x. [2] See above, p. viii.
[3] See above, p. xvi.
[4] MS. *Et . . . voloit*. See above, p. xix.
[5] See above, pp. ix and xiv.
[6] We might add his vocabulary also, as the Herald makes no use of Anglo-Norman words.
[7] Groeber is to our knowledge the only critic who has not been misled. See Grundriss, ii, p. 1085. He, however, assigns here a Breton origin to the Herald.

Of the linguistic phenomena described in the foregoing study, Nos. 4 (*b*), 5, 6, 7, 9 (*b*), 12, 16, 18, 19, in the section dealing with Phonetics, the preservation of declension, the forms assumed by the possessive adjectives[1] and the strong perfects in -*s* and -*u*,[2] and, we may add, the use of the verbs of mood as auxiliaries,[3] are unmistakably Northern.

Many of these traits are common to the whole North of France, but of some the extension is limited either towards the east or the west. Thus the beginning of the diphthongization of ε blocked, the form taken by the *u*-perfects, the treatment of the palatal, the preservation of declension, the weakness in the significance of some of the auxiliary verbs, characterize the Walloon dialect, while the use of the possessive *no* and *vo*, the central treatment of the triphthongs *iei* and *uei*, the disappearance of *s* before a consonant, belong rather to the Picard. Their combination in one poem points clearly to the intermediate region of Hainault.[4]

And we may even go further. It so happens that the Herald's language corresponds, trait for trait, with that of his most brilliant contemporary, Froissart. Careful comparison of the two shows that all the provincial characteristics enumerated above,[5] and many others, find their parallels in the linguistic usage of the great chronicler, while the differences between them, apart from the anglo-normanisms, are quite insignificant.[6]

The few divergent traits are as follows :—

(α) Traits peculiar to the Herald : (1) The equivalence of *o* + *nasal* + *consonant* to *u* + *consonant* (*mont* = *mout*); (2) The weakened use of some of the auxiliaries.

(β) Traits peculiar to Froissart : (1) Monophthongization of *ou* and *ue*; (2) Passage of *ui* to *wi*; (3) Development of a glide in -*age*; (4) Use of *je* and *ce* as unstressed rhyme-syllables.

These differences are attributable in the main to other than local causes. The weakened use of the auxiliaries, missing in Froissart,[7] is well exemplified, as we have seen, by the author of 'Baudouin de Sebourg', who belonged probably to the neighbourhood of Valenciennes. The absence of rhymes indicating a pronunciation *aige* and *jə* may quite well be accidentally occasioned by the small need to use verbs in the first person. The use of the monophthong *eu*, adopted in the case of *ue* by Froissart only in later life,[8] and the passage of *ui* to *wi*, indicate very probably that he was a younger man than the Herald, and more exposed to the influence of central French.

Discrepancies so few and a resemblance so substantial lead conclusively to the localization of the Herald's birthplace in Valenciennes or its neighbourhood.

---

[1] See below, p. xliii.
[2] See above, p. xvii, §§ 10 (*b*) and 11.
[3] See above, p. xxii.
[4] Cf. Suchier, Grundriss, i, § 38; Aucassin et Nicolete, p. 82.
[5] We might add also the likeness of vocabulary, cf. *entieu, en son venir, entreus*.
[6] A survey of Froissart's language is given by Mann in the Zts. f. rom. Phil. xviii, pp. 1-46. At the end of this section will be found a tabulated list of resemblances between the two.
[7] He has, however, clearer instances of the use of *faire* as a tense auxiliary than the Herald. Cf. Ebering, Zts. f. rom. Phil. v, pp. 375, 376.
[8] Cf. Mann, p. 17. Instances are only found in the 3rd volume of his poems.

DIALECT OF THE POEM

Note.—Detailed comparison : F = Froissart. H = the Herald. The numbers after F refer to the paragraphs of Dr. Mann's article.

A. Indicative of Dialect.
Phonology.

H § 4 (*b*) = F § 37. $e + l +$ Cons.$= a + l +$ Cons.
        $e + \lambda = a + \lambda$.
H § 5   = F § 5.   *ie* almost constant in *yvier*, otherwise exceptional.
H § 7   = F § 35. $\varepsilon + l +$ Cons.$=$ *iau*.
H § 8   = F § 15.   *ei* = *oi*, *ue* (*trois* : *entrois*), ε (*saie* : *plaie*, *fres* : *fres*).
H § 9 (*b*) = F § 20.   *iee* regularly reduced to *ie*.
        -*iër* generally -*iier*.
H § 12 = F § 3.   *ɔrie* = *ɔre*.
H § 13 = F § 42.   *uɛ* = *ɛ* (*oeil* : *cel* (*ecce illum*)).
H § 16 = F §§ 46 and 47.   *c* mid-palatal gives *ch*, *c* praepalatal *ch* and *c*.
H § 17 (*b*) = F § 52.   *s +* voiceless *consonant* mute (*mestre* : *mettre*, &c.).
H § 19 (*a*) = F §§ 39, 40, 42 (ii).   *l*, λ + *consonant* after *i* vocalised (*fieuz*) or lost.
        l, λ + *consonant* after *ue* lost (*entrois* : *trois*).
H § 20 = F § 48.   ɲ rhymes with *n*.
H § 18 cf. F § 50.   Glide dental consonant not inserted : *pourre* (*pulverem*) : *secourre*. Cf. 'Meliador' (*partirent* : *tinrent* 12571).

Morphology.

H § 5 (*a*) = F § 62.   *sons* and *somes* attested.
H § 9   = F § 70.   Contracted futures of conjugation I, lengthened of III.
H § 10 (*c*) = F § 10.   3rd sg. *u*-pfs. in -*ot* and -*eut*.
H § 11 = F § 59.   *u*-imperfect subjs. stressed on *i*.
H Introd. p. xi = F § 66.   *oie* reduced to *oi* before *je*.
H Introd. p. xiv = F §§ 76–81.   Preservation of declension on much the same lines.
  To which we may add the two following traits not noted by Dr. Mann :—
    The separation of $\tilde{a}$ + $\tilde{e}$ except when $\tilde{e}$ stands before *m* (= H § 6, p. viii).
    The use of 3rd plural perfects in -*irent*, -*isent*, and -*issent*. Cf. 'Meliador' *misent* : *euissent* 538/9, *prisent* : *crisent* 11772/3 (= H § 10, p. xvii).

B. Indicative of Date.

H § 2   = F § 18.   *ai* + Cons. reduced to ε.
H § 3   = F § 7.   -*el* lowered to -*ɛl* (*loyel* : *bel*).
H § 17 (*a*) = F § 51.   *t* final unstable : 'Meliador' *tos* : *mos* 1514/15, *porpos* 7474/5 &c. ; *petit* : *joli* 12253 &c.

§ IV. THE MANUSCRIPT.

The Worcester manuscript is an oblong octavo on vellum, containing sixty-one leaves with fifty-two lines on a page. At irregular intervals the poem is broken into sections by rubricated titles, inserted not infrequently in the middle of a sentence, and each section begins with an illuminated capital letter. Following on the poem, in the same handwriting, is a versified list of the High Officers of the Prince in

Aquitaine. Several of the English names have been underlined in a later but more faded ink.

The manuscript is assigned to the concluding years of the fourteenth century. Schum dates it c. 1397.[1] Its later history is given, as far as it is known, by the first editor. It belonged at one time to Sir William le Neve, first Mowbray and then Clarencieux Herald, and his signature (Guill. and Guilliaume le Neve) stands on the first and last leaf. From him it passed to Sir Edward Walker, Garter, and to his son-in-law Sir John Clopton; later on it was secured by Dr. George Clarke, Fellow of All Souls College, who bequeathed it to its present owners.

A letter from Anstis, author of the History of the Garter, to Dr. Clarke is affixed in the volume.

A. The Scribes.

The handwriting of the manuscript is admirable, the letters being so well formed and so clearly distinguished that hesitation as to their significance is only possible in the case of *u* and *n*; *ui*, *m*, *ni* and *in*, and more rarely in the case of some capital letters. Only the most ordinary abbreviations are employed, and these occur but seldom; orthographical corrections—deleting dots, marginal and interlinear alterations—are not infrequent. Four lines, omitted in the copying, are inserted out of order; three lines (120, 2585, 4000) are wanting; the space for 4000 is left blank, and beside 2585 stands the marginal note *defic. hic.*

The Worcester manuscript is manifestly no hastily transcribed document, but the work of a well-schooled and conscientious scribe, desirous of reproducing his original with exactitude and elegance. And yet, it must be confessed, it affords us nothing but a miserable travesty of the Herald's poem, a version defective in metre, grammar, and sometimes in sense. For this state of things the copyist is certainly to some extent responsible. Well equipped as far as moral qualities and mechanical aptitudes are concerned, his intelligence, and, above all, his knowledge of the language he was copying, were wholly inadequate to his task. His French is of the purely insular variety, innocent of grammar and meagre in vocabulary, and so when he is confronted by an unusual word or phrase, or by any obscurity in the handwriting, he is totally at a loss and has no resource but to copy mechanically as closely as he can, or to set down at random some more familiar word bearing a vague resemblance to the one he saw before him. Thus he writes *Ou Guyer* for *Ogier* 164, *assaillerent* for *essillierent* 210, *le Roy* for *l'aroi* 296, *com home deussoit* for *conduissoit* 325, *haut* for *baut* 596, *ensample* for *ensamble* 865, *ffrancois* for *frans* 1164, *paour* for *pooir* 1802, *drut qe plume* for *drut que ptuvie* 1190, *le court Daunmartyn* for *le comte de Danmartin* 1033, *a souent* for *a souhet* 1312, *Vyne noble* for *vignoble* 2905, *criere* for *chiere* 2032, *pee taillie* for *pietaille* 3391, *p deux costees* for *par d'encoste* 3461, &c. Unfortunately for him, moreover, the manuscript he was copying was evidently of slovenly execution, neglectful of the slight marks that distinguish those letters of somewhat similar formation, so often confused by

---

[1] Grundriss, i, p. 179.

careless mediaeval scribes—*v* and *b*, *f* and *f*, *l* and *s*, *t* and *c*, *n* and *u*, *iu* and *m* or *ni*—and, guided by no secure knowledge of the language, he has repeatedly made a wrong selection. Thus he writes *Aveville* 282, *Vesier* 648, *Vrie* 1527, *voisant* (= *baisant*) 2088, *beignent* (= *veignent*) 3533, *en contre ffarsson* for *en courte saisson* 1593, cf. 3793, *entrefeat* for *entreset* 3490, *fales* for *sales* 3166, *delzeche* 9, *l'apparaille* (= *s'apparaille*) 1728, *li* (= *se*) 1846, *l'espandi* 2516, *amenceveurs* 4, *nobletee* 61, *largitee* 62, *suffice* 805, *piece* (= *pitië*) 1184, *ceux* (= *teux*) 1726, *cel* (= *tel*) 3092, *tel* (= *cel*) 1476, *Dast* 2031, *temps* (= *camps*) 2035, *conissance* for *toussaints* 1559, *treez* for *creez* 3175, *couient* for *coment* 27, *arriuee* for *armee* 487, *deseruier* for *desermer* 1420, *haute* for *hante* 3142, and in a moment of distraction turns the abbreviation of *Jesus* into *Johan* 2220.

These and many other blunders may be set down to the count of the Worcester scribe, but it would be unfair to hold him solely to blame for the corruption of the text. A careful examination of the text and the titles shows conclusively that he must have had before him not the original manuscript, but a copy already more or less defective. The blank left for line 4000 and the remark *defic. hic* in the copyist's handwriting at line 2585 indicate this, and further conclusive evidence is afforded by the rubricated titles. Their phrasing, and, above all, their faults, make it impossible to attribute them either to the Herald or to the Worcester scribe.

The Herald's authorship of the titles is disproved both by the degradation of the language, A.N., not only in forms but also in vocabulary and construction—cf. p. 42 *envoia . . . pur avoir*, p. 125 *voilliot aler pur combatre*, p. 97 *parla . . . certeins paroles*, p. 95 *eux taillerent de combatre*[1]—and by the kind of mistakes that occur in them. Twice over the text is incorrectly summarized, and once sheer nonsense is written. Thus the *attrait* of 861 is wrongly taken in the title as *traitie*; lines 3801–3805 are incorrectly summarized on page 117, the *compaigne* = *company* of the text being understood as *compaigne* = *wife*; and on page 23 the tag *a bris mos* is interpreted as a place-name, *a Brismos*. Blunders such as these are obviously not to be ascribed to the author.

Another series of mistakes and confusions in the titles precludes all possibility of attributing their composition to the Worcester scribe. Mistakes like those on pp. 116, 64, and 73—*retenuz* for *receuz*, *si* for *li*, *contre ensemble* for *toute rassemblee*—indicate clearly a dependence on a written source, and this is conclusively corroborated by the curious discrepancies between titles and text on pages 67 and 75. In both an intelligible word or phrase is furnished by the title, a faulty or meaningless one by the text—*Rouncevalle* for *Rainchenanus* in line 2191, *en le meisme temp* for *en trewes* in 2478. Here the explanation evidently is that the composer of the titles successfully interpreted the Northern forms *Rainchevaus* and *entreus* that he found in his text, and rendered them rightly in the form of his own language, while the copyist, to whom the forms of the text were unfamiliar, contented himself with a meaningless approximation.

Neither to the Herald nor to the Worcester scribe are the rubricated titles to

---

[1] Cf. the use of *se taillier* in Gower.

be attributed. They attest, conclusively, the existence of an intermediate manuscript. As no mediaeval copyist ever succeeded in reproducing his original with complete exactitude we may be sure that the intervening transcriber left his mark on the text of the Herald's poem. Indeed it is probably fair to lay on him the main responsibility for the present unsatisfactory condition of the text.

In the first place, the French familiar to him, though more copious than that of the copyist of the Worcester manuscript, is indubitably of the same type. This is evident not only from the language of the titles, but also from some of the corrections made in the manuscript—real *Verschlimmbesserungen* in which an A.N. form is found substituted for a Continental one[1]—and it is this double A.N. transmission which explains the completeness of the Anglo-Normanization of the language of the poem. Secondly, we may fairly premise from the inserted titles that he was both interested in the subject and also of considerable independence in his attitude to the text he was copying, and it is to him, in consequence, that we may plausibly attribute all such mistakes in the manuscript as are not due to inadvertence or ignorance on the part of the scribes, e.g. the changes of order to secure good A.N. rhymes in lines 2749/50 and 3133/4, the addition of the name *Devereux* in 2281, the additions and alterations occasioned apparently by the insertion of the titles before lines 1411, 1669, 3481, 4119, and the alterations of the text in lines 1022 and 3802. Lastly, it is, in all probability, to this same copyist that we may ascribe the composition of the rhymed catalogue that in the manuscript stands after the poem. This production is too hopelessly A.N. to be fathered on the Herald, too correct in information and too independent to be attributed to the Worcester scribe. It does, however, accord well with the presumable character and capacity of the author of the titles, and may well serve to illustrate his conception of French prosody.

B. The Orthography.

The two main questions of interest in the discussion of the orthography are the sorting out and stock-taking of all such graphies as may belong to the original manuscript, and the enumeration and description of those attributable to the scribes. As complete treatment would be lengthy and involve tedious repetition of ourselves and others, we propose to confine ourselves in this section to the consideration of those orthographical traits only whose allocation it is difficult to determine, and to the description of such A.N. forms (the pronominal and verbal) as have been inadequately treated elsewhere. The *relevé* of the easily recognizable Northern traits is given below in the section dealing with the constitution of the text; for the other characteristics we would refer to the short epitome in the same section and to the above-mentioned dissertation of Herr Kötteritz.

(a) *Representation of Sounds.*

(1) **Vowels.** The graphies that call for consideration are the use of *au* and *ou* before a nasal, of *oe* for *ui*, and of *i* and *e* in some unstressed words and syllables.

---

[1] Cf. 387 *le* corrected to *luy*, 843 *puis* to *pluis*, 1755 *guerpir* to *guerper*.

Au before a nasal is a frequent though not constant graphy. A recognized A.N. trait, its use by the Herald seems to be attested by the rhyme *Maune*[1] : *sanle* of lines 569/70, and cannot, therefore, be entirely attributed to the scribes.

Ou is used more frequently than *au* and represents rightly, as the rhymes show, the sound *u* attributed by the Herald to *o* in this position. The use of this graphy by Continental French scribes is, however, comparatively rare, even in poems in which this value is given to the sound, and it is, therefore, probable that its frequency in the Worcester manuscript is due to the copyists.

Oe. The use of *oe* for *ui* in *nuit* and *huit* is constant in the interior of the lines; cf. *oept* 180, 389, 2468, *oep* 1553. It is no usual A.N. graphy,[2] but as it is not supported by the rhymes, and is used once in the titles, it is possibly attributable to the scribes.

E and *I*. After a palatal, *e* of the initial syllable is consistently raised to *i* (*chival, chivauchier* &c.). This raising is found in Northern French texts, but its almost complete consistency is probably ascribable to the copyists, to whom it would be the ordinary graphy.[3]

(2) **Consonants**. The most difficult question to settle is that of the double consonants. Doubling is, as is well known, particularly characteristic of A.N., where it may have denoted some peculiarity of pronunciation,[4] but it is also frequent in Continental fourteenth- and fifteenth-century French (cf. in the manuscript of Joinville *affiert, attendre*, of Deschamps *appeller* &c.).[5] To judge from other texts, we may safely attribute to the scribes the use of *rr*[6] (e.g. *demurra, dirroy* &c.) and of *ll* final,[6] but not that of *ss* for *s* medial intervocal. This last is a graphy that occurs frequently in the Northern French[7] manuscripts, e.g. Mousket : *maisson, devisson* ; ' Baudouin de Sebourg ' : *soffissant, ossas, conduissoit, reluissent*, &c. ; the Turin ' Rigomer ' manuscript : *damoissiele, pressenta*[8], and its occurrence in the Worcester scribe's *Vorlage* is attested by the confusion he falls into in line 325 (*com home deussoit* for *conduissoit*, in 1041 *condussoit*).

It is more difficult to determine to whom the use of *ff* should be attributed. This graphy is found both in Anglo-Norman and in French manuscripts of the fourteenth and fifteenth centuries. In the former it ordinarily took the place of *F*,[9] in the latter its use seems to be entirely arbitrary (cf. the Turin manuscript of the Rigomer episode[10]). As its ordinary function in the Worcester manuscript is that of *F*, it is probable that this graphy was introduced by one of the scribes.

Questions of minor importance are the loss of *t* final, the addition of a pleonastic *s*, the use of glide *w*, and the confusion of the prefixes *es* and *en*. They

---

[1] Cf. Introd., p. viii, § 6.
[2] *Oept* is found in manuscript H (8) of the Orthographia Gallica.
[3] Cf. Stimming, 'Boeve,' p. 177.
[4] Cf. Morsbach, 'Ueber Anglofranzösische Konsonantdehnung', in the Festschrift für W. Foerster.
[5] Cf. Brunot, H. L. Fr. i. 497, where these and other examples are quoted.
[6] Cf. Boeve, pp. 213, 214; Morsbach, op. cit. p. 325. A list is given by Kötteritz, p. 63. Forms like *trebbucher, alegge* are also probably AN.
[7] Cf. Brugger's remarks in the Zts. f. frz. Spr. u. Lit. xxx, p. 136 : ' This kind of doubling appears to be found particularly frequently in Walloon texts.'
[8] Cf. Brugger's article quoted above.
[9] Cf. Morsbach's note in Furnivall's Miscellany, p. 350.
[10] See Brugger's article quoted above.

all occur with more or less frequency both in A.N.[1] and in Northern French manuscripts, and are not, therefore, necessarily attributable to the A.N. scribes.

The loss of *t* found in *don* 771, *main* 1676, 1741, *moul* 2289, 2358, *tantos* 3122, *hos* 2257 &c., is supported by the rhymes and found elsewhere,[2] e. g. Mousket *moul* 1470, 1817, and *main* 5953.

The *s* introduced very frequently in the verbal forms *fuist* (for *fu* or *fut*), *dist, scieust*, &c., and in *ouesque*[3] is probably A.N.; that in words like *esglise* 86, *nosmer* 1665, *tasner* 3702, *destri*, is of doubtful provenance, as it finds parallels in Northern texts, such as ' Baudouin de Sebourg ' *esroit, esre, esrour*, &c., Gilles le Muisit *esglise, eswille, sesme*.[4]

The use of *w* for *u* in *vewe* 1888, 3447, 4153, and perhaps *siewroit* 1051, is almost certainly to be set down to the count of the scribes, but the glide in *coward, Edward* (= *Edouwart*), *eawe, aiuwe*, is a recognized Northern development, cf. Jehan des Preis *ruwe, veuwe*.[5] The same set of authors offer such frequent examples of the confusion of *es* and *en*: *eslire, ensaier, enfort*,[6] &c., that the *enforcier*, &c., of the manuscript might have been left uncorrected.

(*b*) *Pronominal Forms.*

(1) **The Article.** The forms attested by metre are :—

Li. Nom. sg. m. in lines 11, 583, 756, 1205, 2534, 3336, 3390, 3432, 3437, 3440; *l'* in 2018, 2283, 2285, 3376, 3828.

Li. Nom. sg. f. in 395, 790, 1212, 2092, 2509, 2721, 2812 (*li os*), 790 (*li escripture*), 3048 (*li estoire*), 2092 (*li autre*); *l'* in 2515, 2900 (*l'os*), 761, 2091 (*l'une*), 2031 (*l'assamblee*), 2230, 2706 (*l'avantgarde*), 2636 (*l'areregarde*).[7]

The nominative singular masculine is written *ly* (*li*), *lui, le*, and occasionally *la*. *Lui* is a well-known A.N. graphy, due probably to confusion with the alternative pronoun forms *li* and *lui*.[8] *Ly*, rare in the first thousand lines, becomes noticeably more frequent in the latter part of the poem. *La* is found mainly when the noun is confused with a somewhat similar feminine one, e. g. *la païs, la pas*, but also *la pooir, la pont, la Danoys*.

The nominative plural masculine is usually *ly*, sometimes *lui*, and more rarely *les*.

The feminine singular is *li* before a vowel, *lui* in line 3048, *la* and more rarely *le* before a consonant.[9]

The contracted forms are *du, des, au, as* (1449 only instance), *eu* 363, 4162, *ou* 2184 (= *en le*), 575, 856, 2524 (= *a le*), *es* 655, 2517, 2901.[10] Uncontracted forms are rare except in the titles; where they occur as in 26 (*en le*), 1491 (*eins les*), 3029 (*en les*), they are certainly to be set down to the scribe. More often the article is omitted,

---

[1] Cf. Stimming, 'Boeve,' pp. xliv (*es* and *en*), 222 (*t*), 227 (*s*), 220 (*w*); Burghardt, 97, 94.
[2] The addition of *t* to gain rhymes for the eye, *dit*: *mercit*, &c., is very probably due to the scribes.
[3] For a complete list see Kötteritz, p. 60.
[4] Quoted by Burghardt, p. 98.
[5] Quoted by Scheler.
Quoted by Scheler, Glossaire.
[7] For two possible instances of enclitic form cf. above, p. xxvii.
[8] Cf. Stimming, 'Boeve,' p. xi. The absence of the graphy *ui* for *i* in our poem, and the constant wavering between *lui* and *li* pronoun, support the theory of confusion between article and pronoun.
[9] Eleven instances in the first thousand lines.
[10] For contracted feminine forms cf. above, p. xxvii.

e. g. *de* for *du* 49, 551, 1110, &c., *a* for *au* 111, 809, 1218, &c., *en* for *eu* 2061, 3475, 3483, &c. Like omissions are of frequent occurrence in Walloon texts, e. g. the *Geste de Liege* of Jehan des Preis,[1] but it is so constant an A.N. trait that its presence in our poem is probably attributable to one or other of the scribes.

The syntax of the definite article is that of the Herald's Continental contemporaries :—

(α) Titles are ordinarily accompanied by the article: in 155, 335, 337 the scribe has omitted it; in 1520 (*ducs Henri*) and in 277, 292 (*roys*) the unaccompanied form is metrically required, though in 277 and 292 the scribe has wrongly added *lui* or *le*. Similar isolated instances of older usage occur in Deschamps.[2]

(β) Names of countries and provinces or districts are still, without exception, undetermined, whether preceded by a preposition, e. g. 209, 220, 291, 337, 704, 710, &c., or not, e. g. 190, 832, 1811, 1864, 1896, &c. With river names the article is used in 233.

(γ) In conformity with older usage *seinte Eglise* in 85, *morz* in 3214, *enfer* in 1268, *terre* in 513, 1302, 1494, and *mer* in 1487, 1783, are used undetermined by the article.

(δ) Abstract nouns still require no article, e. g. 40, 61, 62, 65, 66, 67, 71, 76, &c. In 2541 and 3023 *verite* used concretely is determined, while in the stereotyped phrase *a verite recorder* of 3024 and 3644 the older usage is adhered to.

(ε) The individualized common noun regularly takes the article, but an exception is seen in ll. 2977/8, *La est flour de chevalerie, La est flour de bachelerie.*

(ζ) Substantival adjectives denoting nationality appear on the whole more frequently without article, e. g. *Englois* 249, 321, 332, 757, 955, &c. ; *ffrancois* 218, 435, &c. ; but an article is used in 232, 236, 273, 498, 754. In ll. 1131, 2678, 3046, 3364, overlong by a syllable, the use of the article is attributable to the scribe.

(η) With common nouns used generically the article is usual ; the older usage is still found at times, e. g. *plueve* 1190, 3228, 3362, *arblastier* 3253, *chivalier*(s) 269, 2794, *oisel* 1554, *archier*(s) 1189, 3227, 3360, and in 3252, where the scribe adds *les.*

(θ) With nouns determined by *tout* (= *all*) a few instances of the older usage occur, e. g. *touzjours (de sa vie)* 69, *en toutz champs* 13, *sur toutz roys* 1265, and with the place-names *tut Constantyn* 169, *toute Guyane* 1546.

(ι) With nouns depending on nouns or adverbs of quantity or on numerals the usage varies.

The older construction of the adverbs of quantity, i. e. the dependence of the noun not on the adverb but on the verb, is found in 287 *assez y avoit ducs & contes*, 3258 *moult lour fist souffrir ahan*, and by emendation in 1468 *Pour plus faire honour a la terre* and 3996 ... *qui poy a delit*, and probably also in 2839 *Tant li dourroie d'argen et d'or*,[3] in all of which lines the scribe adds *de* (*d'*).

More frequently the construction of the adverb has been assimilated to that of the noun of quantity, i. e. *de* has been introduced, e. g. 747, 1996, 2358, 2509, &c.

---

[1] Cf. Scheler, Glossaire.
[2] Cf. Deschamps' usage in Bode, pp. 10–27. *Que duc Guerin avoit a seignourie. Par roy Saul enten ce monde* &c.
[3] Correct metre is also obtainable by the slurring over of *a* in *-oie*, but this would be the only instance of reduction in this termination when it is unaccompanied by *je*.

The use of the article is somewhat capricious. With dependent nouns in the singular it is exceedingly rare, partly perhaps because these happen often to be abstract nouns, e.g. *moult de payne* 1996, 2509, 3710, *moul y suffrist de duretee* 2359, *moult ot de vaillance* 2965, *plus de deshonour* 3542, and *moult eurent fait de damage* 747, *moul d'autre chevalerie* 2289. It occurs only in 3720 *Du conseil ne say se poi non*, and in 1674 *moult de la chivacherye*. With the dependent nouns in the plural the article appears almost constantly in the manuscript, and is often metrically attested, e. g. *des autres foysons* 143, 716, 1356, *des autres assez* 2807, *et des Englois y ot plusours* 2874, *deux ou trois des autres* 2533, *des autres plus de deux mille* 3410, *des arblastiers vi mille* 2997. Of contrary cases there occur metrically attested only three examples: *plente d'autres chevaliers* 3856, *d'autres bien iv mille* 2347 *d'autres plus de vi mille* 3072.[1]

Metrical exigencies are probably mainly responsible for the difference in usage between the singular and the plural, both constructions being used in Middle French. Cf. Deschamps, II. 124. 3, *Qui des pechiez a fait grant foison*; III. 164. 4, *Qui sceurent moult des secrez de nature*.[2]

(κ) *De* partitive is of very rare use: it is found before *autres* in 3242 *Et d'autres chevaliers*, and combined with the article in 1382 *Et des autres* and in 165 *La pooyt home veoir des preus, des hardis et des outrageus.*

(λ) The demonstrative adjectives *cil* and *cist* still occasionally replace the article, e. g. *cez (sez)* 1304, *cil* 3176 (ms. *tel*).

(2) **Demonstrative Pronouns and Adjectives.**

Forms. The manuscript forms are:—

(*a*) *Ecce iste*, used only adjectivally:

Nom. sg. masc.   ceste 892 (*traitie*), 1865 (*an*).
Acc. sg. masc.   (1) ce frequent, particularly with nouns like *tamps, jour, siecle, point*; written *ceo* in A.F. fashion in 480, 2969, 3324, 3431, 4025.
                (2) cest (ceste) in 1340, 2423, 2837, 4172; ycest (yceste) in 4170.
                (3) cesti in 3182;   ycesti.
Nom. pl. masc.   Not found.
Acc. pl. masc.   cez, ces, ses, sez, 1328, 1473, 2316, 4169, &c.
Fem. sg.   ceste (cest) 383, 454, &c.   yceste 816.
Fem. pl.   sez 1304.

(*b*) *Ecce ille*, used both pronominally and adjectivally.

(*a*) Pronominal.

Nom. sg. masc.   cil 559, &c.; cils 285, &c.; sils 12, celui 1362.
Acc. sg. masc.   cely 788, 940, 1183, 1800, 2061, 3204.
                 cil 127, 130, 1311, cils 1311.
Nom. pl. masc.   cil, cils (sils) 24, 31, 256, 322, 341, &c.
                 ceux 2, 872, 1367, 2372.
Acc. pl. masc.   ceux 28, 3526.

---

[1] As the use of the article is so comparatively well attested, the manuscript orthography should have been retained in the corrected text.
[2] Quoted Bode, p. 26.

(β) Adjectival.

Nom. sg. masc.	cil, cils, sils 12, 63, 68, &c.
Acc. sg. masc.	cel (celle) 1237, 1367, 1401, 1696, 1707, &c.; cely 3941 (in rhyme), 351, 1399, &c.
	celui 305, 331, 1125, 1166, &c.
Nom. pl. masc.	cil, cils, 574, 1028, &c.
Fem. sg.	cele, celle (cel) 376, &c. ycelle 1842
(c) *Ecce hoc.*	ce, written ceo. ceaux 1490
	cela 926, 1534, and in 2478, by emendation.

Syntax. The syntactical points deserving notice are:—

(1) The use of the re-compounded *cela*.

(2) The preponderance of the *ecce ille* forms, particularly in the nominative and accusative singular. These appear to be used for *ecce iste* forms in 374, 1146, 1549, 1927 (*cele*), 1590 (*celui*), 2022 (*cely*), 1402, 2878 (*cel*), 1367, 1912, 2320, 2278, 2345, 2378, 3333, &c. (*cil*). This is doubtless due, in part, to the fact that it is the *ecce ille* forms that usually accompany past tenses [1], and in part to that encroachment of the *ecce ille* forms on the sphere of the *ecce iste* ones that has been noted in North France [2].

(3) **Personal Pronouns.**

Forms. The forms employed for the 1st person singular and 3rd persons singular and plural are:—

1st person. Nom. je (whether elided or not), jeo 375, 465, 467 &c., in all 9 times.
　　　　　Acc. moy, rhyming with *doy* 3503/4, 4123/4, and my, rhyming with *li* 2499/500, with *pri* 4117/18.

2nd person. Nom. tu.

3rd person masc. Nom. sg. and neuter, il 405, &c., ils 2811, y 1860.
　　　　　Nom. pl. ils 515, &c.
　　　　　Stressed acc. and dat. sg. luy and ly, in rhyme always ly, : *hardi* 1081, : *departi* 1251, : *dormy* 1439, : *enemy* 1633, though written often *luy*.
　　　　　Unstressed acc. sg. masc. le.
　　　　　Unstressed dat. sg. ly and luy.
　　　　　Stressed acc. pl. eux 1940, &c., eaux 475, 1451, rhyming with *reveaux* and *Burdeaux*.
　　　　　Stressed dat. pl. lour.
　　　　　Unstressed acc. sg. les.

3rd person fem. Nom. sg. elle, ele 2055, &c. (el 2564).
　　　　　Stressed acc. and dat. luy 2081, 3762 (: *ly* masc.).
　　　　　Unstressed dat. sg. fem. luy (luye) 1475, 2074, 2075, 2081, li 3572.
　　　　　Nom. pl. elles, ils 1892.
　　　　　Acc. pl. elles.
　　　　　Dat. pl. lour.

1st person pl. nous.
2nd person pl. vous.

---

[1] Cf. Mathew, *Cist* and *Cil*. A syntactical Study, Baltimore, 1907, as reviewed by Meyer-Lübke in the Zts. f. frz. Spr. u. Lit. xxxiii, p. 55.
[2] Rydberg, p. 809.

Of these *jeo* is certainly A.N. *Ils* is very likely also attributable to the scribes, for the use of this form as a nominative plural seems to be connected elsewhere with the decay of declension.¹

In line 2943 the shortened form *ous*, not infrequent in fourteenth-century texts,² is metrically required.

Syntax. (*a*) *Stressed and unstressed forms.*

(α) Coupled with a noun in the nominative, the pronoun is in the nominative in lines 660, 3274, 3894, but the modern use of the stressed accusative is found in 1710, *Ly et toute sa compaignie.*

(β) The stressed accusative form is still regularly employed with a prepositional infinitive, but in 2490 the beginnings of the modern usage are seen in the use of *le* with a second infinitive, before which the preposition has not been repeated: *Et li supplia a garder le païs ⁊ le governer.*

(γ) The stressed pronoun is used when placed first in the sentence, e. g. *moy fu avis* 2650,³ &c.

(*b*) *Masculine and feminine forms.* In 1892 *ils* stands for *elles*, a usage not infrequent in Froissart and other fourteenth-century writers.⁴

(*c*) *Personal and reflexive pronouns.* In accordance also with fourteenth-century usage, the personal pronoun not infrequently replaces the reflexive, e. g. *li* for *soi* 1251, 2114, 2330, 3042, 3896; *yaux* for *soi* 230 (masc. *yceux*), 1940, 3860.

(*d*) *Order.* (α) The direct still precedes the indirect, e. g. *le vous* 2414, 3537, *les nous* 1146, 3168.

(β) When the pronoun is the object of an infinitive depending on another verb the pronoun object is still placed before the finite verb, e. g. 29 *Si ne se doit on pas tenir*, 31 *Cilz qui sen scevent entremettre*, 2937 *S'accorder vous ansdeux pooie*, 3553 . . . *et trainer le fist on*, 2949 *Que nous y plera a entrer.*

(*e*) *Omission.* With respect to the omission of the personal pronoun, the older French usage is observed.

(α) The pronoun subject is still frequently left unexpressed.

(β) When a compound subject consisting of a substantive and a pronoun is used, no summing-up pronoun is added: e. g. 2946–8.

(γ) Before an unstressed accusative of the 3rd person the unstressed dative is regularly omitted: e. g. 1069, 1980, 1985, 2457, 3142, 3661.

(δ) With prepositional infinitives the pronoun object is not infrequently omitted: e. g. 366, 1493, 3334, 3661.

(ε) With the infinitive and participles of reflexive verbs the reflexive pronoun is often absent: e. g. 194, 1181, 1727, 2236, 2983, 3859, and 1121, 1157, 3010, 3461. But contrast 681, 693, 2639, 2650.

(ζ) *Le* is not yet used to refer back to a preceding adjective. As with Froissart and other fourteenth-century writers, its function is taken by *si*.

---

[1] Cf. Brunot, i, p. 420: 'Il est certain que la transformation de *il* est en rapport avec la date de la disparition de la déclinaison.'
[2] Cf. Nyrop, ii, § 521.
[3] This makes the correction of 3222 doubtful. Perhaps *avant* should have been substituted for *devant*, and *ce* kept.
[4] Cf. Ebering, Zts. v. p. 324, and Brunot, i. 420, 421. If the correction of 145 is right the usage of the masc. sg. for the fem. is observable also in l. 146.

THE MANUSCRIPT

In all these respects the Herald's usage is that of his Continental contemporaries[1]. The orthography of the MSS. is however influenced to a considerable extent by A.N. usage. We note in particular :—

(a) The predilection for the stressed forms before the finite verb, e.g. *li* for *le* 1202, 1352, 1765, 1862, 2215, 2522, 2751, 2838; and *soi* for *se* 281, 326, 363, 2121, 2152, 2867, &c.[2]

(b) The displacement of order in 775 *La ne*[3] and 1142 *y nous*.

(c) The addition or omission of the unstressed subject pronouns.[4]

(4) **Possessive Pronouns.** The older feminine forms *ma* and *sa* (*m'* and *s'*) are still used before a vowel, e.g. *m'entente* 39, *m'estudie* 47, *s'amour* 1588; but *mon* and *son* are also found, e.g. *son estudie* 70, *son avant garde* 252.

The stressed form of the pronoun of the 3rd person rhymes with *bien* 1621/2; the scribe uses the A.F. *soen* usually, *senes* in 4112.

The short forms *no* and *vo* are frequently metrically required: cf. 539, 542, 549, 795, 796, 824, &c. The scribe usually writes n̄re and v̄re.[5]

Declension is usually neglected by the scribe, but the nom. sing. *ses* occurs in ll. 283, 1035, 1778, 2481, and the nom. plur. *si* in 660, 1621, 3838.

(5) **Relative Pronouns.**

Masc. nom. sg.	qui (qi)	(qe) 10, 38, 334, &c.	liquels (lequel) 1757, 1980, 2667, 3084, 3279, 3470.
			(quel) 3104.
stressed acc. sg. (persons)	qui (qi) 196, 200, 1794 &c., quoy 124, 556.		
,, ,, (things)	qui 106		(quel) 2922.
unstr. ,,	que		
nom. pl.	qui (qi)	(qe) 31, 440, 1753, &c.	liquel 897
			(lesqueux) 3022.
			(queux) 2130.
stressed acc. pl.	qui (qi) 360, 2128, &c., quoy 1382		desqueux 2917.
Fem. nom. sg.	qui 1510, 1588, (qe) 9, 60, 462, 512, &c.		laquele 115.
			lequel 3431.
acc. sg.			laquele 99.
			(quele) 3673.
nom. pl.	(queux) 184, 482, 744, 1496, &c., que 2916.		
acc. pl.	(queux) 2917, 3698.		

Dont, 143, 338, &c.
Ou, 2614.

Of these forms the only ones metrically attested for the nominatives are the *lequel* form and *qui*. In no case does elision occur where the simple relative is placed in the nominative before a vowel (*Une cite qe ot grant los* 692, (*baniere*) *Qe*

---

[1] Cf. Froissart's usage described by Ebering, Zts. v.
[2] In 1352, 2215, 368., the use of the stressed form is condemned by the fact that it disturbs the metre.
[3] Cf. Stimming: Boeve, note to 917.
[4] Cf. above, p. xxvi.
[5] *no* in 796.

est de soie riche et chiere 972, *Et cils qe eurent fait lour fait* 2820), so that it is clear that the manuscript forms *qe*, *quel*, and *queux* are attributable to the scribes. The use of *qe* is common throughout Anglo-Norman,[1] that of *queux* begins later, but is frequent in the fourteenth century. It is probably due, in part, to the influence of *qe*, in part to *ceux*, and is an instance of the A.N. tendency to secure phonetic similarity among words of similar or related functions.

In other respects also the syntax of the relative pronoun is that of fourteenth-century Continental French. We note :—

(*a*) The continuance of the use of *qui* for the stressed dative and accusative; ordinarily with a personal antecedent, but in line 106 referring to *matere*.[2]

(*b*) The use of *quoy* to refer to a definite personal antecedent, cf. 123, 556, 1382, &c.

(*c*) The similar use of *ou* in 2614.

(*d*) The use of pleonastic *qui*, *que*, with *lequel* in lines 897 and 2949, *Liquel cent qui sont desconfi*, and *Y entrerons par lequel lieu Que nous y plera a entrer*.[3]

(*e*) The survival of the older form *quel . . . que* in 3906 *A quel part que mieulz li plesoit.*

(*c*) *Verbal Forms.*[4]

Morphology. The main characteristic of the A.N. conjugation system—simplification by analogical formations—is well exemplified in the Worcester manuscript. It manifests itself in various directions :—

(1) Simplification of the radical by the generalization of one much used form. This is particularly the case with the verbs *voloir, faire, venir, tenir,* and is noticeable elsewhere. The radical generalized is usually one of the jod-forms.

Voloir regularly takes *voill-* : *voilloir* 1248, 1294, 3510, *voilloer* 1214, *voiller* 3544, *voillons* 793, *voillez* 105, 907, 1235, 2659, *voilleit* 69, 1247, 3511 (*voleit* 1887), *voilloit* 1247, 1845, 1977, 1999, &c., *voilloient* 1801, 3859.

Valoir, vaill- : *vailli* 1351, 1750, 1798, 2757.

venir and *tenir*—(*a*) *vien-*, *tien-*, regularly used in the past definite : *vient* 116 &c., *tient* 114 &c., *viendrent, tiendrent* 3465 &c., as well as in the future and conditional.

(*b*) *viegn- veign-, tiegn-, teign-* : *viegnent* 1144, *veignent* 3129, *tiegnons* 2922, *teignont* 3883.

prendre, preign- : *preigniez* 1011, *preignent* 3477.

faire—(*a*) *fais-, faisissez* 544, *faisist* 647, *faisot* 990, *ffaisoit* 1515.

(*b*) *fac-* : *faccoms* 2934, *facez* 2854.

devoir : *deussez* 2417, 2418.

This tendency is noted by Stimming in Boeve de Haumtone,[5] and is exemplified also in Bozon and other fourteenth-century A.N. writers.

---

[1] Cf. Jong, p. 25 et seq.
[2] This supports the emendation of line 3673 *de qui* for *de quele*.
[3] Cf. Brunot, Hist. L. Fr. i. 461-2, '*que* pléonastique . . . se joint à un autre relatif comme encore aujourd'hui dans la bouche du peuple.'
[4] No comprehensive account of the A.N. conjugation system as yet exists. The most helpful contribution is the *relevé* of forms and the remarks thereon made by Maitland in his edition of the Year Books of Edward II, pp. liii-lxxvii. Stimming, in his edition of Boeve de Haumtone, touches on many points morphological and syntactical.
[5] p. 159.

(2) Simplification of termination by assimilation to the 1st conjugation—a well-known A.N. trait. The instances are collected by Kötteritz, pp. 14–15.[1]

Syntax. (1) *Tense.*
a. Past Definite and Imperfect Tenses. In the A.N. use of tense the liking for simplification also appears. 'Apparently,' says Maitland, in his interesting account of the forms of the Year-Book verb,[2] 'our ancestors behaved as though the French verb had one tense too many. Having *il porta* and *il a porté*, they seem to think *il portoit* superabundant.' The past definite is more usually the tense retained, but, as the same writer points out, the usage varies from conjugation to conjugation, and sometimes from verb to verb. Verbs forming a weak past definite in *-a* and *-i*, and most of those with sigmatic perfects, discard the imperfect; those with strong *u*-perfects the past definite. *Dire* builds a composite tense *dist* and *disoient, venir* and *tenir* make a hybrid 3rd plural *vindroient*. It is only the two commonest verbs, *estre* and *faire*, that keep both tenses in working-order. The practical disuse of the past definite of *avoir* brought with it the loss of the past anterior.

The forms of the past tenses used in the Life of the Black Prince, in so far as they are due to the scribe, are in almost entire agreement with Maitland's observations.

(*a*) *Tenses in the Titles.* Imperfects of the 1st and 2nd conjugations occur very rarely—some twenty times in all, and for the most part only when repeated from the poem.[3] The only instances of imperfects used independently of the text are: *quidoit* p. 33, *menoit* p. 34, *fuyoient* p. 36, *regracioit* p. 128.

Of verbs forming sigmatic perfects, *dire* keeps both *dist* and *disoit* in the singular, but only *disoient* in the plural, *faire* makes *fist* in the 3rd singular, *firent* and *fesoient* in the plural with no difference of meaning; of verbs like *prendre* and *mettre* no imperfect occurs.[4]

Of the perfects of *avoir, savoir, voloir*, that of *avoir* occurs twice (p. 67, p. 73),[5] of the two others there is no instance[6]; *deust* and *receust* occur on p. 75, *pleust* (taken from the text) on p. 81. *Venir* and *tenir* apparently keep both tenses, but for the imperfect, particularly in the plural, there is marked preference.[7]

From the way in which the surviving forms are coupled it is clear that all distinction between the tenses has vanished. Cf. p. 48 *Touz les barouns & seignours de Gascoigne a lui venoient & lui fesoient homage & de bon coer l'amoient*, representing in the text *Qar tout li prince et lui baron . . . Viendrent a lui pur fair homage . . . Et l'amoient de bon amour Tout si subgit . . .*; p. 107 *la menerent grant deduit & gracioient dieu*, representing *Illoeqes menoient grant deduyt Et gracioient dieu*.

---

[1] For the Herald's usage see above, p. xvi.
[2] Op. cit. p. lxi.
[3] Thus *crioient, fuoient* p. 33, *combatoient* p. 34, p. 37, p. 45, *combatoit* p. 101, *parloient* p. 42, *amoient* p. 48, *jettoient* p. 84, *demenoient* p. 116, *courroient* p. 79, *festoient* p. 115.
[4] The perfects are very frequent, cf. pp. 17, 18, 19, 21, &c.
[5] But *avoit* pp. 15, 37, 44, 48, 52, &c., *avoient* pp. 107, 108.
[6] But *voloit* pp. 60, 74, 125, *savoient* pp. 33, 125, with the significance of a perfect.
[7] Cf. p. 48 (poem *viendrent*), pp. 60, 64, 78 &c.

(b) *Tenses in the Text.* The Herald, as we have seen, used the tenses of ordinary fourteenth-century French—of the narrative type—except when he was hampered by metrical requirements. Of the peculiarities mentioned above none can be with certainty attributed to him. They occur but rarely, and generally show themselves to be spurious by the metrical disturbance they cause. He shows no particular bias against the imperfects of the first conjugation or those of the verbs with sigmatic perfects, nor against the strong *u*-perfects, in fact the instances of *eut, eurent, scieut, pleut,* outnumber those of *avoit, avoient, savoit,* and *plesoit*.[1] The past anterior is rather a favourite tense.

The traces discernible of A.N. tendencies in the orthography of the scribe are as follows:—

(i) A 1st conjugation perfect has been substituted for an imperfect in 416, in the rhyme *demurerent*: *avoient,* perhaps also in lines 744 and 2475, too long by a syllable, and in 3035 where an imperfect would be in accordance with the Herald's ordinary usage.

(ii) *Strong Perfects.* The bias against the *u*-perfect forms shows itself in the graphy of those retained and in the occasional substitution of imperfect forms.

(α) The graphy is rarely normal: that of the present tense is used in *poet* 1303, *voet* 1420, 1485, 1591; *sciet* 1830, 2965, 3118; of the imperfect subjunctive in *eust,* 142, 445, 446 &c., *scieust* 1997, *pleust* 3494, 3941. As in the Year-Books, *venir* is found in the curious hybrid form *viendroient* 213, 385, 634, &c., while *porent* (*peurent*) is replaced straightway by a conditional in 2822, 3320, 3368, 4087, and *peut* by a future in 298.[2]

(β) Introduction of the imperfect seems to have occurred in a certain number of 9-syllabled lines, e. g. 2104, 2134 *voloit* for *vot* (*veut*), 2720 *venoient* for *vint*, 3567 *savoit* for *sot* (*seut*), 3568 *pooit* for *pot* (*peut*), and probably also 3779, 3659 *avoit* for *ot* (*eut*), as well as perhaps in ll. 178, 242, 294, 353, 493, 566, 640, 698, 736.[3] Where the plural is concerned metre is a less sure guide, as the contracted form of the imperfect of these verbs is of the same metrical value as the perfect. As, however, the proportion of contracted forms of the imperfect stands abnormally high with *avoir* (2 out of 6 in the first 2000 lines), it is most probable that in the case of *avoir* the substitution has sometimes taken place.

(γ) *Dire* and *faire*. In the singular *dist* outnumbers slightly *disoit,* and *fist fesoit* very considerably; in the plural the relations are completely reversed, but it is noteworthy that a comparatively very high proportion of the plural forms (2 out of 5 with *dire,* 4 out of 15 with *faire*) scan as dissyllables—*disoient* 1914, 3602; *fesoient* 1117, 1616, 3812, 4007. In the case of *dire* one is inclined to suspect that the A.N. suppression of *dirent* has here affected the orthography. The objection

---

[1] In the first 1000 lines the number of perfects of the 1st and 2nd conjugation is 79, of imperfects 25; in the first 2000 lines there are 36 instances of *avoit,* 6 of *avoient* (some of both metrically doubtful), 39 of *eut,* and 6 of *eurent*. We remark that in a narrative passage of Froissart, §§ 274-6, perfects I and II number 39, imperfects 4.

[2] Cf. Stimming: Boeve, note to 1524.
[3] In the text as printed above, these lines have either been corrected by omission of a word or syllable or taken as examples of synalœpha. In view of the strong A.F. influence discernible in the tense-forms, correction of *avoit* to *ot* or *eut* is probably to be preferred.

to *firent* was less strong, but the use of the form *fisent* by the Herald may have led the scribe to introduce here and there wrongly *fesoient*.[1]

b. Simple and Compound Tenses. Another idiosyncrasy of the scribes is the predilection for the compound tenses. These have been substituted for the perfect in 63 *fuist nasquy*, 861 *ad countee*, 1925 *fuist assamblee*, 2079 *ad conforte*, 2963 *avoit apperceu*, and probably in 1409 [2] and the overlong lines noted above containing the past indefinite of *ouir* [3].

(2) *Mood.*

Of the Anglo-Normanisms discernible in Gower's use of mood two are exemplified in the Worcester manuscript :—

(i) The use of the future and conditional in the protasis of *if*-clauses, e.g. 230 *Si . . . prenderoit*, 1862 *Si . . . trovares*, 2058 *Si . . . perderoie*, 2660 *Si . . . donrez*, 2938 *S'accorder vous . . . purroie*, 3965 *Et si de ci lever me purroye.*

(ii) The use of an indicative in adjectival clauses depending on a negative principal sentence, e.g. 191-4 *Ny demoera duc . . . qe toutz ne fist assembler*, 731-3 *Ny demora ne Duc . . . qe tout ne fesoit amasser*, 1792-3 *Ny remist Counte . . . qe toutz ne li firent homage.* Isolated instances of the usage are found in Continental French, both in earlier times and in the fourteenth century [4], but their frequency in A.N. and the relatively high proportion in which they occur in the *Black Prince* render A.N. influence probable. The subjunctive stands in similar clauses in lines 647, 1790, 1860, 2932.

§ V. CONSTITUTION OF THE TEXT.

The poem is by a Hainault writer of the fourteenth century, copied by two A.N. scribes, the first intelligent, but independent-minded and careless, the second well-meaning, but ignorant and stupid. As a result we have extant a garbled version, sometimes unintelligible, often corrupt in metre and grammar.

How should the text be constituted?

The most logical and perhaps simplest plan would have been to attempt a restoration of the forms proper to the dialect of Hainault. The adoption of this method, however, would have entailed an almost complete disregard of the orthography of the extant manuscript, and would, in all probability, have given a text more consistently 'Hennuyer' than that originally set down by the Herald.

Simple reproduction of the manuscript, on the other hand, would seem to be an even more unsatisfactory way out of the difficulty. To secure intelligibility, emendation is often requisite; for the sake of the Herald's good name, grammar and metre could hardly be left untouched, and, correction once begun, it would be hard to know where to stop.

After much hesitation the decision was taken to publish the text in double

---

[1] *fisent* has been adopted in 4007, and should probably have been also in the other lines; the scribe's predilection for *fesoient* is seen by its comparative frequency in the headlines, cf. 1585 and 3113 where he introduces it.

[2] Cf. note to the text.
[3] Cf. above, p. xiii..
[4] Cf. Willenberg, Romanische Studien, iii, p. 383, note, and among contemporary writers Jehan de la Mote, 2254 *N'est nuls qui n'estoit piteus.*

form. In the left-hand column is printed a faithful reproduction of the manuscript with all its orthographical idiosyncrasies[1]; in the right-hand column, a corrected text in which the suppression of recognized A.F. traits has been combined with a restoration of such Hainault traits as are supported by the manuscript. The resulting text is too much a matter of conjectural emendation to be satisfactory, but at least it furnishes a readable version of the poem that may fairly claim to be less of a travesty of the original than that of the Worcester manuscript.

A detailed statement of the changes introduced is appended.

A. Hainault Traits.

I. *Consistently employed.*

(1) Traits consistently or frequently attested by rhymes or metre.

(*a*) Reduction of *-ieé* to *ie*. Rhyme constant,[2] orthography of the manuscript wavering between *ie* (*ye*), *iee*, *ee*.

(*b*) Diphthongization of ε blocked in *yvier*. Rhyme constant,[3] orthography of the manuscript usually *e*. In a few cases *ie* has also been left or introduced when a possible indication was given: *yestre* 3342, *praiell* 698, *sierement* 2221, 3373 (MS. *ſment, seurement*), *fier* 910, 2745 (MS. *feer*).

(*c*) Passage of $\tilde{e} + m$ to $\tilde{a}$. Rhyme usual,[4] orthography of the manuscript usually *e*, but *a* is found in *tamps* in 100, 682, 1507, 2118, and the presence of this graphy in the intermediary is further attested by the confusion of *tamps* and *camps* in 51 and 2035, and of *ensamble* with *ensample* in 865.

(*d*) Raising of *eau* to *iau*. Three rhymes,[5] orthography usually *eau*, but *cotiaux* : *reviaux* 3267, *Baiumont* for *Biaumont* 199.

(*e*) Passage of $e + l +$ consonant to $iau +$ consonant. Three rhymes,[6] orthography usually *eu*, but *consiaux* 2481, *eaux* 476, 1451, and *yceux*, a corruption of *yaux*, in 286.

(*f*) Representation of $e + \lambda$ by $a + \lambda$. One rhyme,[7] orthography usual.

(*g*) The graphy *se* for *si* ('if'). Elision constant.[8] The graphy *si*, regularly employed by the scribes, is usual in A.N.[9]

(*h*) The graphy *se* for *si* ('so') after *et*. The frequency of the elision and the graphy *ce* after *et* in 672, 2343, 3352, 3528, together with the scribe's confusion of *si* (*sic*) and the pronoun *se* in 263, 1223, 1299, 3043, indicate the use of this spelling in the original. It is a graphy that survived in Hainault well into the next century.[10]

(*i*) General correctness of declension, frequently attested in rhymes and metre.[11] Orthography very wavering, but not without traces of the correct forms: e.g. Nom. sing. 10, 11, 12, 37, 38, 132, 143, 156, 157, &c.; Nom. plur. 83, 269, 272, 402, 425, 430, 471, 472, 491, 492, &c.

---

[1] Including the confusion found occasionally between *n* and *u*.
[2] Cf. above, p. ix, § 9 (*b*).
[3] Cf. above, p. viii, § 5.
[4] Cf. above, p. viii, § 6.
[5] Cf. above, p. viii, § 7.
[6] Cf. above, p. viii, § 5.
[7] Cf. above, p. vii, § 1 (*b*).
[8] Cf. above, p. xxvii.
[9] Cf. Rydberg, p. 981.
[10] Cf. Rydberg, p. 863.
[11] Cf. above, pp. xiv–xv. The graphy *ils*, connected with the decay of declension, has also been eliminated (cf. above, p. xlii, note (1)).

CONSTITUTION OF THE TEXT

(2) Traits attested in rhyme and well supported in orthography.

(a) 3rd person plural of the strong sigmatic past definites in *-isent* and *-issent*. Two rhymes,[1] orthography wavering between *-irent, istrent, -isent* 687, 1189, *-issent* 2530. *-irent* (also attested in rhyme, and used in the North concurrently with *-issent*) has been retained ; *-istrent* replaced by *-isent* or *-issent*.

(b) Imperfect subjunctives of the *u*-formation in *-ist* and *-issent*. Two rhymes,[2] orthography wavering, *poist* regular, 610, 1211, 1466, 1830, 2157, 2455, otherwise *-ust* and *-ussent*. According to the graphy used in Northern manuscripts of Froissart, *-ist* forms have been kept or introduced when the radical retains syllabic value.

II. *Retained and extended to identical cases.*

Traits incapable or difficult of attestation in rhymes or metre, but of frequent occurrence in the manuscript.

(1) Reduction of unstressed *-oiss* to *-iss* : *conissance* 5, *conissoient* 1796, *reconissance* 4102, *reconissant* 4110, *pissons* 3166, *blisceoient* 3363.

(2) Reduction of unstressed *on* to *en*, frequent in the case of *volente*, &c. (cf. 874, 1014, 1054, 1568), where it has been regularized ; and found also in *en* (= *on*) 162, *denerent* 1792,[3] *denoient* 3265, where it has been retained. To this reduction also is probably attributable the confusion between *chemina* (i. e. *cemina*) and *comenca* (i. e. *cemenca*) in lines 1124 and 3050.

(3) Reduction of *la*, feminine article and pronoun, to *le*. Orthography vacillating, *le* very frequent.

(4) Omission of *glide-consonants* in the groups *m'l, n'r, l'r*, &c. The rhyme *ensanle* : *Maune*[4] seems to indicate the omission of the labial glide in the group *m'l*, but as no other example is found this graphy has not been introduced.

power (= *poudriere*) is found in 3225, *vorrai*, &c., in 988, 2256, 3538, *venirent* : *tenirent* in 2177-8, 3771-2 ; *vorrai*, &c., *vinrent, tinrent, venra, venroit*, &c., have been regularized.

III. *Retained where found.*

(1) Orthography of the palatals.

There is some evidence in the rhymes that the dialectal pronunciation of *c* (*ts*) as *ch* (*tʃ*) was used by the Herald,[5] and the graphy *ch* is found occasionally : *grimache* 19, *lymache* 20, *lachoient* 2764 (= *lanchoient*), *Rainchevaus* 2191, *Abrichecourt* 1692 &c., *Clichon* 2327.

There is no evidence in the rhymes for the *k* for *ch* ; the graphy is found in *carker* 369, 603, *eskipper* 607, *kenu* 878, *cariage* 1084, *frank(e)* 1474, *frike* 1512, *apeciez* 800 (= *a pechiez*), and its presence in the intermediary is indicated by the confusion of *camps* with *tamps* 51 and 2035, and of *comenca* with *chemina* in 1124 and 3050. The comparative rarity of the dialectal graphy seemed to indicate that its use had not been consistent with the Herald, and after considerable hesitation

---

[1] Cf. above, p. xvii, § 10 (*b*).
[2] Cf. above, p. xvii, § 10 (*c*).
[3] Cf. *denes, dena, denroit* in Gillon le Muisit, quoted by Scheler in his Étude Lexicologique sur les Poésies de Gillon le Muisit.
[4] Cf. above, p. viii, § 6.
[5] Cf. above, p. x, § 16.

the manuscript orthography was left unaltered, except that *sc* and *ss* were replaced by the earlier graphy *c*, and the *ch* of *champ* by *c*.

(2) *ss* for *s* medial intervocal,[1] *bussynes* 908, *condussoit* 1041 (cf. also the confusion *com home deussoit* for *conduissoit* in 325), *tramessist* 1465, *saisson* 1593 (manuscript *ffarsson*), 1712, *oissel* 2018, *oisselet* 3476.

(3) *ǫ* for *ǫu* (= *ǫ + l + cons.*): *cotiaux* 3267, *vorrai* 981, &c.

(4) *i* for *ie*: *brys* 767, 2228.

(5) The omission of interconsonantal *ǝ* in *fri* 2739, *frirent* 2531[2]; its insertion between labial consonant and *r* in *feverier*, &c., and in the futures.

(6) Use of *eu* in the radical accented forms of the strong *u*-perfects, frequent in the manuscript, but often in garbled form; e. g. *eust* (= *eut*) 142, 161, 446, 447, 572, &c. (as frequent as *ot*); *eurent* 515, 574, 1417, 1709 (*erent*), 1996, 2820, 3928; *accreut* 1256, *creut* 1709, *peust* 3294, *poet* (?) 1301, *pleust* 3494, 3941, *plust* 2633, *scieut* 1948, 2900, *sciet* 1830, 2965, 3118, *scieust* 1997, *voet* 1420, 1591, 1885, 3115.

In accordance with the orthography used in the North of France this graphy has been extended to the radical of the weak persons.

(7) Use of weak perfects in *-ndi-*, *-rdi-*, &c.: *ardi* 170, *joindi* 3173, *vailli* 1750, 2757; cf. also *compleindoit* 3595, *prendoit* 1306.

(8) 3rd plural of the perfect of the 1st conjugation in *-arent*: *coronarent* 1771, *alarent* 2639.

(9) Use of the masculine form *li* before feminine nouns beginning with a vowel.[3]

IV. *Introduced where metrically required.*

(1) Aphaeresis in the case of *vesques* 3797, *space* 996, *scarmuches* 2873.

(2) Reduction of *-oire* to *-ore*.[4]

(3) *sons* for *somes* 3163.

B. Continental Traits.

(1) *Regularized.*

(*a*) *oi* for *ei*. Rhymes frequent,[5] graphy usual; exceptions, *poeit* 308, *quei* 907, 2801, 2843, *heirs* 830, 2931, *deit* 2932.

(*b*) The usual Continental treatment of the unstressed vowels in conformity with the conclusions deduced from the study of the metre.[6]

(2) *Retained.*

(*a*) The use of *je* and *ce* for the stressed forms in hiatus. No instances of the Northern *jou* and *cou* appear in the manuscript.[7]

(*b*) The graphies *du*, *eu*, and *ou* for the contracted forms of the articles.

---

[1] Cf. above, p. xxxvii.
[2] Cf. Gilles le Muisit, *frir*, *fri*, quoted by Scheler.
[3] Cf. above, p. xxxviii.
[4] Cf. above, p. ix, § 12.
[5] Cf. above, p. viii, § 8.
[6] Cf. above, pp. xi–xiv.
[7] The A.N. *jeo* and *ceo* are used occasionally, but never when these words are in hiatus. The retention of *je* and *ce* was only decided on after considerable hesitation, traces of which appear in the use of *jou* and *cou* in the first pages of the text.

(c) The forms *ma, ta, sa*, for the possessive adjective.[1]

(d) The graphy *eu* for earlier ǫ tonic free; a graphy frequently attested before *s*, but not supported by the rhymes. *preus (preu)* 165, 527, 626, 768, &c.; *outrageus* 166, *corageus* 528, 1300, 2248, 2738, *glorieus* 3422, *cremeuse* 3921, *merveilleuse* 3922, *eure* 2186, *geneteurs* 2005, 2873, 3088 (*genetours* 2981).

C. Doubtful Traits.

The following forms of doubtful origin have been retained, though their occurrence in the original manuscript is uncertain.

(1) The use of *ff* for *F*.[2]

(2) The graphy *oe* for *ui* in *noet, oet*.[2]

(3) The use of *que* comparative before numerals. The confusion found elsewhere between *qe* and *de* (e.g. 27, 1683, 2022, 4073) renders it likely that it is the scribe and not the Herald to whom we must attribute this construction infrequent in contemporary Continental manuscripts.

On the other hand the use of the graphy *aun* and *oun*[2] for *an* and *on*, the raising of initial *e* in *chival*[2] &c., and the confusion of the prefixes *es* and *en*[3] have been eliminated.

D. Anglo-Norman Traits.

The A.N. traits[4] consistently eliminated are briefly as follows:—

All omissions and additions of *ǝ* or other vowel condemned by the scansion.

All forms of verbs and pronouns classified above as A.N.[5]

The following representations of the vowels:—of *a* by *aa*, e.g. *paas*; of *e* by *ea*, e.g. *feare* 121, *reason* 1629, by *ee*, e.g. *meer* 603, *neez* 471, *fees* 1315, *eeles* 2989, by *ie*, e.g. *niefs* 482, *piere* 533; of *ie* by *e* or *ee*, e.g. *lee* 596, *ceel* 1261; *oi* by *ai*, e.g. *poair* 310, *Paitiers* 720; *eu* by *u, prus* 83, 2267, &c.; *ou* by *u, mullier, trusser*, &c.; *o* by *oo*, e.g. *hoost* 395, *loos* 440, *doos* 1132; *oe* by *oi, poit* 785, *voit* 3535, by *eo*, *Neofville* 3253; *u* by *ui*, e.g. *fuiz* 216, *pluis* 1296.

The reduction of *au* to *a*: *ascune* 4, *chevacha* 374, *enchace* 3437; of *eau* to *eu*: *beux* 822, *oiseux* 1554.

The omission of *u* after *q*: *qi, qe*, &c.

The doubling of some consonants,[6] e.g. *serra* 14, *ferroit* 22, *trebbucher* 2301, *alegge* 2349, *pecchier* 418.

The introduction of the final consonant of the radical before flexional *s* or *z*, or before suffixes: *records* 104, *ducz* 287, *peedz* 2996, *joefnesse* 79.

The use of *t* before *z*: *filtz* 355, *assetz* 205.

The introduction of *s* before a consonant[7]: e.g. *amesna* 197, *vist* 317.

The use of voiced consonants as finals: e.g. *haraud* 2437, *baud* 2954, *trahim* 1219.

---

[1] The use of the dialectal *me, te, se*, is certainly to be expected if we are right in assuming *le* was used for the article, and an indication of their presence in the original is perhaps seen in the mistaken graphy *saville* for *Seville*, but the evidence seemed too slight to justify a thorough-going change of the orthography in this respect.

[2] Cf. above, p. xxxvii.   [3] Cf. above, p. xxxviii.

[4] Cf. Kötteritz.   [5] Cf. above, pp. xxxviii–xlvii.

[6] But cf. above, p. xxxvii.   [7] But cf. above, p. xxxviii.

The confusion of *n* and *n mouillé*: e. g. *semaignes* 2069, *ordeignee* 929.
The restoration of final consonants, such as *n* in *retorn* 437, *enfern* 1268.
The use of the forms *ovesqe, jesqe, unqore, eins, chieftaine, pluvie* (*plume*), of *soen* for *sien*, of the 1st plural in -*oms* and 3rd plural in -*ont*.

VI. APPENDIX.

List of the Works quoted and of the Abbreviations used.

(*a*) *Authors and works on authors.*

Baudouin de Sebourg, ed. Bocca, 1841.
Franz Blume, Die Metrik Froissarts. Greifswald, 1889 (Blume).
Heinrich Bode, Syntaktische Studien zu Eustace Deschamps. Leipzig, 1900 (Bode).
Boeve de Haumtone, ed. Stimming. Halle, 1899 (Boeve).
H. J. Breuer, Sprache und Heimat des Baldwin v. Sebourg. Bonn, 1904 (Breuer).
E. Ebering, Syntaktische Studien zu Froissart, in Zts. f. rom. Phil. v, p. 324 (Ebering).
Froissart, Chroniques, ed. Luce.
Froissart, Poésies, ed. Scheler.
Froissart, Meliador, ed. Longnon, Société des Anciens Textes Français.
Jehan de la Mote, Li Regret Guillaume, ed. Scheler, Louvain, 1882.
John Gower, French Works, ed. Macaulay. Oxford, 1899.
A. Haase, Syntaktische Untersuchungen zu Villehardouin und Joinville. Oppeln, 1884 (Haase).
Gustav Mann, Die Sprache Froissarts auf Grund seiner Gedichte, in Zts. f. rom. Phil. xxiii, pp. 1-46.
E. Müller, Zur Syntax der Christine de Pisan. Diss., Greifswald, 1886.
Scheler, Étude lexicologique sur les Poésies de Gillon le Muisit. Bruxelles, 1886 (Gillon le Muisit).
Scheler, La Geste de Liege, par Jehan des Preis dit d'Outremeuse, Glossaire Philologique. Bruxelles, 1882 (Jean des Preis).
Wilhelm Schmidt, Untersuchung der Reime in den Dichtungen des Abts Gilles li Muisis. Diss. Bonn, Leipzig, 1903 (Schmidt).
Year-Books of Edward II, vol. i, ed. F. W. Maitland, Selden Society, 1903.

(*b*) *Grammars, Grammatical Dissertations, and Periodicals, all referred to in the name of the author.*

Bischoff, Der Conjunctiv bei Chrestien. Halle.
F. Brunot, Histoire de la Langue Française, I. Paris, 1905.
Otto Burgatzcky, Das Imperfekt und Plusquamperfekt des Futurs im Altfranzösischen. Diss., Greifswald, 1885.
Ernst Burghardt, Ueber den Einfluss des Englischen auf das Anglonormannische. Halle, 1906 (in Studien zur Englischen Philologie, xxiv).
Th. Engwer, Ueber die Anwendung der Tempora Perfectae statt der Tempora Imperfectae Actionis. Diss., Berlin, 1884.
G. Groeber, Grundriss der romanischen Philologie. Strassburg.
Karl de Jong, Die Relativ- und Interrogativpronomina *qui* und *qualis* im Altfranzösischen. Diss., Marburg, 1900.

Ludwig Krafft, Person und Numerus des Verbums im Französischen. Diss., Göttingen, 1904.

Ancus Martius, Zur Lehre von der Verwendung des Futurs im Alt- und Neufranzösischen. Diss., Göttingen, 1904.

W. Meyer-Lübke, Grammatik der romanischen Sprachen.

Kr. Nyrop, Grammaire historique de la Langue Française.

R. L. Graeme Ritchie, Recherches sur la syntaxe de la conjonction 'Que'. Paris, 1907.

Gust. Rydberg, Geschichte des französischen ə.

H. Suchier, Grammatik des Altfranzösischen.

Adolf Tobler, Vermischte Beiträge zur französischen Grammatik. (Tobler. V.B.)

Johan Vising, Die realen Tempora der Vergangenheit im Französischen und den übrigen romanischen Sprachen, in Französische Studien, vii. 2.

Zeitschrift für romanische Philologie, ed. Groeber.

Zeitschrift für französische Sprache und Litteratur, ed. Behrens.

HISTORICAL INTRODUCTION

THE author of this Poem, one of the most valuable authorities on certain episodes in the Hundred Years War, was Chandos, the domestic Herald of the famous friend and follower of the Black Prince, Sir John Chandos, whom, as we learn from Froissart, he accompanied in some at least of his later campaigns.

The poem is not so much a continuous historical narrative as a record of the leading events in the life of this same Prince, and a eulogy upon his prowess and piety. This is important to notice, as it accounts for the partial or complete omission of many important details, and for the special prominence given to the exploits of its hero.

As to the author himself, we know very little of Chandos the Herald, and can only collect fragments of information from occasional passages in Froissart.[1]

In all probability he entered upon his duties when Chandos received the rank of banneret, together with the territory of Saint-Sauveur-le-Vicomte, in 1360, though we find him first alluded to by Froissart in the beginning of 1366, when Chandos was treating with Foix for the passage of the Companies, on which occasion 'his Herald' is mentioned;[2] he is also noticed *by name* in 1369, when he bears a message to the Black Prince from Chandos and Knolles then engaged in the siege of Domme.[3]

Anstis, in his Order of the Garter, speaks of Chandos, formerly Herald of Sir John Chandos, as being invested in 1381 in the tabard of the Earl of Buckingham, and as being probably the person mentioned in 1382 as 'King of Arms of Ireland Chandos by name.'[4]

A notice of the poem is given by Warton in his History of English Poetry, where he calls the author 'The Prince's Herald, who attended close on his person in all his battles'[5]; but this is too obviously an error to require attention.

We start, then, with the knowledge that the author was a Herald; probably, therefore, a person of discernment, address, experience and some degree of education[6] (Froissart tells us that he often went to Heralds for his information); attached to the person of a warrior who was the intimate friend and constant follower of the Black Prince; and an eye-witness of some at least of the events which he describes in his narrative.

---

[1] The best edition is that edited by Siméon Luce for the Société de l'Histoire de France, Paris, 1869-88. The references in the following pages will be to that, unless otherwise stated.

[2] Froissart, vi. 216.

[3] Froissart, viii. 146. 'Chandos li hiraus.'

[4] Anstis, Order of the Garter, London, 1724. i. 432.

[5] Warton, History of English Poetry, 1824. ii. 120.

[6] Ibid.

HISTORICAL INTRODUCTION

The poem is written, on the whole, in a plain, straightforward manner, evidently more for the sake of the history contained in its pages than for the poetical form in which the narrative is cast. But, though we may credit the author with the intention of telling a plain unvarnished tale, we shall look in vain for an accurate chronology, and must turn to other sources for the actual dates of the events recorded in these pages.

The Herald begins by a brief description of Edward III's campaign of 1346, culminating in the battle of Crécy, and followed by the capture of Calais. He gives some details of the plot for the recovery of that town at the end of 1349, and then passes almost at once to the years 1355 and 1356, giving a detailed and valuable account of the victory of Poitiers.

After this we come, however, to what is by far the most important part of the poem, that in which he treats of the events in which he himself took part: the Spanish expedition made by the Black Prince on behalf of Pedro of Castile, and the battle of Nájera or Navarete. Having completed the history of this period, he gives a very brief and sketchy account of the disastrous end of Prince Edward's government of Gascony, and of the war which led to the loss of almost all the possessions acquired at Brétigny, and then with considerable detail recounts the close of his hero's career and his dying moments.

This is the conclusion of the poem, which does not seek to describe historical events other than those which concern its central figure. The verses finish with a brief appendix of official names and a copy of the Prince's epitaph.

As to the date at which the Herald wrote, it cannot have been immediately after the events recorded. The poem covers, as we have seen, the whole life of the Prince, whose death took place in 1376, and we read that since the conquest of Castile by Henry of Trastamare 'ne passa mye des ans vint' (1816). This would bring the date of its composition to about 1386, but in all probability 1385 would be nearer the truth, since, in speaking of the Princess of Wales, whose death took place at the close of this year, the author makes use of the present tense: 'Qui de tout honor *est* maistresse' (2142). This does not establish absolute certainty, as he speaks also in the present tense of the Queen of Navarre (2486), who died as early as 1373,[1] obviously before the writing of the poem. Taken, however, in conjunction with the other statement, as to not quite twenty years having elapsed, it renders this date very probable.

The poem falls naturally into two parts: (A) the account of the French Campaigns, (B) the Spanish episode, and it will be clearer to consider each of these parts separately.

A. Certain general conclusions can be drawn from a consideration of the first portion.

1. We gather that the Herald was not an eye-witness of any of the events here recorded. In no place does he give the slightest indication of his own presence, while several times he writes as though his information were second-hand. Such

---

[1] L'Art de vérifier les dates, Paris, 1818, vi. 504.

phrases as 'Com jay oy conter' (394, 734), 'a ce que je entendi' (1163, 1375), occur frequently. Occasionally he alludes to a written record. He quotes 'la matiere' when he narrates the crossing of the river at Poissy (214). The date of the battle of Crécy he claims to have found in 'luy escris' (380), but it is quite a wrong one, and evidently given at haphazard from memory. In stating the number of the French army before Poitiers, and the mission of the Archbishop of Sens, he says 'come dit l'estille' (737, 868); and for the capture of Curton and d'Aubréchicourt 'come dit le romant'. Such expressions, however, are very vague and seem to be added as much to fill up his lines as for any other purpose. He probably saw lists of men, prisoners and so forth; but, if he gathered his information from any book or chronicle, it does not seem to have been one which we now possess. He might possibly have seen the early edition of Froissart (written between 1369 and 1373), or the Chronicle of Baker of Swynebroke (written in 1359 or 1360), or even parts of the Grandes Chroniques; but there are no obvious signs of imitation, and certainly no actual reproductions. His narrative, however, cannot in this part be the result of personal knowledge, nor can it have the value of a first-hand record.

2. We may look upon him, nevertheless, as an authority likely to be trustworthy. He was a person of importance and of intelligence, having opportunities of contact with many who must have been actually present at the events which he records; added to which, he does not indulge in poetical exaggeration or flights of imagination, but expressly disclaims the desire to imitate 'Jangelours et Jogelours' and sings the praises of historical truth (15-42).

3. As we have already seen, he does not appear to have copied from any known writer. His details differ widely from those given by Froissart, and we have proofs of originality in many stories which are found nowhere but in his pages. The following are examples of this: The resistance of Marshal Bertrand to Edward's landing in 1346 (154-65, see note); the mention of Beaujeu in connexion with the plot for the recovery of Calais (420, see note); the visit of the Captal de Buch to England in 1355 (526, see note); the exact disposition of the garrisons in Gascony during the winter of the same year (668-80); many of the details of Cardinal Talleyrand's attempt to bring about an agreement between the rival leaders before the battle of Poitiers; the joint Council held on the Sunday, and Charny's proposal of a combat between picked men from each side (767-928); the part played at this same battle by the troop of horse under Guichard d'Angle, Aubigny and Ribemont (1190-1200); and finally the Prince's prayer before actually engaging in arms with the forces of the French king (1260-75).

From these facts it seems probable that his information was gathered more frequently from conversation with those who had taken part in these various events than from any written records; and that, for this reason, though not very correct in details, he gives a more interesting and better general idea than more accurate but less spirited accounts. At the same time this renders his knowledge of the remoter history less full and clear than if he had taken the trouble to investigate closely what had really occurred, and it is for this reason, probably, that we find so meagre an account of the early campaigns, and, above all, of the battle of Crécy, which, in a history of the Black Prince, we should have expected to occupy a far more important place.

4. As a chronicler he has certainly some grave faults. First and foremost as to chronology. Dates are not altogether suitable to a poem, and in consequence we find very few of them, but in almost every instance in which an indication is made it is incorrect. Poitiers is dated rightly, but Crécy is given on the 23rd instead of the 26th August (381, see note), and the duration of the Siege of Calais (387, see note), the birth of Thomas of Woodstock (521, see note), and the campaign of 1355 are all inaccurately represented.

5. The Herald's desire to sing the praises of his hero has probably affected the impartiality of his narrative: thus the great renown won by the Prince at Caen, his command at the crossing of the Somme, and his rescue of his father at Calais may all be somewhat exaggerated. Occasionally also his method of passing quickly from one great event to another, and his rather scrappy and disjointed style, render the narrative obscure if not actually misleading. Thus his accounts of marches and campaigns are of very little use, his Battle of Crécy and Siege of Calais are uninteresting and present no new information, while his account of the Calais plot would, if taken alone, be almost unintelligible.

Nevertheless, except in the matter of dates already mentioned, we cannot convict Chandos of any glaring mistakes, with the exception of that concerning the Prince's march from Bordeaux to Romorantin, and the mention of Béziers as among the towns captured in 1355 (648). He may be wrong also as to the part played by Marshal Bertrand and as to the connexion of Beaujeu with the Calais plot, but neither has been positively disproved, and for the other points, on which he is the only authority, he had good opportunities of judging them, and is very probably correct, while his lists of names are in every case exceedingly accurate; as a herald, probably the history of noble families was familiar to him.

To sum up, we may say that, as regards the earlier campaigns, we learn from Chandos little that is new or striking, and cannot look upon his narrative as particularly accurate; but that for the proceedings of 1355 and 1356 his authority is exceedingly valuable, especially in all that concerns the Battle of Poitiers, for which his account, which should be compared with that of Baker of Swynebroke, may be regarded as offering information of the highest importance.

B. For the Spanish Campaign there is no doubt as to the extreme value of his testimony. Accompanying his master, as we have seen, in 1366, his own words prove clearly that he was an eye-witness of the events which he records in this and the following year: 'Ore est bien temps de comencer ma matier, et moy adresser au purpos ou ie voille venir a ce qe ie vys a venir apres la bataille en Britanie' (1649-53).

We have before us, therefore, the work of an eye-witness, whose position afforded him every opportunity of giving a trustworthy account of the campaign in which he played an active part, and who wrote within eighteen years of the events he describes. Yet the interval was perhaps sufficient to obliterate the freshness of first impressions, and to lead to inaccuracies, unless some written record had been preserved contemporary with the events recorded. But, despite this disadvantage, the general impression which we gather from the study of this portion of the poem is that without doubt it is *a* most valuable, if not *the* most valuable authority which we possess for all that concerns the Spanish Campaign.

1. It is not only the work of an eye-witness, but of an eye-witness deserving the fullest confidence. Naturally he has his limitations; he is not infallible in his account of events which took place at a distance—notably in Spain, and in the enemy's camp—but this limitation is also a point in his favour. He gives so few details of those events in which he did not himself take part, that he does not seem to have done much in the way of copying other authorities, and, therefore, whenever he does give a circumstantial account it may be considered as based on first-hand knowledge. Very rarely now does he allude to any other information. Occasionally we find 'come jay oy', or 'come jay oy countier', as in his description of the capture of men on the mountain (2798) and the making of knights by the Black Prince (2626); these would be very natural expressions in the case of events which he did not actually see with his own eyes. The mention of written records is still rarer and chiefly concerns Spanish events. Thus, in describing Pedro's flight from Seville, he writes: 'si come la matiere dist' (1784), and, on Prince Henry moving from his camp at Navarete, 'si lui estoire ne ment' (3048). The expression 'Sicome ie oi en mon recorde' (1930), concerning the preparation of ships at Bayonne, may refer to his own notes, or to some information sent him at the time.

2. He must, however, have done more than draw on his own memory. The long lists which he gives must certainly have been preserved in writing, and since we have no similar lists in any Chronicle but that of Froissart, who has presumably copied from the Herald, we may conjecture that he made the lists himself upon the spot.

There is, therefore, good reason to believe that he kept some kind of journal of the campaign: a view supported by his frequent mention of days of the week. This makes him all the more likely to be trustworthy.

3. Not only are his names of people accurate, but his names of places also, and his records of marches are full, and to all appearances geographically correct. Here we have a striking contrast to his confused account of the Poitiers campaign, in which he was not present.

4. We have already noticed, in criticizing the first part of his poem, his straightforward and businesslike manner of writing; this continues to be noticeable in the latter half, despite the increase of details, the frequent introduction of the dialogue form and the picturesque touches which occur from time to time. But he is seldom either redundant or obscure, and he carries on a continuous narrative, rarely even stopping to comment on what he describes. It is evident that he had a sincere desire to speak the truth without exaggeration, and it is wonderful how perfectly impersonal he has remained throughout. He not only makes no mention of his own performances, but he omits any description of events in which he had played a part, unless they are strictly essential to the biography of his hero.

5. His one great fault still continues; and this defective chronology is a real

HISTORICAL INTRODUCTION

detriment to the value of his record. He only twice gives the date of the year (for the Prince's preparations in 1366 (2017, 4173)), rarely the date of the month (Nájera (3475) and the death of the Black Prince (4173)); his days of the week are difficult to identify, and when he does attempt any indication of the duration of time it is generally wrong (e. g. the birth of Richard fifteen days after Christmas (2049, see note), the stay of the Black Prince in Spain (3631, 3645, 3677, see notes)).

6. One other fault is a vagueness as to numbers, as in the varying calculations given of the Spanish army at Nájera; and the number of killed, &c. (3085, 3124, 3451, 3475, &c.); but this is common to all the chroniclers of the time, and it is not to be wondered at, as trustworthy information must have been totally lacking.

7. These are, however, the only grave faults which can be found in his narrative: as far as we can judge he has made no misstatements of any importance. Pedro's journey by *sea* from Seville (1785, see note), his arrival at Bayonne accompanied by his *sons* (1943), the arrangements previous to his landing (1909 sq.), the sending of the Prince's letter to Henry from Logroño instead of Navarete (2908, see note), are all trifling errors, which do not affect the general value of his work.

8. Finally, not only is the Herald s poem as a whole of first-rate importance, but it is in all probability the source of almost all our information respecting the years 1366 and 1367. Siméon Luce says distinctly, in his notes to Froissart's account of the Spanish Campaign, that the Chronicler copies here from the record of Chandos.[1] It is known that Froissart did not himself go on this expedition, so that first-hand knowledge was to him impossible, and his account tallies very closely with that of our author; being indeed still closer in the later edition of Froissart, that known as the Amiens version, parts of which Luce prints in his Appendix. Possibly the earlier version was composed from information given by the Herald, or from the actual notes which he may have taken, while the later version was written by Froissart with the actual poem before him. When the Amiens manuscript varies from the text which Luce has chosen for his edition, the difference almost always approximates to the poem and often involves an actual reproduction of its words and phrases. Sometimes the second edition is shorter than the first, and leaves out names &c. which Froissart has inserted before, but which are not confirmed by the Herald's lists. A few extracts from each (see overleaf) will best illustrate the far closer resemblance of the Amiens version than of the other, although both were probably based on the first-hand information collected by our author.

Froissart has made additions here and there to the Herald's narrative, but, as he travelled about considerably, and was an indefatigable collector of information, to say nothing of being blessed with a fertile imagination and a fluent pen, his addition of details is not to be wondered at.

For the conclusion of the Prince's history, the account given in the poem is too brief to be of much value in comparison with the far fuller records which we possess, but as far as it goes it seems to be sound and careful, and there are a few interesting details in it concerning Edward's last hours.

This general inference, therefore, can be drawn: that the poem of Chandos

Froissart, vii, p. iii, note 1.

Herald is an original and, on the whole, trustworthy work; that it provides a useful source of comparison with other contemporary records; that it is worthy of study throughout, while for the history of the years 1366 and 1367 it is not only valuable but essential.

PARALLEL PASSAGES

Chandos.
(2951-2960.)

Ensi fut le lettre dictée
Et puis après fut seallee
Et la baillerent a un heraud
Qui ot le coer joiant et baud
Et moult demenoit grantz reveaux
Car home li dona beaux joiaux
Robes dermyn manteaux furrez
Et lors ne sest pluis arrestez
Congie prist et sen departi
Vers son Meistre le Roy henri.

Froissart.
(*Text from Luce.*)
(Vol. vii, page 29.)

Quant ceste lettre fu escripte, on le cloy et seela, et fu baillie au hiraut qui avoit l'autre aportée et qui le reponse avoit attendu plus de trois sepmaines. Si se parti dou prince et des signeurs à tout grant pourfit, et chevauça tant qu'il vint devant Nazres, ens es bruières où li dis rois estoit logiés.

Froissart.
(*Amiens version.*)
(Vol. vii, page 277.)

Si tos que la lettre fu escripte, on le saiella, et le fist delivrer li prinches au hiraux le roy Henry, qui les autres avoit aportées et qui le responce attendoit. Si se parti li dis hiraus dou prinche et des seigneurs, tous liés et tous joyans, car on li dounna grans dons et biaulx jeuiaus, draps et mantiaux fourrés d'ermine et de vair. Si s'en revint en l'ost de son seigneur devant Nazères.

Chandos.
(3121-3156.)

Mons: Johan de Chaundos
Est venuz au Prince tantos
Et la porta sa baniere
Qui fut de soie riche et fiere
Moult doucement lui dist ensy
Sire fait il pur dieu mercy
Servi vous ay de temps passee
Et tut quant dieux mad donee
De biens ils me veignent de vous
Et bien savez qe je sui touz
Le vostre et sarray tout temps
Et sil vous semble lieu et temps
Qe je puisse a Banier estre
Jai bien de quoi a mon maistir
Qe dieux mad done pur tenir
Ore en faitz vostre pleisir
Veiez le cy je vous present
Adonqes le Prince sanz attent
Et le Roy daun Petro sanz detri
Et le duc de Lancastre auxi
La banier li disploierent
Et par le haut li baillerent
Et li disrent sanz plus retraire
Dieux vous en laist vostre preu faire
Et Chaundos sa banier prist
Entre ses compaignons le mist
Et lour ad dit a lee chiere

Froissart.
(*Text from Luce.*)
(Vol. vii, page 34.)

Là aporta messires Jehans Chandos sa banière entre ses mains, que encore n'avoit nulle part boutée hors, et li dist ensi : ' Monsigneur, vechi ma banière : je vous le baille par tel manière que il le vous plaise à desvoleper et que aujourd'ui je le puisse lever ; car, Dieu merci, j'ai bien de quoi, terre et hyretage, pour tenir estat, ensi qu'il apartient à ce '. Adonc prisent li princes et li rois dans Piètres qui là estoit, la banière entre leurs mains, et le desvolepèrent, qui estoit d'argent à un peu aguisiet de geules, et li rendirent par le hanste, en disant ensi : ' Tenés, messire Jehan, veci vostre banière : Diex vous en laist vostre preu faire !' Lors se parti messires Jehans Chandos, et raporta sa

Froissart.
(*Amiens version.*)
(Vol. vii, page 282.)

Ung bien petit devant ce que les batailles devoient approchier, messires Jehans Camdos aporta sa bannierre, toute envolepée, au prinche, et li dist ensi moult doucement : ' Monsigneur, je vous ay servi ung long tamps à mon loyal pooir, et tout ce que Dieux m'a dounné de bien, il me vient de vous : si savés ossi que je sui tout vostres et seray tant que je vivray. Si vous pry que je puisse estre à banierre ; car Dieu merchy, j'ai bien de quoy, terre et mise, pour l'estre, et ve e ci, je le vous présente : si en faittes vostre plaisir.' Et adonc li prinches, li roys dan Pierre d'Espaingne et li dus de Lancastre prissent le bannierre de Monsigneur Jehan Camdos, et desploiièrent et li baillièrent par le hanste, et li dissent

PARALLEL PASSAGES

Chandos.	*Froissart.* (*Text from Luce.*)	*Froissart.* (*Amiens version.*)
Beaux seigniours Veiez ci ma baniere Gardez le bien come le vostre Car auxi bien est vostre comme nostre Les compaignons ont fait grant joie Ils soulement ont pris lour voie Et ne voillent pluis attendre Au combatre voillent entendre Cell banier qe je vous dy Portoit Guilliam Alby.	banière entre ses gens, et le mist en miy aus, et si dist : ' Seigneur, veci ma banière et la vostre ; or le gardés ensi que la nostre.' Adonc le prisent li compagnon qui en furent tout resjoy, et disent que, s'il plaisoit à Dieu et à monsigneur saint Gorge, il le garderoient bien et s'en acquitteroient à leur pooir. Si demora la banière ens ès mains d'un bon escuier englès que on appeloit Guillaume Aleri, qui le porta ce jour et qui bien et loyaument s'en acquitta en tous estas.	tout en baillant : ' Tenés vostre bannierre : Dieu vous en lait vostre preu faire ! ' Dont se parti messires Jehans Camdos dou prinche, se bannierre en son poing, et s'en vint entre ses gens et ses compaignons, et le mist enmy yaux, et leur dist : ' Biau signeur, vechy me bannierre et le vostre : gardés le bien, car otant bien est elle vostre que nostre.' Adonc le prissent li compaignon, qui en fissent grant joie, et dissent que elle seroit bien gardée, se il plaisoit à Dieu. Et fu baillie et delivrée à ung bon escuier englès, qui ce jour le porta et qui bien s'en acquitta, et estoit nommés li dis escuiers Guillaummes Alleri.

Chandos. (3401-3421.)	*Froissart.* (*Text from Luce.*) (Vol. vii, page 43.)	*Froissart.* (*Amiens version.*) (Vol. vii, page 289.)
Illoeqes fut pris mons : Bertrans Et la Mareschall sufficiantz Dodrehem qui tant fuit hardiz Et un Counte qui eust grant pris Counte de Dene fuit nosmez Li Counte Sauses nen doutes Y fut pris qui fut chieftayne Ouesque le Beghe de Vellaine Mons : Johan de Neofville Et des autres plus de ij. Mille Et pur faire juste report Luy Beghes de Villiers fut mort Et plusours autres dont de noun Je ne say faire mencioune Mais li reporte y fuist tenuz Cink Centz homes darmes ou plus Morirent en la piece de la terre Ou home eust mayn ȝ mayn a feare Auxi de la parte des Englois Morust un chivaler parfees Ce fut le droit seigniour de fferriers.	Si furent pris de ses gens et desous sa banière pluseur bon chevalier et escuier de France et d'Arragon, et par especial messires Bertrans de Claiekin, messires Ernoulz d'Audrehen, et messires li Bèghes de Vellainnes et plus de soixante bons prisonniers. Finablement, la bataille à monsigneur Bertran de Claiekin fu desconfite, et furent tout mort et pris sans recouvrier chil qui y estoient, tant de France comme d'Arragon. Et là fu morts li Bèghes de Villers, et pris li sires d'Antoing en Haynau, et li sires de Brifueil et messires Gauwains de Bailluel, messires Jehans de Berghètes, messires li Alemans de Saint Venant et moult d'aultres.	Là fu pris messires Bertrans de Claiequin desoubz li bannierre monsigneur Jehan Camdos et fu ses prisons. Et furent pris li comtes Sansses, frères au roy dam Pierre et au roy Henry, qui s'en fuioit, messires li Bèghes de Vellaines, messires Jehans de Noefville, et plus de deux mil chevaliers et escuiers. Et y fu mors entre les autres ungs bons chevaliers franchois, li Bèghes de Villers, et pluisseurs autres chevaliers et escuiers que je ne puis mies tout noummer ; et, dou costé des Englès, ungs bons chevaliers qui s'appelloit li sires de Ferières.

PARALLEL PASSAGES

Chandos.
(3721–3739.)

Mais pur la matiere abreggier
Chaundos se vint sanz atargier
Per deuers le Roy de Nauarre
Il ⁊ daun Martin de la Carre
Purchacerent tant qe le Roys
De Nauerre qui fut curtoys
Lessa le Prince passer
Et li Prince sanz arester
Se parti de vale de sorie
Parmy Nauarre ad quillie
Sa voie sanz prendre soiour
Lui Roi qui moult fui plain donour
Ly Prince grant honour fesoit
Car toutz les iours li enuoioit
Vin ⁊ vitaille agrant plentee
Parmy Nauarre li ad amesnee
Si conduist tut outre le paas
Apres ne vous menteray pas
A seint John du pee des portz.

Froissart.
(*Text from Luce.*)
(Vol. vii, page 61.)

Si passa le dis princes parmi le royaume de Navare, et le raconvoiièrent li dis rois de Navare et messires Martins de la Kare jusques au pas de Raincevaus.

Froissart.
(*Amiens version.*)
(Vol. vii, page 300.)

Si se parti li prinches dou val de Sorrie, et s'aceminna parmy Navarre. Et li roys de Navarre li faisoit grant feste et grant honneur, et le rafresqissoit tous les jours de nouvelles pourveanches, et le conduisi et mena tout parmy le royaumme de Navarre et à la ville de Saint Jehan dou Piet des Pors.

LIFE OF THE BLACK PRINCE

Cy comence une partie de la vie ꝛ des faites darmes dune tres noble Prince de Gales et Daquitaine quauoit a noun Edward eigne filitz au Roy Edward tierce queux dieux assoille.

Ore veu home du temps iadys	Ore veit on du tamps jadys
Qe ceux qui faisoient beaux ditys	Que cil qui faisoient biaux dis
Estoient tenu pur aucteur	Estoient tenu pour aucteurs
Ou pur ascune amenceueur	Ou pour aucuns amenteveurs
5 De moustrer les bons conissance	De moustrer des bons conissance 5
Pur prendre en lour coers remembrance	Pour prendre en lour coers remembrance
De bien ꝛ de hon receuioir	De bien et honour recevoir.
Mais home dit ꝛ si est de ce voir	Mais on dit, et s'est de ce voir,
Quil n'est chose que ne delzeche	Qu'il n'est chose qui ne desseche
10 Ne qil n'est arbres que ne seche	Ne qu'il n'est arbres qui ne seche 10
Q'un soul c'est luy arbres de vie	Q'un soul, c'est li arbres de vie ;
Mais sils arbres en cest vie	Mais cils arbres en ceste vie
fflorist ꝛ botonne en toutz champs	fflorist et boutonne en touz camps.
Ci ne serra plus arestans	Ci ne serai plus arestans,
15 Car combien qe home nen face compte	Car, combien qu'on n'en face compte 15
Et qe home tiendroit plus grant acompte	Et qu'on tiegne plus grant acompte
D'un Jangelour ou d'un fauxe menteur	D'un janglour ou d'un faux menteur,
D'un Jogelour ou dun Bourdeour	D'un joglour ou d'un bourdeour,
Qui voudroit faire une grimache	Qui vourroit faire une grimache
20 Ou contreferoit le lymache	Ou contreferoit le lymache 20
Dount home purroit feare un risee	Dont on pourroit faire risee,
Qe home ne ferroit sanz demoeree	Qu'on ne feroit, sanz demoeree,
D'un autre qui saueroit bien dire	D'un autre qui savroit bien dire—
Car cils ne sount saunz contredire	Car cil ne sont sanz contredire
25 Mie bien venuz a la court	Mie bien venu a le court 25
En le mounde qore court	En ce monde qui ore court—
Mais couient de home ne tiegne rien	Mais coment qu'on ne tiegne rien
De ceux qui demoustrent le bien	De ciaux qui demoustrent le bien,
Si ne se doit home pas tener	Si ne se doit on pas tenir
30 De beaux ditz faire et retenir	De biaux diz faire et retenir— 30

Cils qe sen sceuent entremettre	Cil qui s'en scevent entremettre—
Eins les doient en liure mettre	Eins les doient en livre mettre,
P quoy aps ce qils sont mort	Par quoy apres ce qu'il sont mort
Et si ount fait lui iuste recort	En soient fait juste recort ;
35 Car cest almoigne & charitee	Car c'est aumone et charite 35
De bien dire & de veritee	De bien dire, de verite,
Car bien ne fust unqes perduz	Car biens ne fu onques perduz
Qen ascun temps ne feust renduz	Qu'en aucun tamps ne fu renduz.
f. 1ᵛ Pur ce voil je mettre mentente	Pour ce voeil je mettre m'entente—
40 Car volentees a ce me tempte	Car volentes a ce me tempte— 40
Defaire & recorder beaux ditz	De faire et recorder biaux diz
Et de nouelle & de iadys	Et de novel et de jadys.

Ore cy comence la matiere.

Ore est bien temps de comencer	Ore est bien tamps de comencier
Ma matiere & moy adresser	Ma matere et moy adrecier
45 Au ppose ou je voloi venir	Au pourpos ou vorai venir. 45
Ore me laisse dieux auenir	Or m'i laisse Dieux avenir,
Car je voil mettre mestudie	Car je voeil mettre m'estudie
A faire & recordir la vie	A faire et recorder la vie
De plus vaillant Prince du mounde	Du plus vaillant prince du monde,
50 Si come il tourny a le rounde	Si com il tournye a le ronde, 50
Ne qe fuist puis les champs claruz	Ne qui fust puis les tamps Clarus,
Jule Cesaire ne Artuz	Jule Cesaire ne Artus,
Ensi come vous oier purrez	Ensi com vous oïr pourrez
Mais qe de bon coer lescoutez	Mais que de bon coer l'escoutez :
55 Cest dune franc Prince d'aquitaine	C'est d'un franc Prince d'Aquitaine 55
Qui fuist cest bien chose certayne	Qui fu, c'est bien chose certayne,
ffiltz au noble Roi Edward	ffilz au noble Roy Edouwart
Qui nauoit pas le coer coward	Qui n'avoit pas le coer couwart,
Et filtz Phelippe la Roigne	Et filz Phelippe le Reïne,
60 Qe fuist la pfite racine	Qui fu le parfite racine 60
De tout honure & de nobletee	De tout honour et de noblece,
De sens de valoir & de largitee	De sens, de valour et largece.

Des nobles condiciouns du Prince auant nome.

Cil franc Prince dount je vous dye	Cils frans Princes dont je vous dy,
Depuis le iour qil fuist nasquy	Depuis le jour que il nasquy,
65 Ne pensa forsq loiautee	Ne pensa fors que loiaute, 65
ffranchise valour & bountee	ffranchise, valour et bonte,

Et si fuist garniz de pesce	Et se fu garniz de proece.
Tant fuist cil Prince de hautesce	Tant fu cils Princes de hautece
Qil voilleit toutz les iours de sa vie	Qu'il voleit touz jours de sa vie
70 Mettre tout son estudie	Mettre toute son estudie 70
En tenir iustice et droiture	En tenir justice et droiture,
Et la prist il sa moriture	Et la prist il sa noriture,
Tres dont qil fuist en enfance	Tres dont que il fu en enfance ;
De sa volunte noble et france	De sa volonte noble et france
75 Prist la doctrine de largesce	Prist la doctrine de largece, 75
Car iolitee et noblesce	Car joliete et noblece
ffuist en son coer pfitement	ffu en son coer parfitement
Tresle primer comencement	Tres le premier comencement
f. 2ʳ De sa vie et de sa joefnesse	De sa vie et de sa joenece.
80 Ore est bon temps qe ie madresse	Ore est bien tamps que je m'adrece 80
A bouter auant ma matiere	A bouter avant ma matere,
Coment il fuist ceste chose clere	Coment il fu, c'est chose clere,
Si prus si hardi si vaillant	Si preus, si hardis, si vaillanz
Et si curtois et si sachant	Et si courtois et si sachanz,
85 Et si bien amoit seinte esglise	Et si bien amoit seinte Eglise 85
De bon coer et sur tout guyse	De bon coer et sur toute guyse
La treshauteine Trinitee	Le tres hauteine Trinite :
Le feste et le solempnitee	Le feste et le solempnite
En comencea a sustenir	En comenca a soustenir
90 Tresle primer de son venir	Tres le premier de son venir, 90
Et le sustient tout sa vie	Et le soustint toute sa vie
De bon coer saunz penser envie	De bon coer, sanz penser envie.

**De la passage du Roy et du Prince son filtz
en Normandie oue mult noble baronie.**

Ore ay ie volu recorder	Ore ay je volu recorder
De sa ioefnesse au voir counter	De sa joenece, au voir conter.
95 Ore est reason qe ie vous counte	Ore est raisons que je vous conte 95
De ce dount home doit fair acompte	De ce dont on doit faire acompte :
Cest du fait chiualrie	C'est du fait de chevalerie :
En sa psone fuist morie	En sa persone fu norie
En la quele il regna xxx ans	En le quele il regna xxx ans.
100 Noblement il usa ses tamps	Noblement il usa son tamps, 100
Car ioieseroie dire ensy	Car j'oseroie dire ensy
Qe puis le temps qe dieux nasquy	Que puis le tamps que Dieux nasquy
Ne fuist pluis vaillant de son corps	Ne fu plus vaillanz de son corps,

Sicome orrez en mes records	Si come orrez en mes recors
105 Si voillez oier et entendre	Se volez oïr et entendre 105
A matier a qui ie voille tendre	A matere a qui je voeil tendre.
Bien sauez qe lui noble Roi	Bien savez que li nobles Rois,
Son piere a tresgraunt arroi	Ses peres, a tres granz arrois,
Per sa haute noble puissance	Par sa haute, noble puissance
110 ffist guerre au Roialme de ffrance	ffist guerre au roialme de ffrance, 110
Endisant qil deuoit auoir	En disant qu'il devoit avoir
La corone sachez pur voir	Le corone, sachiez pour voir,
Dount en sustenant la querelle	Dont en sustenant le querelle
Il maintient guerre moult cruelle	Il maintint guerre moult cruelle
115 La quele si dura longe temps	Le quele si dura long tamps. 115
Ore auient qe droit a ce temps	Or avint que, droit a ce tamps,
Passa la mer en Normandie	Passa la mer en Normandie.
Ouesqȝ moult noble Baronie	Avoec moult noble baronie,
f. 2ᵛ Barons Banerers et Countes	Barons, banerez et contes,
120	 120
Illariua en Constantyn	Il arriva en Coustantin.
La ot maint bon chiualer fyn	La ot maint bon chevalier fyn :
De Warrewyk luy noble Counte	De Warrewyk le noble conte
De quoy home deuoit faire Counte	De quoy on devoit faire conte,
125 Luy Counte de Northamton	E le conte de Northamtone 125
Qui moult estoit noble person	Qui moult estoit noble persone,
Cil de Suffolk ɤ cil de Stafford	Cil de Suffolk, cil de Staffort
Qui out le coer hardi et fort	Qui out le coer hardi et fort,
Et le Counte de Saresburi	Et le conte de Sarsburi
130 Cil doxenford auxi	Et cil d'Oxenefort auxi ; 130
Et si fuist Beauchamp Jehans	Et s'i fu de Beauchamp Jehans,
Raouls de Cobham luy vaillans	Raouls de Cobham li vaillans,
Monꝑ Bartholmeus de Burghees	Sire Bartholmieus de Burghes
Qui moult fu hardi en ses faites	Qui moult fu hardiz en ses fais,
135 De Brian le bon Guyon	Et de Brian li bons Guyons, 135
Richard de la Vache le bon	Richarz de la Vache li bons,
Et le bon Richard Talebot	Et li bons Richarz Talebot,
En qui moult graunt pesce ot	En qui moult grant proescë ot ;
Si fuist Chaundos et Audelee	S'i fu Chandos et Audelee
140 Qui bien feroient de lespee	Qui bien feroient de l'espee, 140
Et le bon Thomas de Holand	Et li bons Thomas de Holande
Qui en luy eust pesce grand	Qui en luy eut proesce grande,

Line 120 *is omitted in the MS.*

THE BLACK PRINCE

Et des autres moult grant foisōns	Et des autres moult grant foisons
Dount je ne say dire les nouns	Dont je ne say dire les nons.

Coment la poair dengletre arriua en Constantin. ⁊ le Prince et altres seigniours furent faitz chiualers et le Roy de ffrance en eust nouelle.

145 A Riuez fuist le poair dengleterre	Arivez fu l'ost d'Engleterre ;	145
Et quant il deuoit prendre terre	Et quant il devoit prendre terre	
La fist luy Prince Chiualier	La fist le Prince chevalier	
Luy Roy qui tant fuist a priser	Li Roys qui tant fu a prisier,	
Le Counte de la Marche auxi	Le conte de la Marche auxi	
150 Et le Counte de Saresburi	Et le conte de Sarsburi,	150
Johñ de Mountagu soñ frere	Jehan de Montagu son frere,	
Et des autres ceste chose clere	Et des autres, c'est chose clerc,	
Plus que ne vous sauoroi dire	Plus que ne vous savroie dire.	
Et bien sachez sauns contredire	Et bien sachiez, sans contredire,	
155 La fuist Mareschaux Bertrans	La fu li Mareschaux Bertrans	155
Qui moult fu hardy et vaillantz	Qui moult fu hardys ⁊ vaillanz,	
Et lors quida trōp defendre	Et lor quida trop bien defendre	
f. 3ʳ A prendre terre au voir entendre	A prendre terre, au voir entendre,	
Mais la puissance dengleterre	Mais le puissance d'Engleterre	
160 Pristrent la p force la terre	Prissent la, par force, le terre.	160
La ẙust il fait darmes tant	La y eut il fait d'armes tant	
Qe en eust compare Rolant	Qu'en euïst compare Rolant	
Et Olyver ⁊ la danoys	Et Olyvier et le Danoys	
Ou Guyer qui tant pfu curtoys	Ogier qui tant par fu courtoys.	
165 La pooyt hōme veoir des preus	La pooyt on veöir des preus,	165
Des hardis ⁊ des Outrageus	Des hardis et des outrageus.	
La fuist le Prince noble et gent	La fu le Prince noble et gent	
Qui moult ot bele comencement	Qui moult ot bel comencement.	
Tut Constantin chiuacha	Tres tout Coustantyn chevaucha	
170 Et tout ardi ⁊ exila	Et tout ardi et exila	170
Le hogge. Barflewe Carenten	Le Hogge, Barfleus, Carenten,	
Seint Lou. Bayeus et jesq3 aken	Saint Lou, Bayeus et jusqu'a Ken	
La ou ils conquerent la pont	La ou il conquirent le pont ;	
Et la combaterent ils mult	Et la combatirent il moult ;	
175 P force ils pristerent la ville	Par force il prisent le ville,	175
Et le Counte de Tankarville	Et li conte de Tankarville	
Et le Counte den y fuist pris	Et li conte d'Eu y fu pris.	

La auoit luy noble Prince pris	La avoit li nobles Princes pris,
Car de bien faire fuist egrans	Car de bien faire fu engrans
180 Et si not qe disoept ans	Et se n'ot que dis et oet ans. 180
Et luy Mareschaux chiuacha	Et li Mareschaux chevaucha,
Jeskes a Paris il naresta	Jusques a Paris n'aresta ;
Au Roy ad Countee les nouels	Au Roy a conte les noveles
Queux ne lui feurent mie beales	Qui ne lui feurent mie beles ;
185 Tiel meruaille ot ceste chose voire	Tel mervaille ot, c'est chose voire, 185
Qe an paines le pooit croire	Que a paines le pooit croire,
Car pas ne quidoit qe tiel gent	Car pas ne quidoit que tel gent
Eussent tant de hardiement	Euïssent tant de hardement.
Lors fist assembler son poair	Lors fist assambler son pooir ;
190 Pmy ffrance sachez pur voir	Parmy ffrance, sachiez pour voir, 190
Ny demoera duc ne Counte	N'y demoera ne duc ne conte,
De quoy home pooit faire counte	De quoy hom pooit faire aconte,
Baron. Baneret. ne Bacheler	Baron, baneret, bacheler
Qe toutz ne fist assembler	Que touz ne feïst assambler.

Coment le Roy de ffrance manda
au Roy de Beaume pur lui aider
⁊ le Roy de Beaume vient. et les
englois passerent le pont de poissy
⁊ chiuacherent pmy Caux.

f. 3ᵛ 195 Au Roi de Beaume manda	Au roi de Behaigne manda, 195
Qui de bon coer auxi ama	Qui de bon coer auxi ama,
Qui amesna en sa compaignie	Qui amena en sa compaigne
Son filtz qui fuist Roy dalmanye	Son filz qui fu Roys d'Alemaigne
Et le bon Johan de Baiumont	Et le bon Jehan de Biaumont
200 De Haynau qui home prisoit moult	De Haynau qui on prisoit moult. 200
A quoi faire vous counteroy	A quoi faire vous conteroye
La matiere et alongeroy	Le matere et alongeroye ?
Bien quidoit sa terre defendre	Bien quidoit sa terre defendre
Au Roy Englois a voir entendre	Au roy englois, au voir entendre,
205 Et assetz petit le prisoit	Et assez petit le prisoit 205
Et moult fortement le manceot	Et moult fortment le manecoit.
Mais apres ensi qil me semble	Mais apres, ensi qu'il me samble,
Lui Roi et lui Prince ensemble	Li Roys et li Princes ensamble
Per Normandie chiuacherent	Par Normandie chevauchierent
210 Et tout la pais assaillerent	Et tout le pais essillierent. 210
Maint graunt escarmuche firent	Mainte grant escarmuche firent

Et maint bon home prirent	Et maint bon home et vaillant prirent,
Et viendroient au Pount de Poissi	Et vinrent au pont de Poissi ;
Mais la matiere dit ensi	Mais le matere dit ensi
215 Qe le pount lors estoit rumpuz	Que li ponz lors estoit rompuz, 215
Mais tant firent qe de grauntz fuiz	Mais tant firent que de granz fuz
P force refirent le pount	Par force refirent le pont,
Dount ffrancois esmeruellez sount	Dont ffrancois esmerveillie sont,
Et passerent p un matyn	Et passerent par un matyn.
220 Pmy Caux pristrent lour chemyn	Parmy Caux prisent lour chemyn, 220
Ardantz. gastantz. ⁊ exillantz	Ardant, gastant et exillant,
Dount moult feurent ffrancois dolantz	Dont moult feurent ffrancois dolant,
Et crierent a haut vois	Et crierent a haute vois :—
Ou est Philippes nr̄e Roys	'Ou est Phelippes nostre roys?'

Coment le Roy de ffrance fist assembler
A Paris son gⁿant poair encontre le Roy
dengletre et son host. et coment le Roy
dēgletre oue son poair passa leawe de sōme.

225 A Parys fuist auoir iuger	A Parys fu, au voir jugier, 225
Car en ce temps fist appailler	Qu'en ce tamps fist appareillier
Son graunt poair et amasser	Son grant pooir et amasser.
Et la fist ses gentes assembler	Et la fist ses genz assembler,
Et dist qe poi se priseroit	Et dist que poi se priseroit
230 Si grant vengeance nenprenderoit	Se grant vengeance n'en prendoit, 230
Car bien quidoit auoir en clos	Car bien quidoit avoir enclos
Les Englois solonc mon p̄pos	Les Englois, selonc mon pourpos,
4ʳ Droit entre le Sayne et la Sōme	Droit entre le Sayne et le Some ;
Et la endroit ce est la Sōme	Et la endroit, cou est le some,
235 Les quidoit il trop bien combatre	Les quidoit il trop bien combatre. 235
Mes les Englois p̄ yceux esbatre	Mes li Englois pour iaux esbatre
Mistrent tout en feu et a flame	Misent tout en feu et a flame.
La firent mainte veofe dame	La firent mainte veve dame
Et mainte poeure enfant orphanyn	Et maint povre enfant orfanyn.
240 Tant chiuachoient soir et matyn	Tant chevauchoient soir et matyn 240
Qils vindroient al eawe de Sōme	Qu'il vinrent a l'eawe de Some ;
De lautre part yauoit maynt hōme	De l'autre part avoit maint home,
Car la feurent nen doutez mye	Car la feurent, n'en doutez mye,
Les cōmunes de Pikardye	Les comunes de Pikardye,
245 Et si estoit sachez de fit	Et s'i estoit, sachies de fi, 245
Monp̄ Godomars defait	Sire Godomars de Faï.

Mout pfu large la Riuere	Mout par fu large le riviere
De flum de la meer radde et fiere	Du flum de le mer, rade et fiere,
Dount Englois moult se merueilloient	Dont Englois moult se merveilloient
250 Coment p dela passeroient	Coment par dela passeroient. 250
Mais lui Prince oue le corps gent	Mais li Princes o le corps gent
ffist eslire chiualers cent	ffist eslire chevaliers cent,
Des meillours de son auant garde	Des meillours de son avant garde,
Et les fist aler prendre garde	Et les fist aler prendre garde
255 Coment ils purroient passer	Coment il pourroient passer. 255
Et cils qui feurent a loer	Et cil qui firent a loer,
Chiuachoient tout environ	Chevauchoient tout environ
Taunt quils ount troue un compaignoun	Tant qu'ont trove un compaignon
Qui lour ad enseignee le pas	Qui lour a enseignie le pas
260 De some je ne vous menk pas	De Some, je ne vous menk pas, 260
Et toutz lui Cent a un fie	Et tout li cent, a une fië,
Et leawe la launce baissie	En l'eawe, le lance baissië,
Si sont feru sur lour coursers	Se sont feru sur lour coursiers—
Moult furent vaillantz Chiualers	Moult furent vaillanz chevaliers—
265 Et lui Prince venoit apres	Et li Princes venoit apres 265
Qui ades les seuoit depres	Qui ades les sievoit de pres.
Graunt escarmiche ot sur la pais	Grant escarmuche ot sur le pas
De some. je ne vous menk pas	De Some, je ne vous menk pas,
Et fort combatoient Chiualer	Et fort combatoient chevalier;
270 Et la de traire ⁊ de lauimcier	Et la de traire et de lancier 270
Se tenoient dambedeux parts	Se penoient d'ambedeux pars,
Mais assetz tost feurent espars	Mais assez tost feurent espars
Et mys a fuyte lui Picard	Et mys a fuite li Picart
Ouesqɜ monſ Godemard	Avoec monseignour Godemart;
f. 4ᵛ 275 Mais oue leyde de dieu	Mais avoec l'aïde de Dieu 275
Tout passa en temps et en lieu	Tout passa en tamps et en lieu.

Coment le Roy de ffrance vient
oue trois Roys. et son grant poair vers
Crescy p combatre les englois.

Quant lui Rois Philippes le oy dire	Quant Rois Phelippes l'oÿ dire
Moult auoit a coer dolour ⁊ jre	Moult avoit a coer doel et ire,
Et dit par seint Poul le Baron	Et dit: 'Par saint Poul, le baron,
280 Je me doute de traison	Je me doute de traïson;' 280
Mais nepquant moult soi hasta	Mais nepourquant moult se hasta.
Pmy Aueuille passa	Parmy Abeville passa.
Mout p fu riche ses arois	Mout par fu riches ses arois;

THE BLACK PRINCE

La fuist lui quartime des Rois	La fu, lui quartime des rois,
285 Cils de Maiole ⁊ de Beaume	Cils de Maiole et de Behaigne, 285
Et si fuist lui Rois dalmeyme	Et s'i fu li Rois d'Alemaigne ;
Assetz y avoit Ducz ⁊ Countes	Assez y avoit ducs et contes
Tant qe ce estoit graunt acountes	Tant que cou estoit granz acontes.
Tant chiuacherent saunz null sy	Tant chevauchierent, sanz nul sy,
290 Qe droit assetz pres de cressy	Que droit assez pres de Cressy, 290
En potieu la fuist herbergez	En Pontieu, la fu herbergiez.
La fuist le Roy Edward loggez	La fu Rois Edouwarz logiez
Et luy Prince si dieu me garde	Et li Princes, se Dieux me garde,
Qui cely iour auoit laûnt garde	Qui cel jour avoit l'avant garde.
295 La norent gaires demouree	La n'orent gaires demoure 295
Qe de dieux partz lour ad Countee	Que de deux parz lour a conte
Qe si pres feurent ambedoy	Que si pres feurent ambedoy
Que chescun purra voier le Roy	Que chescuns peut veoir l'aroi
De lun lautre ⁊ lordenement	De l'un l'autre et l'ordenement.
300 Lors se leua le cri fortement	Lors se leva li cris fortment 300
Et comencent a ordeigner	Et comencent a ordener
Lour batailles et deuyser	Lour batailles et devyser.

**De la bataille de Crescy ⁊ coment le
Roy de Beaume ⁊ le Duc de Lorain viij
Countes ⁊ plusours altres p̃s̃ furent occis
a mesme le bataille ⁊ trois Roys ⁊ plusours
altres sen departirent desconfitz.**

A quoy faire vous counteroy	A quoy faire vous conteroye
La matiere ⁊ alongeroy	Le matere et alongeroye ?
305 Celuy iour ot il bataille	Celuy jour y ot il bataille 305
Si orible qe tout sanz faille	Si orible, que, tout sanz faille,
Unqes ne fuist corps si hardis	Onques ne fu corps si hardis
Qe nen poeit estre esbahis	Que n'en pooit estre esbahis.
f. 5ʳ Qe veist venir la puissance	Qui veïst venir le puissance
310 Et la poair du Roy de ffrance	Et le pooir du Roi de ffrance, 310
Graunt meruaille serroit a dire	Grant mervaille seroit a dire !
Espris de mautalant ⁊ de Ire	Espris de mautalent et d'ire
Deuant ensemble entre acountier	Se vont ensamble entr'encontrer,
En faisant darmes le mestier	En faisant d'armes le mester,
315 Si treschiualrousement	Si tres chevalerousement 315
Qe unqes puis la venement	Que onques puis l'avenement
Ne vist hōme bataille plus fiere	Ne vit on bataille plus fiere.

BLACK PRINCE   C

La veǫ̇t hōme maynt banjere	La veoit on maynte baniere,
Pointe de fynę or ⁊ de soye	Pointe de fin or et de soye,
320 Et la si la verray dieux manoye	Et la, se li vrais Dieux m'avoye, 320
Englois estoient tout a peez	Englois estoient tout a pie,
Come sils qui feurent afaitez	Com cil qui feurent afaitie
De combatre et entalenteez	De combatre et entalente.
La fuist lui Prince de bounteez	La fu li Princes de bonte,
325 Qui en lauauntgarde com hōme deussoit.	Qui l'avantgarde conduisoit, 325
Si vaillantement soi gouernoit	Si vaillantment se governoit
Qe merueille fuist a veir	Que merveille fu a veïr ;
A pęins lessoit enuair	A paines lessoit envaïr
Nul hōme | tant fuist hardyz ne fortz	Nuli, tant fust hardyz ne forz.
330 Quei vous ferroie ie longe recortz	Que vous feroie lons recorz ? 330
Tant combatirent celui iour	Tant combatirent celui jour
Qe Englois enauoyent le meillour	Qu'Englois en avoyent le meillour.
Et la fuist mort luy noble Roys	Et la fu morz li nobles Roys
De Beaume | qe fuist curtoys	De Behaigne qui fu courtoys,
335 Et bon Duc de Lorayne	Et li bons ducs de Loerayne 335
Qui moult fuist noble Capitayne	Qui moult fu noble capitayne,
Et de fflaundres noble Counte	Et de fflandres li nobles conte
Dount hōme fesoit un g̊nt acounte	Dont on fesoit un grant aconte,
Et le bon Counte dalenciōn	Et li bons conte d'Alencion
340 Qui fuist frere au Roy Philippōn	Qui fu frere au Roy Philippon, 340
Cils de Ioii ⁊ de Harecourt	Cils de Joii ⁊ de Harcourt.
Qe vous dirroy a brief mot court	Que vous diroye a brief mot court ?
Un Roy ⁊ un duc ⁊ sept Countes	Uns roys, uns ducs et sept contes
Et ensi come dit luy acountes	Et, ensi com dit li acontes,
345 Plus qe lx. Banerers	Plus que LX baneres 345
ffurent illoeqes mortz tout frees	ffurent illoecques mort, tout fres,
Et trois Roys qui sendeptęrent	Et trois roi qui s'en departirent ;
Et plusours autres sen fuyerent	Et plusours autre s'en fuïrent,
Dount Ie nesay mie le noumbre	Dont je ne say mie le nombre,
350 Ne nest pas droit qe Ie le noumbre	Ne n'est pas droiz que je le nombre ; 350
f. 5ᵛ Mais Ie sai ḅien qe cely iour	Mais je sai bien que celi jour
Luy noble Prince de valour	Li nobles Princes de valour
De la bataille avoit lauaunt garde	Del bataille avoit l'avantgarde
Sicome doit bien prendre garde	Si com on doit bien prendre garde,
355 Car p luy ⁊ p ses vertus	Car par lui et par ses vertus 355
ffuist luy Champ gaignez et vaincus	ffu li champs gaigniez et vaincus.

Line 328 pęins, *marginal correction* a.
Line 337, luy *added in the margin.*

Coment apres le bataille de Crescy le Roy de ffrance sen ala vers Paris | ⁊ le Roy de Engletre oue son Hoost sen deptist vs Caleys.

Luy Roy Philippes a Parys	Li Rois Philippes a Parys
Sen ala	qui moult fuist marys	S'en ala qui moult fu marys,
En son corage regretoit	En son corage regretoit
360 Sez homes qui pduz auoit	Ses homes qui perduz avoit ; 360
Et luy noble Roy dengleterre	Et li nobles Roys d'Engleterre
Qui fuist dignes de tenir terre	Qui fu dignes de tenir terre,
Eu chaump cele noet soy logea	Eu champ cele noet se logea,
Qui moult gnt hono² conquesta	Que moult grant honour conquesta.
365 Les mortz fist aler visiter	Les morz fist aler visiter 365
Pur conustre et pur auiser	Pour conoistre et pour aviser,
Et troua le Roy de Beaume	Et trova le Roy de Behaigne,
Qui gisoit mort sur le champaigne	Qui gisoit morz sur le champaigne ;
Carker le fist en un bere	Carkier le fist en une biere
370 Et mettre sur une litere	Et mettre sur une litiere 370
A couert dune riche drap dore	Acovert d'un riche drap d'or ;
Arere le tramist ⁊ lore	Ariere le tramist et lor
De la place se des logea	De la place se deslogea,
Per deuers Calois chiuacha	Par devers Caleis chevaucha.
375 Pur ce qe ieo ne mente mye	Pour ce que je ne mente mye, 375
Cel trenoble chiuache	Cele trenoble chevauchië,
Dount Ie fai mencion ycy	Dont je fai mencïon ycy,
Ce fuist en lan qe dieux nasqui	Ce fu en l'an que Dieux nasqui,
Mill trois Centz quarant et sis	Mille trois cenz quarante et sis,
380 Et ensy come dist luy escris	Et, ensy com dit li escris, 380
La viegle de seint Bartholomeu	Le veille de seint Bartholmieu,
Que ouesq la grace de dieu	Qu'avoecques le grace de Dieu
Le Roy cest bataille fist	Li Roys ceste bataille fist,
Ou tant de noblesse il acquist	Ou tant de noblece il acquist.

Coment le Roy Dengletre oue son gnte poair assegea la ville de Caloys p xviij. Moys ⁊ le Roy de ffrance noesa leuer lassege per quoy la dite ville se rendi au Roy Dengletre.

f. 6ʳ Apres viendroient deuant Caleys	Apres vinrent devant Caleys ; 385
386 La out ils fait moult des beaux faitys	La ot il fait moult de biaux fais.

La tient siege le noble Roy	La tint siege li noble Roy,
Qui yfuist oue tout son arroy	Qui y fu o tout son arroy,
Dysoept moys en un tenant	Dys et oet moys en un tenant.
390 Ylloeqes demurroient tant	Illoecques demouroient tant 390
Qe la ville fuist afamee	Que le ville fu afamee
Et qe la vient sanz demoeree	Et que la vint, sanz demoeree,
Luy Roy Philipp pur lever	Li Roys Philippes pour lever
Lassege sicom Iay oi counter	Le siege, com j'oï conter.
395 Mais ensi fuist lui hoost logie	Mais ensi fu li hos logië 395
Et la ville si assegie	Et le ville si assegië
Qe le Roy Philippes noesa	Que li Roys Philippes n'osa
Leuer lassege einz retourna	Lever le siege, einz retourna,
Et luy noble Roy dengleterre	Et li nobles Roys d'Engleterre
400 Tient illoeqes la piece de terre	Tint illoecques piece de terre. 400
Maint escarmuche et maint assaut	Mainte escarmuche et maint assaut
Y faisoient et bas et haut	Y faisoient et bas et haut,
Tant qe la ville se rendy	Tant que la ville se rendy,
Priantz au Roy pur dieu mercy	Priant au Roy, pour Dieu mercy
405 Qe a mercy il les vousist prendre	Qu'a mercy il les vousist prendre. 405
Et ensement a voir entendre	Et ensement, au voir entendre,
ffuist Caleis par force conquise	ffu Caleis par force conquise,
P la puissance et p lemprise	Par le puissance et par l'emprise
Du noble Roy et de son filtz	Du noble Roy et de son filz,
410 Le Prince qui tant fuist hardiz	Le Prince, qui tant fu hardiz. 410

**Coment le Roy dengletre oue son
poair retourna en engletre et p traison
la ville de Calois deust auoir estee,
renduz as ffranceis et le Roy dengletre
oue son poair le contre restoia en tant qil
eust este pris sil neust este rescouz p le Prnce son filtz.**

Apres ceo ne demurra gere	Apres ce, ne demoura gere
Qils ne reuindrent en Engleterre	Qu'il revinrent en Engleterre,
Luy Roy et luy Prince auxi	Li Roys et li Princes auxi
Et tout li Chiualers hardy	Et tout li chevalier hardy.
415 Par un triewe qils auoient	Par une trieuwe qu'il avoient 415
En lour pais se demrerent	En lour païs se demouroient,
Tanqe il auient q p traitie	Tant qu'il avint que par traitie,

Line 387, le corrected to luy in margin.
Lines 399 and 400 transposed in the MS.

Par traisõn ⁊ p̃ pecchie	Par traïson et par pechie,
Deuoit estre Caleis venduz	Devoit estre Caleis venduz
420 Dun Seignioure de Biaugiu renduz	D'un seigniour de Biaugiu renduz, 420
f. 6ᵛ A monṗ Geffrey de charny	A monsiour Geffrey de Charny,
A un Lumbard qui Amery	Par un lombart, qui Amery
Estoit appelez de Pauye	Estoit appelez de Pavye ;
Et la feurent de Pikardye	Et la feurent de Pikardye
425 Et de ffraunce tout ly barõn	Et de ffrance tout ly baron, 425
Au meins le pluis g̃nt fuysõn	Au meins le plus grande fuyson.
Mais la fuist a voier acountier	Mais la fu, au voir aconter,
Luy noble Roys a deliuerer	Li nobles Roys a delivrer ;
Et luy noble Prince son filtz	Et li nobles Princes, ses filz,
430 Qui moult fuist vaillant ⁊ hardyz	Qui moult fu vaillanz et hardyz 430
La combati vaillantement	La combati si vaillantment
Quil rescoust v̆itablement	Qu'il rescoust veritablement,
Par force | son pier le Roy	Par force, son pere, le Roy.
La feurent mis en desaroy	La feurent mis en desaroy
435 ffrauncois et Pickard cel nuyt	ffrancois et Pikart cele nuyt, 435
Dount plusours engloys g̃nde deduyt	Dont plusours englois grant deduyt
ffaisoient contre lour retourn̄	ffaisoient contre lour retour ;
Car la feurent luy meillour	Car la feurent tout li meillour
Du noble pais dengleterre	Du noble païs d'Engleterre,
440 Qe pur graunt loos ⁊ pris conquere	Qui pour grant los et pris conquerre 440
Si feurent vaillantment p̃uee	S'i feurent vaillantment prove.
La furent pris pur veritee	La furent pris, pour verite,
Les plus noble Barons de ffrance	Li plus noble baron de ffrance
Et deceu de volentee ffrance	Et deceu de volente france ;
445 Qe unques mais le Roy dengleterre	Q'onques mais li Rois d'Engleterre 445
Neust en une heure tant afere	N'eut en une heure tant a fere
Come il eust en celle heure dadont	Com eut en celle heure d'adont,
Car plusours gentz recordez ont	Car plusours genz recorde ont
Qe le Roy eust este pris	Que li Rois eüst este pris
450 Si neust este le Prince son filtz	N'eust este li Princes, ses filz, 450
Mais sa puissance et sa hautesse	Mais sa puissance et sa hautece
Et sa trespf̃ite p̃oesse	Et sa tresparfite proece
Rescoust illoeqes le Roy son piere	Rescoust illoec le Roy, son pere.
Si ne doit pas ceste matiere	Si ne doit pas ceste matere
455 Estre en null state oblie	Estre en nul estat obliië, 455
Ore est bien droit qe ie vous die	Ore est bien droiz que le vous die.

Coment apres le rescous de Caleys le Roy dengleterre oue son poair retourna apres ceo auint la bataille sur la mer et la furent les Espainardes occiz et descoumfitz.

En engleterre retournerent	En Engleterre retournerent
Et moult grant ioie demenerent	Et moult grant joie demenerent ;
f. 7ʳ Grant ioie firent loure amy	Grant joie firent lour amy
460 Et toutz les dames auxi	Et toutes les dames auxi. 460
La Roygne les festoia	La Roïne les festoia
Qe son p² de coer ama	Qui son seignour de coer ama.
Donc dist le Roy a sa muliere	Donc dist li Roys a sa moullier :
Dame car veulliez festoier	'Dame, car veulliez festoier
465 Vre filtz | car ico feusse pris	Vostre filz, car je fusse pris 465
Si neust estee p son grant pris	Se n'eust este pour son grant pris,
Mais p lui fui ieo socurruz	Mais par lui fui je socouruz.'
Sire fait ele bien venuz	'Sire,' fait ele, 'bien venuz
Soit il | et vous auxi a moy	Soit il et vous auxi a moy.
470 Si mest auis qe dire doy	Si m'est avis que dire doy : 470
A bone heure fuist il neez	"A bonë heure fu il nez".'
La feurent conioy assetez	La feurent conjoy assez
Luy Chiualer ⁊ luy Baron	Li chevalier et li baron.
Damiser ⁊ festoier y veist hom̄	Danser et festoier vit on
475 Et faire festes ⁊ reueuaux	Et faire festes et reviaux ; 475
Moult pafuy bon le temps entre eaux	Moult par fu bons li tamps entre iaux,
Et la fuist amůs ⁊ noblesse	Et la fu amours et noblece
Et ioliette ⁊ proesse	Et joliëte et proece.
Ensi demoerent longe temps	Ensi demourerent lonc tamps,
480 Tant qil auient iesqes a ceo temps	Tant quil avint, droit a ce tamps, 480
Qe a lescluse assemblez estoient	Qu'a l'Escluse assemblez estoient
Niefs despaigne queux sauantoient	Nefs d'Espaigne, qui s'avantoient
De passer en despit du Roy	De passer en despit du Roy,
Maugre luy | ⁊ tout son arroy	Maugre luy et tout son arroy ;
485 Dount le Roy p son vasselage	Dont li Roys par son vasselage 485
ffist assembler son graunt baronage	ffist assambler son grant barnage,
Et fist sur la mer un arriuee	Et fist sur le mer une armee
Qe moult fu de g̊nt renomee	Qui moult fu de grant renomee.
La estoit lui Prince son filtz	La estoit li Princes ses filz
490 Et maint bon Chiualer de pris	Et maint bon chevalier de pris, 490
Tout lui counte ⁊ tout li baron	Tout li conte et tout li baron
Et tout li Chiualer de noun	Et tout li chevalier de non :

THE BLACK PRINCE

La auoit batail fiere ⁊ dure	La avoit bataille fiere et dure :
La lui dona dieux auenture	La lui dona Dieux aventure,
495 Car p lui ⁊ p sa puissance	Car par lui et par sa puissance 495
Et p sa treshaute vaillance	Et par sa tres haute vaillance,
ffeurent toutz mortz ⁊ discoufit	ffeurent tout mort et desconfi
Les Espainardes sachez de fit	Li Espaignart, sachiez de fi.
Et la fuist Chiualer Iohans	Et la fu chevaliers Johans,
500 Son frere | qui moult fuist vaillantz	Ses frere, qui moult fu vaillanz, 500
f. 7ᵛ Qui de Lancastre fuist puis ducz	Qui de Lancastre fu puis ducs —
Moult pfeurent ses grantz vertuz	Moult par feurent granz ses vertuz.
La se prouerent vaillantment	La se proverent vaillantment
Lui noble baron ensement	Li noble baron ensement ;
505 La ot il maint niefs gaignee	La ot il mainte nef gaignië 505
Maint pris ⁊ maint parree	Mainte prise et mainte perie,
Et la ot maint bon hom mort	Et la ot maint bon home mort,
Sicome ioy en mon recort	Si come j'oy en mon recort ;
Et sachez qe ceste iournee	Et sachiez que ceste journee
510 Si fuist deuant Wynchelsee	Si fu devant Wynchelesee. 510

Coment apres la bataille su la mer la Roygne dengletre enfaunt un fiz qauoit a noun Thomas ⁊ aps ceo vient le Captal de Gascoigne en engleterre pur auoir le Prince lour chiftein en Gascoigne ⁊ sur ceo fust ordeigne per parlement qe le Prince sen passeroit en Gascoigne oue plusours Countes ⁊ altres seignours.

Apres cest noble bataille	Apres ceste noble bataille,
Qe moult fuist horrible sanz faille	Qui moult fu horrible sanz faille,
A terre furent retournez	A terre furent retourne ;
La graunt auoir ont amesnez	Le grant avoir ont amene
515 Qils eurent gaignez et conquis	Qu'il eurent gaignie et conquis, 515
Dount chescun de eux fuist resiois	Dont chescuns d'iaux fu resjoïs.
Apres ce ne demora gere	Apres ce ne demora gere
Qe la Roigne dengleterre	Que la Roïne d'Engleterre
Enfanta un fitz de darrein	Enfanta un filz, le darrein
520 Qelle porta cest bien certein	Qu'elle porta, c'est bien certein, 520
Et cil filtz ot Thomas a noun	Et cis filz ot Thomas a non.

Line 506 parree, e *in the margin.*

Grant ioie ⁊ grant feste fist hom	Grant joie et grant feste fist on,
Grantz Iustes ⁊ festes crie	Grant feste de joustes criee
Adonqes p la contre	Adonques fu par le contree.
525 Et a ce temps vient a Gascoigne	Et a ce tamps vint de Gascoigne 525
Le captal nest pas mencoigne	Li captaus, ce n'est pas mencoigne,
Qui moult estoit vaillant et preus	Qui moult estoit vaillanz et preus,
Moult hardis ⁊ moult corageus	Moult hardis et moult corageus,
Et moult amez de toute gent	Et moult amez de toute gent.
530 ffestoiez fust moult noblement	ffestoiez fu moult noblement. 530
Graunt ioie fuist de sa venue	Grant joie fist de sa venue
Lui Prince qui se resuertue	Li Princes, qui se resvertue.
Un iour il dist au Roy son piere	Un jour il dist au Roy son pere,
Et a la Roigne sa miere	Et a la Roÿne, sa mere :
f. 8ʳ Sire fait il pur dieu mercy	'Sire,' fait il, 'pour Dieu mercy 535
536 Vous sauez bien qil est ensy	Vous savez bien qu'il est ensy
Qen Gascoigne vous ayment tant	Qu'en Gascoigne vous ayment tant
Luy noble chiualer vaillant	Li noble chevalier vaillant,
Qils ont graunt payne pur v̄rē guerre	Qu'il ont grant payne pour vo guerre
540 Et pur v̄rē honour conquere	Et pour vostrë honour conquerre, 540
Et si nount point de Chieftayne	Et se n'ont point de capitayne
De v̄rē sang ceste chose certein	De vo sanc, c'est chose certeine ;
Et pur ce si vous le trouez	Et pour ce, se vous le trouviez
En v̄rē conseill que faisissez	En vo conseil que fesissiez
545 Envoir la un de voz filtz	Envoier la un de voz filz, 545
Ils en serroient plus hardys	Il en seroient plus hardys.'
Et chescun disoit qil disoit voir	Et chescuns dist qu'il disoit voir.
Lors fist lui Roy sachez pur voir	Lors fist li Roys, sachez pour voir,
Assemblier son grant plement	Assambler son grant parlement.
550 Toutz furent dacord ensement	Tout furent d'acort ensement 550
De Prince en Gascoigne enuoier	Du Prince en Gascoigne envoier,
Pur ce qe tant fuist a priser	Pour ce que tant fu a prisier,
Et ordeignerent la endroit	Et ordenerent la endroit
Ensi qe ouesqɜ lui irroit	Ensi, qu'avoecques lui iroit
555 De Warrewyk luy noble Counte	De Warrewyk li noble conte 555
De quoy hōme fesoit grant aconte	De quoy on fesoit grant aconte,
Et lui Counte de Saresbury	Et li conte de Sarsbury
Qui moult estoit vaillant auxi	Qui moult estoit vaillanz auxi,
Cil de Suffolch qui fuist pdhom	Cil de Suffolch qui fu preudons,
560 Ufford ensi estoit sōn noun	Ufford, ensi estoit ses nons, 560
Et le Counte doxenford	Et li conte d'Oxeneford
Et le bon Counte de Stafford	Et li bon conte de Stafford,

Monsʳ Bertreme de Burghes	Monsiour Bertremieu de Burghes
Qui mult fuist hardi en sez fees	Qui moult fu hardis en ses fes,
565 Monsʳ Iohan de Montagu	Monsiour Johan de Montagu 565
Qui le coer auoit fiers et agu	Qui coer avoit fier et agu,
Et le sʳ² le despenser	Et le seignour le Despensier,
Basset qui moult fuist apriser	Basset, qui moult fu a prisier ;
Et si fu la sire de Maunee	Et s'i fu li sire de Manne
570 Et auxi | ensi qil me semble	Et auxi, ensi qu'il me sanle, 570
Le bon de Cobham Reuant	De Cobeham li bon Renaut
Qui eust estee a maint assaut	Qui eut este a maint assaut ;
Si furent Chaundos ⁊ Audelee	S'i furent Chandos et Audlee :
Cils deux eurent graunt renomee	Cil deux eurent grant renomee
575 Et furent ordeignez ou frayne	Et furent ordene ou frayn 575
Du Prince | sachez de certeyne	Du Prince, sachiez de certeyn.

f. 8ᵛ   **De lordinance pur le passage du Prince a Plūmuth vers Gascoigne ⁊ coment il prist conge du Roy son pier et du Roygne sa mere.**

Quant la chose fuiste deuisee	Quant le chose fu devisië
Et tout lordinance acomplee	Et l'ordenance toute acomplie,
A Plummuth fist hōme mander	A Plummuthe fist on mander
580 Pur toutz lour niefs assemblier	Pour toutes lour nefs assambler, 580
Gentz darmes ⁊ Archiers auxi	Genz d'armes et archiers auxi,
Et lour vitailles sanz nul si	Et lour vitailles, sanz nul si :
Moult pfu riches luy arrois	Moult par fu riches li arrois.
Apres le terme de deux mois	Apres le terme de deux mois
585 Il prist congie du Roy son piere	Il prist congie du Roy, son pere, 585
Et de la Roygne sa miere	Et de la Roïne, sa mere,
De toutz ses freres ⁊ ses soers	De touz ses freres et ses soers.
Moult grant dolour font en lour coers	Moult grant dolour font en lour coers
Quant se vient a son departiere	Quant ce vint a son departir ;
590 Car la veissez sanz mentiere	Car la veïssiez, sanz mentir, 590
Dames ⁊ damoiselles plorer	Dame et damoiselle plorer
Et en lour compleintes dolouser	Et en compleintes dolouser :
Lune pur son amy ploroit	L'une pour son mari ploroit,
Et lautre son amy regretoit	L'autre son amy regretoit.

Coment le Prince est venuz a Plūmuth oue son gͣnt poer ⁊ illoeqes ad demurre tanqe il fust tut prest pur passer auaunt

ꝛ est arriuez a Burdeaux ꝛ comēt les nobles seigniours et barons de Gascoigne luy ont resceu q̇ue g̊nt ioie ꝛ hon² ꝛ coment apres ceo le Pnce prist les champs oue vj. Mill combatauntz ꝛ prist ꝛ exila p force ꝛ plusours chastels ꝛ villes en Gascoigne.

595 Ensi prise le Prince congie	Ensi prist li Princes congie, 595
Qui le coer auoit haut et lee	Qui le coer avoit baut et lie ;
Vers Plummuthe prist son chemin	Vers Plummuthe prist son chemin.
Tant chiuacha soir ꝛ matyn	Tant chevaucha soir et matyn
Qe a Plummuthe fuist arriuez	Qu'a Plummuthe fu arrivez,
600 Et illoeqes est tant demorez	Et illoec est tant demorez 600
Qe toutz ses grauntz arrois fu pres	Que touz ses granz arrois fu pres.
Et si auient auxi tost apres	Et s'avint auxi tost apres
Quil fist carker toutz ses vessealx	Qu'il fist carkier touz ses vessialx
Tout vitailles ꝛ ioialx	A tout vitailles et joialx,
605 Hauberkes | helmes | launces | escutz	Hauberks, hiaumes, lances, escuz, 605
Arcs | seattes | ꝛ en coer pluis	Arcs, saietes et encor plus ;
f. 9ʳ ffist toutz ses chiualx eskipper	ffist touz ses chevalx eskipper
Et assetz tost se mist a meer	Et assez tost se mist en mer,
Et tout lui nobler chiualer	Et tout li noble chevalier.
610 La poist hōme a voir iuger	La peuïst on, au voir jugier, 610
Veoir le flour de chiualrie	Veoir le flour de chevalerie
Et tresnoble Bachelrie	Et tres noble bachelerie,
Qui feurent en grant voluntee	Qui feurent en grant volente
De bien faire et entalentee	De bien faire et entalente.
615 Lors comerent a sigler	Lors comencierent a sigler ; 615
Tant siglerent pmy la mer	Tant siglerent par my le mer
Qils arriuerent a Burdeux	Qu'il arriverent a Bourdiaux,
Dount moult fesoient grantz reueaux	Dont moult fesoient granz reviaux
Lui noble Baron du pais	Li noble baron du païs.
620 La veissez grantz ꝛ petitz	La veïssiez granz et petiz 620
Venir vers le Prince tout droit	Venir vers le Prince, tout droit,
Qui doucement les festoit	Qui doucement les festoioit.
Deuers lui vient tout entreet	Devers lui vint tout entreset
Lui noble Prince de la breet	Li nobles Princes de Labret
625 Et lui sire de moutferrant	Et li sire de Montferrant, 625
Qui ot le coer pren et vaillant	Qui ot le coer preu et vaillant,

Line 609 nobler chiualer *underlined in a later hand.*
Line 612 Bachelrie *underlined in a later hand.*

Mussinden | Roson | ⁊ Courton	Mussinden, Roson et Courton
Et de ffaussard Amenion	Et de ffaussard, Amenion,
Et le grant p² de Pomiers	Et li grans seignour de Pomiers
630 Et meintz des nobles Chiualers	Et meint de nobles chevaliers, 630
Et le droit p² de Lessparre	Et li drois seignour de Lessparre.
Quei vous ferroy ie longe barre	Que vous feroy je longe barre
Pur alongier plus la matiere	Pour alongier plus le matere ?
La viendroient cest chese clere	La vinrent, cou est chose clere,
635 De Gascoigne tout lui baron	De Gascoigne tout li baron, 635
Et le Prince de tresgrant noun	Et li Princes de tres grant non
Les sauoit trop bien conioier	Les savoit trop bien conjoïr.
Quei vous dirra ie sanz menter	Quoi vous dirai je sanz mentir ?
A Burdeux soiourna un poy	A Bourdiaux sojourna un poy
640 Tant qil auoit fait tout son arroy	Tant qu'avoit fait tout son arroy 640
Et bien ses chiualx reposez	Et bien ses chevalx reposez.
Bien tost apres fuist apprestez	Bien tost apres fu apprestez
Et mist ensemble sur les champs	Et mist ensamble sur les champs
Plus qe .vj. Mill combatantz	Plus que vi mille combatanz.
645 Deuers Tholouse chiuacha	Devers Tholouse chevaucha : 645
Unqes ville ny demora	Onques ville n'y demora
Quil ne faisist tout exiler	Qu'il ne fesist toute exillier ;
Et prist Carkason et Vesier	Il prist Carkasone et Vesier
Et Narbone ⁊ tout la pais	Et Narbone ; et touz li païs
650 ffuist p luy gastez et maluais	ffu par luy gastez et malmis, 650
Et plusours villes ⁊ Chasteaux	Et plusours villes et chastel,
Dount pas ne firent grantz Reueaux	Dont pas ne firent grant revel
En Gascoigne lui enemy	En Gascoigne li enemy.
Plus qe quatre Mois ⁊ demy	Plus qe quatre mois et demy
655 Dema es champs ceste foitz	Demoura es champs ceste fois ; 655
Adonqes il fist moult ⁊ desrois	Adonc il fist moult de desrois.

**Coment le Prince se retourna vͪs Burdeaux
et illoeqes demaͣ en gͣnt deduit ⁊ gͣnt ioie
tanqe liuere fust passe ⁊ lors il mist sez gentz
p ordinance en sez chastels tout entour.**

Puis deuers Burdeux retourna	Puis devers Bourdiaux retourna
Lui Prince | ⁊ le demora	Li Princes et la demora
Tanqe y fuist passee tout lyuer	Tanque fu passe tout l'yvier :
660 Il ⁊ si noble Chiualer	Il et si noble chevalier 660

Line 660 si, marginal correction son.

En grant deduit ⁊ en gnt ioie	En grant deduit et en grant joie
Estoient la si dieux manoie	Estoient la, se Dieux m'avoie.
La fuist iolite ⁊ noblesce	La fu joliëte, noblece,
ffranchise | bounte | ⁊ largesce	ffranchise, bonte et largece ;
665 Et a ce qe iay de semblance	Et, a ce que j'ay de samblance, 665
Il mist sez gentz p ordinance	Il mist ses genz par ordenance
En ses Chastelx trestout entour	En ses chastiaux trestout entour,
La ou ils firent lour seioure	La ou il firent lour sejour.
Warrewik fuist a la Róíl	Warrewik fu a le Reöle
670 Et auxi a court pole	Et auxi, a courte parole, 670
Salesbury fust a seint ffoy	Salsbury fu a Seinte ffoy,
Et ce fuist ensi come ie croy	Et se fu, ensi com je croy,
Suffolk droit a seint Million	Suffolk droit a Seint Milliön :
A Leybourne ⁊ tout enuiron	A Leybourne et tout environ
675 ffurent ses homes herbergiez	ffurent si home herbergie. 675
Quant ensi feurent hostagiez	Quant ensi feurent hostagie,
Luy bon Chaundos ⁊ Audelce	Li bon Chandos et Audelee
Qui moult quoient renommee	Qui moult queroient renommee,
Ouesqe le noble Captal	Avoecques le noble Captal
680 Qui le coer ot preu ⁊ loial	Qui le coer ot preu et loial, 680
Salerent logier sur les champs	S'alerent logier sur les champs,
La ou ils demurrent longe tamps	Leur il demorerent long tamps.
Maint bele escarmuche firent	Mainte bele escarmuche firent
Et mainte foitz se combatirent	Et mainte fois se combatirent
685 Pur conquestre lour logement	Pour conquester lour logement. 685
Dusqe a Caours ⁊ vers Agent	Dusqu'a Caours et vers Agent
f. 10ʳ Entre prisent lour chiuachie	Entreprisent lour chevauchië
Et pristrent port seinte Marie	Et prisent Port Seinte Marie.
Puis sen retournerent arere	Puis s'en retournerent ariere
690 Tout encontremout la Ryuere	Tout encontremont le ryviere, 690
Salerent prendre Pieregos	S'alerent prendre Pieregos,
Une Cite qe ot grant los	Une cite qui ot grant los ;
Illoeqes salerent herbergier	Iloec s'alerent herbergier
Tut un grant part de lyuer	Toute une grant part de l'yvier.
695 Moult pfu noble le seignioure	Moult par fu nobles li sejour, 695
Car maint issaut et maint estoure	Car maint assaut et maint estour
ffesoient coutre le Chastell	ffesoient contre le chastiel,
Car manoit qe petit praiell	Car n'avoit que petit praiel
Entre le Chastell ⁊ la Ville	Entre le chastel et le ville.
700 La estoit la Counte de Lylle	La estoit li contes de Lylle 700

Line 669 la, *marginal correction* le.
Line 700 la, *marginal correction* lui.

Et lui Counte de Pieregos	Et li contes de Pieregos.
Quei vous dirroy ie plus des motz	Que vous diroy je plus de moz?

Coment le Prince reassembla son poair ᴢ fist son chiuachie en seint Onge ᴢ en altres diuers parties de Gascoigne ᴢ prist certeins fortesses et Seigniours deuant la bataille de Paiters ᴢ les nouels ent vindroient au Roy de ffraunce.

	Ensi le Prince soiourna	Ensi li Princes sojourna	
	En Gascoigne ǀ ᴢ si demora	En Gascoigne et s'i demora	
705	Le space de .viij. mois ou plus	L'espace de viij mois ou plus.	705
	Mout pfu grant ses vertus	Mout par furent granz ses vertus.	
	Quan ce vient encontre lestee	Quan ce vint encontre l'este	
	Lors ad son poair assemble	Lors a son pooir assamble;	
	Puis refist une chiuachie	Puis refist une chevauchië	
710	En seint Onge ie vous affie	En Seintonge, je vous affie,	710
	En Pieregos ᴢ en Kersin	En Pieregos et en Kersin,	
	Et vient iusqes Roumorentyn	Et vint jusqes Roumorentyn.	
	La prist il le toure sur assaut	La prist il le tour sur assaut,	
	La prist auxi monſ Buscikant	Auxi monseignour Buscikaut,	
715	Et le grant ſ' de Craone	Et le grant seignour de Craön,	715
	Et des autres moult g̊unt fuysone	Et des autres moult grant fuyson;	
	Plus de .CC. en yot pris	Plus de .cc. en y ot pris,	
	Toutz gentz darmes de g̊nt pris	Toutes genz d'armes de grant pris,	
	Quinsze iour deuant le bataille	Quinsze jours devant le bataille	
720	De Paitiers sachez tout sanz faille	De Poitiers, sachiez tout sanz faille.	720
	Apres chiuacha en Barri	Apres chevaucha en Barri	
	Et pmy Gascoigne auxi	Et par my Gascoignë auxi,	
10ᵛ	Et iesqes a Tours en Tourayn	Et jusqes a Tours en Tourayne.	
	Adonqes cest bien chose certeyn	Adonc, c'est bien chose certayne,	
725	Les nouels au Roy Iohan	Les novelles au Roy Jehan	725
	Vindrent ǀ dont moult fist grant a han	Vinrent, dont moult fist grant ahan,	
	Et dist qe poy se priseroit	Et dist que poi se priseroit	
	Si grant vengeans nenprendoit	Se grant vengeance n'en prendoit.	

Coment le Roy de ffraunce fist assembler sa g̊nt puissance ᴢ charteres encontre le Prince et son poair ǀ ᴢ luy Prince ad pris son chemyn vers paitiers ǀ ᴢ comēt il prist deux Countes ᴢ plusours autres furent pris ᴢ mortz.

Lors fist amsembler sa puissance	Lors fist assambler le puissance
730 De tout le Roy alme de ffrance	De tout le royalme de ffrance : 730
Ny demora ne Duc ne Counte	N'y demora ne duc ne conte
Ne Baron | dont home fecist counte	Ne baron dont on fesoit conte,
Qe tout ne fesoit amasser	Qe touz ne fesist amasser,
Et ensi come iay oy counter	Et, ensi com j'oÿ conter,
735 ffuist fait a Chartres lassemblee	ffu faite a Chartres l'assamblee. 735
Noble gent yauoit amassee	Noble gent avoit amassee,
Car ensi qe home count lestille	Car, ensi com conte l'estille,
Il en auoit plus de .x. mill .	Il en avoit plus de x mille.
De Chartres se sont departy	De Chartres se sont departy
740 Et chiuachirent sanz null si	Et chevauchierent, sanz nul si, 740
Tout ensi pdeuers Toures	Trestout ensi par devers Tours —
Mout pfu noble lour atours	Mout par fu nobles lour atours.
Lui Prince en oy nouels	Li Princes en oÿ noveles
Queux lui semblerent bones et beles	Qui lui sambloient bones et beles.
745 Deuers Paitiers prist son chemin	Devers Poitiers prist son chemin, 745
Moult oue lui menoit grant traim	Moult o lui menoit grant traïn,
Car moult eurent fait demange	Car moult eurent fait de damage
En ffrance | p lour grant baronage	En ffrance par lour grant barnage ;
Et sachez qe le samdy	Et sachiez, qe le samedy
750 Le noble Counte de Ioygny	Le noble conte de Joygny, 750
Ouesq3 le Counte dantoire	Avoecques le conte d'Aucoire,
Pist le Prince ceste chose voire	Prist li Princes, c'est chose voire,
Et combaterent vaillantent	Et combatirent vaillantment
Les ffrancois a lour logement	Li ffrancois a lour logement ;
755 Mais ils feurent toutz mortz en pris	Mais il feurent tout mort et pris, 755
Ensement le dit lui eseptz	Ensement le dit li escripz :
Dount Englois fesoient grant ioye	Dont Englois fesoient grant joye
Pmy lour hoost si dieux mauoie	Parmy lour host, se Dieux m'avoie.
f. 11r Et lui Roy Iohan chiuacha	Et li Rois Jehans chevaucha
760 Tant q̄ le Prnce adeuantcea	Tant que le Prince adevancea 760
Et qe lun hoost lautre choisi	Et que l'une hos l'autre choisi,
Et a ce que ie entendi	Et, a ce que jou entendi,
Lun deuant lautre se longerent	L'un devant l'autre se logierent,
Et si trespres se herbergerent	Et si trespres se herbergierent
765 Qils abuuroient p seint piere	Qu'il abuvroient, par seint Piere, 765
Lour chiuax a un Riuere	Lour chevaux a une riviere.

Line 743 nouels, *marginal correction* e.
Line 747 demange, *marginal correction* de damage.

THE BLACK PRINCE

Coment le Cardinal de Pieregos vient
a Brismos oue ḡnt clerchie a Roy
de ffraunce pur fair accord pentre luy ⁊
le Prince | ⁊ sur ceo oie ⁊ entendu la
volunte et auis du Roy de ffraunce sen
chiuacha le Cardinal deus le Pnce p² meisme la cause.

Mais la endroit vient a Brysmos	Mais la endroit vint, a bris mos,
Lui Cardinal de Pieregos	Li Cardinaus de Pieregos
Qui amesna ouesq̧ lui	Qui amena avoecques li
770 Maint Clerc ⁊ maint legasi	Maint clerc et maint legat auxi. 770
Doun doucement au Roy de ffrance	Don doucement au Roy de ffrance
Ad dit de humble volunte france	A dit, d'humble volente france :
Sire fait il pur lamoure de dieu	'Sire,' fait il, ' pour l'amour Dieu,
Bone pole tient bon lieu	Bone parole tient bon lieu.
775 Car il vous plese a moy lesser	Car il vous plese a moy lessier 775
Qe ie puisse aler chiuacher	Que je puisse aler chevauchier
Deuers le Prince	pur aler	Devers le Prince pour parler
Si hōme vous purroit accorder	Si on vous pourroit accorder.
Car certes ceste grant bataille	Car certes ceste grant bataille
780 Tant serra horible sanz faille	Tant sera horible, sanz faille, 780
Qe pite serra ⁊ damages	Que pites sera et damages
Et grantz orgoilles ⁊ ḡntz outrages	Et granz orguieus et granz outrages
Qe tant beale creature	Que tante bele creature
ffaudra morir de grief mort seure	ffaurra morir de grief mort seure ;
785 Et si nepoit hōme destourner	Et se ne poet on destourner 785
Morir de faille a lassembler	Mourir ne faille a l'assembler :
Dont certes countre enfandra	Dont certes conte rendre en faurra
Cely qe le tort en aura	Cely, qui le tort en avra,
P̄ deuant dieu au Iugement	Par devant Dieu au jugement,
790 Si li escpture ne ment	Se li escripture ne ment.' 790
Dont respondi lui Roy Iohans	Dont respondi li Rois Jehans :
Cardinal moult estez sachantz	'Cardinal, moult estez sachanz.
Bien voillons qe vous valez	Bien volons que vous y alez,
Mais sachez ⁊ bien entendez	Mais sachiez, et bien entendez,
f. 11ᵛ La ne ferrons pas en n̄re vie	Ne le ferons pas en no vie, 795
796 Si ne reanous en no baille	Se ne ravons en no baillie
Les Chastelx ⁊ tout la terre	Les chastialx et toute le terre

Line 777 aler, *marginal correction* p.
Line 788 qe, *marginal correction* qui.
Line 793 valez, *marginal correction* y.

Qe puis qil vient hors dengleterre	Que, puis qu'il vint hors d'Engleterre,
Nous ad gaste ⁊ exilez	Nous a gastez et exilliez
800 A malueis droit ⁊ a pieciez	A malveis droit et apeciez, 800
Et auxi quite la querelle	Et auxi quite le querelle
Dont la guerre se renouelle	Dont la guerre se renovelle.'
Sire ce dist lui Cardinaus	' Sire,' ce dist li Cardinaus,
Tant ferrai qe bien serrez saus	' Tant ferai que bien serez saus,
805 Et a suffice de v̄r̄e droit	Et a souffit de vostre droit.' 805
Lors se departi de la endroit	Lors se parti de la endroit.

Coment le Cardinal chiuacha du Roy de ffrance vers lost du Prince p² entraiter de la corde auantdit.

Vers lost du Prince chiuacha	Vers l'ost du Prince chevaucha,
Si tost qe vers lui arriua	Si tost que vers lui arriva,
Moult doucement lad saluee	Moult doucement l'a salue
810 Enplorant p graunt pite	En plorant, par grande pite : 810
Sire fait il pur dieu merci	' Sire,' fait il, ' pour Dieu merci,
Car vous prendrez a iour de hui merci	Car prendez au jour d'hui merci
De si maint noble psone	De si mainte noble persone
Qe au iour de huy cest la some	Qui au jour d'huy, cou est le some,
815 Purroient ci pdre la vie	Pourroient ci perdre le vie 815
En ycest grant estormye	En yceste grant estormye.
ffetez tant qe neiez pas tort	ffetez tant que n'eiez pas tort.
Si home vous poit mettre a acort	S'on vous peuïst mettre a acort
Dieux ⁊ la seinte Trinitee	Dieux et le sainte Trinite
820 Vous en purroit sauoir bon gree	Vous en pourroit savoir bon gre.' 820

Coment le Prince respondi au Cardinal sur la traite du dit accorde.

Luy Prince dist a coer entieu	Li Princes dist, a coer entieu :
Certes beux douce piere en dieu	' Certes, biaux, dous peres en Dieu,
Bien sauoms qe ce qe vous ditez	Bien savons que ce que vous dites
Est voirs | ce sont raisons escptez	Est voirs, ce sont raisons escriptes.
825 Mais nous volons bien sustiner	Mais nous volons bien soustenir 825
Qe n̄r̄e querell sanz mentir	Que no querelle, sanz mentir,
Est Iuste verray ⁊ veritable	Est juste, vraye et veritable.
Bien sauez qe ce nest pas fable	Bien savez que ce n'est pas fable,
Qe mon pier Roy Edwardz	Que mes peres, Roys Edouwarz,
830 Certes estoit le plus droitez heirs	Certes estoit li plus droiz hoirs 830
Pur tener ⁊ pur possesser	Pour tenir et pour possesser

ffrance qe chescuns doit amer	ffrance, que chescuns doit amer,
f. 12^r Au temps qil fuist coronez Roys	Au tamps qu'i fu coronez rois
Lui Roy phelippes de Valois	Li Rois Phelippes de Valois ;
835 Mais nient contreesteant pas ne voille	Mais nient contrestant pas ne voeil 835
Qe home die que par mon orgoille	Qu'on die que par mon orgoeil
Moerge tant bele Iuuente	Moerge tante bele jouvente.
Mais ce nest my mon entente	Mais ce n'est mye mon entente
Qe ie face le contraire	Que je face ore le contraire
840 De la paix | si home le pooit faire	De le paix, s'on le pooit faire, 840
Einz enferray tout mon poir	Einz en ferai tout mon pooir :
Mais sachez qe tout pur voier	Mais sachiez que, tres tout pour voir,
Ie ne puis pas cest matier	Je ne puis pas ceste matere
Acompler | sanz le Roy mon pier	Acomplir sanz le Roy, mon pere,
845 Mais respit puisse bien doner	Mais respit puis je bien doner 845
Des mes homes & acorder	A mes homes et acorder,
Pur p traitier plus de la paix	Pour partraitier plus de le paix.
Si acorder ne voillient cest foitz	S'acort ne voeillent ceste fois
Ie su ci tout prest pur attendre	Je sui ci touz pres pour attendre
850 La grace de dieu | au voir entendre	Le grace Dieu, au voir entendre, 850
Car nre querell est si verraye	Car no querelle est si veraye
Qe de combatre ne mesmaye	Que de combatre ne m'esmaye ;
Mais pur destourner la damage	Mais pour destourner le damage
De la mort | et le gnt outrage	De le mort et le grant outrage
855 Le ferrai a vre plaiser	Le ferai a vostre plaisir 855
Ou gre de mon pier assentier	Ou gre de mon pere assentir.'

**Coment lui Cardinal tout enplorant sen
departi du Prince et retourna p diuers
le Roy de ffraunce & lui fist relacion de
la traitie & coment sur ceo le Roy de ffrance
assigna pur sa part Euesqes & autres seigniours
pur entraitier & excuser la bataille.**

Luy Cardinal tout emplorant	Li Cardinaus tout em plorant
Se parti de lui maintenant	Se parti de lui maintenant
Et chiuacha sanz detriance	Et chevaucha sanz detriance
860 Deuers le Roy Iohan de ffrance	Devers le Roy Johan de ffrance, 860
Et lui ad countee de son gnt attriait	Et li conta de son attrait.
Et le Roy pur plus alongier le fait	Li Roys, pour alongier le fait,

Line 843 puis, *marginal correction* pluis.
Line 844, le *superscript*.

Et pur le bataille excuser	Et pour le bataille excuser,
ffist toutz les barons assembler	ffist touz les barons assambler
865 Et mettre ensample de dieux partz	Et mettre ensamble des deux parz. 865
De parler ne fuist pas escars	De parler ne fu pas escars.
La vient le Counte de Tankerville	La vint li cuens de Tankerville
Et ensi come dit lestille	Et, ensi come dit l'estille,
f. 12ᵛ ffuist luy Arceuesqȝ de Seus	Y fu l'arcevesque de Sens,
870 Cils de Thalrus qui ot g̃nt seus	Cils de Thalrus, qui ot grant sens, 870
Charguy	Buscicaunt et Cleremout	Chargny, Buscicaut et Clermont:
Toutz ceux illoqes venuz sont	Tout cil illoecques venu sont

Coment autres seigniours englois feurent depar le Prince ordeignez pur entraitier oue les ffrancois du dit accorde.

Pur le conseil du Roy de ffrance	Pour le conseil du Roy de ffrance:
Dautre part volente france	D'autre part, de volente france,
875 Y fuist de Warrewik lui Counte	Y fu de Warrewik, li contes, 875
Et ensi come dit lui acounte	Et, ensi com dit li acontes,
Lui Count de Suffolk y fu	Li contes de Suffolk y fu
Qui ot le poil gris et kenu	Qui ot le poil gris et kenu,
Si fuist Bertrem de Burghees	S'i fu Bertremieus de Burghes
880 Qui du Prince fuist le plus pres	Qui du Prince fu li plus pres, 880
Si furent Audelee ⁊ Chaundos	S'i furent Audlee et Chandos
Qui en ce temps auoient g̃nt los	Qui en ce tamps avoient grant los.
Illoqes firent le plement	Illoec firent le parlement
Et la chescun dist son talent	Et la chescuns dist son talent.
885 Mais de lour conseil ne vous say	Mais de lour conseil ne vous say ; 885
Mais ie say bien tout pur verray	Mais je say bien, tout pour veray,
Quils ne pooient estre dacort	Qu'il ne pooient estre d'acort,
Sicome iay oi en mon recort	Si come j'oi en mon recort :
Dont chescun de eux departy	Dont chescuns d'iaux s'en departy.
890 Adonqes dist Geffroy de Charguy	Adonc dist Geffrois de Chargny : 890
Seignioure fait il puis qensi est	'Seigniour,' fait il, 'puis qu'ensi est
Qe ceste traitie plus ne vous plest	Que cis traitiez plus ne vous plest,
Ie loffre qe nous vous combatoms	J'offre que nous vous combatons,
Cent pur Cent et choiseroms	Cent pour cent, et se choisirons
895 Chescun p deuers son costee	Chescuns par devers son coste ; 895
Et bien sachez pur verite	Et bien sachiez, pour verite,
Le quel Cent qui sont disconfit	Li quel cent qui sont desconfi

Tut lui autre sachez defit	Tout li autre, sachiez de fi,
De cest champe se deptiront	De cest champ se departiront
900 Et la querelle lesseront	Et le querelle lesseront.　　　900
Ie croy qe le meillours si serra	Je croy que li mielz si sera,
Et qe deux gre nous ensauera	Et que Dieux gre nous en savra
Qe le iourne se deporte	Que le journee se deport
Ou tant psone serroit morte	Ou tant preudome seront mort.'

De la final responce dones a les ffrancois
p les seigniours englois de la traite. Et coment
les Seigniours du traite si bien de lun
costee come de lautre sount retournez
chescun deuers son Seigniour sanz accorde entre
eux fait | ⁊ le Cardinal sen chiuacha tout emploraͧt deūs patiers.

905 Et adonqes lui respondi	Et adonques lui respondi　　　905
lui Counte de Warwik ensi	Li conte de Warwik ensi :—
Seigniour fait il quei voillez vous	'Seigniour,' fait il, 'quoi volez vous
Prendre p ce encontre nous	Prendre par ce encontre nous?
Bien sauez qe vous estez plus	Bien savez que vous estes plus
910 Des gentez darmez ⁊ feer vestuz	Des genz d'armes et fier vestuz　　910
Quatrefoitz qe nous ne soions	Quatrefois que nous ne soions
Et v̄re terre chiuachons	Et vostre terre chevauchons.
Veiez ci la Champaigne ⁊ la place	Vez ci le champaigne et le place,
Chescun qui poet son meillō face	Chescuns qui poet, son meillour face.
915 Autre part ie ne say	Autre partage je ne say　　　915
Ne autre ieo nacorderay	Ne autre je n'accorderay.
Dieux voille conforter le droit	Dieux voeille conforter le droit,
Ou il semble qe meillō soit	Ou il samble que meillour soit!'
Lors se ptent sanz plus parler	Lors se partent sanz plus parler,
920 Vers lour hoost prirent atourner	Vers lour host prirent a tourner.　　920
Chescun disoit en son parti	Chescuns disoit en son parti :
Cil Cardinal nous ad trai	'Cis Cardinaus nous a traï '—
Elas pur dieu mais noun auoit	E las! pour Dieu, mais non avoit,
Car tout plorant seu departoit	Car tout plorant s'en departoit
925 Et chiuachoit deuers Paiters	Et chevauchoit devers Poitiers —　　925
Cela lui estoit bien mestiers	Cela lui estoit bien mestiers,
Car certes il nauoit bon gree	Car certes il n'avoit bon gre
Ne grace de nulle costee	Ne grace de nulli coste.
Lors out lour bataille ordeignee	Lors ont lour bataille ordence
930 Chescun sanz point de demoerce	Chescuns, sanz point de demoerce.　　930

Coment le Roy de ffraunce assigna le Mareschall de Cleremount ⁊ plusours autres seigniours oue iij. Mill combatauntz deux Mill seruauntz ⁊ bien deux Mill Arblastiers pur estee en lauaunt garde de son host.

    Primerment le Roy de ffrance
    Ad mis sez gentes en ordinance
    Et dist beau seignour p ma foy
    Tant me detrirez ceo croy
935 Qe lui Prince meschapera
    Cil Cardinle bien tray ma
f. 13ᵛ Qui ci mad fait tant demorer
    Donqes comencea a apeller
    Le bon Mareschaux de Cleremont
940 Et cely Doudenham qui mont
    ffuist en toutz temps a priser
    Car en lui ot bon Chiualer
    Ouesqȝ le noble Duc Dataine
    Qui mult fuist noble Chieftaine
945 Seigniour ce dist lui riche Rois
    ffaitez apresti vous arrois
    Car vous serres en n̄re aůnt garde
    Et cest v̄re droit si dieux me garde
    Ouesqȝ vous auerez sanz doute
950 Trois Mill hōmes de v̄re route
    Et si aueretez .ij. Mill seruantz
    A glaiues ⁊ a dartz trenchantz
    Et bien deux Mill Arblastiers
    Qui vous aideront voluntiers
955 Gardez si vous englois trouez
    Ouesqȝ eux vous vous combatez
    Et si ny aies point de deport
    Qe toutz ne les mettez a mort

Premierement li Roys de ffrance
A mis ses gens en ordenance
Et dist : ' Biau seignour, par ma foy,
Tant me detrierez, ce croy,
Que li Princes m'eschapera.   935
Cis Cardinaus bien traÿ m'a,
Qui ci m'a fait tant demorer.'
Donc comenca a apeller
Le bon Mareschal de Clermont,
Et cely d'Oudenham qui mout   940
Parfu en touz tamps a prisier,
Car en lui ot bon chevalier,
Avoec le noble duc d'Ataines
Qui moult fu nobles capitaines.
' Seigniour,' ce dist li riches Rois,   945
' ffaites aprester vos arrois
Car seres en no avant garde
Et c'est vos droiz, se Dieux me garde.
Avoecques vous, avrez sanz doute
Trois mille homes de vostre route,   950
Et s'avrez .ii. mille servanz
A glaives et a darz trenchanz,
Et bien deux mille arbalastiers
Qui vous aideront volentiers.
Gardez, se vous Englois trovez,   955
Avoec yaux vous vous combatez,
Et se n'aies point de deport
Que touz ne les mettez a mort.'

Coment le Roy de ffraunce ordeigna le Duc de Normandie son fiz | le Duc de Burboyne et plusours autres seigniours oue quatre Mill combatantz p̊ estre en la second batail de son host.

Lors appella a ceste fie	Lors appella, a ceste fië,
960 Son filtz le duc de Normandie	Son filz, le duc de Normandië, 960
Et lui ad dit | beau filtz p foy	Et lui a dit : ' Biaux filz, par foy,
Roy de ffrauce serres apres moy	Roys seres de ffrance apres moy,
Et pur ce aueretz vous sanz faille	Et pour cou avrez vous sanz faille
La v̄rē second bataille	Le nostre seconde bataille ;
965 Et le noble duc de Burbone	Et le noble duc de Bourbon 965
Auerez a v̄rē compaignoune	Avrez a vostre compaignon,
Et le seigniour de seint Venant	Et le seigniour de Seint Venant
Qui ad le coer preu et vaillant	Qui a le coer preu et vaillant.
Le bon tristant de Maguelers	Li bons Tristans de Maguelers,
970 Qui moult est noble bachilers	Qui moult est nobles bachelers, 970
Il portera v̄rē baniere	Il portera vostre baniere
Qe est de soi riche et chiere	Qui est de soie riche et chiere.
Nespnez ia pur Iohn cris	N'esparniez ja, pour Jesu Cris,
Englois tout soit g̃ntz ne petitz	Englois, tant soit granz ne petiz,
14ʳ Qe tout a mort ne les mettez	Que touz a mort ne les mettez. 975
976 Car ie ne voille qe si osez	Car je ne voeil que si osez
Soient iāmcs pur passer	Soient james pour repasser,
Un soul pee p decea la mer	Uns souls piez, par deca le mer,
Pur moy greuer ne guerroier	Pour moy grever ne guerroier.'
980 Ensy les vorray ie arraier	'Ensy les vorray je arroier,' 980
Dist lui Dauffyns piere p foy	Dist li Dauffyns, ' pere, par foy.
Tant ferrons ensi come ie croy	Tant ferons, ensi com je croy
Qe v̄rē bon gre enaũons	Que vostre bon gre en avrons.'
Adonqes baniers ⁊ peignous	Adonc banieres et peignons
985 Veissez desploier au vent	Veïssiez desploier au vent, 985
Ou fui or ⁊ aseure resplent	Ou fins ors et asurs resplent,
Pourpres ⁊ goules | ⁊ hermynes	Pourpres et goules et hermynes.
Trompes | Taburs | Chors | et Bussynes	Trompes, tabours, chors et buisynes
Oissez pmy loost bouder	Oïssiez parmy l'ost bondir ;
990 Tout faisot la terre tenter	Tout faisoit le terre tentir 990
La grant bataille de Dauffyn	Le grant bataille du Dauffyn.
La ot maint bon Chiualer fyn	La ot maint bon chevalier fyn
Et ensy come dist le nombre	Et, ensy come dist li nombre,
Quatre Mill feurent en nombre	Quatre mille feurent en nombre.
995 Dune des costees sa place prist	D'un des costes sa place prist 995
Mout grant espace de terre comprist	Grant space de terre comprist.
Ensi ad lui le Roy deuisce	Ensi a li Roys devisce
Cest bataille ⁊ ordeigne	Ceste bataille et ordenee.

Coment le Roy de ffrance ordeigna le riche duc Delliens son frere oue trois Mill combatauntz pur amesner la areregarde de son host.

Adonqes appella ce est chose clere	Donc appella, c'est chose clere,
1000 Le riche Duc Dorliens son frere	Le riche duc d'Orliens, son frere, 1000
ffrere fait il si dieux me garde	'ffrere,' fait il, 'se Dieux me garde,
Vous amesnerez nre arere garde	Vous merrez no arieregarde
Ouesqȝ trois Mill combatantz	Avoec trois mille combatanz
Des gentz darmez preus et vaillantz	Des genz d'armes, preus et vaillanz ;
1005 Et gardes bien pur dieu mercy	Et gardes bien, pour Dieu mercy, 1005
Qe naies ia denglois mercy	Que n'aies ja d'Englois mercy,
Mais les mettez toutz a mort	Mais les mettez tres touz a mort :
Car ils nous ount mult fait de tort	Car il nous ont moult fait de tort
Et arsee ⁊ destruite nre terre	Et arse et destruite no terre,
1010 Puis qils ptirent Dengleterre	Puis qu'il partirent d'Engleterre. 1010
Et gardez si le Prince preignez	Gardez, se le Prince prenez,
Qe p deuers moy lamesnez	Que par devers moy l'amenez.'
f. 14ᵛ Sire se dist lui riche Ducs	'Sire,' ce dist li riches ducs,
Volentiers ⁊ en coer plus	'Volentiers, et encore plus.'

Coment le Roy de ffraunce meismes ouesqe trois de sez fiz ⁊ plusours Countes ⁊ autres seigniours a la nombre de xxiii. Baniers iiii Chiuals armez | ⁊ iiii Chiualers desus | armez furent en la quart bataille illoeqes.

1015 Ensement ad lui noble Rois	Ensement a li nobles Rois 1015
Iohan	ordeignee ses courrois	Jehans ordene ses courrois,
En la quarte bataille fu	En le quarte bataille fu,
Moult pfu riche sa vertu	Moult par fu riche sa vertu,
Ouesqȝ lui trois de ses filtz	Avoecques lui trois de ses filz,
1020 Qui moult furent de gnt pris	Qui moult par furent de grant pris, 1020
Le Duc Danio cil de Barry	Li ducs d'Anjo, cil de Barry
Estoit auxi ouesqȝ luy	Estoient la avoecques ly,
Et si fuist Philippes ly hardys	S'i fu Phelippes ly hardys,
Qui moult fu ioefnes et petitz	Qui moult fu joenes et petiz.
1025 La estoit Iaques de Burbon	La estoit Jaques de Bourbon, 1025
Lui Counte deu qui ot bon noun	Li conte d'Eu qui ot bon non

Et lui Counte de longeville	Et li conte de Longeville;
Cils deux si estoient sanz gille	Cil deux si estoient, sanz gille,
ffiltz monſ Roƀt Dartois	ffilz monseignour Robert d'Artois:
1030 Et si estoit a ceste foitz	Et s'i estoit, a ceste fois, 1030
Lui noble Counte de Sausoire	Li nobles conte de Sansoire
Ouesqʒ lui ce est chose voire	Avoecques lui, c'est chose voire,
Et si estoit le Court | Daunmartyn	Et li conte de Danmartyn.
Quei vous ferroy ie longe fyn	Que vous feroy je longe fyn?
1035 Tant pſu riche ses arroiez	Tant par fu riches ses arrois, 1035
Car baniers eust vint et trois	Car banieres eut vint et trois.
Puis ordeigna a lautre lees	Puis ordena a l'autre les
Bien CCCC. chiualx armez	Bien cccc chevalx armez
Et CCCC. Chiualers desus	Et cccc chevaliers sus,
1040 De trestoutz les meillŏs escus	De trestouz les meillours escus. 1040
Guychard dangle les condussoit	Guichard d'Angle les conduisoit,
Qui noble chiualer estoit	Qui nobles chevaliers estoit,
Et le bon ſ² Dangebuguy	Et li bons seigniour d'Aubegny
Qui ot le coer preu et hardy	Qui ot le coer preu et hardy,
1045 Et Eustace de Rippemouthe	Et Eustace de Rippemont 1045
En qui le Roy se fioit moult	En qui li Rois se fioit moult,
Et lour pria sanz alentir	Et lour pria, sans alentir,
Qils pansaient de bien ferir	Qu'il pensassent de bien ferir
c. 15ʳ Et qils ne sespnassent mie	Et qu'il ne s'esparnassent mie
1050 Dauoir la bataille partie	D'avoir le bataille partie, 1050
Et chescun les sieweroit apres	Et chescuns les siewroit apres
Qui de bien faire serroit pres	Qui de bien faire seroit pres.
Et chescun lui ad acordee	Et chescuns lui a acorde
De bien faire sa volentee	De bien faire sa volente.
1055 La auoit il tiel noblesse	La avoit il tele noblece, 1055
Si Dieux me poet doner leesse	Se Dieux me poet doner leece,
Qe ce fuist un grant meruelle	Que ce fu une grant merveille;
Unqes home ne vist tiel apparaille	Onques on ne vit tel pareille
De noblesse ne dordinance	De noblece ne d'ordenance
1060 Come feurent de la pte de ffrance	Come eurent de le part de ffrance. 1060

Coment le Prince mist sez gentz en ordinance pur combatre | ₹ assigna le Counte de Warrewyk p̃ lauant garde ₹ le Counte de Salesbury pur amesner la reregarde de son host ₹ comaunda

sire Eustace Dabrichecourt ҁ le
seigniour de Courton a courrir pur
lost ffrancois descouerer | les quex cour-
rerent si auant qils furent pris p les
ffranceis ҁ les francois ent fesoient g̊nt ioie.

De lautre part ne doutez mye	De l'autre part, ne doutez mye,
ffeust Loost engloys logie	ffu li os engloyse logië,
Qui ensement en celle iour	Quë ensement en cely jour
Lui noble Prince de valour	Li nobles Princes de valour
1065 Mettoit sez gentz en ordinance	Mettoit ses genz en ordenance, 1065
Et voluntiers a ma semblance	Et volentiers, a ma samblance,
Vousist la bataille excusier	Vousist le bataille excuser
Si le pooit deuoider	Se se peuist de la voider,
Mais bien veoit qe lui couient faire	Mais bien veit que lui covint faire.
1070 Adonqes appella sanz retraire	Adonc appella sanz retraire 1070
De Warrewyk	le noble Counte	De Warrewyk, le noble conte,
Et trespfitement lui Counte	Et tres parfitement lui conte :
Sire fait il	il nous couient	'Sire,' fait il, 'il nous covient
Combatre	et puis qensi auient	Combatre et puis qu'ensi avient
1075 Ie vous pri en cest iournee	Je vous pri en ceste journee 1075
Aiez lauantgard menee	Aiez l'avant garde menee.
Luy noble Sire de Pomiers	Li nobles sire de Pomiers,
Qui moult est noble Chiualers	Qui moult est nobles chevaliers,
Serra en v̄re compaignie	Sera en vostre compaignie,
1080 Et si aueritez ie vous affie	Et s'averez, je vous affie, 1080
f. 15ᵛ Toutz ses freres ouesꝫ luy	Touz ses freres avoecques ly,
Qui sont preuz	vaillantz et hardy	Qui sont preu, vaillant et hardy.
Primers passerez le passage	Premiers passerez le passage
Et garderez n̄re cariage	Et garderez no cariage.
1085 Ie cheuachera apres vous	Je chevaucherai apres vous, 1085
Ouesꝫ mes chiualers toutz	Avoecques mes chevaliers touz.
En cas qe a meschief auiendrez	Eu cas qu'a meschief avenez
De nous serrez reconfortez	De nous serez reconfortez ;
Et le Count de Salesbury	Et li conte de Salsbury
1090 Chiuachera apres auxy	Chevauchera apres auxy, 1090
Qui mesnera n̄re areregarde	Qui merra no ariere garde ;
Et serra chescun sur sa garde	Et sera chescuns sur sa garde,
En cas qils cour curront sus	Eu cas quë il vous courent sus
Qe chescun a pee descenduz	Que chescuns a pie descenduz
1095 Soit le plus tost qil purra	Soit le plus tost quë il pourra.' 1095

Et chescun dist qil le ferra	Et chescuns dist qu'il le fera.
Quei vous aueroy ie detriee	Que vous avroy je detriee
La matiere | ᛧ plus destourbee	Le matere et plus destourbee ?
Ensi se deuisent la nuyt	Ensi se devisent le nuyt.
1100 La nauoit pas trōp grant desduit	La n'avoit pas trop grant deduit, 1100
Car chescun yfesoit enbusshe	Car chescuns y fesoit enbusche :
La auoit il mainte escarmusshe	La avoit il mainte escarmusche ;
Et quant ce vient a grant matyn	Et quant ce vint au grant matyn,
Lui noble prince oue coer fyne	Li nobles Princes ou coer fyn
1105 En appella a brief mot court	En appella, a brief mot court, 1105
Daun Eustace Dabrichecourt	Dan Eustace d'Abrichecourt,
Ouesqȝ le seigniō de Courton	Avoec le seigniour de Courton,
Qui ot le coer fiere come Liōn	Qui ot le coer fier com lion,
Et lour comanda a courir	Et lour comanda a courir
1110 Pur lost de ffrancois descoůer	Pour l'ost des ffrancois descovrir, 1110
Et chescun prist a chiuachier	Et chescuns prist a chevauchier
Mountez son noble courser	Montez sur son noble coursier.
Mais ensi come dist le romant	Mais, ensi com dist li romant,
Cils deux currerent si auant	Cil doi courirent si avant
1115 Qils furent retenuz ᛧ pris	Qu'il furent retenu et pris : 1115
Dont fuist le Prince mult maris	Dont fu li Princes moult maris,
Et ffrancois ent fesoient g̊nt ioie	Et ffrancois en fesoient grant joie
Pur lour hoost si dieux manoie	Parmy lour host, se Dieux m'avoie,
Et disoient p motz expres	Et disoient par moz expres :
1120 Toutz les autres viendront apres	'Tout li autre venront apres.' 1120

Coment la g̊nt heuee est comence ᛧ lui
Prince se deslogea ᛧ chiuacha ᛧ neqdoit
my cel iour auoir la bataille \| ᛧ les
ffrancois crioient a lour Roy a haut
vois \| qe les englois fuoient \| Mais noun fust
enci \| ᛧ cesauoient les francois bien tost aṗs.

16ʳ

Adonqes comencea la heu	Adonc comencea le huee
Et moult grant noise est leuee	Et moult grande noise est levee,
Et lui Prince se deslongea	Et li Princes se deslogea ;
A chiuachier se chimina	A chevauchier se chemina,
1125 Car celui iour ne quidoit pas	Car celui jour ne quidoit pas 1125
Combatre ie ne vous mettite pas	Combatre, je ne vous ment pas,

Line 1103 ce, c *corrected out of* le.
Line 1121 heu, *marginal correction* uee.

Mais quidoit trestout sanz faille	Mais se quidoit, trestout sanz faille,
Toutz iours excuser la bataille	Touz jours excuser le bataille.
Mais de lautre part lui ffrancois	Mais de l'autre part li ffrancois
1130 Sescrioient a haute vois	S'escrioient a haute vois 1130
Au Roy qe les Englois senfuyoient	Au Roy qu'Englois s'enfuyoient
Et qe p temps les pderoient	Et que par tamps les perderoient.
Lors comencent a chiuachier	Lors comencent a chevauchier
les ffrancois sanz targier	Li ffrancois sanz plus atargier.
1135 Et dist lui Mareschaux doudenham	Dist li Mareschaux d'Oudenham: 1135
Certes poi prise vre aham	'Certes, poi prise vostre ahan.
Tost auerons les englois pduz	Tost avrons les Englois perduz
Si ne les alons currir sus	Se ne les alons courir sus,'
Dist lui Mareschaux de Cleremont	Dist li Mareschaux de Clermont :
1140 Bieu frere vous vous hastiez moult	'Biau frere, vous vous hastez moult. 1140
Ne soiez mie si egrantz	Ne soiez mie si engranz,
Car y nous viendrons bien a temps	Car nous y venrons bien a tamps ;
Car Englois ne sen fuyent pas	Car Englois ne s'en fuyent pas,
Einz veignont plus tost qe la pas	Einz vienent plus tost que le pas.'
1145 Dist doudenham vre demoere	Dist d'Oudenham : 'Vostre demoere 1145
Les nous ferra pdre en cele hoere	Les nous fera perdre en cele hoere.'
Dount dist Cleremont p seint denys	Dont dist Clermont : 'Par seint Denys,
Mareschaux moult estez hardys	Mareschaux, moult estez hardys.'
Et puis lui dist p mau talent	Et puis lui dist par mautalent :
1150 Ia nauerez tant de hardement	'Ja n'avrez tant de hardement 1150
Qe au io̊ de huy puissez faire tant	Qu'aujourd'huy puissez faire tant
Qe ia vous soiez si auant	Que ja vous soiez si avant
Qe le point de vre lance	Que le pointe de vostre lance
Au cult de mon chiual auance	Au cul de mon cheval avance."
1155 Ensi de mautalent espris	Ensi de mautalent espris 1155
Ont vers Englois lour chemyn pris	Ont vers Englois lour chemyn pris.

f. 16ᵛ

**Coment la huee et la noise est
leuee | ⁊ les deux hostes approcherent
⁊ le Counte de Salesbury qui menoit
la reregarde assembla tut primerment.
Car lui Mareschaux viendrent sur lui ⁊
lui combatoient moult fortement.**

Adonqes comencea la heuee	Adonc comencea le huee,
Lui cries et la noise est leuee	Li cris et le noise est levee,
Et les hoostes prisent approcher.	Et les hoz prisent a approchier.

1160 Adonqes de traire et de lancer	Adonc de traire et de lancier 1160
Comencerent dambe deux partz	Comencierent d'ambedeux parz ;
Nul de eux ne se tenoit escars	Nus d'yaux ne se tenoit escars.
Senioure a ce qe ientendi	Seigniour, a ce que j'entendi,
Lui ffrancois Counte de Salesbury	Li frans conte de Salsbury
1165 Du Prince auoit la reregarde	Du Prince avoit l'arieregarde, 1165
Mais celui iour si dieu me garde	Mais celui jour, se Dieux me garde,
Assembla tout prim̃ment	Assambla tout premierement,
Car plain de Ire et de mautalent	Car plain d'ire et de mautalent
Viendrent sur lui	lui Mareschalt	Vinrent sur lui li Mareschal,
1170 Sachez a pee et a Chiualt	Sachiez, a pie et a cheval, 1170
Et lui courrerent sus p g̃nt force	Et lui courirent sus par force.
Quant lui Countes veoit ceste force	Quant li cuens veöit ceste force,
Sa bataille vers eux tourna	Sa bataille vers yaux tourna
Et a haute vois lescria	Et a haute vois l'escria :
1175 Auant ꝑ² pur dieu mercy	'Avant, seigniour, pour Dieu mercy, 1175
Puis qil plest a seint George ensy	Puis qu'il plest a Seint George ensy
Qe nous estoiasmes lui derere	Que nous estiemes li derier
Et nous serrons tout li primere	Et nous serons tout li premier,
ffaceons tant qe honõ y aions	ffaceons tant qu'honour y aions.'
1180 Adonqes veissez les barons	Adonc veïssiez les barons 1180
De combatre bien esprouuer	De combatre bien esprouver :
Grantz deduytz fuist a regarder	Granz deduiz fust au regarder
Cely qe rien ny conteroit	Cely qui rien n'y conteroit,
Mais certes g̃ntz piece estoit	Mais, certes, granz pitez estoit
1185 Et meruelouse chose ⁊ dure	Et merveilleuse chose et dure. 1185
La auoit mente creature	La avoit meinte creature
Qe celui iour fuist mis a fin	Qui celui jour fu mise a fin ;
La combatoient de coer fin	La combatoient de coer fin :
Archiers traoient a la volee	Archier traioient a le volee
1190 Plus drut qe plume nest volee	Plus drut que plueve n'est volee, 1190
Qui furent sur les deux costees	Qui furent sur les deux costes,
Ꝑ deũs les chiualx armes	Par devers les chevalx armes.
Atant veissez vous venir poignant	Atant vez vous venir poignant
Un Chiualer preu et vaillant	Un chevalier preu et vaillant,
f. 17ʳ Qui appellez fuist Guychard dangle	Qui appellez fu Guichard d'Angle ; 1195
1196 Cil ne se bontoit pas en langle	Cil ne se boutoit pas en l'angle,
Eins freoit p my le meslee	Eins freoit par my le meslee,
Sachez de launce ⁊ despee	Sachiez, de lancë et d'espee.
Et lui Mareschalt de Clercmont	Et li Mareschaux de Clermont

Line 1194 preu, e *superscript*.

1200 Et Eustace de Ripemont Et le droit fͫ de Anbeguy Chescun bien luy fesoit auxi	Et Eustace de Ripemont 1200 Et li droiz seigniours d'Aubegny, Chescuns bien le fesoit auxi.

**Coment le Counte de Salesbury oue la
reregarde descomfist le Mareschaux ⁊ trestouz
les armes chiualx deuant qe lauant garde
puit estre retourne | et apres ceo reassemblerent
tout ensemble | ⁊ appcherent a la bataille de
Daufyn au pas dune hayecie la haye | ⁊ la
fust descomfitz le Daufyn oue le bataille
de Normandie | ⁊ les ffrancois sen
fuyoient ⁊ plusours de eux furent pris
⁊ occis ⁊ lors aprocha le Roy ffrancois
oue sa tres graund puissance deuers
le honurable Prince ⁊ son graund host.**

Mais a quoy faire conteroy La matiere ⁊ alongeroy 1205 La Romance dist ⁊ lui acountes Qe de Salesbury lui Countes Entre lui ⁊ ses compaignons Qui furent plus fiers que Lions Disconferent les Mareschalx 1210 Et trestouz les armez chiualx Deuant qe poist estre tournee Lauaunt garde ⁊ repassee Car ia fuist outre la Riuere Mais au voilloer dieu ⁊ son piere 1215 Se reassemblerent tout ensemble Et viendrent ensi qil ensemble Come gent de noble compaigne Tut contremont vn montaigne Tanqʒ ils mirent lour trahim 1220 A la bataille du Dauffyn Qui fuist a pas dune hayette Et la de voluntee entette Si vout ensemble reacontrer En fesantz darmes le mestrer	Mais a quoy faire conteroye Le matere et alongeroye? Li romanz dist et li acontes 1205 Que de Salesbury li contes, Entre lui et ses compaignons Qui furent plus fier que lions, Desconfirent les Mareschalx Et trestouz les armez chevalx, 1210 Devant qu'estre peuist tournee Li avantgarde et repassee, Car ja fu outre le riviere; Mais, au voloir Dieu et saint Piere, Se rassamblerent tout ensamble 1215 Et vinrent, ensi qu'il me samble, Come gent de noble compaigne Tout contremont une montaigne, Tan que il mirent lour trahin A le bataille du Dauffyn 1220 Qui fu au pas d'une hayette Et la, de volente entette, Se vont ensamble rencontrer En fesant d'armes le mestier

Line 1216 ensemble, *marginal correction* me.
Line 1217, *final* e *of* compaigne *corrected from* i.

f. 17ᵛ   Si treschiualrousement
1226 Qe sachez veritablement
     Grant merueille fuist a veoir
     La gaignerent a lenvaoir
     Par force le pas de la haye
1230 Dount maint francois a coer sesmaye
     Et comencerent a tourner
     Le doos ǀ ꝫ a chiual mounter
     La criot hōme a haute gorge
     En maint lieu Guyane seinte George
1235 Qe voillez vous qe ie vous die
     La grant bataille de Normandie
     ffuist desconfist a cel matyn
     Et sen departi le danffyn
     La eneust maint mort ꝫ pris
1240 Et lui noble Prince de pris
     Se combatoit ṣnoult vaillantement
     Et en reconfortant sa gent
     Disoit seigniour pur dieu mercy
     Pensez dunꝗ ferir veetz me cy
1245 Donqes aprocha le Roy de ffrance
     Qui amesnoit sa garunde puissance
     Car vers lui se voilloit traire
     Cils qui voilloir out de bien faire
	Si tres chevalereusement 1225
	Que, sachiez veritablement,
	Grant merveilles fu a veïr.
	La gaignierent a l'envaïr
	Par force le pas de le haye,
	Dont mainz francois a coer s'esmaye, 1230
	Et comencierent a tourner
	Le dos et a cheval monter.
	La crioit on a haute gorge
	En maint lieu: 'Guyane! seint George!'
	Que volez vous que je vous die? 1235
	La bataille de Normandie
	ffu desconfie a cel matyn
	Et s'en departi li Dauffyn.
	La en y eut maint mort et pris,
	Et li nobles Princes de pris 1240
	Se combatoit moult vaillantment,
	Et en reconfortant sa gent
	Disoit: 'Seigniour, pour Dieu mercy
	Pensez du ferir, vez me cy.'
	Donc aprocha li Rois de ffrance 1245
	Qui amenoit grande puissance.
	Car devers lui se voloit traire
	Cils qui voloir eut de bien faire.

        Coment le Prince voet vener le Roy de
    ffraunce oue son tresgͩnt poer ꝫ plusours
 englois furent departiez du Prince p̄chacier
     les ffrancois a lourfuitiez pur ceo qils
   quidoient ce temps qils eusent tut fait ꝫ
  lui prince fist sez priers a dieu tout puissant
 et dist auaunt Banier ǀ ꝫ apres ceo comencea
   la melle. Dount Audelee fuist ly primer
     a lassemblee ǀ ꝫ adonqes combatoient
    tresfortement ǀ les seigniours englois ǀ ꝫ
 les nobles Barons de Gascoigne encontre
   les ffrancois ǀ et le Prince en auoit per
   la grace de dieu la victorie ǀ ꝫ le Roy
    ffrancois ꝫ Philippes son fiz ꝫ plusour s

Line 1241 ṣnoult, *marginal correction* m.

autres Countes ⁊ altres Seigniours de
ffraunce furent pris per les englois
⁊ le duc de Burboine ⁊ plusours altres
seigniours ⁊ Chiualers ⁊ esquiers de
ffraunce a le noumbre de trois Mill
furent mortz a cel graunt bataille.

f. 18ʳ

Quant lui Prince le vist venir	Quant li Princes le vit venir,
1250 Vn poi se prist a esbahir	Un poi se prist a esbahir 1250
Et regarda enuiron lui	Et regarda environ li
Et vist qe plusours sont departy	Et vit que plusour sont party
Qui feurent alez pur chasier	Qui feurent ale pour chacier,
Car bien quidoient a voir iugier	Car bien quidoient, au voir jugier,
1255 Qe ce temps eussent tout fait	Qu'a ce tamps euïssent tout fait ; 1255
Mais ore lour accreust le fait	Mais ore lour accreut le fait,
Car le Roy francois venoit	Car li Rois francois sourvenoit
Qui si grant poair amesnoit	Qui si grant pooir amenoit
Qe merveilles fuist a vejer	Que merveilles fu a vëoir.
1260 Qant luy Prince vist pur voir	Quant li Princes le vit, pour voir, 1260
Encontre le ceel regarda	Encontre le ciel regarda,
A Ihu mercy cria	A Jesu Crist mercy cria,
Et dist ensi | pier puissantez	Et dist ensy : 'Pere puissanz,
Ensi come ie su croyantz	Ensi come je sui croyanz
1265 Qe vous estes Roi sur toutz Roys	Que vous estes Rois sur touz Roys 1265
Et pur nous toutz en la croys	Et pour nous trestouz en le croys
Voisistes la mort endurer	Vosistes le mort endurer
Pur nous hors denferne rechatier	Pour nous hors d'enfer rachater,
Pier qui es verra dieu et verra home	Pere, qui es vrais Dieux, vrais hom,
1270 Voillez p̄ vr̄e seintisme nōme	Veuilliez par vo seintisme nom 1270
Moi et ma gent garder de mal	Moi et ma gent garder de mal,
Ensi verra dieux celestial	Ensi, vrai Dieu celestïal,
Qe vous qe iai bon droit	Que vous savez que j'ai bon droit.'
Adonqes le Prince la en droit	Adonc li Princes la endroit,
1275 Quant il auoit fait sa priere	Quant il avoit fait sa priere, 1275
A dist auant | auant Baniere	A dit : 'Avant, avant baniere !
Chescun pense de sōn honure	Chescuns pense de son honour.'
Deux Chiualers plains de valour	Doi chevalier plain de valour
La tenoient de deux costees	La tenoient des deux costes ;
1280 Moult estoient plains de bontees	Moult estoient plain de bontes : 1280

Line 1259 vejer, *marginal correction* o.
Line 1265, *marginal correction* e.

THE BLACK PRINCE

Ceo feurent Chaundos ⁊ Audelee	Ce feurent Chandos et Audlee.
Adonqes comencea la melle	Adonc comencea le mellee
Et Audele moult doucement	Et Audlee moult doucement
Pria au Prince humblement	Pria au Prince, et humblement :
1285 Sir fait il ie en ay voie	'Sire', fait il, 'j'en ay voe 1285
A dieu ꝑmis et iuree	A Dieu et promis et jure
La ou ie verray en puissance	La ou je verroye en puissance
Le banier de Roy de ffrance	Le baniere du Roy de ffrance
f. 18ᵛ Qe ie assembleray le primer	Qu'assembleroye le premier,
1290 Siꝗ pur dieu vous voille prier	Si que, pour Dieu, vous voeil prier 1290
Qe congie me voillez doner	Que congie me veuilliez doner,
Car il est bien temps assembler	Car il est bien tamps d'assembler.'
Adonqes dist lui Prince voir	Adonques dist li Princes : 'Voir,
Iames faitez v̄re voilloir	James, faitez vostre voloir.'
1295 Adonꝗ iames se departi	Adonc James se departi 1295
Du Prince pluis nattendi	Du Prince, plus n'i attendi.
ꝑ deuant les autres sauance	Par devant les autres s'avance
Pluis qe de long dune lance	Plus de le longour d'une lance
Et si fiert sur les enemys	Et se fiert sur les enemys
1300 Come hōme coragens et hardys	Come hom corageus et hardys ; 1300
Mais gaires ne poet endurer	Mais gaires ne peut endurer,
Qa la terre lui couient verser	Qu'a terre lui covint verser.
La veissez a lencontrer	La veïssiez a l'encontrier
Sez grossez launces abaisser	Cez grosses lances abaissier
1305 Et bouter de chescune part	Et bouter de chescune part ; 1305
Chescune enprendoit bien sa part	Chescuns en prendoit bien sa part :
La veissez ferir Chaundos	La veïssiez ferir Chandos,
Qui ce iour y acquist g̊nt los	Qui ce jour y acquist grant los,
Warrewik ⁊ le Despenser	Warrewik et le Despensier,
1310 Montagu qui fuist apriser	Montagu qui fu a prisier 1310
Cils de Mawne ⁊ cil de Basset	Cil de Mawne et cil de Basset
Qui bien combatoient a souent	Qui bien combatoient a souhet,
Et monꞅ Raoul de Cobehem	Monsiour Raoul de Cobehem
Qui ffrancois g̊nt ahen	Qui fist a ffrancois grant ahan,
1315 Le bon Bartrem de Burghees	Le bon Bartremieu de Burghes 1315
Qui moult fuist hardi en ses fees	Qui moult fu hardis en ses fes ;
Dautre part combatoient fort	D'autre part combatoient fort
Et Salesbury ⁊ Oxenfort	Et Salsbury et Oxenfort,
Et auxi ce nest mecoigne	Et auxi, ce n'est pas mencoigne,
1320 Lui noble baron de Gascoigne	Li noble baron de Gascoigne, 1320

Line 1292 assembler, d *superscript.*

Le Captal ⁊ cils de pouners	Li Captaus et cils de Pomiers
Qui moult fuist vaillantz ⁊ entiers	Qui moult fu vaillanz et entiers,
Labret | lesparre ⁊ lagoulam	Labret, Lesparre et Lagoulam,
fforssard ⁊ Couchon ⁊ Rosain	fforssard et Couchon et Rosam,
1325 Mussiden ⁊ cil de Campayne	Mussiden et cils de Campayne, 1325
Mout ferantz qui sur toutz se payne	Montferranz, qui sur touz se payne
A tout son poair de bien faire	A tout son pooir de bien faire :
Ces bachilers ⁊ noble affaire	Ces bachelers de noble affaire
Veisses la ferer atas	Veïssiez la ferir a tas
1330 Et doner si grantz hatiplas	Et doner si granz hatiplas 1330
f. 19ʳ Qe ce fuist vn grant meruaille	Que ce fu une grant mervaille.
La auoit moult grant bataille	La avoit moult grande bataille,
La veissez maint home mort	La veïssiez maint home mort.
Longement dura ceste effort	Longement dura ceste effort,
1335 Tant qil ni auoit si hardy	Tant qu'il n'i avoit si hardy 1335
Qil neust le coer esbahy	Qu'il n'eüst le coer esbahy ;
Mais lui Prince a haute vois	Mais li Princes a haute vois
Cest escriez par maintz foitz	S'est escriez par maintes fois :
Auant p² fait il pur dieu	' Avant, seignour,' fait il, ' pour Dieu !
1340 Gaignons ceste place ⁊ cest lieu	Gaignons ceste place et cest lieu 1340
Si anons conte de nr̄e vie ⁊ honō	S'acontons a vie et honour.'
Tant fist le Prince de valour	Tant fist li Princes de valour
Qui tant auoit seus et memorie	Qui tant avoit sens et memore,
Qe vers lui tōna la victorie	Que vers lui tourna le victore,
1345 Et qe ses enymis fuyerent	Et que si enemi fuïrent 1345
Et plusours qui sen depterent	Et que plusour s'en departirent,
Dont luy Roy Iohan sescrioit	Dont li Rois Jehans s'escrioit :
Lui vaillantement se combatoit	Lui vaillantment se combatoit,
Ouesq; lui maint bon chiualer	Avoec lui maint bon chevalier,
1350 Qui bien lui quidoient eider	Qui bien lui quidoient aidier. 1350
Mais la force poi lui vailli	Mais le force poi lui valli,
Car le Prince li tant assailli	Car li Princes tant l'assailli
Qe illoeqes fuist a force pris	Qu'illoecques fu a force pris,
Et Phelippes auxi qui fuist son fitz	Et Phelippes, auxi, ses filz
1355 Et monp Iakes de Burbon	Messires Jakes de Bourbon, 1355
Et des autres moult g̊unt fuysōn	Et des autres moult grant fuyson :
Lui Counte deu | ⁊ cils dartois	Li contes d'Eu et cils d'Artois,
Charles qui moult estoit curtois	Charles qui moult estoit courtois,
Et le bon Counte daun Martyne	Li bons contes de Danmartyn

Line 1328 Ces bachilers *underlined in the MS. in a later hand.*

1360 Qui ot le coer loial et fyne	Qui ot le coer loial et fyn, 1360
Et le bon Counte de Iogny	Et li bons contes de Joigny,
Celui de Tankaruille auxi	Celui de Tankarville auxi,
Et le Counte de Salesburce	Et li contes de Salesbruce
Qui pas derere ne se muce	Qui pas deriere ne se muce,
1365 Et le bon Counte de Sausoire	Et li bons contes de Sansoire, 1365
Ventadour ce fuist chose voire	Ventadour, ce fu chose voire :
Toutz ceux feurent pris en celle ioure	Tout cil feurent pris en cel jour,
Et maint haut baneret de honoure	Et maint haut banerez d'honour
Dount ie ne puisse les nouns nomer	Dont je ne puis les nons nomer ;
1370 Mais a ceo qe iay oy counter	Mais, a ce que j'oÿ conter, 1370
Bien en yeuste sessante pris	Bien en y eut sissante pris,
Countes et Banerettz hardis	Contes et banerez hardis,
f. 19ᵛ Et des autres pluis de mill	Et des autres plus de mille
Dount ie ne say dire lestill	Dont je ne say dire l'estille.
1375 Et a ce qe ie entendy	Et, a ce que je entendy, 1375
Morrerent la ie vous affy	Morurent la, je vous affy :
De burbon li noble dus	De Bourbon li tres nobles dus,
Cils datainnes qi ot vertus	Cils d'Atainnes qui ot vertus,
Et le Mareschall de Cleremont	Et li mareschaux de Clermont,
1380 Matas Landas et Ripemont	Matas, Landas et Ripemont, 1380
Ouesqz monsʳ Renaud de pontz	O monseignour Renaud de Ponz,
Et des autres de quoy les nouns	Et des autres, de quoy les nons
Ie ne vous voille mye nomer	Je ne vous voeil mye nomer ;
Mais a ce qe iay oy contier	Mais a ce que j'oÿ conter
1385 Et a ce qe iay oy retraire	Et a ce que je oy retraire 1385
En la matiere sanz retraire	En le matere, sanz retraire,
Bien eny vst . iii . Mill mortz	Bien en y eut iii mille morz.
Dieux eit les almes car les corps	Dieux eit les ames ! car li corps
ffeurent demorez sur les champs	ffeurent demore sur les camps.
1390 La veoit home englois ioyantz	La veoït on Englois joyans, 1390
Et crioient a haute gorge	Et crioient a haute gorge
En mainte lieu Guyane seint George	En maint lieu: 'Guyane! Seint George!'
La veissez ffrancois espars	La veïssiez ffrancois espars !
A gaignage de toutz parts	A gaignage de toutes pars
1395 Veissez courrir maint archier	Veïssiez courir maint archier, 1395
Maint Chiualer maint esquier	Maint chevalier, maint escuier,
De toutz parts prisoners prendre	De toutes parz prisoniers prendre.
Ensi feurent a voir entendre	Ensi feurent, au voir entendre,
ffrancois celi iour pris et mort	ffrancois celi jour pris et mort,
1400 Sicome iay oy en mon recort	Sicome j'oy en mon recort. 1400

BLACK PRINCE   G

De la Mois ⁊ iour quante ceste
graunt bataille fust faite.

Seignour cel temps qe ie vous dy
Ce fuist aps qe dieu nasquy
Mill ans trois Centz cynquant ⁊ sis
Et auxi solonc mon auys
1405 Disnoef iours droit en Septembre
Le mois qui est deuant Octobir
Auient ceste grant bataille
Qe moult fuist horrible sanz faille
Pdonez moy si ie lay dit briefment
1410 Car ieo lay passee legierment

Seignour, cel tamps que je vous dy
Ce fu, apres que Dieux nasquy,
Mil ans, trois cenz, cynquante et sis;
Et auxi, selonc mon avys,
Dis et noef iours droit en Septembre,   1405
Le mois qui est devant Octobre,
Avint ceste grande bataille
Qui moult fu horrible sanz faille.
Pardonez se le di briefment
Car l'ay passe legierement.   1410

f. 20ʳ

Coment le Roy Iohn de ffraunce fust amenez deuant le Prince | ⁊ le Prince lui fist eider ⁊ desarmer ⁊ doulcement ploient ensemble | ⁊ se logerent cel nieut sur le zabulon entre les mortz | ⁊ lendemain au matin le Prince se desloga ⁊ sachimina vers Burdeux | ⁊ tout la Clergie de Burdeux vindrent a pcession vers eux | ⁊ demoererent au Burdeux en tres-grant ioie tanqȝ lyuere fuist passe | ⁊ adonqes le Prince enuoia au Roy son pier ⁊ au Roigne sa miere les nouels de son fait | ⁊ pauoir vesseaux p amesner le Roy Iohn en engletre.

Mays pur ceo qe ie voille retraicre
De ceste Prince de noble affaire
Qui moult fuist vaillantz ⁊ hardis
Pd home ⁊ en faitz ⁊ en ditz
1415 La fuist deuant lui amesnez
Lui Roy Iohan cest veriteez
Lui Prince moult le festoia
Qui dampne dieu engracia
Et pur le Roy plus honourer
1420 Lui voet eider a deseruier
Mais lui Roy Iohan lui ad dit

Mays pour ce que je voeil retraire
De cest Prince de noble affaire
Qui moult fu vaillanz et hardis,
Preudom et en faiz et en diz,
La fu devant luy amenez   1415
Li Rois Jehans, c'est veritez;
Li Princes moult le festoia,
Qui Dampnedieu en gracia,
Et pour le Roy plus honourer
Lui veut aidier a desermer.   1420
Mais li Roys Jehans lui a dit:

Beaux douce Cosyns pur dieu merciet	'Biaux, douz cosyns, pour Dieu mercit,
Laissez il napartient a moy	Laissiez, il n'apartient a moy;
Car p la foy qe ieo vous doi	Car par le foy que je vous doi,
1425 Plus auetz ⁊ iour de huy de honĕ	Plus avez aujourd'huy d'honour 1425
Qonqes neust Prince a vn iour	Qu'onques n'eut Princes a un jour.'
Dont dist li Prince sire douls	Dont dist li Princes: 'Sire douls,
Dieux lad fait ⁊ nōn mye nous	Dieux l'a fait et non mye nous:
Si lui en denous remercier	Si l'en devons remercier
1430 Et de bon coer vers lui prier	Et de bon coer vers lui prier 1430
Qil nous voille ottroier sa glorie	Qu'il nous voeille otroier sa glore
Et pdoner ceste victorie	Et pardoner ceste victore.'
Ensi ambedeux se deuisoient	Ensi andoi se devisoient,
Et doucement ensemble ploient	Doucement ensamble parloient.
1435 Englois fesoient grant deduit	Englois fesoient grant deduit. 1435
Lui Prince logea celle nuyt	Li Princes logea celle nuyt
Entre les mortz sur le zabulōn	Entre les morz, sur le sablon,
Dedenis vn petit pauillōn	Dedens un petit pavillon,
Et ses hōmes tut entour luy	Et si home tout entour ly.
1440 Cel noet moult poy dormy	Cele noet moult poy se dormy. 1440
f. 20ᵛ Le matinet se deslogea	Le matinet se deslogea,
Deuers Burdeux sachimina	Devers Bourdiaux s'achemina,
Si en menoient lour prisoner	S'en menoient lour prisonier;
Et tout lui noble Chiualer	Et tout li noble chevalier
1445 Tant ont chiuachez et esre	Tant ont chevauchie et erre 1445
Qe a Burdeux sont arriue	Que a Bourdiaux sont arrive.
Noblement feurent festoiez	Noblement feurent festoie
De tout le poeple ⁊ bien veignez	De tout le poeple et bien veignie;
As crois ⁊ as pcessions	As crois et as processiōns
1450 Et enchantantz les orisons	Et en chantant les orisons 1450
Viendrent tout en lencontre deaux	Vinrent tout en l'encontre d'iaux
Tout li college de Burdeux	Tout li college de Bourdiaux,
Et les dames ⁊ les pucelles	Et les dames et les pucelles
Vielles ⁊ Ioefnes ⁊ Ancelles	Vieilles, joenes et ancelles:
1455 A Burdeux fist hōme tiel ioie	A Bourdiaux fist on tele joie, 1455
Si lui verray dieu mon coer esioye	Se li vrais Dieux mon coer esjoye,
Qe merveille fuist a veoir	Que merveilles fu a veöir.
La demora sachez pur voir	La demora, sachiez pour voir,
Lui Prince passez tout liuer	Li Princes, passe tout l'ivier.
1460 Puis envoia son messagier	Puis envoia son messagier 1460
Deuers le noble Roy son pier	Devers le noble Roy, son pere,
Et a la Royne sa miere	Et a le Roïne, sa mere,

Et les nouelles de son fait	O les novelles de son fait,
Tout ensi qe dieux li ot fait	Tout ensi que Dieux li ot fait,
1465 Et manda qe home li tramessist	Et manda qu'on li tramessist 1465
Vessealx dont amesnir poist	Vessialx, dont amener peuïst
Le Roy de ffrance en Engleterre	Le Roy de ffrance en Engleterre
Pur fair pluis de honŏ a la terre	Pour plus faire honour a le terre.

    **Coment le Roy dengleterre et la Roygne
firent grant ioie de les nouels queux
le noble Prince lour auoit maunde ⁊
ent loerent dieu ⁊ maunderent vesseaux
a Burdeux | ⁊ le Prince amesna le Roy
Iohn ⁊ les autres prisoners en engletrͬe ⁊
ent maunda nouels au Roy son piere | le
quel lui vient a lencontre ⁊ les conuoia
iesqes a Loundres | ⁊ la firent tresgrantz
festes | reueaux | ⁊ g̊ntz Iustes ⁊ demesne-
rent grantz dedutz ⁊ grant ioie par
lespace de quatre ans ⁊ plus.**

Quant le Roy la nouell oy	Quant li Roys le novelle oÿ
1470 Moult grandement sesioy	Moult grandement s'en esjoÿ, 1470
f. 21ʳ Loeant dieu enioinant sez mains	Loant Dieu, en joindant ses mains,
Disant beau piere souerayns	Disant: 'Biaux peres soverayns,
De toutz sez biens soiez loiez	De touz cez biens soiez loez!'
Et la frank Roigne assetz	Et le france Roïne assez
1475 Loeoit dieu et la vierge pure	Looit Dieu et le vierge pure, 1475
Qui luye auoit cel porture	Qui luy avoit tel porteüre
Enuoie come de son filtz	Envoiië com de son filz,
Lui Prince qui tant fuist hardiz	Le Prince, qui tant fu hardiz.
Le messagier tost deliuererent	Le messagier tost delivrerent.
1480 Vessealx	⁊ Barges lui manderent	Vessialx et barges lui manderent 1480
Tant qe ce fuist vn grant acountez	Tant que ce fu uns granz acontes.
Qe vous alongeroit li acountez	Que vous s'alongeroit li contes?
A Burdeux viendrent li vessell	A Bourdiaux vinrent li vessel
Dount lui Prince fist grant reuell	Dont li Princes fist grant revel.
1485 Gairs ne voet pluis demorer	Gaires ne veut plus demorer. 1485
Tout son arroy ad fait trusser	Tout son arroy a fait trousser;
En meer entrerent li baron	En mer entrerent li baron
Et tout li Chiualer de noun	Et tout li chevalier de non;

THE BLACK PRINCE

Le Roy et toutz les prisoners	Le Roy et toutz les prisoniers
De ceaux dont il lour fuist mestiers	Et ceu dont il lour fu mestiers,
ffirent eins les vessealx entrer	ffirent ens es vessialx entrer.
Tant siglerent auoir counter	Tant siglerent, au voir conter,
Qils sont venuz en Engleterre	Qu'il sont venu en Engleterre,
Et si tost qils ont pris la terre	Et si tost qu'il ont prise terre
Au Roy manderent les nouelles	Au Roy manderent les novelles
Queux li feurent bons et beles	Qui li feurent bones et beles.
Et lencontre lui fist mander	Et encontre lui fist mander
Toutz les barons pur honorer	Touz les barons pour honorer ;
Lui meismes son corps y vient	Lui meïsmes, ses corps, y vint
Oue lui de Countes plus qe vint	O lui de contes plus que vint.
Iesqes a Loundres les conuoierent	Jusques a Londres convoierent
Lui Prince qe li festoierent	Le Prince, que le festoierent.
La furent ils bien festoiez	La furent il bien festoie
Des dames ⁊ si bien veignez	Des dames et si bien veignie
Qonqes ne fuist fait tiel ioie	Qu'onques ne fu faite tel joie,
Si lui verray dieu mon coer esioye	Se li vrais Dieux mon coer esjoye,
Come il fuist fait a ce tamps	Com il fu faite a cely tamps.
La fuist lui noble Roy puissantz	La fu li nobles Roys puissanz
Et la Royn sa muliere	Et la Royne, sa moullier,
Et sa miere qui lot moult chiere	Et sa mere, qui l'ot moult chier,
Maint dame ⁊ mainte damoselle	Mainte dame, et mainte dansele
Tresamoureuse frike ⁊ bele	Tres amoureuse, frike et bele.
Dancer ⁊ chasier ⁊ voler	Danser et chacier et baler
ffaire grantz festes ⁊ iuster	ffaire granz festes et jouster,
ffaissoit en regne dartus	ffist on com en regne d'Artus
Lespace de quatre ans ou plus	L'espace de quatre ans ou plus.

1490
1495
1500
1505
1510
1515

f. 21ᵛ

Coment le Roy dengletre refist vn voiage en ffraunce ouesqe son baronage | ⁊ lui noble Prince ⁊ Ducs Henry ⁊ des autres plus de dis Mill | ⁊ chiuacha permy Artoys ⁊ plusours pays de ffraunce iesqes deuant Parys | ⁊ la furent loges sur les Champes | Mais ne combatoient mye | einz tournerent lour chiuachie pardeuant Chartres ou la pays fust accordee ⁊ puis iuree ⁊ le Roy Iohn de ffraunce

fuist deliuere ⁊ tout Ginane per celle
pais fuist surrendue ⁊ liueree es mains
du Roy dengleterre et du Prince son fiz.

Puis refist lui Roys vn voiage	Puis refist li Roys un voiage
En ffrance ouesq3 son baronage	En ffrance avoecque son barnage,
Et li noble Prince auxi	Et li nobles Princes auxi,
1520 Et de Lancastre Ducs henri	Et de Lancastre ducs Henri 1520
Et des autres plus de x Mill	Et des autres plus de x mille,
Dont ie ne voille dire lestill	Dont je ne voeil dire l'estille,
Car cest droit qe ie me deliue	Car c'est droiz que je me delivre ;
Mais ensi come dit le liure	Mais, ensi come dit le livre,
1525 Il chiuacha p̄ my Artois	Il chevaucha par my Artois 1525
Et Pikardie et Vermendois	Et Pikardie et Vermendois
Et Champaigne Burgonie et Vrie	Et Champaigne, Burgogne et Brie,
P̄my Bayane ie vous affie	Parmy Bayane, je vous affie,
Et vient iesqes deuant Parys	Et vint jusques devant Parys.
1530 La fuist le noble Roy de pris	La fu li nobles Roys de pris 1530
Et lui noble Prince vaillantz	Et li nobles Princes vaillans ;
La feurent logez sur les champz	La feurent logie sur les camps
Et embataillez pur combatre	Et embataillie pour combatre —
De cela ne poet hōme debatre	De cela ne poet on debatre —
1535 Mais ils ne combatirent mye	Mais il ne combatirent mye. 1535
Puis tournerent lour chiuachie	Puis tournerent lour chevauchië
Deuant Chartres | la acordee	Devant Chartres. La acordee
ffuist la paix | que puis fuist iuree	ffu le paix, qui puis fu juree ;
Et la fuist en ceste paix faire	Et la fu en ceste paix faire
1540 Li Prince de tresnoble affaire	Li Princes de tres noble affaire, 1540
f. 22ʳ Car p̄ li et p̄ son enhort	Car par li et par son enhort
ffeurent les nobles Roy a dacort	ffeurent li noble Roy d'acort,
Et fuist deliueres de prison	Et fu delivres de prison
Lui Roy Iohan qui ot grant noun	Li Roys Jehans qui ot grant non ;
1545 Et la fuist p̄ la paix baillie	Et la fu par le paix baillië 1545
Tout Guyan en la baillie	Toute Guyane en le baillie
Du noble ⁊ de son filtz	Du noble Roi et de son filz,
Li Prince qi tant fuist hardiz	Le Prince, qui tant fu hardiz.
Et celle paix qe ie vous die	Et celle paix que je vous di,
1550 Ce fuist en lan qe dieu nasqui	Ce fu en l'an que Dieux nasqui 1550
Mill trois Centz ouesq3 sessante	Mil trois cenz, avoecque sissante,
Au temps qe Russinale la chante	Au tamps que li rossignols chante,
Oep iours en ioli mois du May	Oet jours eu joli mois de may,
Qe oiseux ne sont pas en esmay	Qu'oisel ne sont pas en esmay.

THE BLACK PRINCE

Coment le Roy Dengletre ⁊ le Pńce oue
lour poer sen retournerent en Engletre
⁊ apres feurent les deux Roys ensemble
a Caleis | ⁊ ly Pńce ⁊ touz les Barons ⁊
Chiualers de noun | si bien de lun
Roialme com del altre ⁊ la iurerent
la payx dambedeux parties saunz
iammes renoueler la guerre
⁊ apres ce chescune se retourna
hastiuement a soun pays.

1555 En Engleterre sen retournerent	En Engleterre retournerent 1555
Et lour grant arroy amesnerent	Et lour grant arroy amenerent.
Moult noble fest lour fist hom̄	Moult noble feste lour fist on
Et moult bien les festoia hom̄	Et moult bien les festoia on.
Apres le iour del conissance	Apres le jour de le Toussains,
1560 Droit en ce temps ie sui certains	Droit en ce tamps, j'en sui certains, 1560
ffeurent toutz les deux Roys ensemble	ffeurent tout li doi Roy ensamble
A Caleis	ensi qil me semble	A Caleis, ensi qu'il me samble :
Lui Prince ⁊ tout li baron	Li Princes et tout li baron,
Et tout li chiualer de noun	Et tout li chevalier de non
1565 De tout le Roialme Dengleterre	De tout le royon d'Engleterre, 1565
Et auxi bien a voir retrere	Et auxi bien, au voir retrere,
De tout le Roialme de ffrance	De tout le roiaume de ffrance
La furent de volente de ffrance	La furent, de volente france.
La iura chescun sur le liure	La jura chascuns sur le livre,
1570 Et auxi bien tout a deliuere	Et auxi bien tout a delivre 1570
Sur le seint digne sacrement	Sur le seint digne sacrement,
Qe la paix tout principalment	Qe le paix tout principalment
f. 22ᵛ Tiendroient sanz iames fauxcer	Tenroient, sanz james fausser
Et sanz guarre renoueller	Et sanz guarre renoveller :
1575 Ensi dacord feurent tout doy	Ensi d'acort feurent tout doy, 1575
P paix fesant lui noble Roy	Par paix fesant li noble Roy.
Le Roy de ffrance sen reala	Li Rois de ffrance s'en rala,
Qui plus gaires ne demora	Qui plus gaires ne demora ;
Et li noble Roy vient en Engleterre	Li nobles Roys en Engleterre,
1580 Et lui noble Prince de noble affere	Et li Princes, de noble affere, 1580
A graunt ioie se retournerent	A grant joie se retournerent,
Et les hostages enmenerent	Et les hostages en menerent.

¹ *Line* 1573 fauxcer, c *omitted and superscript.*

Quei vous ferroy ie vn long acounte	Que vous feroy je lonc aconte
De ce dont home doit faire counte	De ce dont on doit faire conte?

**Coment le noble Prince se maria a vne
dame de gͣnt price apres ce sen ala a
la dite dame ouesque luy en Gascoigne
⁊ la prist possessioun de la terre ⁊ de
la pais ⁊ illoeqes regna p vij. ans ⁊
tenoit mult gͣnd ⁊ beale hostell ⁊
fist grauntz Iustes ⁊ reueaux ⁊
la auoit deux filz ⁊ touz les barouns
⁊ seignours de Gascoigne a lui venoient
⁊ lui fesoient homage ⁊ de bon coer lamoient.**

1585	Luy francs Prince se maria	Li frans Princes se maria	1585
	Apres | gaires ne demora	Apres, gaires ne demora,	
	A vne dame de grant pris	A une dame de grant pris,	
	Qui de samour lauoit espris	Qui de s'amour l'avoit espris,	
	Qe bele fuist | plesante et sage	Que bele fu, plesant et sage.	
1590	Et apres celui mariage	Et apres celui mariage	1590
	Ne voet gaires pluis atergier	Ne veut gaires plus atergiër,	
	Eins sen ala sanz detrier	Einz s'en ala, sanz detrier,	
	En Gascoigne encontre ffarsson	En Gascoigne, en courte saisson,	
	Pur prendre la possession	Pour prendre la possessiön	
1595	De sa terre et de son pais	De sa terre et de son païs.	1595
	Li Prince qi tant fuist gentils	Li Princes, qui tant fu gentils,	
	Sa mulliere ouesqɜ li mesna	Sa moulliër avoec li mena	
	Pur ce qe durement lama	Pour ce que durement l'ama.	
	De sa mulliere ot deux enfantz	De sa moulliër ot deux enfans.	
1600	En Gascoigne regna vij. ans	En Gascoigne regna vii ans	1600
	En ioye | en pais | ⁊ en solas	En joye, en pais, et en solas —	
	Ore ne vous menteray ie pas	Or ne vous menteray je pas —	
	Qar tout li prince ⁊ lui baron	Car tout li prince et li baron	
	De tout la pays enveron	De tout le pays environ	
f. 23ʳ	Viendrent a lui pur fair homage	Vinrent a lui pour faire homage;	1605
1606	A bon ꝑ² loial et sage	A bon seignour, loial et sage,	
	La tenoient comunalment	Le tenoient communalment	
	Et si ose dire ꝓprement	Et, s'ose dire, proprement,	
	Qe puis le temps qe dieux fuist neez	Que, puis le tamps que Dieux fu nez,	
1610	Ne fuist tenuz si beux hostiels	Ne fu tenuz si biaux hostels	1610

Lines 1599 *and* 1600 *transposed in the MS.*

Come il fist ne plus hoñable	Com il fist, ne plus honourable,
Car toutz iours auoit a sa table	Car touz jours avoit a sa table
Pluis de iiii̅ Chiualers	Plus de iiii̅ chevaliers
Et bien quat tantz Esquiers	Et bien quatre tanz escuiers.
1615 La fesoient iustes et reueaux	La fesoient justes et reviaux 1615
En Anguileme ⁊ a Burdeux	En Angouleme et a Bourdiaux;
La demurroit tout noblesse	La demouroit toute noblece,
Tut ioie tout leesse	Toute joie et toute lece,
Largesse | ffranchise et honō	Largece, ffranchise et honour,
1620 Et lamoient de bon amō	Et l'amoient de bon amour 1620
Tout si subgit ⁊ tout li sien	Tout si soubgit et tout li sien,
Car il lour fesoit moult de Bien	Car il lour fesoit moult de bien.
Moult le prisoient ⁊ amoient	Moult le prisoient et amoient
Cils qui entō lui demoroient	Cil qui entour lui demoroient,
1625 Car largesse le sustenoit	Car largece le soustenoit 1625
Et noblesse le gouernoit	Et noblece le governoit,
Sens a temperance ⁊ droiture	Sens, atemperance et droiture,
Rayson ⁊ iustice ⁊ mesure	Raysons et justice et mesure:
Hōme poet dire p reasō	On pooit dire par raison
1630 Qe tiele Prince ne trouast hōme	Que tel Prince ne trovast on, 1630
Qi alast serchier tout le monde	Qui alast cerchier tout le monde,
Sicome il troue a le Rounde	Si come il torne a le roonde.
Li veisin ⁊ li enemy	Li voisin et li enemy
Auoient grant doute de ly	Avoient grant doute de ly,
1635 Car tant fuist haute sa vaillance	Car tant fu haute sa vaillance 1635
Qe p tut regnoit en puissance	Que par tout regnoit en puissance,
Siçome hōme ne doit mye sez faitz	Si qu'on ne doit mye ses faiz
Oblier en ditz ne en faitz	Oblier en diz ne en faiz.
Ore nest pas raisō qe ie faigne	Or n'est pas raisons que je faigne
1640 Dun noble voiage despaigne	D'un noble voiage d'Espaigne, 1640
Mais bien est raisons qe hōme lemprise	Mais bien est raisons qu'on l'em prise:
Car ce fuist le plus noble emprise	Car ce fu le plus noble emprise
Qonqes cristiens emprist	Qu'onques crestiëns empreïst,
Qar p force en son lieu remist	Car par force en son lieu remist
1645 Vn Roy | qauoit desheretee	Un Roy, qu'avoit desherite 1645
Son frere Bastard ⁊ maisnee	Son frere, bastart et mainsne,
Ensi come vous purrez oier	Ensi com vous oïr pourrez
Si vn poy vous voillietz ascoultier	S'un poy vous ascoulter volez.

Line 1615 *omitted and inserted after line* 1646.
Line 1637 Siçome, *marginal correction* ꝯ.

BLACK PRINCE   H

Coment p la bataille en Brutaigne
le duc auoit conquis ⁊ gaigne sa t̃re
⁊ la puissance Dengletre ⁊ Charles
de Blois ⁊ autres seignours furent occis
⁊ monſ Bertrem Klaykyn ⁊ plusours altres
vaillantes furent pris a meisme la bataille.

Ore est bien temps de comencer	Ore est bien tamps de comencier
1650 Ma matier | ⁊ moy adresser	Ma matere et moy adrecier 1650
Au purpos ou ie voille venir	Au pourpos ou je voeil venir,
A ce qe ie vys a venir	A ce que je vys avenir
Apres la bataille en Britanie	Apres le bataille en Bretaigne,
Qe le duc ouesqȝ sa compenie	Que li ducs avoec sa compaigne
1655 Conquesta gaigna sa terre	Conquesta et gaigna sa terre 1655
P la puissance dengleterre	Par le puissance d'Engleterre.
Et la fuist mort Charles de Blois	Et la fu morz Charles de Blois
Et maint baron noble ⁊ curtoys	Et maint baron noble et courtoys,
Et de ffrance ⁊ de Pikardie	Et de ffrance et de Pikardie,
1660 De haut ⁊ de puissant lignie	De hauté et puissant lignié. 1660
La fuist monſ Bartrem pris	La fu messires Bartrems pris
De Klaykyn qui ot grant pris	De Clayekyn, qui ot grant pris,
Et maint haut de parage	Et maint haut seignour de parage,
De noble ⁊ de puissant linage	De noblë et puissant lignage,
1665 Dount ie ne voille les nouns nosmer	Dont je ne voeil les nons nomer, 1665
Car trōp me purroie tarder	Car trop me pourroie tarder
A reuenir a mon p̃pose	A revenir a mon pourpos,
Et pur pluis abregier mes motz	Et pour plus abregier mes moz.

Coment apres la bataille en Britaigne
monſ Bertrem Claykyn trahist hors
de roialme de ffraunce la g̃nde compa-
ignie ⁊ plusours altres chiualers ⁊
esquiers pur fair vne voiage es parties
Despaigne a cause de guerre qauoit longe-
ment dure entre Espaigne ⁊ Aragon ⁊ pur
fair paix entre les deux Roys p gree du Pape.

Vous sauez qe monſ Bertrans	Vous savez que sires Bertrans,
1670 Qui moult fuist hardi ⁊ vaillantz	Qui moult fu hardis et vaillanz, 1670

Line 1662 Klaykyn, *marginal correction* C.

THE BLACK PRINCE 51

Trahist hors de Roialme de ffrance	Traist hors du roialme de ffrance,
P̱ sa pesce ⁊ sa puissance	Par sa proece et sa puissance,
Tout la grande Compaignie	Toute le grande Compaignie
Et mult de la Chiuacherye	Et moult de le chevaucherye,
P̱ le gre du Pape de Rome	Par le gre du Pape de Rome, 1675
1676 ffist a li aler main hōme	Et fist a li aler main home,
Barons ⁊ bachilers ⁊ Countes	Barons et bachelers et contes,
Chiualers | Esquiers ⁊ Viscontes	Chevaliers, escuiers, viscontes.
Au temps qe ie fay mencion	Au tamps que je fay mencïon,
1680 Entre Espaigne ⁊ entre Aragon	Entre Espaigne et entre Aragon, 1680
Auoit guerre moult merueillouse	Avoit guerre moult merveilleuse
Qe auoit duree moult cruose	Qui avoit dure, moult crueuse,
Le temps qe .xiiii. ans ⁊ plus	Le tamps de xiiii ans et plus ;
Et pur ytant fuist esleus	Et pour ytant fu esleüs
1685 Monṗ Bartram de Claykyn	Monsiour Bartram de Clayekyn 1685
Qui ot le coer hardi ⁊ fyn	Qui ot le coer hardi et fyn
Et le bon Johan de Burbō	Et le bon Jehan de Bourbon
Qui Countes de la Marche eust noun	Qui conte de la Marche eut non
Et Daudenham le Mareschall	Et d'Audenham le mareschal
1690 Qui ot le coer preu et loialt	Qui ot le coer preu et loial 1690
Eustace Dabrichecourt	Et Eustace d'Abrichecourt
Qui fuist hōme de noble Court	Qui fu home de noble court,
Monṗ hugh de Caluelee	Monsiour Hughe de Calvelee
Qui voluntiers fiert de lespee	Qui volentiers fiert de l'espee
1695 Et monṗ Mahev de Gournay	Et monsiour Mahieu de Gournay 1695
Et maint autre Chiualer varray	Et maint autre chevalier vray,
Qils iroient en celle pais	Qu'il iroient en cel païs
Et ferroient p̱ lour grant pris	Et feroient par lour grant pris
Qe paix serroit entre les Roys	Que paix seroit entre les Roys,
1700 Et que le pays | et les destroys	Et que les pas et les destroys 1700
fferoient de Gernade ouurer	fferoient de Gernade ouvrir,
Et qe pur aler conquerer	Et que pouraler conquester
P̱urroient tant home de bien	Pourroient tant home de bien,
Et tant bon ṗ² terrien	Et tant bon seignour terriien —
1705 Ensi feurent il toutz dacord	Ensi feurent il tout d'acort. 1705
Quei vous ferroy ieo longe record	Que vous feroi je lonc recort ?
Pur celle accorde prist grant argent	Pour cel accort prist grant argent
Dans Bartrem ⁊ tout sagent	Dans Bartrem et toute sa gent.

Line 1677, bachilers *underlined in a later hand.*
Line 1700 que, u *omitted and superscript.*
Line 1707 prist, i *omitted and superscript.*

Coment monſ Bertrem Claykyn ⁊ sa
compaignie passerent les portes de
Aragon ⁊ ont maunde au Roy Petre de
Castille la nouelle | ⁊ qil vousit ouerer
la passage qils purrount aler en vne
seinte voiage desuis les enemys deu
⁊ le Roy enavoit indignacioune ⁊ se
appailla pur defendre sa t̃re ⁊ p̃ contrerest̄
la compaignie | mais ils entrerent
en Espaigne dount le Roy Petre fuist
coroucez ⁊ disoit qil emprendroit vengeance |
mais bien tost apres le Roy Petre p g̊nt
des loialtee fuist oustee de sa regalie ⁊
sen fuist hors de soun roialme
et ceux de Castille coronerent le
Bastarde Henry Roy de Espaigne.

Quant erent lour voie acoillee	Quant eurent lour voie acoeillie,
1710 Ly ⁊ tout sa compaignee	Ly et toute sa compaignie 1710
Les portes passerent Daragon	Les pors passerent d'Aragon,
Et puis en bien court faisson	Et puis, en bien courte saisson,
Manderent au Roy de Castille	Manderent au Roy de Castelle
Per vn Messager la nouelle	Par un messagier le novelle,
1715 Coment il vousist accord	Coment il vousist accorder 1715
La pays Daragōn ⁊ iurer	Pays a Aragon et jurer,
Et qil voille ouerer la passage	Et qu'il voeille ovrir le passage
Pur en vn seint voiage	Pour aler en un saint voiage
Desus les enemis de dieu	Desus les enemis de Dieu,
1720 Ou tut bon fait darmes eit lieu	Ou touz bons faiz d'armes ait lieu. 1720
Cil que fuist orgoillous ⁊ fiers	Cils qui fu orgoilleus et fiers,
Et qe poy cremoit les daungiers	Et qui poy cremoit les dangiers
Auxi ne de ceux ne dantru	Auxi, ne de ciaux ne d'autrui,
Enprist en son coer grant amyn	En prist en son coer grant anui,
1725 Et dit qe poy se priseroit	Et dit que poy se priseroit 1725
Si enuers ceux gentz obeissoit	S'envers teus gens obeïssoit.
Lors fist assembler ceste effort	Lors fist assembler son effort
Et si lapparaille moult fort	Et se s'appareilla moult fort
Pur defendre le soen pais	Pour defendre le sien païs.
1730 Lors manda ⁊ grantz ⁊ petitz	Lors manda et granz et petiz 1730

Line 5 *of Headlines* purrount, *marginal correction* roient.
Line 1728 lapparaille, *marginal correction* a.

Gentilx hōmes franks ⁊ vileyns	Gentilx homes, frans et vileyns,
Et bien quidoit estre certeyns	Et bien quidoit estre certeyns
Dencontre eux sa terre defendre	D'encontre yaux sa terre defendre.
Beaux douce seigniour voillez entendre	Biaux, dous seigniour, veuilliez entendre!
1735 Englois | ⁊ ffrancois | ⁊ Breton	Englois et ffrancois et Breton, 1735
Normand | Pikard | ⁊ Gascoigne	Normant et Pikart et Gascon
Entrerent toutz dedeins Espaigne	Entrerent tout dedens Espaigne ;
Auxi fist la g̃nt compaigne	Auxi fist le grande Compaigne :
Le bon de Caluerlee Hugon	De Calverlee, li bon Hugon,
1740 Et Gourney le soen compaignō	Et Gourney, li siens compaignon, 1740
Et main bon Chiualer hardy	Et main bon chevalier hardy
Passerent la sanz detry	Passerent la sanz nul detry
Et conquistrent p̃ lour emprise	Et conquisent par lour emprise
Tout la terre que conquise	Toute le terre que conquise
1745 Auoit lui Roy Petro iadys	Avoit li Rois Petro jadys. 1745
Moult enfuist en son coer malys	Moult en fu en son coer marys
Dans Petro despaigne lui Roys	Dans Petro d'Espaigne, li Roys ;
Dist qil ne prise vn nois	Dist qu'il ne se prise une nois
Si de tout ce nen prist vengeance	Se de tout ce n'en prent vengeance.
1750 Mais poi li vailli sa puissance	Mais poi li valli sa puissance, 1750
Car ny vst pas vn Mois passe	Car n'y eut pas un mois passe
Qe p̃ la grande desloialtee	Que par le grant desloiaute
De ceux qe li doient seruir	De ciaux qui le devoient servir
Lui couient despaigne partir	Lui covint d'Espaigne partir
1755 Et de guerpir son grant Roial	Et deguerpir son grant roial, 1755
Car toutz lui feurent disloial	Car tout lui feurent desloial
Cils qi li denoient amer	Cil qui le devoient amer :
Siq̃ hōme doit dire a voir counter	Si qu'on doit dire, au voir conter,
Ne doit estre sires clamez	Ne doit estre sires clamez
1760 Qi de ses hōmes nest amez	Qui de ses homes n'est amez. 1760
Apparant est p̃ celi Roy	Apparant est par celi Roy,
Qi tant estoit de fier arroy	Qui tant estoit de fier arroy
Qil nauoit doubte de nult hōme	Qu'il n'avoit doubte de nul home,
Mais quidoit bien cest la sōme	Mais quidoit bien, ce est le some,
1765 Qe nult greuir ne li peust	Qe nuls grever ne le peuïst 1765
Pur grande puissance qil eust	Pour grant puissance qu'il euïst ;
Mais il ne fuist gaires de temps	Mais il ne fu gaires de temps
Qil nauoit amis ne parents	Qu'il n'avoit amis ne parens,
Cosyn | Germeyn | vncle | ne ffrere	Cosyn germeyn, oncle ne frere

Line 1751 vst, *marginal correction* eust.
Line 1755 guerpir, *marginal correction* e.

1770 Qe de li ne se desappere Son frere Bastard coronarent Tout la terre d deuerent Et toutz li tiendrent a seignour En Castille grant ⁊ meinour	Qui de li ne se dessepere. 1770 Son frere bastart coronarent, Toute le terre li denerent, Et tout le tinrent a seignour En Castille, grant et menour.

**Coment le Roy Daun Petre sen alera
vers Seuille ⁊ la fist trusser son
tresour au meer | ⁊ tant sigla qil vint
au port de Calonge sur la meer ⁊ la
Bastard chiuacha pmy Castille ⁊
prist possessioun des Citees ⁊ homage
des seigniours de la tre | les queux touz
sacorderent qe Henr̄ serroit Roy de Cas-
tille horpris un loial ⁊ vaillant Chiualr̄
qi fust appellez fferant de Castres.**

f. 25ᵛ A quoi faire vous celeroie 1776 La matiere ⁊ alongeroie Dans Petro noesa plus attendre Einz sen ala a voir entendre Trestout droit a Seuille lors 1780 Ou demre fuist ses tresors Niefs et Galayes fist tourser Et son tresour y fist porter Hastiuement en meer se mist Sicome la matiere dist 1785 De iour et de noet tant sigla Qau porte de Calonge arriua Le quel si est dedeinz Galice Et le Bastard ne fuist pas nyce Pmy Castille chiuacha 1790 Unqes Citee ny demora Dount il neust la possession Ny remist Counte ne Baron Qe toutz ne li firent homage fforsq̄ vn soul qi home tient a sage 1795 fferant de Castres lapelloient P noun | cils qi le conissoient Moult pfuy vaillantz ⁊ genticux Et iura si li vailli dieux	A quoi faire vous conteroie 1775 Le matere et alongeroie? Dans Petro n'osa plus attendre, Einz s'en ala, au voir entendre, Trestout droit a Seville lors, Ou demorez fu ses tresors. 1780 Nefs et galees fist tourser Et son tresor y fist porter. Hastivement en mer se mist, Sicome le matere dist ; De jour et de noet tant sigla 1785 Qu'au port de Calonge arriva, Liquels si est dedenz Galice. Et li Bastarz ne fu pas nyce : Parmy Castille chevaucha ; Unques citez n'y demora 1790 Dont il n'euïst possessïon ; N'y remest conte ne baron Que tout ne li fissent homage, fforsqu'un soul, qui on tint a sage, fferant de Castres l'apelloient 1795 Par non, cil qui le conissoient. Moult par fu vaillanz et gentieux Et jura, se li vallist Dieux,

Qe ia iour ne relinqueroit	Que ja jour ne relenquiroit
1800 Cely qui estoit Roy de droit	Cely qui estoit roys de droit, 1800
Et si tout faire le voilloient	Et, se tout faire le voloient —
Cils qui le paour en auoient	Cil qui le pooir en avoient —
Si ne purroit il consentir	Si ne pourroit il consentir
Vn Bastard Roialme tenir	Un bastart roialme tenir.
1805 Mais toutz les autres de pais	Mais tout li autre du païs 1805
Sacorderent tout qe Henris	S'acorderent tout que Henris
Se demorast Roy de Castille	Se demorast roys de Castille
Et de Toulette ⁊ de Seuille	Et de Toulette et de Seville,
De Cordual | ⁊ de Lions	De Cordual et de Lions.
1810 Par lacorde de toutz les Barons	Par l'acort de touz les barons 1810
Ensi fuist Castille conquise	Ensi fu Castille conquise,
Par la puissance ⁊ p lemprise	Par la puissance et par l'emprise
Monſ Bartram de Claykyn	Monsiour Bartram de Clayekyn.
Ore purrez vous oier la fyn	Or pourrez vous oïr le fyn,
1815 Coment depuis ce iour auient	Coment depuis ce jour avint 1815
Ne passa mye des ans vint	Ne passa mye des ans vint.

f. 26ʳ   **Coment le Roy Petre esteant a Calonge sur la meer moult dolentez des advsitees queux lui sount auenuz | si souenist qil auoit alliances ouesqe le Roy Dengleterre ⁊ sa pointa p lui ⁊ sa puissance bien estre socourez ⁊ de sez dolours amers releuez.**

Ore comence noble matiere	Or comence noble matire
De noble ⁊ puissant mestiere	De noblë et puissant mestire,
Car pitee amour ⁊ droiture	Car pitez, amour et droiture
1820 Mist ensemble sa moriture	Mest ensamble en sa noriture, 1820
Ensi come vous purrez oier	Ensi com vous pourrez oïr.
Bien mauez oi gestier	Bien m'avez oï regestrir
La matire depart deuant	Le matire de par devant.
Moult fuist le Roy Petre dolant	Moult fu le Roi Petre dolant
1825 A la Calonge sur la mer	A la Calonge sur la mer 1825
Et plein de dolorouse amer	Et plein de doel cruous, amer,
Car sils lui auoient failli	Car cil lui avoient failli
Qui li denoient estre amy	Qui li devoient estre amy.
Moult pestoit plein de tristour	Moult par estoit pleins de tristour
1830 Et ne sciet auiser quel tour	Et ne sceut aviser quel tour 1830
Dont il poist socours auoir	Dont il peuïst socours avoir,

Ne pur or fin ne pur auoir	Ne pour or fin ne pour avoir.
Vn iour fuist lui Roys auisez	Un jour fu li Roys avisez
Qaliances ⁊ amistees	Qu'aliances et amistez
1835 Auoit ev de moult longe temps	Avoit eues de moult long temps — 1835
Dont bien se tenoit pur contens	Dont bien se tenoit pour contens —
Ouesqȝ lui Roy Dengletŕe	Avoecque le Roy d'Engleterre,
Qui tant estoit de noble affaire	Qui tant estoit de noble affaire,
Qe dieux lui ot done vertus	Que Dieux lui ot done vertus
1840 Qe puis le temps le Roy Artus	Que, puis le tamps le Roi Artus, 1840
Ne fuist Roy de tiele puissance	Ne fu Roys de tele puissance ;
Et si pur ycelle alliance	Et se pour ycelle alliance
Et pur amour ⁊ pur linage	Et pour amour et pour lignage,
Et pur dieu ⁊ pur vassellage	Et pour Dieu et pour vassellage
1845 Le voilloit fair socourer	Le voloit faire socourir, 1845
Vnqore li purroit garrer	Encore se pourroit garir.

**Coment le Roy Petre appella a lui
son conseil ⁊ ferant a Castres ly
conseilla denuoier al Prince ⁊
de lui requerer des socours.**

Lors ad sōn conseil appelle	Lors a son conseil appelle ;
f. 26ᵛ Et la matier lour ad moustre	Le matere lour a moustre;
Et chescun dist qil disoit bien	Et chescuns dist qu'il disoit bien.
1850 Adonqes vn noble seigniour terreen	Donc un noble seigniour terrien 1850
Parla | qi moult fuist plain dauys	Parla, qui moult fu plains d'avys,
fferant de Castres lui gentils	fferanz de Castres, li gentils,
Et dist sire | entendez a moy	Et dist : 'Sire, entendez a moy.
Ꝑ celle foy qe ie vous doie	Par celle foy que je vous doi,
1855 Tout primers si vous mencroies	Tout premiers, se vous m'en croies, 1855
Au Prince droit vous manderez	Au Prince droit vous manderez
Daquitaine qi est sez fitlz	D'Aquitaine, qui est ses filz ;
Moult pest ꝑdhōme et hardiz	Moult par est preudhom et hardiz
Et des gentz darmes si puissant	Et des genz d'armes si puissanz
1860 Qe ie croy qe y nest home viuant	Que je croy qu'y n'est hom vivanz 1860
fforsqȝ dieu | qi li feisit tort	fforsque Dieu, qui li fesist tort ;
Et si vous luy trouares dacort	Et, se vous le trovez d'acort
De vous aider soiez certains	De vous aidier, soiez certains
Qe Spayn reaŭez en voz mains	Qu'Espaygne ravrez en voz mains
1865 Auant qe ceste an soit passe	Avant que cest an soit passe.' 1865
A tout ce fuist bien accordez	A tout ce fu bien accorde.

Line 1865, *traces of an erased letter are visible after* passe.

Coment le Roy Daun Petre escript sez lŕes au Prince ɂ ly requerant a sez bons socours | ɂ qe ly plerroit denuoier niefs pur lui emperler ɂ enuoia sez messages oue meisme lettyrs.

Daun Petro le Roy de Castille	Dans Petro li Roys de Castelle
Erraument escṗt ɂ seaille	Erraument escript et saielle,
Empriant a Prince humblement	Em priant au Prince humblement
1870 Qe pur dieu primerment	Que pour Dieu tout premierement 1870
Et pur amour ɂ pur pitee	Et pour amour et pour pite,
Pur alliance ɂ pur amistee	Pour alliance et amiste
Et pur cas de linage auxi	Et pour cas de lignage auxi
Et pur droit qil ad sanz nuƚƚ si	Et pour droit qu'il a, sanz nul sy,
1875 A tresnoble Prince puissant	Au tres noble Prince, puissant, 1875
Hoñable preu ɂ vaillant	Honorable, preu et vaillant,
Car il lui plese a socourer	Car il lui plese a socourir
Droiture ɂ li qui requerer	Droiture et li, qui requerir
Ly voet en noun de pacience	Le voet eu non de pacience ;
1880 Et qil vousist p̃ sa vaillance	Et qu'il vousist par sa vaillance 1880
Enuoier Niefs pur ly passer	Envoier nefs pour ly passer
Et pur lui saluement amesner	Et li salvement amener,
Car il voleit pler a lui	Car il voloit parler a li.
Li messages vint sanz detri	Li messages vint sanz detri.

Coment ly messages du Roy Petre troua le Prince a Burdeaux ɂ luy ad presentee les lŕes et le Prince senm̂ueilla | ɂ sur ceo appella a ly sez chiualers ɂ meillours conse- illers | ɂ lour mounstra les lettyrs | les queux ly disoient lour auis touchant cest fait | ɂ sur ce ordeignez furent gentz darmes p̊ querer le Roy Petŕ.

1885 A Burdeux le Prince troua	A Bourdiaux le Prince trova, 1885
Qui moult fortement sesmerueilla	Qui moult fortment s'esmerveilla
Quant il auoit la lŕe lue	Quant il avoit la letre lue.
Sitost come il eust survewe	Sitost come il l'eut surveüe,

Line 1874, d *of* ad *in rasura*; ad *also as a marginal correction.*

Lors appella ses Chiualers	Lors appella ses chevaliers
1890 Et toutz ses meilliours conseillers	Et touz ses meilliours conseilliers. 1890
Les lr̄es lour ad toutz moustrez	Les letres lour a touz moustreez
Ensi come ils furent dittez	Ensi come ils furent ditteez,
Et lour dist beaux seigniours p̄ foi	Et lour dist: 'Biaux seignours, par foi,
Merueille ai de ceo qe ie voi	Merveille ai de ce que je voi.
1895 ffols est qui saffie en puissance	ffols est qui s'affie en puissance. 1895
Vous auez bien view qe ffrance	Vous avez bien veü que ffrance
Estoit le pluis pais	Estoit li plus puissanz païs
Des cristiens solom mavis	Des crestiëns, selon m'avis,
Et ore ad droit et dieux consentu	Ore a droiz et Dieux consentu
1900 Qe nous auons ev vertu	Que nous avons eü vertu 1900
Pur le nr̄e droit conquester	Pour le nostre droit conquester ;
Et auxi ai ie oy contier	Et auxi ai je oÿ conter
Qe li Leoperdz ⁊ lour compaigne	Que li leopert et lour compaigne
Se disployerent en Espaigne	Se desployeroient en Espaigne,
1905 Et si estre pooit en nr̄e temps	Et s'estre pooit en no tamps, 1905
Hōme nous entiendroit plus vaillantz	On nous en tenroit plus vaillanz.
Vn bon conseil sur ce point	Un bon conseil desur ce point,
Seigniours vous veiez bien a point	Seignours, vous veiez bien a point :
Ore en ditez vr̄e p̄pos	Ore en dites vostre pourpos.'
1910 Adonqes li dist Chaundos	Adonc li respondi Chandos 1910
Et puis Thomas de ffeltōn	Et puis Thomas de ffelleton —
Cils deux estoient compaignōn	Cil doi estoient compaignon
De son conseil li plus priuee	De son conseil li plus prive —
Et lui disoient pur verite	Et lui disoient, pour verite,
1915 Qe ce acomplir ne purroit	Que ce acomplir ne pourroit 1915
Si ascun aliance nauoit	S'aucune aliänce n'avoit
Au Roy de Nauarrie qui lors	Au Roy de Navarre, qui lors
Tenoit la passage des ports	Tenoit le passage des pors.
f. 27ᵛ P̄ le conseil qils accorderent	Par le conseil qu'il accorderent
1920 Au Roy de Nauarre manderent	Le Roy de Navarre manderent, 1920
Le Counte Darmynak auxi	Le conte d'Armynak auxi
Et toutz les barons sanz nuƚƚ si	Et touz les barons, sanz nul si,
Du noble pais Daquitaine	Du noble païs d'Aquitaine ;
Et lors cest bien chose certeine	Et lors, c'est bien chose certeine,
1925 Tut le grant conseil fuist assemblee	Touz li granz consiauz s'assambla. 1925
Chescun disoit ce qe li semblee	Chescuns dist ce que li sambla
Bon affaire de cel emprise	Bon affaire de cele emprise ;
Et sachez qe fuist comprise	Et sachiez qu'ele fu comprise,
P̄ tiel conseiƚƚ et tiel accorde	Par tel conseil et tel accort,

1930 Sicome ie oi en mon recorde	Sicome j'oi en mon recort, 1930
Qe home fist les vessealx appailler	Qu'on feist vessiaulx apparaillier
A Bayone sanz detrier	A Bayone, sanz detrier,
Gentz d'armes ⁊ archiers auxi	Genz d'armes et archiers auxi,
Pur aler quere sanz detri	Pour aler querre, sanz detri,
1935 En Espaigne le Roy Peron	En Espaigne le Roi Peron. 1935
Monſ Thomas de ffelleton	Messires Thomas de ffellton,
Lui grant Seneschal Daquitaine	Li granz Seneschaus d'Aquitaine,
Deuoit estre lour chifteigne	Devoit estre lour capitaine.
Mais entre eux qils diussent trusser	Mais, entrues qu'il fissent trousser
1940 Lour vessealx ⁊ eux aprestier	Lour vessiaulx et yaux aprester, 1940

Coment le Roy Daun Petre arriua a Bayone
⁊ amesna ouesqe lui sez filz ⁊ filles ⁊ ce qe
ly fuist lesse de soun tresour ⁊ ly Prince
sen ala encontre ly ⁊ firent g̃nt deduit | ⁊
apres ce le Prince ⁊ le Roy de Nauarre
graunterent de socorer le Roy Petre.

Luy Roy Daun Petro a Bayone	Li Rois dans Petro a Bayone
Arriua en ppre persone	Arriva, en propre persone,
Et amesna filles et fieux	Et amena filles et fieux
Et celi remaint qe dieux	Et celi remanant que Dieux
1945 Ly eust lessee de son tresor	Ly eut lessie de son tresor, 1945
Peers perles	argent ⁊ or	Pieres, perles, argent et or.
Quant ly Prince en scient nouelles	Quant ly Princes en sceut novelles,
Ly semblerent bons et belles	Ly semblerent bones et belles.
Countre ly a Bayon ala	Contre ly a Bayone ala
1950 Et noblement le festoia	Et noblement le festoia 1950
En grant ioie et en grant deduyt	En grant joie et en grant deduyt,
Et la firent maint bele conduyt	Et la firent maint bel conduyt.
Qe vous purroy ie detrier	Que vous pourroye je detrier
La matier ⁊ plus alonger	Le matere et plus alongier?
f 28ʳ Tout feurent daccord sanz detri	Tout feurent d'acort, sanz detri, 1955
1956 Et le Roy de Nauarre auxi	Et li Rois de Navarre auxi,
De Roy Daun Petro conforter	Du Roy dan Petro conforter
Et en Espaigne lui remesner	Et en Espaigne ramener;
Puis qe pur dieu ⁊ pur pitee	Puis que pour Dieu et pour pite
1960 Et pur droiture ⁊ amistee	Et pour droiture et amiste 1960
Si humblement li requiroit	Si humblement le requeroit,

Line 1939 diussent, *marginal correction* e.

Bien socourez estre deuoit	Bien socouruz estre devoit :
Tout feurent daccord sur ce point	Tout feurent d'accord sur ce point.
Et de lors ne saresta point	Et des lors ne s'aresta point

Coment le Prince reuenoit a Burdeaux
ꝫ fist apparailler sez gentz ꝫ Chaundos
ala quere les compaignons de la graund
compaignie | les queux venoient ꝫ
plusours altres englois pristrent
conge du Bastard henre ꝫ venoient
au Prince hors de Espaigne ꝫ
le Bastard quant il auoit oy nouels
de ceste emprise voloit auoir
encombrez les engleis ꝫ fist
trencher lour chemyns qils ne
deussent auoir passez vs le Prince.

1965 Luy Prince qui tant eust vertus	Li Princes qui tant eut vertus.	1965
A Burdeux sen est reuenuz	A Bourdiaux s'en est revenuz	
Et fist sez gentz apparailler	Et fist ses genz appareillier.	
Maint noble vaillant Chiualer	Maint noble et vaillant chevalier	
Manda p trestout son pais	Manda par trestout son païs ;	
1970 Ni demora grant ne petitz	N'i demora granz ne petiz ;	1970
Et Chaundos ne demora mye	Et Chandos ne demora mye,	
Car a la graunde compaignie	Car a le Grande Compaignie	
Ala quere les compaignons	Ala querre les compaignons	
Iesqes a quatorsze penons	Jusques a quatorsze penons,	
1975 Sanz les autres qui retournerent	Sanz les autres qui retournerent	1975
Despaygne quant ils ascouterent	D'Espaygne, quant il ascouterent	
Qe ly Prince eider voilloit	Que li Princes eidier voloit	
Le Roy Daun Petro de son droit	Le Roy dan Petro de son droit.	
Conge pristrent du Bastard Henri	Congie prisent du Roy Henri,	
1980 Le quel lour dona sanz detry	Liqueus lour dona, sanz detry,	1980
Et les paia moult voluntiers	Et les paia moult volontiers,	
Car ne ly fesoient mestiers	Car ne ly fesoient mestiers.	
Roy de Castille fuist a ce temps	Roys de Castille fu a ce temps,	
Et bien sen tenoit pur contens	Et bien s'en tenoit pour contens	
f. 28ʳ Qe nulł tollir ne li peust	Que nuls tolir ne li peuïst	1985
1986 Pur grand puissance qil eust	Pour grant puissance qu'il euïst.	
Lors sen reuient a brief moot cőt	Lors s'en revint, a brief mot court,	

THE BLACK PRINCE

Dan Eustace Dabrichecourt	Dans Eustace d'Abrichecourt,
Deūeux | Cressewell ⁊ Briket	Devereux, Cresswell et Briket
1990 Qui sauoient de lui pler fait	Qui sovent de lui parler fait, 1990
Et puis li sire Dambeterre	Et puis li sires d'Aubeterre
Qui voluntiers pursuirent la guerre	Qui volentiers poursuït guerre,
Et le bon Barnat de la Salle	Et li bons Barnat de la Salle :
Toutz les compaignons de la Galle	Tout li compaignon de la Galle
1995 Retounerent en Acquitaine	Retournerent en Acquitaine ; 1995
Mais auant eurent moult de payn	Mais avant eurent moult de payne,
Car quant le Bastard scieust de verray	Car quant li Bastarz sceut de vray
Qe li Prince sanz nul delay	Que li Princes, sanz nul delay,
Voilloit le Roy Daun Petre eider	Voloit le Roy dan Petre eidier,
2000 Moult lour purchacea dencombrer	Moult lour pourchacea d'encombrier : 2000
Trencher lour fist les chimyns	Trenchier lour fist touz les chemyns
Et toutz les soirs et les matyns	Et touz les soirs et les matyns
Maint embusshee sur eux sailler	Mainte embusshe sur iaux saillir,
Et p maintes voiez assailler	Et par mainte voie assaillir
2005 Des Geneteurs ⁊ dez villains	Des geneteurs et des villains. 2005
Mais dieux qui est Roy souerains	Mais Dieux, qui est Roys soverains,
Les reamesna a sauuetee	Les ramena a sauvete
Tout droit a le principalte	Tout droit a le principaute :
Dont li Prince fuist moult ioyous	Dont li Princes fu moult joyeus,
2010 Car moult pestoit coueytous	Car moult par estoit coveyteus 2010
De son desire acomplier	De son desirier acomplir.
Et lors ad fait sanz allenter	Et lors a fait, sanz allentir,
Apparailler or ⁊ argent	Apparaillier or et argent
Et deniers pur paier sa gent	Et deniers pour paier sa gent.

**Du temps quant ly tresnoble Prince
comencea cest graund emprise.**

2015 Seignō le temps qe ie vous dy	Seignour, le tamps que je vous dy 2015
Ce fuist apres qe dieu nasquy	Ce fu apres que Dieux nasquy,
Miłł ans trois Centz sessante ⁊ sis	Mil ans, trois cenz, sissante et sis,
Qe chanter larst loissel gentils	Que chanter lait l'oissiaux gentils ;
Trois semaignes deuant le iour	Trois semaines devant le jour
2020 Qe Jhu Crist p sa douceour	Que Jesus Crist par sa douceour 2020
Nasqui de le virge Marie	Nasqui de le virge Marie.
Qe cely temps ne doutez mye	De cely tamps ne doutez mye.

Line 1995 omitted by the scribe and inserted after line 2022.

Des les tresgͣntz ordeignaunce faitz a Burde
aux p le Prince p̊ la voiage despaigne.

Luy francs Prince moult noblement	Li frans Princes moult noblement
ffist ordeigner son paiment	ffist ordener son paiement.
2025 Adonqes veissez a Burdeux	Adonc veïssiez a Bourdiaux 2025
fforger espees ̴ coteaux	fforgier espeës et cotiaux,
Cotes de ferre ̴ Bacynettes	Cotes de fer et bacynettes,
Gleyues | haches | et gantilettes	Gleyves, haches et gantilettes.
Mout pfuy noble li arrois	Moult par fust nobles li arrois
2030 Si auoir y deust .xxx. Roys	S'avoir y deuïst .xxx. rois. 2030

Coment lassemble fust fait a dast
̴ les compaignouns se logerent en
Bascle \| ̴ entre les mountains . pluis
qe deux moys pur attendre le
passage \| et la demorerent tout
liuer iesqes au moys de ffeurere.

A Dast fuist fait lassemble	A Dasc fu faite l'assamblee
Du Prince a la criere membre	Du Prince a le chiere membree.
La sassemblerent li baron	La s'assamblerent li baron
Et les Chiualers denuiron	Et li chevalier d'environ.
2035 Toutz les compaignons a temps	Tout li compaignon enz es camps 2035
Se logierent en celi temps	Se logierent en celi tamps :
En Baskle | ̴ entre les montaignez	En Basklë, entre les montaignes,
Se logierent les grantz compaignes	Se logierent les granz compaignes ;
Pluis qe djeux Moys y demherent	Plus que deux moys y demorerent,
2040 Mult de suffrete y endurerent	Moult de souffrete y endurerent, 2040
Tout pur attendre le passage	Tout pour attendre le passage
Qils puissent alier lour voiage	Qu'il peussent aler lour voiage.
La demorent tout lyuer	La demorerent tout l'yvier
Iesqes au Moys de ffeuerer	Jusques au moys de ffeverier,
2045 Tant qe tout fuist assemble	Tant que tout furent assamble 2045
Et li lointaigne ̴ ly priue	Et li lointain et ly prive.
Mais a ce qe ie entendy	Mais, a ce que je entendy,
Luy Prince de Burdeux party	Li Princes de Bourdiaux party

Coment le Prince se departi de Burdeaux
̴ la tsnoble dame la Pncesse fist tsamers

>   dolours ⁊ complaintz a cause de son
>   departir | ⁊ le Prince conforta la dame
>   moult noblement | ⁊ bien tost apres
>   la tresnoble dame enfaunta vn filtz
>   qe fust nōmez Richard ⁊ ly Prince
>   ⁊ maint gent enauoient gͣnt ioie.

Apres le Nouell xv. iours.	Apres le Nowel xv. jours.
Et la tresamers dolours	Et lor tres ameres dolours
Eust a coer la noble Princesse	Eut a coer la noble Princesse ;
Et la regretoit la dieuesse	Et lor regretoit la dieuesse
Damŏrs qil anoit assenee	D'amour qui l'avoit assene
A si treshaute maiestee	A si tres haute majeste,
Car ele auoit le plus puissant	Car elle avoit le plus puissant
Prince de ce siecle viuant	Prince de ce siecle vivant.
Souent disoit las quei ferroie	Sovent disoit : 'Las ! quoi feroie,
Dieux ⁊ amŏs si ie ꝑderoie	Dieux et Amours, se je perdoie
Le droit flour de gentilesse	Le droite flour de gentilece,
Le flour de tresnoble hautesse	Le flour de tres noble hautece,
Celi qui en monde nad pier	Celi qui eu monde n'a per
De vaillance	a voir recorder	De vaillance, au voir recorder ?
Mors tu me serroiez ꝑschaine	Mors ! tu me seroies proschaine.
Ore nay ie coer sang ne vayne	Or n'ay je coer, sanc ne vayne
Qe ne me faille	⁊ tout li membre	Que ne me faille, et tout li membre,
Quant de son partier me remembre	Quant de son partir me remembre ;
Car tut li monde dist ensy	Car touz li mondes dit ensy
Qunqes null hōme ne senbaty	Qu'onques nuls hom ne s'enbaty
En voiage si pillouse	En voiage si perilleus.
Hee tresdoulce piere gloriouse	He ! tres dous pere glorious,
Confortez moy ꝑ vr̄e pitee	Confortez moy par vo pite.'
La ad ly Prince escoutee	Lor a ly Princes escoute
Ce qe la ffrance dame dist	Ce que le ffrance dame dist,
Moult tresnoble confort luye fist	Moult tres noble confort luy fist,
Et luye ad dit dame lessez	Et luy a dit : 'Dame, lessiez
Vr̄e plorir	ne vous esmaiez	Vo plorer, ne vous esmaiez,
Car dieux est puissant de tout faire	Car Dieux est puissanz de tout faire.'
Luy Prince de tresnoble affaire	Li Princes de tres noble affaire
Doulcement la dame ad confortee	Doulcement la dame conforte,
Et la si dieux me reconfortee	Et lor, se Dieux me reconforte,

Line 2055 ele, l *added in the margin.*

Prist de luy congie doulcement	Prist de luy congie doulcement,
Et luye dist amiablement	Et luy dist amiablement :
Dame en coer nous reuerons	' Dame, encore nous reverrons
En tiel point qe ioie en auons	En tel point que joie en avrons,
2085 Et nous et tut li nre amy	Et nous et tout li nostre amy, 2085
Car mon coer le me dit ensy	Car mes coers le me dit ensy.'
Moult doulcement sentcollerent	Moult doulcement s'entracolerent
Et en voisant congie donerent	Et en baisant congie donerent.
La veissez dames plorer	La veïssiez dames plorer
2090 Et damoiseles dolouser	Et damoiseles dolouser : 2090
Lune ploroit pur son amy	L'une ploroit pour son amy
Et lautre pur son mary	Et li autre pour son mary.
f. 30ʳ La Princesse eust de dolour tant	La Princesse eut de dolour tant,
Qadonqes fuist grosse denfant	Qui adonc fu grosse d'enfant,
2095 Qe de la dolour deliuera	Que de le dolour delivra 2095
Dun beal filtz et enfanta	D'un mout bel fil et enfanta,
Le quel filtz Richard ot a noun	Liqueus filz Richard ot a non :
Dont grant ioie p tut fist hom	Dont grant joie par tout fist on,
Et li Prince si dieux mauoie	Et li Princes, se Dieux m'avoie,
2100 En cust auxi a coer grant ioie	En eut auxi a coer grant joie ; 2100
Et dient tut comunalment	Et dient tout comunalment :
Veez cy mult beal comencement	' Vez cy moult bel comencement.'

**Coment ly Prince sen est departiz de
Burdeaux et venoit a Dascy et la demā
tanqe nouelles ly venoient qe le Duc de
Lancastre son frere venoit deuers ly
et lors ly attendi illoeqes le Duc sen
hasty deuers le Prince son frere enchi-
uachant pmy Constantyn et Britaigne et
Duc Johann de Bret si festoia moult noblemēt.**

Lors se parti a voir entendre	Lors se parti, au voir entendre,
Lui Prince plus ne voilloit attendre	Li Princes, plus ne veut attendre :
2105 Pluis longement ny mist soiour	Plus longement n'y mist sojour. 2105
Moult pfui riche son atour	Moult par fu riche son atour.
A dasc vient et la saiona	A Dasc vint et la sojourna,
Car nouelles vn li porta	Car novelles on li porta,
Qe le duc de Lancastre vient	Que li ducs de Lancastre vient

Line 2107 saiŏna, *marginal correction* o.

2110 Qui grant gent gouerne ⁊ maintient	Qui grant gent governe et maintient. 2110
Lors sanisa qil demŏroit	Lors s'avisa qu'il demourroit
Et li soen frere attendroit	Et le sien frere attenderoit.
Et sachez qe li noble ducs	Et sachiez que li nobles ducs,
Qui moult ot en li vertus	Qui moult ot en li de vertus,
2115 Quant il oi dire sez ditz	Quant il oï dire cez diz 2115
Qe li Prince estoit deptiz	Que li Princes estoit partiz
De Burdeux moult ent fuist dolantz	De Bourdiaux, moult en fu dolanz,
Car ni quidoit venir a tamps	Car n'i quidoit venir a tamps.
En Constantyn fuist arriuez	En Coustantyn fu arrivez
2120 Lui noble ducs ⁊ redoutez	Ly nobles ducs et redoutez; 2120
Moult soy hastia ⁊ chiuacher	Moult se hasta a chevauchier
Et tut li noble Chiualer	Et tout li noble chevalier;
Constantyn passa en Bretayne	Coustantyn passa en Bretaygne.
Contre li ad beal compaigne	Contre li a bele compaigne,
2125 Car de Bretayne vient duc Johans	Car de Bretaygne vint ducs Jehans; 2125
Ouesq̛ li ot de pluis grantz	Avoecques li ot des plus granz
f. 30ᵛ Barons de tretout son pais	Barons de tretout son païs,
Ceux qui pluis tenoit a amys	Ciaux qui plus tenoit a amys,
Clissōn | Cauolle | ⁊ plusours	Clisson, Canolles et plusours,
2130 Queux li fesoient grantz honōs	Qui li fesoient granz honours. 2130
En son pais les festoia	En son païs le festoia,
Mais moult petit y demora	Mais moult petit y demoura
Car il le couenoit hastier	Car il le covenoit haster
Pur le Prince qi voilloit passer	Pour le Prince qui veut passer.
2135 Conge ad pris sanz detrier	Congie a pris sanz detrier 2135
A duc Johan ⁊ a sa mulier	Au duc Jehan et a sa moullier.

Coment le Duc de Lancastre tant chiuacha
qil est venuz a Burdeaux | ⁊ la troua la Pⁱncesse
quelle luy festoia moult doucement ⁊ luy
ad demaundee des nouelles Dengleterre |
et en apres luy noble Duc de Lancastre sen
chiuacha pmy les landes tant qil est
venuz a la Citee de Dask | ⁊ la troua le
Prince son frere le quel ly vint alen-
contre ⁊ sen contrerent moult amiablem̄et,
⁊ le Prince ly ad demā̆nde des nouels dengletⁱre
⁊ moult gͣnt ioie demesnerent ensemble ⁊
le Counte de ffoys lors estoit illoeqes.

Line 2124 compaigne, e *final corrected out of* ie.

Quei vous ferroie longe demain	Que vous feroie long demain ?
Tant chiuacha ⁊ soir main	Tant chevaucha et soir et main
Qe droit a Burdeux est venuz	Que droit a Bourdiaux est venuz
2140 De Lancastre lui noble ducs	De Lancastre li nobles ducs ; 2140
Et la troua la Princesse	Et la trova il la Princesse
Qe de tout honure est maistresse	Qui de tout honour est maistresse,
Qe le festoia tres doulcement	Qui le festoia doulcement,
Et moult tressamiablement	Et moult tres amiäblement
2145 Li ad demande de la terre	Li a demande de sa terre, 2145
Coment home fait en Engleterre	Coment on fait en Engleterre :
Et le duc li ad tout conte	Et li ducs li a tout conte.
Et puis sachez de verite	Et puis, sachiez de verite,
Qe li duc gaires nattendi	Que li ducs gaires n'attendi,
2150 Qe de Burdeux sen depti	Que de Bourdiaux s'en departi ; 2150
Pmy les landes chiuacha	Parmy les landes chevaucha
Et moult durement soy hastia	Et moult durement se hasta
Tant qil vient a dase la Citee	Tant qu'il vint a·Dasc le cite.
Ou son frere le Prince ad trouee	Son frere, le Prince, a trove,
2155 Qui a lencontre de li vient	Qui a l'encontre de li vint, 2155
Et des Chiualers plus qȝ vint	O des chevaliers plus que vint :
f. 31ʳ Et si sachez qe a cest foitz	Et se sachiez qu'a ceste fois
Y estoit lui conte de ffoys	Y estoit li conte de ffoys.
Grant ioie ensemble demesnerent	Grant joie ensamble demenerent
2160 Auxi tost qils sentrecontrerent	Auxi tost qu'il s'entr'encontrerent ; 2160
Lors sa=collerent en baiant	Lors s'acollerent en baisant,
Et li Prince li dist en riant	Et li Princes dist en riant :
Ducs de Lancastre frere douls	' Ducs de Lancastre, frere douls,
En nre pais bien veignez vous	En no païs bien veigniez vous.
2165 Ditez quei fait le Roy nre piere	Dites, quoi fait li Roys, nos pere, 2165
Et la Roigne nre miere	Et le Roïne, nostre mere,
Toutz noz freres ⁊ tout nre amy	Tout no frere et tout no amy ? '
Sire dist il la dieu mercy	' Sire,' dist il, ' le Dieu mercy,
Ils ne font trestoutz forsqȝ bien	Il ne font trestout forsque bien.
2170 Nre piere dist qe sil faut rien	Nos pere dist que s'il faut rien 2170
Qil poet fair | si li mandez	Qu'il poet faire, si li mandez.
Nre miere vous salue assez	No mere vous salue assez.
Touz noz friers se recomandent	Tout no frere se recomandent
A vous ⁊ pmy ils vous mandent	A vous et par my il vous mandent
2175 Qils voluntiers fussent venu	Qu'il volentiers fussent venu 2175
Si bon conge eussent ev	Se bon congie eussent eü.'

Line 2153 vient, e *omitted and superscript.*

> Coment le duk de Lancastre ⁊ le Prince
> venuz a Dask en gᵃnt deduit en attendantz
> le passages outre les portes cest assauoir
> le paas de Rounceualle ⁊ le Counte de
> ffoitz se retourna en son pais | ⁊ hōme
> disoit qe le Roy de Nauarre estoit alez
> oue le Bastard Henr̄ | ⁊ monſ Hugh
> de Caluellee vst pris certeins villes
> en Nauarre | ⁊ sur ce le Roy de Nauarre
> tramist sez messages au Prince | ⁊ apres
> vint monſ Martyn de Nauarre au
> Prince ⁊ lour approcha le passage.

Encement tout plant envenirent	Ensement tout parlant en vinrent
A Dasc | ⁊ p les mains se tenirent	A Dasc et par les mains se tinrent,
Et si saches qe celt nuyt	Et se sachies que celle nuyt
2180 Demesnerent moult grant deduyt	Demenerent moult grant deduyt. 2180
De lour parlement pluis ne say	De lour parlement plus ne say
Ne plus ne vous enconteray	Ne plus ne vous en conteray.
Lui Counte de ffoys se retourna	Li quens de ffoys se retourna
Ou pais ou il demurra	Ou païs ou il demoura,
2185 Et lui Prince a dast demoere	Et li Princes a Dasc demeure 2185
En atendant le temps ⁊ leure	En attendant le tamps et l'eure
f. 31ᵛ Qil poist passer les portes	Que il peuïst passer les porz.
Qe vous serroit longe li recordz	Que vous seroit lons li recorz ?
En coer ne sauoit il pas	Encores ne savoit il pas
2190 Sil passeroit p le pais	S'il passeroient par le pas 2190
De Rainchenanus car hōme disoit	De Rainchevaus ; car on disoit
Qe li Roy de Nauarre estoit	Que li Roys de Navarre estoit
Alliez oue le Bastard Henry	Alliez ou Bastart Henry,
Dount hōme maint feurentesbachy	Dont tamaint feurent esbahy.
2195 Mais en ce temps ⁊ ce termyne	Mais en ce tamps et ce termyne 2195
Mirand ⁊ le point la Reine	Mirande et le Pont la Reïne
Ot pris Hugh de Caluerley	Ot pris Hughes de Calverlee,
Dount Nauarre fuist enfrae	Dont Navarre fu esfraee.
Luy Roy tramist sōn messager	Li Roys tramist son messagier
2200 Au Prince tost sanz atergiere	Au Prince tost, sanz atergier, 2200
Et li ad mande tout le fait	Et li a mande tout le fait,

Line 2186 atendant, ⁊ *added in the margin.*

Ce qe Hugh lour auoit fait	Ce que Hughes lour avoit fait.
Apres vient monſ Martyn	Apres vint messire Martyn
De Nauerre qui ot coer fyn	De Naverre qui ot coer fyn ;
2205 Tant fist p sez sens qil ot sage	Tant fist par son sens qu'il ot sage 2205
Qil lour approcha le passage	Qu'il lour approcha le passage.

      Coment le Roy de Nauarre
     deuers le Prince a seint Johan
    du pee des portz ⁊ le Duc de
  Lancastre lui vint alencontre ⁊
 lors furent les searmentz renouellez ⁊
aṗs ce fuist ordeigne qe lauāt garde passeroit.

Assez vous purroye counter	Assez vous pourroye conter
Pur la matier destourber	Pour le matere destourber ;
Mais bien tost puis ce iour auient	Mais bien tost puis ce jour avint
2210 Qe li Roy de Nauerre vient	Que li Rois de Naverre vint 2210
A seint Johan du pee des portz	A seint Jehan du Pie des Porz,
Et a lencontre lui vient lors	Et a l'encontre lui vint lors
De Lancastre le noble ducs	De Lancastre li nobles ducs,
Et Chaundos qui moult fuist prus	Et Chandos, qui moult par fu prus.
2215 Deuers le Prince li amesnerent	Devers le Prince l'amenerent 2215
Et vn lieu | ou ils le trouerent	En un lieu ou il le troverent —
Piers forard auoit a noun	Piere Forarde avoit a non
De lieu la ville ⁊ la Maisōn	De lieu, le ville et le maison.
La fuist li Roy Petro venuz	La fu li Rois Petro venuz,
2220 Et la fuist sur le corps Johan	Et la fu sur le corps Jesus 2220
Touz lour ſementz renouellez	Lour sieremenz renovelez,
Et la fuist chescun accordez	Et la fu chescuns accordez
f. 32ʳ De tout ce qil deuoit auoir	De tout ce qu'il devoit avoir.
Ore voe ie faire mon deuoir	Or voe je faire mon devoir
2225 De bonter auant ma matiere	De bouter avant ma matere, 2225
Car lendemayn cest chose clere	Car l'endemain, c'est chose clere,
Lui Roy ⁊ lui ducs | ⁊ lui Chaundos	Li Roys et li ducs et Chandos
Se departirent a brifs motz	Se departirent, a bris moz,
Car accordee ensi | ensi estoit	Car accorde ensi estoit
2230 Qe lauant garde passeroit	Que l'avant garde passeroit 2230
Tout primer ce lundy proschein	Tout premier, ce lundy proschein ;
Et cils sanz faire longe demain	Et cil, sanz faire long demain,
Sont a seint Johan arriuez	Sont a seint Jehan arrive.
Illoeqes feurent hostellez	Illoecques feurent hostelle,

Line 2231 ce *omitted and superscript.*

2235 Et lendemain fist home crier	Et l'endemain fist on crier 2235
Qe chescun se voille appailler	Que chescuns voeille apparaillier
Pur passer le proschein lundy	Pour passer le proschein lundy,
Voire cils qe feurent esly	Voire cil qui feurent esly
Pur passer ouesqȝ lauant garde	Pour passer avoec l'avant garde.
2240 Ore est droit qe ie preigne garde	Or est drois que je preigne garde 2240
A lauant garde deuiser	A l'avant garde deviser.
Beaux seigniours primers doi nomer	Biaux seigniours, premiers doi nomer

Coment le Duk de Lancastre amesna lauant garde ჻ de seignours ჻ dautres esteantz en sa compaigni.

Le duc de Lancastre qui prus	Le duc de Lancastre, qui preus,
ffuist hardi | ჻ corageus	ffu et hardis et corageus,
2245 Et si ot en sa compaignie	Et si ot en sa compaignie 2245
Moult de noble Chiualrie	Moult de noble chevalerie.
La fuist le bon Thomas Duffort	La fu le bon Thomas d'Uffort
Qi li coer ot hardi ჻ fort	Qui le coer ot hardi et fort,
De Hastynges le bon Hugon	De Hastynges le bon Hugon,
2250 Et Beauchamp son compaignon	Et de Beauchamp son compaignon, 2250
Guilliam qui moult fuist gentils	Guilliaume, qui moult fu gentils,
Au Count de Warrewyk filtz	Au comte de Warrewyk filz,
Le sire de Neofuyll auxi	Le sire de Noefvylle auxi
Et maint bon Chiualer hardi	Et maint bon chevalier hardi,
2255 Qui maintenant ne voiller nosmer	Qui, maintenant, ne voeil nomer, 2255
Car aillours en vorray pler	Car aillours en vorray parler.
Apres vous doi nomer Chanudos	Apres vous doi nomer Chandos,
Qui fuist Conestable del hos	Qui fu Conestable del hos,
Qui menoit touz les compaignous	Qui menoit touz les compaignons,
2260 Des queux vous vorroi nosmer les nouns	Desqueux vous voeil nomer les nons : 2260
Tout primers le p^r de Rays	Touz premiers le seignour de Rays
Qui fuist bon ჻ preus en ses faitz	Qui fu bons et preus en ses faiz,
f. 32ᵛ Apres le seigniour danbeterre	Apres le seigniour d'Aubeterre
Qui voluntiers pursuoit la guerre	Qui volentiers poursuoit guerre,
2265 Monṣ Garsis de Castelle	Monseignour Garsis de Castel 2265
Qui ot le coer preu ჻ loielle	Qui ot le coer preu et loiel
Et Gilbard de la Mote auxi	Et Gilbard de la Mote auxi
Et de Rochewarde Ammery	Et de Rocheward Ammery
Et monṣ Robt Camyyn	Et monseignour Robert Camyn,

Line 2258 Conestable del hos *underlined in a later hand.*

2270 Cressewell ꞇ Briket le fyn	Cressewell et Briket le fyn 2270
Et monſ Richard Tauntoñ	Et monseignour Richard Taunton
Et Guilliam de ffelletoñ	Et Guilliaume de ffelleton
Et Willecok le Boteller	Et Willecok le Boteillier
Et Peuerell qui ot coer fier	Et Peverell qui ot coer fier,
2275 Iohan Sandes hoṁe de renoun	Johan Sandes, home de renon, 2275
Et Ioh̄n Alein son compaignon	Et Johan Alein, son compaignon,
Et puis apres Shakell ꞇ Haulee	Puis apres Shakell et Haulee.
Tout cil Peignoun sanz demoree	Tout cil peignon, sanz demoree,
ffeurent a Chaundos compaignoñ	ffeurent a Chandos compaignon,
2280 Et mis p desoubz son peignoñ	Et mis par desouz son peignon. 2280
Apres feurent li Mareschall ꞇ deuereux	Apres feurent li Mareschal
Qui feurent prodhoṁes ꞇ loialx	Qui feurent preudhome et loial :
Li vus fuist Estephen de Cosintoñ	L' uns Estephene de Cosintone,
Qui moult estoit noble persoñ	Qui moult estoit noble persone,
2285 Et lautre le bon Guychard dangle	Et l'autres le bon Guychard d'Angle, 2285
Qui ne doit estre mis en langle	Qui ne doit estre mis en l'angle,
Einz est bien droit qe home sen remorge	Einz est bien droiz qu'on s'en remorge ;
Ouesq̓ eux le peignon seint George	Avoec yaux le peignon seint George,
Et moul dautre chiualrie	Et moul d'autre chevalerie
2290 Auoient en lour compaignie	Avoient en lour compaignie. 2290

**Coment lauant garde passa outre les portz
portz | ꞇ la noumbre de x. Mill chiualx.
oue graund peyne ꞇ duretee ꞇ les gentz
se logerent dedeinz Nauarre.**

Seigniour ore vous ay deuisee	Seigniour or vous ay devisee
Lauant garde ꞇ tout nomee	L'avant garde et toute nomee,
Qui ne se sont pas alenty	Qui ne se sont pas alenty
Mais passerent le lundy	Mais passerent tout, le lundy,
2295 Quatorsze iours en ffeuerer	Quatorsze jours en feverier. 2295
Mais puis qe dieux le droiter	Mais puis que Dieux le droiturier
Suffri mort pur nous en la crois	Souffri mort pour nous en le crois,
Ne fuist passage si estrois	Ne fu passages si estrois ;
Car home veoit gentz ꞇ chiuaux	Car on veöit genz et chevaux,
2300 Qui moult y suffroient des maux	Qui moult y souffroient des maux, 2300
Trebbucher pmyla montaigne	Trebuchier parmy le montaigne.
La ny auoit point de compaigne	La n'y avoit point de compaigne ;
Li piere nattendoit lenfant	Li pere n'attendoit l'enfant :

Line 2281 deuereux *underlined in a later hand.*

La auoit froidure si grant	La avoit froidure si grant
2305 De Niege ⁊ de gielle auxi	De neige et de gelee auxi 2305
Qe chescun estoit esbahy	Que chescuns estoit esbahy ;
Mais ouesqʒ la grace de dieu	Mais avoec le grace de Dieu
Tout passa en temps ⁊ en lieu	Tout passa en tamps et en lieu,
Bien .x. Mill Chiualx ⁊ pluis	Bien x mille chevalx et plus,
2310 Et les gentz qui furent desuis	Et les genz qui furent desus ; 2310
Dedeinz Nauerre se logierent	Dedenz Naverre se logierent.
Et lendemain sappaillent	Et l'endemain s'appareillierent
Toutz ceux qui estoient sanz faille	Tout cil, qui estoient, sanz faille,
Ouesqʒ le Prince en sa bataille	Avoec le Prince en sa bataille.

Des seigniours qe furent oue le Pⁱnce en sa bataille ⁊ dautres a la nombre de xx. Mill chiualx ⁊ coment ils passerent outre les portz ⁊ le Roy de Nauarre les conduist ⁊ amesnat.

2315 Ore est bien droit qe vous nome	Ore est bien droiz que je vous nome 2315
De ses nobles Barons la some	De ces nobles barons le some :
Tout primers li Prince ⁊ lui Roy	Touz premiers le Prince et le Roy
Daun Petro qe bien nomer doy	Dan Petro, que bien nomer doy,
Et li Roy de Nauare auxi	Et le Roy de Navarre auxi,
2320 Cils troiz passerent sanz detri	Cil trois passerent sanz detri — 2320
Mesß Lowyke de Harecourt	Monseignour Lowyk de Harcourt
Et monß Eustace Dabrichecourt	Et Eustace d'Abrichecourt,
Mesß Thomas de ffelleton	Monseignour Thomas de ffellton
Et de Pauteney le baron	Et de Parteney le baron,
2325 Et toutz les ffreres de pomiers	Et touz les ffreres de Pomiers 2325
Qui moult estoient nobles Chiualers	Qui estoient nobles chevaliers,
Et puis le seigniour de Clichon	Et puis le seigniour de Clichon
Et le bon seigniour de Curton	Et le bon seigniour de Curton.
Lui sire de la Waure y fui	Li sires de la Waure y fu
2330 Qui ot en li moult grant vertu	Qui ot en li moult grant vertu, 2330
Si fuist monß Robt de Knolles	S'i fu messires Roberz Knolles
Qui neust mie trop des polles	Qui n'eut mie trop de paroles ;
Lui Viscount de Rocheward	Li visconte de Rocheward
Y fuist auxi | si dieux me gard	Y fu auxi, se Dieux me gart,
2335 Et de Bourcier le droit seignour	Et de Bourcier li droit seignour 2335
Et main bon chiualer donour	Et main bon chevalier d'onour,

Line 2312 sappaillent, re *added in the margin.*
Line 2324 Pauteney, *not clear* : u *might be a carelessly made* rt.
Line 2335 Bourcier *underlined in a later hand.*

Et li Seneschaƚ daquitayne	Et li Seneschaux d'Aquitayne
Qui estoit moult noble Capitaine	Qui estoit noble capitaine,
f. 33ᵛ Cil de Paitoo ⁊ cil dauge mois	Cil de Poitou, cil d'Angemois,
2340 Cil de seint Onge a ceste foitz	Cil de Seintonge, a ceste fois, 2340
Cil de Peregos ⁊ de Cressyn	Cil de Pieregos et Cressyn,
Qui ot le coer hardi ⁊ fyn	Qui ot le coer hardi et fyn,
Et ce vous nomerai en coer	Et se vous nomerai encor
Le grant Seneschaƚ de Pygor	Le grant seneschal de Pygor :
2345 Ceux qe ie di feurent sanz faille	Cil que je di feurent, sanz faille, 2345
Ouesq le Prince en sa bataille	Avoec le Prince en sa bataille,
Et dautres bien quatre Miƚƚ	Et d'autres bien quatre mille,
Dount ie ne vous die pas lestiƚƚ	Dont je ne vous di pas l'estille ;
Mais si dieux malegge mes maus	Mais, se Dieux m'aliegge mes maus,
2350 Bien feurent .xx. Miƚƚ chiualx	Bien feurent xx mille chevalx 2350
Qui toutz passerent le Marsdi	Qui tout passerent le marsdi ;
Et li Roy de Nauarre auxi	Et li Roys de Navarre auxi
Ouesq li Prince passa	Avoecques le Prince pàssa,
Et li conduist ⁊ lamesna	Et le conduist et l'amena
2355 Outre le passage des portz	Outre le passage des porz. 2355
Et dieux qui est misericors	Et Dieux, qui est misericors,
Consenti qils feurent passee	Consenti qu'il feurent passe.
Mais moul y suffrist de duretee	Mais moult y souffri de durte
A passer cest chose certeine	A passer, c'est chose certaine,
2360 Lui noble Prince aquitaine	Li nobles Princes d'Aquitaine. 2360

**Coment le Roy Maiogre le Counte
Darminak ⁊ plusours altres vaillantz
Seigniours ⁊ chiualers estoient en la re-
regard ⁊ passerent outre le
paas ⁊ se logerent en la
Conke de Pampilon̄.**

Le Meskerdy si dieux me garde	Le meskerdy, se Dieux me garde,
Passa auxi la reregarde	Passa auxi l'arieregarde :
De Maiogre lui noble Roys	De Maiogre li nobles Roys,
Et li vaillant Counte Curtoys	Et li vaillanz conte courtoys
2365 Darminak qi tant fuist gentils	D'Arminak qui tant fu gentils, 2365
Berart de la Bret li hardis	Berarz de Labret, li hardis,
Et de Muscyden̄ li seigniour	Et de Muscyden li seigniour,
Et des autres Chiualers donour	Et d'autres chevaliers d'onour
Dont noblez estoit li renons	Dont noblez estoit li renons ;
2370 Et si aúoit dautres peignons	Et si avoit d'autres peignons 2370

Mesſ Bertrukat de la Bret	Sire Bertrukaz de Labret ;
Et auxi saches du fet	Et auxi bien sachiez de fet
Qe la fuist lui Bourt de Bertuls	Que la fu li Bourz de Bertues
Et le Bourt camus dont les fees	Et li Bourz Camus, dont les fes
f. 34ʳ Ie ne voise pas entreoubleant	Je ne vois pas entr'oubliant ; 2375
2376 Si fuist Nandous de Baigerant	S'i fu Naudons de Baigerant,
Bernard de la Sale ⁊ lamy	Bernarz de la Sale et Lamy :
Toutz ceux estoient sanz nult sy	Tout cil estoient, sanz nul sy,
En la reregarde ordeignee	En l'ariere garde ordene
2380 Et passerent pur verite	Et passerent, pour verite, 2380
Le Mescerdi outre le paas	Le mescerdi outre le pas.
Ore ne vous menteray ie pas	Or ne vous menteray je pas.
En la conke de Pampilon	En le conke de Pampilune
Se logea cest gent chescun	Se logea ceste gent chescune ;
2385 La trouerent ⁊ vin ⁊ payn	La troverent et vin et payn 2385
Tant qe toutz enestoient playn	Tant que tout en estoient playn.

**Coment en apres passerent le ſ² de la
Bret ⁊ le Captal oue ii. Centz combatantz
⁊ ly hoost fuist contre ensemble ⁊ le
Bastard Henr̄ en eust nouelles.**

Apres sanz longe democre	Apres passa, sanz lonc demour,
De la Bret li noble seignioure	De Labret, li nobles seigniour,
Ouesq̇ le noble Captal	Avoecque le noble Captal
2390 Qui ot le coer pru ⁊ loial	Qui ot le coer preu et loial, 2390
Chescun a CC. combatantz	Chescuns a .CC. combatanz,
Des gentz darmes preus ⁊ vaillantz	Des genz d'armes preus et vaillanz.
Ore fuist ly hoost contre ensemble	Or fu l'hos toute rassamblee.
La nouelle ent fuist aportee	La novelle en fu aportee
2395 A Henri le Bastard despaigne	A Henri le Bastart d'Espaigne, 2395
Qui estoit li ⁊ sa compaigne	Qui estoit, li et sa compaigne,
A seint Domique logiez	A Seint Dominique logiez.
Ore ne fuist pas trop esmaiez	Or ne fu pas trop esmaiez,
Mais p le conseil qil auoit	Mais par le conseil qu'il avoit
2400 Sest auisez qil manderoit	S'est avisez qu'il manderoit 2400
Au Prince vn lr̄e tantostz	Au Prince une lettre tantos.
Il le fist endisant ces motz	Il le fist en disant ces moz

**Coment le Bastard Henr̄ enuoia sez lr̄es
au Prince pur sauoir qelle part il**

> voilleit entrer en Espaigne ⁊ qil lui serroit
> a deuaunt pur ly doner la bataille.

En la lre come vous orrez
A trespuissant ⁊ honez
2405 Et noble Prince Daquitayne
Chier sire ceste chose certeine
Come nous a vous entendu
Qe vous ⁊ voz gentz sont venu
f. 34ᵛ Et passez p decea les portz
2410 Et que vous aues fait acordz
Et estez alliez aui
Ouesq̓ le nre enemy
Dont nous donons grant merueille
Ie ne say qui le vous conseille
2415 Car vnqes rien ne vous mes fis
Ne enuers vous rien ne mespris
Pur quoy vous nous deussez heier
Ne que vous nous deussez toller
Tant poy qe dieux nous ad prestee
2420 De terre p sa voluntee
Mais pur ce qe nous sauons bien
Quil niad seigniour terrien
En cest monde ne creature
Qui dieux ait donee auenture
2425 Tant en armes come il ad a vous
Et bien sauons qe vous ⁊ tous
Les vres acquerez sanz faille
fforsq̓ pur auoir la bataille
Vous proms amiablement
2430 Qe vous nous voillez soulement
Lesser sauoir p quelle partie
Entrerez en nre seigniourie
Et nous vous auons en couenant
Qe nous vous serrom a deuant
2435 Pur vous batailler del iuerer
Lors fist ses lres sealler
Et les tramist p son heraud
Qui chimina sanz null defaut

En le lettre, com vous orrez:
'Trespuissanz et tres honorez
Et nobles Princes d'Aquitayne! 2405
Chiers sire, c'est chose certeine,
Come nous avons entendu,
Que vous et voz genz sont venu
Et passe par decea les porz,
Et que vous aves fait acorz 2410
Et estez alliez auxi
Avoecques le nostre enemy,
Dont nous avons grande merveille.
Je ne say qui le vous conseille,
Car onques rien ne vous mesfis, 2415
Ne envers vous rien ne mespris
Pour quoi vous nous doiiez haïr,
Ne que vous nous doiiez tolir
Tant poy que Dieux nous a preste
De terre par sa volente: 2420
Mais pour ce que nous savons bien
Qu'il n'i a seigniour terriïen
En cest monde ne creature,
Qui Dieux ait donee aventure
Tante en armes, come a a vous, 2425
Et bien savons que vous et tous
Les vostres ne querez, sanz faille,
ffors que pour avoir le bataille,
Vous prions amiäblement
Que vous nous veuilliez soulement 2430
Lessier savoir par quel partie
Entrerez en no seigniourie,
Et nous vous avons en couvant
Que nous vous serons au devant
Pour vous bataille delivrer.' 2435
Lors fist ses lettres saëler
Et les tramist par son heräut,
Qui chemina sanz nul defaut

Line 2420 sa, l *first written, but corrected to* s.
Line 2422 terrien, i *omitted and superscript.*

Tant come il le Prince troua	Tant come il le Prince trova :
2440 Tantost les lres lui bailla	Tantost les lettres lui bailla. 2440

Coment le prince receust les lres du
Bastard ⁊ les moustra au Roy Petre ⁊ a
sez Barons ⁊ ad appelle son conseil p̄ estre
auisez de la response de meismez les lres | ⁊
a ceo temps monſ Thomas de ffelton demanda
conge du P̄nce pur aler espier loost du Bastard
⁊ auoit conge | ⁊ adonqes : sen chiuacha pmy
Nauarre oue certeins chiualers esquiers ⁊
archiers | ⁊ passerent la Ryuere au Groygun
⁊ se logierent a Naueret ⁊ en le meisme temp
le Roy de Nauarre fust pris p traison ⁊
monſ Martyn de la Carre fuist fait gouernour
du pais de Nauarre ⁊ sen ala countrer
nouel au Prince de la prise du Roy de
Nauarre ⁊ ly supplia a garder ⁊ gouerner
la pais | ⁊ le Prince graunta de luy aider
⁊ adonqes comaunda le P̄nce qe loost se
deust apparailer pur departer lendemain
⁊ lors passa loost le paas de Sarrys ⁊
chimina pmy Espuske iesqes a saue tre.

f. 35ʳ

Et li Prince si dieux manoie	Et li Princes, se Dieux m'avoie,
ffist de la lre moult grant ioie	ffist de le lettre moult grant joie
Et la moustra a ses barons	Et le moustra a ses barons
Et lour deuisa les raisons	Et lour devisa les raisons.
2445 La fuist li Roy Petro mandez	Lor fu li Roys Petro mandez 2445
Et tout le conseilt appellez	Et tous li consiaux appellez
Pur la response conseiller	Pour le response conseillier,
Coment le purroit renvoier	Coment le pourroit renvoier
Et respondre p deuers lui	Et respondre par devers li.
2450 Mais en ce temps qe ie vous di	Mais en ce tamps que je vous di 2450
Monſ Thomas de ffelletōn	Sire Thomas de ffelleton
Au Prince demanda vn doun	Au Prince demanda un don,
Qil li pluist soulement	Que il li pleüst soulement
De li grantier tout primerment	Li granter tout premierement

Line 2453 pluist, *marginal correction* e.

2455 Qil poist aler chiuacher	Qu'il peuist aler chevauchier 2455
Pur aler lour hoost espier	Pour aler lour host espier ;
Et li Prince lui accorda	Et li Princes lui accorda.
Et adonqes Thomas appella	Et adonc Thomas appella
Les compaignons sachez pur voir	Les compaignons, sachiez pour voir,
2460 A tantz come il voillent auoir	Autant come il voloit avoir. 2460
Thomas Dufford ⁊ ffelletoñ	Thomas d'Ufford et ffelleton,
Guilliam qui ot coer de lyon	Guilliaumes, o coer de lyon,
Hugh de Stafford ⁊ Knolles	Hughes de Stafford et Kanolles
Y feurent a curtois polles	Y feurent, a courtes paroles ;
2465 Et la suruient a lassemblee	Et la sourvint a l'assamblee 2465
Monſ Simond de Burelee	Messire Simon de Burlee.
Bien feurent sicome iay oy dire	Bien feurent, sicom j'oÿ dire,
Oept vintz lances sanz contredire	Oet vint lances, sanz contredire,
Et si feurent .CCC. archiere	Et s'i feurent .ccc. archier.
2470 Lors se pristrent a chiuachere	Lors se prisent a chevauchier 2470
Pmy Nauarre iour ⁊ nuyt	Parmy Navarre, jour et nuyt ;
Guydes auoient ⁊ conduyt	Guydes avoient et conduyt.
f. 35ᵛ A Groigū passerent la Riuere	Au Groign passerent le riviere,
Dont leawe fuist radde ⁊ fiere	Dont l'eawe fu et rade et fiere,
2475 Et se logierent a Naueret	Et se logeoient a Naveret, 2475
Pur entendre ⁊ oier du feit	Pour entendre et oïr du fet,
Coment lour hoost se gouernoit	Coment lour hos se governoit.
En trewes qe la se fesoit	Entreus que ce la se fesoit,
ffuist li Roy de Nauarre pris	ffu li Roys de Navarre pris
2480 Par traison dont esbahis	Par traïson, dont esbahis 2480
ffuist li Prince ⁊ ses consiaux	ffu li Princes et ses consiaux.
Ore fuist Gouernour ⁊ Baus	Or fu governeres et baus
De tout la pais de Nauarre	De tout le païs de Navarre
Monſ Martyn de la Carre	Messire Martyns de la Carre.
2485 Par le conseil de la Roygne	Par le conseil de le Reïne, 2485
Qe de toutz biens auoir est digne	Qui de touz biens avoir est digne,
Vient au Prince | si li counta	Vint au Prince, si li conta
La prise ensement quele va	Le prise ensement qu'ele va,
Et li supplia a gardir	Et li supplia a garder
2490 La pais ⁊ la gouernir	Le païs et le governer. 2490
Le Prince grant meruaile en ot	Li Princes grant mervaille en ot
Quant il oy de mot en mot	Quant il oÿ de mot en mot,
Et respondi de bon guyse	Et respondi de bone guyse :

Line 2485 Roygne, *marginal correction* e.

Ie sui moult dolantz de la prise	'Je sui moult dolanz de le prise.
2495 Ore ne le puisse pas reauoir	Ore ne le puis pas ravoir,
Mais vous sauez bien tout pur voir	Mais vous savez bien, tout pour voir,
Trestout les meultz qe ie puisse faire	Trestout le mieulz que puisse faire
Cest qe me parte de sa terre	C'est que me parte de sa terre.
Sibien mavint | ce serra pur luy	Se bien m'avient, sera pour ly,
2500 Si dieu plest a tant qe pur moy	Se Dieu plest, autant que pour my.
Ie ne sai pluis quei conseiller	Je ne sai plus quoi conseillier.'
Lors comanda a apparailler	Lors comanda a appareillier
Loost pur partir le grant matyn	L'ost pour partir le grant matyn.
Dont pria monſ Martyn	Dont pria monseignour Martyn
2505 Qil li feisist guydes auoir	Qu'il li fesist guydes avoir ;
Et il le fist sachez pur voir	Et il le fist, sachez pour voir.
Lors passa le paas de Sarris	Lors passa le pas de Sarris
Qui mult fuist estroitz ẻ petitz	Qui moult fu estroiz et petiz —
Moult y soeffri li hoost de payne	Moult y souffri li os de payne —
2510 Et puis ceste chose bien certaine	Et puis, c'est chose bien certaine,
Pmy Espuke chimina	Parmy Espuke chemina ;
Mais poi de vieures y troua	Mais poi de vivres y trova
Pur son hoost tout pmy la terre	Pour son ost tout par my le terre,
Tant qil vint en sauue terre	Tant que il vint en Sauveterre.

f. 36ʳ **Coment le Prince oue son hoost est venuz en Espaigne ẻ se logea es villages pres de sauue terre ẻ quidoit auoir assaille la ville. mais se rendirent au Roy Petre | ẻ illoeqes soiourna le Prince vi. iours ẻ sez gentz feurēt a Naueret | ẻ espioient lost du Bastard ẻ prierent le chiualer du gaite de meisme lost le quel fust prisoner a monſ Simonde de Burelee | ẻ altres deux ou trois furent pris queux lour disoient la veritee del hoost du Bastarde ẻ eux ent manderent nouels au noble Prince.**

2515 Ore fuist loost venuz en Espaigne	Or fu l'os venue en Espaigne,
Qui lespandi p la champaigne	Qui s'espandi par le champaigne.
Pres de sauue terre es villages	Pres de Sauveterre es villages
Se logea lui noble baronages	Se logea li nobles barnages ;
La ville quidoit assailler	Le ville quidoit assaillir,

2520 Mais bien sachez sanz alenter	Mais bien sachiez, sanz alentir, 2520
Qe au Roy daun Petro se rendirent	Qu'au Roy dan Petro se rendirent
Touz aux tost li choiserent	Tout auxi tost que le choisirent.
Illoeqes soiourna .vi. iours	Illoecques sejourna vi jours
Lui Prince oue pais entours	Li Princes, ou païs entours;
2525 Entre ce iour ᴉ ce temps	Et entre ce jour et ce temps 2525
A Naueret feurent ses gents	A Naveret feurent ses gens,
Qe bien sauoient hors chiuachoient	Qui bien sovent hors chevauchoient
Et loost du Bastard espioient	Et l'ost du Bastart espioient,
Tant qil auient qe sur lour gait	Tant qu'il avint que sur lour gait
2530 Vn noet emprissent lour fait	Une noet emprissent lour fait: 2530
Tout a chiual en eux sefrirent	Tout a cheval en yaux se frirent
Et le Chiualer de gait prirent	Et le chevalier de gait prirent
Et des autres ou deux ou trois	Et des autres ou deux ou trois.
Lors prist a leuer lui esfrois	Lors prist a lever li esfrois.
2535 A monſ Simond de Burelee	A monsiour Simon de Burlee 2535
ffuist prisoner celle iournee	ffu prisoniers celle journee
Le Chiualer qe ie vous di	Li chevaliers que je vous di.
Lors se reuiendrent sanz detri	Lors se revinrent sanz detri
A Nauaret ou se logeoient	A Navaret ou se logeoient,
2540 Et p les prisoners qils auoient	Et par les prisoniers qu'avoient 2540
Sorent del hoost la veritee	Sorent del host le verite.
Et erranment lout au Prince mande	Erraument au Prince ont mande.

f. 36ᵛ

Coment le Bastarde se deslogea ᴉ si vient
encontre le Prince ᴉ Thomas de ffelton
ᴉ sez compaignouns se deslogierent de
Nauereit ᴉ chiuacherent deuant lost
du Bastarde pur espier pluis iustement
de lour fait | ᴉ venoient deuaunt Vitoire
ᴉ ent enuoierent nouelles au Prince ᴉ
le Prince vint deuaunt Vitoire | ᴉ le
Bastarde auxi vint | ᴉ se logea de lautre
lees de la montaigne | ᴉ le Prince est
venuz sur les champs | ᴉ illoeqes troua
sez chiualers ᴉ lour fist moult bon chier.

Et le Bastard sot dautre part	Et li Bastarz sot d'autre part
Les nouelles de lautre part	Les novelles de l'autre part,
2545 Et dist qil se deslogeroit	Et dist qu'il se deslogeroit 2545
Et qe a lencontre lour viendroit	Et qu'a l'encontre lour venroit.

Et quant Thoma de ffelletōn	Et quant Thomas de ffelleton
Le sot ⁊ tut son compaignon	Le sot et tout si compaignon,
De Naueret se deslogierent	De Naveret se deslogierent.
2550 Toutz iours deuant loost chiuachirent	Touz jours devant l'ost chevauchierent 2550
Pur reportier plus iustement	Pour raporter plus justement
Les nouelles certeinement	Les novelles certeinement.
Tant firent de lors demoeree	Tant furent dela demoure
Qe les Espaniards sount passe	Que li Espaignart sont passe
2555 Et bien auoient en memoire	Et bien avoient en memore 2555
Qils vindroient deuant Vitoire	Qu'il venroient devant Vitore,
Au lees p decea la montaigne	Au les par decea le montaigne.
Deuant Vitoire sur la plain	Devant Vitoire sur le plaine,
Sire Thomas de ffelletōn	Sire Thomas de ffelleton
2560 Se logea ⁊ son compaignōn	Se logea et si compaignon. 2560
Au Prince manderent la̦ fait	Au Prince manderent le fait
Tout ensi qils auoient fait	Tout ensi qu'il avoient fait.
Quant li Prince ad entendu	Quant li Princes a entendu
La chose tout ensi come el fu	Le chose, tout ensi com fu,
2565 Coment le Bastard vient tut droit	Coment li Bastarz vient tout droit 2565
A luy | qui combatre voilloit	A luy, qui combatre voloit,
Lors dist si me aide Ihū Cris	Lors dist: 'Si m'aide Jesus Cris,
Moult pest cils Bastard hardys	Moult par est cils Bastarz hardys.
Aloms vers li seigniour pur dieu	Alons vers li, seigniour, pour Dieu,
2570 Deuant Vitoire prendre lieu	Devant Vitoire prendre lieu.' 2570
Lendemain vient deuant Vitoire	L'endemain vint devant Vitore.
La nestoit pas veus en core	La n'estoit pas veüs encore
Lui Bastard ains fuist sur la playne	Li Bastarz, ains fu sur le playne
De lautre lees de la mountayne	De l'autre les de le montaigne.
f. 37ʳ Quant li prince fuist sur les champs	Quant li Princes fu sur les camps, 2575
2576 Qui moult estoit prus ⁊ vaillantz	Qui moult estoit preus et vaillanz,
Illoeqes troua ses chiualers	Illoec trova ses chevaliers;
Moult les ad veu voluntiers	Moult les a veüz volentiers,
Et si lour dist beux seigniours duse	Et se lour dist: 'Biaux seigniours dous,
2580 Plus de Cent foitz bien veignez vous	Plus de cent fois bien veigniez vous.' 2580

**Coment les courrours du Prince courroient
⁊ reporterent le fait des enemis ⁊ le
Prince fist sez gentz rengier ⁊ ordeigner
sez batailles ⁊ fist les ordeigner pur**

Line 2556 Vitoire, *the second* i *omitted and superscript.*
Line 2561 la̦, *marginal correction* e.

les baniers esploiter ⁊ plusours seigniours
⁊ altres feurent faitz chiualers.

Ensement come ils se deuisoient	Come ensement se devisoient
Les courreurs p̃ les champs ẽroient	Li coureur par les champs couroient,
Deuers le Prince resporterent	Deuers le Prince raporterent
	. . . . . .
2585 Les courreurs des enemys	Les coureeurs des enemys 2585
Anoient veu ce lour fuist auis	Avoient veüz, ce lour fu vis.
Adonqes est li hoost esmeue	Adonc est li hos esmeüe
Et trestout li hoost venue	Et trestoute li hos venue.
A larme y oist home criere	'A l'arme!' y oïst on crier.
2590 Li Prince fist ses gentz rengiere	Li Princes fist ses genz rengier 2590
Et ses batailles ordeignier	Et ses batailles ordener.
La se poot home regarder	La se pot on au regarder —
Cil qi rien ne countoit dedure	Cils qui rien n'i contoit — dedure,
Car home y pooit veoir relure	Car on y pooit veoir relure
2595 Or | fyn | asure ⁊ argent	Or fyn et asur et argent 2595
Et goules ⁊ sable ensement	Et goules et sable ensement,
Synnoble ⁊ purpre ⁊ hermyne	Synnoble et pourprē et hermyne ;
La eust maint banier fyne	La eut mainte baniere fyne
De soie ⁊ de sendal auxi	De soie et de sendal auxi,
2600 Car puis le temps qe ie vous dy	Car, puis le tamps que je vous dy, 2600
Si tresnoble chose a veoir	Si tres noble chose a veöir
Ne fuist a recorder le voir	Ne fu, a recorder le voir ;
La fuist lauantgarde ordeigne	La fu l'avantgarde ordenee
Tresnoblement a cel iourne	Tres noblement cele journee ;
2605 La veist home chiualers faire	La veïst on chevaliers faire 2605
Des esquiers de noble affaire	Des escuiers de noble affaire.
Le Roy Daun Petro Chiualer	Le Roy dan Petro, chevalier,
ffist le Prince trestut primer	ffist li Princes trestout premier,
Et Thomas de Holand apres	Et Thomas de Holande apres,
2610 Qui defaire armes estoit pres	Qui de faire armes estoit pres, 2610
Et puis Huon de Courtenay	Et puis Huon de Courtenay,
f. 37ᵛ Philipp ⁊ Peron qe bien say	Philippe et Peron, que bien say,
Johan Triuet Nicolas Bonde	Johan Trivet, Nicolas Bonde ;
Et li ducs oue toutz biens abonde	Et li ducs, ou touz biens abonde,
2615 ffist Chiualer Raoul Cammois	ffist chevalier Raoul Cammois, 2615
Qui fuist beux en faitz ⁊ curtois	Qui fu biaux en faiz et courtois,
Et Gautier Vrsewik auxi	Et Gautier Ursewik auxi,
Et puis Thomas Dauirmetri	Et puis Thomas d'Auvirmetri

Line 2584, *no blank space in the MS.; at line* 2585 *is a marginal note*: deficฬ. hic.

Monſr Iohan de Grendon̄	Et monseignour Johan de Grendon.
2620 La eustst XII. ou enuiron̄	La en fist xii. ou environ 2620
Ly noble ducs ⁊ redoutez	Ly nobles ducs et redoutez,
Qui bien doit estre renomez	Qui bien doit estre renomez.
Et bien sachez tut entre fait	Et bien sachiez, tout entresait,
La eust maint bon Chiualer fait	La eut maint bon chevalier fait
2625 Dount ie nesay les nouns nosmer	Dont je ne say le non nomer ; 2625
Mais a ceo qe iay oi countier	Mais a ce que j'oï conter,
Ly Prince ouesqȝ ses gentz	Ly Princes avoecques ses genz
Enfist ce iour plus de deux Cents	En fist ce jour plus de deux cenz.

**Coment loost du noble Prince fuist
rengie en attendant la bataille |
mais ne pleust a deu qe les enemys
venissent mye celle iour | ca le rere-
garde del hoost du dit Prince fuist
derere p̄ vii . leuges du pais | ⁊ a vespres
loost du dit Prince se logea | ⁊ fuist
criez qe lendemain touz se retournerent
a ceste playne | ⁊ qe chescune s̓roit s̓ sa garde.**

A quoi fair vous mentiroie	A quoi faire vous mentiroie
2630 Et la matiere alongeroie	Et le matere alongeroie ? 2630
Rengiez feurent la tout iour	Rengie feurent la tout jour
Et prest pur attendre lestour	Et prest pour attendre l'estour ;
Mais ne plust pas au filtz marie	Mais ne pleut pas au filz Marie
Qe cely iour venissent mye	Que cely jour venissent mye
2635 Les enemys	car p̄ seint piere	Li enemy, car, par seint Piere, 2635
La reregarde fuist derere	L'arieregarde fu deriere
Pluis de vii leuges du pais	Plus de vii lieuwes du païs :
Dount lui Prince fuist mlt maris	Dont li Princes fu moult maris.
A vespres salarent logier	A vespres s'alarent logier.
2640 Adonqes fist le Prince crier	Adonc fist li Princes crier 2640
Qe chescun droit en cely playn	Que chescuns, droit en cely playn,
Retournast droit a lendemain	Retournast, droit a l'endemain,
Et nult se passast lauant garde	Et nuls ne passast l'avant garde,
Et qe chescun fuist sur son garde	Et que chescuns fust sur sa garde
Et se logeast oue sa baniere	Et se logeast ou sa baniere ; 2645
2646 Mais p̄ la foi qe ie doi a seint piere	Mais, par le foi que doi seint Piere,

Lines 2643 and 2644 are transposed in the MS.

82 THE BLACK PRINCE

Monſ Thomas de ffelletōn	Sire Thomas de ffelleton
Et Gwilliam son compaignōn	Et Guilliaumes ses compaignon
Plus de ii leuges du pais	Plus de ii lieuwes du païs
2650 Senala logier moy fuist auis	S'en ala logier, moy fu vis. 2650

**Coment le Counte Dantille frere au
Bastard demanda conge de chiuacher pur
espier ⁊ reporter le fait del hoost du Prince
le quel auoit conge ⁊ sen chiuacha sur celle
fait ⁊ plusours seigniours ⁊ autres a le
noumbre de vj · Mill · en sa compaignie.**

Ore est bien temps qe ie vous counte	Ore est bien tamps que je vous conte
De Dantille le noble Counte	De dan Tille, le noble conte,
Qui appella disant ensi	Qui appella, disant ensi,
Son frere le Bastard henri	Son frere le Bastart Henri:
2655 Sire fit il ore mescoutez	'Sire,' fit il, 'or m'escoutez. 2655
Il est bien voir come vous sauez	Il est bien voir, com vous savez
Tout de verray qe n̄re enemy	Tout de vray, que nostre enemy
Sont logez assez pres de cy	Sont logie assez pres de cy,
Et pur ytant si vous voilliez	Et pour ytant, se vous volez,
2660 Et le conge vous men dourez	Et le congie vous m'en donez, 2660
Le matinent chiuacheray	Le matinet chevaucheray
Et le verray vous reporteray	Et le vrai vous raporteray
Des enemis coment ils font	Des enemis, coment il font.'
Ly Bastard errantz li respont	Ly Bastarz errant li respont
2665 Qe a ceo faire bien sacordoit	Qu'a ce faire bien s'acordoit 2665
Et qen sa compaignie irroit	Et qu'en sa compaignie iroit
Saulez lequel estoit son frere	Sanses, liqueux estoit ses frere,
Et si irroit cest chose clere	Et si iroit, c'est chose clere,
Dodenhem le bon marchall	D'Odenhem, le bon mareschal.
2670 A · vi · mill homes a chiuall	A .vi. mille homes a cheval 2670
Serroit fait la Chiuachie	Seroit faite le chevauchïe:
Ensi fuist la chose establie	Ensi fu le chose establïe.
Mesſ Bartrem yfuist alez	Sire Bartrems y fust alez,
De Claykyn mais armez	De Clayekyn; mais arivez
2675 Estoit celi iour ce dist hom	Estoit celi jour, ce dist on, 2675
Car tout droit venoit Daragon	Car tout droit venoit d'Aragon.
Ensi fuist compris lour atres	Ensi fu compris lour atres.
Durement manacent les Engleis	Durement manacent Engleis,

Disantz qe p lour grant outrage	Disant que par lour grant outrage
2680 Les ferroient morir a hountage	Les feroient morir a hontage.

Coment le Counte Dantilles oue sez gents sen est approches al hoost du Prince ⁊ primerment encontra a monſ Hugh de Caluelee ⁊ fist grant damage as englois | ⁊ eussement fortement suppris. lauant garde si neust estee li noble duc de Lancastre.

Ore voille dieux eider le droit	Or voeille Dieux eidier le droit !
Et li Prince logiez estoit	Et li Princes logiez estoit
Deuant Vitoire ⁊ Enuiron	Devant Vitoire ; et environ
Ne auoit borde ne maison	N'y avoit borde ne maison
2685 Qe tout ne fuist de sa gent plaine	Que tout ne fust de sa gent plaine.
Mais ce est bien chose certeine	Mais, ce est bien chose certeine,
Le Prince ne se gardoit mie	Li Princes ne se gardoit mie
Lendemain de la chiuachie	L'endemain de le chevauchie
Qe Dantilles li apprestoit	Que dans Tilles li apprestoit ;
2690 Car sachez qe pas ne dormoit	Car sachiez que pas ne dormoit,
A la my noet se leua	A le mye noet se leva,
Le pluis grant chimyn chiuacha	Le plus grant chemyn chevaucha
Tut droit contremont la montaigne	Tout droit contremont le montaigne,
Tant qil amesna sa compaigne	Tant qu'il amena sa compaigne
2695 Tut contrevale vn vallee	Tout contreval une vallee.
Primer Huon de Caluelee	Premiers Huon de Calvelee
Encontra	qi se deslogeoit	Encontra, qui se deslogeoit,
Qui deuers le Prince venoit	Qui devers le Prince venoit.
Ses somers ⁊ son coriage	Ses somiers et son cariage
2700 ffirent les courreurs gnt damage	ffirent li coureur grant damage,
Dont monta la noise ⁊ li cries	Dont monta le noise et li cris ;
Et les courreurs p les logiez	Et li coureur par les logiz
Courroien aval ⁊ a mont	Couroient aval et amont ;
En lour litz maintz tuez sont	Enz en lour liz maint tue sont.
2705 La eust estee si dieux me garde	La eust este, se Dieux me garde,
ffortment supprise lauant garde	ffortment souprise l'avantgarde,
Si neust estee li ffranks ducs	Se n'euïst este li frans ducs
De Lancastre plein des vertuz	De Lancastre, pleins de vertuz ;
Car si tost qil oy le cry	Car si tost qu'il oÿ le cry,
2710 Hors de son logement sailly	Hors de son logement sailly
Et prist pas sur la montaigne	Et prist pas desur le montaigne.

Line 2702 courreurs, r *before* s *omitted and superscript.*

La se relia sa compaigne	La se ralia sa compaigne
Et toutz les autres qe meulz ⁊ meulz	Et tout li autre, que mieulz mieulz ;
Et si dist home si meide dieux	Et se dist on, se m'eide Dieux,
2715 Qe Espainardz se quidoient prendre	Qu'Espaignart se quidoient prendre 2715
Celle montaigne a voir entendre	Celle montaigne, au voir entendre ;
f. 39ʳ Mais au duc ⁊ a sa banier	Mais au duc et a sa baniere
Sasemblerent a lye chier	S'asamblerent a lye chiere
Toutz les baniers del hoos	Toutes les banieres del hos.
2720 La venoient le Prince ⁊ Chaundos	La vint li Princes et Chandos 2720
Et la fuist lui hoost ordeignee	Et la fu li hos ordenee ;
La veissez sanz demoeree	La veïssiez sanz demoeree
Les courreurs rebater p force	Les coureurs rebatre par force.
Chescun de bien faire senforce	Chescuns de bien faire s'esforce.

**Coment le gⁿt bataille de Espaignardes
cheuecha ⁊ encontrerent ffeltōn ⁊ plusours
chiualers ⁊ altres esteantz sur vne mountaigne
⁊ monſ Guillers de ffeltōn se fry entre les
enemys come chiualer corageous | ⁊ si occist
moult chiualrousement vn Espaignard ⁊
si combatist moult vaillantment | ⁊ les
enemys iettoient launces ⁊ dartes tant
qils tuerent son chiual desouth ly | ⁊ au
derrein le tresnoble chiualer fuist occis.**

2725 Lors chiuacha le grant bataille	Lors chevaucha le grant bataille 2725
Des Espaignardz sachez sanz faille	Des Espaignarz, sachiez sanz faille ;
Si ont encontrez ffelletōn	Si ont encontre ffelleton
Et monſ Richard Tauntōn	Et monseignour Richard Taunton,
Degory says Raoul de Hastynges	Degorysays, Raoul de Hastynges
2730 Qi la mort ne counte a ij. gynges	Qui le mort ne conte a ii guignes, 2730
Et monſ Gaillard Beguer	Et monseignour Gaillard Beguer
Et maint bon vaillant Chiualer	Et maint bon, vaillant chevalier :
Bien estoient Cent combatantz	Bien estoient cent combatant
Ensemble quei petitz quei gⁿtz	Ensamble, que petit que grant.
2735 Sur vne petit montaigne	Sur une petite montaigne 2735
La allierent lour compaigne	La rallierent lour compaigne ;
Mais monſ Guillers li prus	Mais sire Guilliaumes, li preus,
Moult hardis ⁊ moult corageus	Moult hardis et moult corageus,
Se fri entre les enemys	Se fri entre les enemys

2740 Come home sanz sens ⁊ sanz auis	Com hom sanz sens et sanz avis, 2740
A Chiuaℓt la lance baissie	A cheval, le lance baissië.
Amont sur la trage florie	Amont sur le targe florie
Vn Espaignard ala ferir	Un Espaignart ala ferir,
Qe tout p my le coer sentier	Que tout par my le coer sentir
2745 Lui fist le feer trenchant dascier	Lui fist le fier trenchant d'acier; 2745
Ius a la terre tresbuschier	Jus a le terre tresbuchier
Le fist venant tut la gent	Le fist, veiant toute le gent.
Come home plein de grant hardiement	Come hom pleins de grant hardement
f. 89ᵛ Lors curroit sus traite lespee	Lor couroit sus, l'espee traite,
2750 Et Castillains p lour poestee	Et Castillain par lour poeste 2750
Lui suirent sur les tutes parz	Le suirent sur toutes parz,
Et li iettoient launces ⁊ dartz	Et li jettoient lances et darz.
Son chiual ont desoubz li mort	Son cheval ont desoubz li mort;
Mais a pee se defendoit fort	Mais a pie se defendoit fort,
2755 Come home qui ot coer de lion	Come hom qui ot coer de lion, 2755
Monſr Guilles de ffeltōn	Sire Guilliaumes de ffelton;
Mais sa defence poy vailly	Mais sa defense poy valli,
Car mort fuist dieux en eit mercy	Car morz fu: Dieux en eit mercy!

**Coment les Espaignardes entoure le nombre
de vi. Miℓl assaillerent moult fortement les
englois qe ne furent mye a le noumbre de C.
esteauntz sur vne mountaigne | ⁊ les englois
combatoient moult noblement
Mais au derrein per graund
force ils furent pris ⁊ amesnez
deuers le Bastarde Henry.**

Et les autres ensemble se mirent	Et li autre ensamble se mirent
2760 Sur vn montaigne qils prirent	Sur une montaigne qu'il prirent; 2760
La lour fesoient maint estour	La lour fesoient maint estour
Les Espaignardz qe sanz soiour	Li Espaignart, qui sanz sejour
Mult durement les assailloient	Moult durement les assailloient
Et lances ⁊ dartes lour lachoient	Et lances et dars lour lanchoient
2765 Et fors Archigais esmelluz	Et fors archigais esmeluz. 2765
Et cils qui mult eurent vertus	Et cil qui moult eurent vertus,
Come gent de Hardi corage	Come genz de hardi corage,
Lour moustroient lour vesselage	Lour moustroient lour vasselage;
Car pluis de Cent foitz celi iour	Car plus de cent fois celi jour
2770 Saualerent sanz nuℓt soiour	S'avalerent, sanz nul sejour, 2770
Les glaiues trenchantes en lour mains	Les glaives trenchans en lour mains,

Et p̄ fors soiez certeins	Et par force, soiez certeins,
Ils les fesoient reculer	Il les fesoient reculer ;
Ne ia ne les poist greuer	Ne ja ne les peussent grever
2775 Li Castelain si dieux me garde	Li Castelain, se Dieux me gart, 2775
Ne p̄ gettir de launce ne darte	Par geter de lance ne dart,
Ne feussent ffrancs ⁊ Bretoñ	Ne feussent ffrancois et Breton,
Normand ǀ Pycard ⁊ Burguynoñ	Normant, Pycart et Bourguygnon
Qui y suruiendrent p̄ vn val	Qui y survinrent par un val
2780 Et dondenham le Mareschall	Ou d'Oudenham le Mareschal 2780
Et monsǝ Iohan de Noefville	Et monseignour Jehan de Noefville :
Cils estoient ensemble Mille	Cil estoient ensamble mille.
f. 40ʳ Tout auxi tost come ils les virent	Tout auxi tost come il les virent
Tut a pee maintenant se mirent	Tout a pie maintenant se mirent.
2785 Englois ⁊ Gascoigne bien veoient	Englois et Gascon bien veöient 2785
Qe la plus durer ne pooient	Que la plus durer ne pooient,
Car ils nauoient null socours	Car il n'avoient nul socours,
Et ffrancois plus tost qe le cours	Et ffrancois plus tost que le cours
Les viendrent a pee assailler	Les vinrent a pie assaillir ;
2790 Et les autres sanz alentier	Et li autre sanz alentir 2790
Se defendoient fierment	Se defendoient fierement :
Mais ils ne furent my Cent	Mais il ne furent mye cent
Encontre pluis de vj. Milliers	Encontre plus de vi milliers.
Et la fesoient Chiualers	Et la s'esprovoient chevaliers
2795 Et la fesoient darmes tant	Et la fesoient d'armes tant 2795
Qe vnqes Olyuer ne Roland	Qu'onques Olyvier ne Rolant
Ne pooient vnqes pluis darmes faire	Ne pooient onc plus d'armes faire,
Ensi come iay oy retraire	Ensi com j'ay oÿ retraire ;
Mais lour defense poy vaille	Mais lour defense poy valli,
2800 Car par grant force il lour failly	Car, par grant force, il lour failly 2800
Qils se rendissent prisoner	Qu'il se rendissent prisonier.
La furent pris a voir iuger	La furent pris, au voir jugier,
Hastynges ⁊ Degory says	Hastynges et Degorysays,
Gaillard Beguer qui fuist p̄faitz	Gaillarz Beguer, qui fu parfaiz,
2805 Les trois freres de ffelletoñ	Li troi frere de ffelleton ; 2805
Ouesꝗ ly Richard Tauntoñ	Avoecques lor Richarz Taunton,
Mitton ⁊ des autres assetz	Mitton et des autres assez,
Dount ie ne say pas les nouns nosmez	Dont je n'ay pas les nons nomez,
En ce point feurent ce iour pris	En ce point feurent ce jour pris :
2810 Dount moult fuist li Prince maris	Dont moult fu li Princes maris. 2810
Mais ils quidoit certainement	Mais il quidoit certainement
Qe tut li hoost p̄prement	Que toute li hos proprement

THE BLACK PRINCE

ffuist deuale outre le paas	ffu devalee outre le pas,
Et pur ce ne voilloit il paas	Et pour ce ne voloit il pas
2815 Son host densemble departir	Son host d'ensemble departir ; 2815
Car il fuist alez socourer	Car il fust alez socourir
Ses autres gentz si ceo ne feust	Ses autres genz, se ce ne feust,
Car mult bien faire le deust	Car moult bien faire le deüst :
Mais il ne fuist my ensi fait	Mais il ne fu mye ensi fait.
2820 Et cils qe eurent fait lour fait	Et cil qui eurent fait lour fait, 2820
Auxi tantost qe home lour counta	Auxi tantost qu'on lour conta
Qe le Prince fuist pres de la	Que li Princes fu pres de la,
Pluis tost qils purroient se partirent	Plus tost qu'il peurent se partirent
Et a eux retourner se mirent	Et a iaux retourner se mirent.
f. 40ᵛ Les prisoners ouesqʒ eux maynent	Les prisoniers avoec iaux maynent 2825
2826 Et mult durement les demaynent	Et moult durement les demaynent.

Coment le Bastarde fist ảnt ioie de la reuenue
du Counte Dantilles | ⁊ de les autres ⁊ de la
prise des englois ⁊ fortement manacea
le Prince ⁊ sez gentz | ⁊ coment il
feust conseillez au Bastarde pur
destruiere les englois | ⁊ le Prince
oue sez gentes fuist deuaunt Vitoire
tout dis en attendaunt la bataille.

Au retourner lour fist grant ioie	Au retourner lour fist grant joie
Li Bastard Henri si dieux mauoye	Li Roys Henri, se Dieux m'avoye,
Et lour dist bien soiez venuz	Et lour dist : 'Bien soiez venuz,
2830 Beaux seigniours bie vous sui tenuz	Biaux seigniours, bien vous sui tenuz,' 2830
Et puis disoit p motz expres	Et puis disoit par moz expres :
Toutz les autres viendront apres	'Tout li autre venront apres.
Mais me quide ma terre toller	Mar quide ma terre tolir
Li Prince ⁊ moy assailler	Li Princes et moy assailir :
2835 Pur ytant li ferray sauoir	Pour ytant li ferai savoir 2835
Qe grant couetise dauoir	Que grant coveitise d'avoir
Li ad fait ceste voiage emprendre	Li a fait cest voiage emprendre.
Qui prisoner li purroit prendre	Qui prisonier le pourroit prendre
Tant li dourroie dargen ⁊ dor	Tant li dourroi d'argen et d'or
2840 Qe faire en purroit vn tresor	Que faire en pourroit un tresor.' 2840

Line 2815 densemble, d *omitted and superscript.*
Line 2817, fuist *corrected into* feust.

Quant li mareschalt lentendi	Quant li mareschaux l'entendi,
Moult doulcement li dist ensi	Moult doulcement li dist ensi :
Sire dist il quei ditz vous	'Sire,' dist il, 'quoi ditez vous ?
En coer nauez vous pas toutz	Encore n'avez vous pas touz
2845 Les bons Chiualers desconfitz	Les bons chevaliers desconfiz. 2845
Mais bien soiez certains ⁊ fis	Mais bien soiez certains et fis,
Quant a ceux vous combateretz	Quant a ciaux vous combaterez,
Qe gentz darmes vous les troueretz	Que genz d'armes les troverez.
Mais si bon conseilt voillez croiere	Mais, se bon conseil volez croire,
2850 Vous le purrez ceste chose voiere	Vous les pourrez, c'est chose voire, 2850
Bien desconfire sanz coup ferir	Bien desconfir sanz coup ferir,
Si vous voillez faire tenir	Se vous volez faire tenir
Le paas | ou ils doient passer	Le pas ou il doient passer
Et bien v̄rē Hoost faire garder	Et bien vostre host faire garder ;
2855 Si ne lour facez ia bataille	Se ne lour faites ja bataille, 2855
Par grant faute de vitaille	Par grande faute de vitaille
Le varrez despaigne partir	Les verrez d'Espaigne partir
Ou de fayme les verrez morir	Ou de faym les verrez mourir.'
Ensi fust conseillez li Roys	Ensi fu conseilliez li Roys
2860 Bastard | du conseil des ffrancois	Bastarz, du conseil des ffrancois. 2860
Et li Prince deuant Vitoire	Et li Princes devant Vitore
ffuist rengiez sur les champs encore	ffu rengiez sur les camps encore,
Qui tutdis illoeqes attendoit	Qui touz dis illoec attendoit
Si le Bastard descenderoit	Se li Bastarz descenderoit,
2865 Ses batailles toutz rengiez	Ses batailles toutes rengiëz 2865
Et ses baniers desploiez	Et ses banieres desploiiëz.
Sur les cha͞mps soi logea la nuyt	Sur les camps se logea le nuyt.
La nauoit pas grant deduit	La n'avoit pas trop grant deduit,
Car maint y ot p seint Martyn	Car mainz y ot, par seint Martyn,
2870 Qui nauoient ne pain ne vin	Qui n'avoient ne pain ne vin. 2870
Pas ne fuist trop bons li soiour	Pas ne fu trop bons li sojours,
Car souent y auoit estour	Car sovent y avoit estours
Et escarmuches de geneteurs	Et scarmouches de geneteurs ;
Et des Englois y ot plusours	Et des englois y ot pluseurs
2875 Et des vns ⁊ des autres mortz	Et des uns et des autres morz. 2875
Moult pfuyt le temps lays ⁊ hors	Moult par fu li tamps lays et ors
Et de pluuie ⁊ de vent auxi	Ou de plueve et de vent auxi.
Seigniour cel temps qe ie vous dy	Seigniour, cel tamps que je vous dy,

Du temps quant ces choses p̄ deuant escriptz furent faitz. ⁊ coment le Prince se deslogea ⁊ chimina pmye Nauarre ⁊ passa le paas de la garde ⁊ vient a viane ⁊ illoeqes se logea ⁊ apres ce passa le pont de la Groygne | ⁊ se logea deuant le Groȳgn es vergiers. Et le Bastarde retourna de seint Vincent ⁊ se logea sur la Ryuer deuaunt Naddres ⁊ le Prince trasmist au dit Bastarde vne letter.

Ce fut en Marce ne doutez mye	Ce fu en Mars, n'en doutez mye,
2880 Qe souent pluit vente ⁊ niuie	Que souvent pleut, vente et nivie — 2880
Vnqes ne fut plus malueis temps	Onques ne fu plus mauveis tamps —
Et le Prince fuist sur les champs	Et li Princes fu sur les camps
Ou moult fauoit soeffrir des malx	Ou moult falloit souffrir des malx
Pur gentz darmes ⁊ pur chiualx	Pour genz d'armes et pour chevalx.
2885 Et le lunedi se dislogea	Et le lundi se deslogea 2885
Li Prince ⁊ sachimina	Li Princes et s'achemina ;
P̄my Nauerre est retournez	Parmy Naverre est retournez ;
Vn paas passa qui appellez	Un pas passa qui appellez
ffut p̄ noun le paas de la garde	ffu par non le pas de la Garde.
2890 Tant chimina si dieux me garde	Tant chemina, se Dieux me garde, 2890
Qa Viane logier se vient	Qu'a Viane logier se vint ;
Et apres ce moult tost auyent	Et apres ce moult tost avynt
f. 41ᵛ Qil passa le pont de la Groyng	Que il passa le pont du Groyng.
Li Prince qui moult ad grant seyng	Li Princes, qui moult a grant soyng
2895 Et desirer de la bataille	Et desirier de le bataille, 2895
Celi iour se logea sanz faille	Celi jour se logea, sanz faille,
Deuant le Groyng eins es vergiers	Devant le Groyng ens es vergiers
Et p̄desoubz les Olyuiers	Et par desoubz les olyviers.
Et le Roy Bastard p̄ espie	Et li Rois Bastarz par espie
2900 Scieut qe loost du Prince est logie	Sceut que l'os du Prince est logië 2900
Deuant la Groyng eins es gardyns	Devant le Groyng ens es gardyns.
Lors naresta soirs ne matins	Lors n'aresta soirs ne matins ;
De seint Vincent retourna arere	De Seint Vincent tourna ariere
Et se logea sur la Riuere	Et se logea sur le riviere
2905 Desoubz Naddres, en vne Vyne noble	Desoubz Naddres en un vignoble : 2905
Beal hoost auoit puissant ⁊ noble	Bele host avoit puissant et noble.
Li Prince adonqes li tramist	Li Princes adonc li tramist
Vne lr̄e qui ensi dist	Une lettre qui ensi dist :—

Coment le Prince tramist au Bastard sez lres responsales sur la tenure cy ensuant

Trespuissant ⁊ treshoñez	'Tres puissanz et tres honourez
2910 Henry ǀ qestes clamez	Henris, qui ducs estes clamez 2910
Duc de Tristemare ǀ et autrement	De Tristemare et autrement
Sappelle pur le temps present	S'appelle pour le tamps present
En ses lres ǀ Roy de Castielle	En ses lettres Roys de Castelle.
Bien auom oy la nouelle	Bien avons oÿ le novelle
2915 De voz nobles lres presentes	De voz nobles lettres presenz, 2915
Qe sount graciousez ⁊ gentz	Qui sont gracieuses et genz,
De queux le tenó est pur voir	Des queux le tenour est pour voir
Qe voluntiers vouldroiez sauoir	Que volentiers vourriez savoir
Pur quoi nous sumes alliez	Pour quoi nous somes allië
2920 Et de ñre foy fiances	Et de nostre foy fiancie 2920
Ouesq̛ le vre enymy	Avoecques le vostre enemy,
Quel nous tiegnons pur ñre amy	Que nous tenons pour nostre amy.
Sachez qe nous le denous faire	Sachiez que nous le devons faire
Pur les alliances pfaire	Pour les alliances parfaire,
2925 Queux ont estee du temps passee	Qui ont este du tamps passe, 2925
Et pur amour ⁊ pur pitee	Et pour amour et pour pite
Et pur droiture sustiner	Et pour droiture soustenir ;
Car vous deueroiez bien senter	Car vous deveriez bien sentir
En vre coer ǀ qe ce nest pas droitz	En vo coer que ce n'est pas droiz
2930 Qun Bastard deust estre Roys	Qu'uns Bastarz deuïst estre Roys 2930
Pur vn droit heir desheriter	Pour un droit hoir desheriter :
Null home ne se deit accorder	Nuls hom ne s'y doit accorder
f. 42ʳ Qui soit de loial mariage	Qui soit de loial mariage.
Dun autre point vous faceoms sage	D'un autre point vous faisons sage,
2935 Qe pur ce qe home vous prise tant	Que, pour ce qu'on vous prise tant 2935
Et qe home vous tient pur si vaillant	Et qu'on vous tient pour si vaillant,
Si accorder vous ambedeux purroie	S'accorder vous ansdeux pooie,
Moult voluntiers menpeneroye	Moult volentiers m'en peneroye
Et ferroi tant de ma part	Et feroie tant de ma part
2940 Qen Castille auerez grant part	Qu'en Castille averiez grant part ; 2940
Mais raison ⁊ droit si se donne	Mais raisons et droiz si s'adonne
Qe lesser vous faut la corone	Que lessier vous faut le corone,
Et ensi se purroit nurrir	Et ensi se pourroit nourrir
Bon paix entre vous sanz mentir	Bone pais entr'ous, sanz mentir.
2945 Et quant del entre en Espaigne	Et quant de l'entree en Espaigne 2945

Sachez qe moy ⁊ ma compaigne	Sachiez que moy et ma compaigne,
Ouesqȝ l'eide de dieu	Avoecques l'aïde de Dieu,
Y entreroms p le quel lieu	Y entrerons par lequel lieu
Qe nous y plerra a entrer	Que nous y plera a entrer,
2950 Sanz nult conge demander	Sanz nulli congie demander.' 2950

Coment vn haraud porta les lr̄es du Prince ⁊
les presenta au Bastarde | ⁊ le Bastarde sur ce
demaunda son conseille ⁊ chescune ent disoit
son auis ⁊ surce firent lo͞r ordinance encontre le Pr̄nce.

Ensi fut la lr̄e dictee	Ensi fut le lettre dictee
Et puis apres fut seallee	Et puis apres fu saïelee.
Et la baillerent a vn heraud	Le baillierent a un heraut,
Qui ot le coer ioiant ⁊ baud	Qui ot le coer joiant et baut,
2955 Et moult demenoit grantz reueaux	Et moult demenoit granz reviaux, 2955
Car ho͞me li dona beaux ioiaux	Car on li dona biaux joiaux,
Robes dermyn | manteaux furrez	Robes d'ermyn, mantiaux fourrez;
Et lors ne sest pluis arrestez	Et lors ne s'est plus arestez.
Congie prist ⁊ sen departi	Congie prist et s'en departi;
2960 Vers son Meistre le Roy henri	Vers son meistre, le Roy Henri, 2960
Vient | ⁊ la lr̄e li dona	Vint, et le lettre li dona.
Le Bastard quant il la regarda	Li Bastarz quant il le garda
E auoit apperceu la voluntee	Et apperceut le volente
Qe le Prince li ad mandee	Que li Princes li a mande,
2965 Bien sciet qe moult ot de vaillance	Bien sceut que moult ot de vaillance; 2965
Et sanz plus faire demorance	Et sanz plus faire demourance
Appella son conseil ensemble	Appella son conseil ensamble
Et demanda qei vous ent semble	Et demanda: 'Quoi vous en samble
De tout ceo conseilt bon affaire	De tout ce conseil bon affaire?'
2970 Chescun ent disoit son affaire	Chescuns en disoit son affaire. 2970
Monsʳ Bartrem de Claykyn	Messires Bartrems de Claykyn,
Qui ot le coer hardi ⁊ fin	Qui ot le coer hardi et fin,
Li dit seigniour ne vous doutz	Li dit: 'Sire, ne vous doutz,
Car temprement combaterez	Car temprement combaterez.
2975 Mais cognoissez le grant pooir	Mal cognissiez le grant pooir 2975
Qe li Prince mayne pur voir	Que li Princes mayne, pour voir.
La est floure de chiualrie	La est flour de chevalerie,
La est floure de Bachelrie	La est flour de bachelerie,
La sont les meillours combatantz	La sont li meillour combatant
2980 Qe soient en monde viuantz	Qui soient eu monde vivant, 2980

Siq̃ vous auez bien mestier	Sique vous avez bien mestier
Qe vous facez apparailler	Que vous faciez apparaillier
Voz gentz | ⁊ mettre en ordinance	Voz genz et mettre en ordenance.'
Daun Bartrem ne aiez dotance	'Dan Bartrem, n'en aiez doutance,'
2985 Respondi li Bastard Henris	Respondi li Bastarz Henris, 2985
Car iauerai ie su tut fis	'Car j'averai, j'en sui touz fis,
Bien .iiii. miłł chiualx armez	Bien .iiii. mil chevalx armez
Qui serront sur les deux costez	Qui seront sur les deux costez
Des deux eeles de ma bataille	Des deux eles de ma bataille,
2990 Et si verrez sachez sanz faille	Et se verrez, sachiez sanz faille, 2990
Bien quatre miłł genetours	Bien quatre mille genetours ;
Et des gentz darmes des meillours	Et des genz d'armes, des meillours
Qe home poet trouer p̃ tut Espaigne	Qu'on poet trouver par toute Espaigne,
Aueray deux miłł en ma compaigne	Avray deux mille en ma compaigne ;
2995 Et si puisse auoir si saches	Et se puis avoir, si sachies, 2995
Cinquant miłł hōmes a peedz	Cinquante mille homes a piez
Et des arblastiers vj. miłł	Et des arbalastiers vi. mille.
Entreci iesqes a ce viłł	Entreci jusques a Seville,
Ne demoere frank ne villeyn	Ne demeurent franc ne villeyn,
3000 Touz sont de moi aider certeyn	Tout sont de moi aidier certeyn, 3000
Et si me ont p̱mis p̃ lour foi	Et se m'ont promis par lour foi
Qe touz iours me tiendront p̃ Roi	Que touz jours me tenront pour roi,
Siq̃ ie nay mie paour	Sique je n'ay mie paöur
Qe ie nen ay le meliour	Que je n'en aye le meillour.'
3005 Ensi deuiserent la nuit	Ensi deviserent le nuit 3005
En grant ioie ⁊ en grant deduit	En grant joie et en grant deduit.

Coment le Prince se deslogea deuant la Groigñ vn matine ⁊ sez gentz rengiez cel iour chiuacha deux leuges \| ⁊ quidoit bien celui iour auoir la bataille ⁊ enuoia sez courrours pur reportier la veritee del hoost du Bastarde Henry qe fuist logiee a Naueret \| ⁊ les deux hostes adonqes deux leuges d'ensemble.

f. 43ʳ

Et lui Prince naresta mye	Et li Princes n'aresta mye ;
Lendemain a laube esclarie	L'endemain, a l'aube esclarie,
De deuant la Groigñ des logicz	De devant le Groign deslogiez
3010 Sest qe rien nest atargiez	S'est, que rien nest atargiez. 3010

Line 2990 omitted by the scribe and inserted after line 3006

En droit bataille ordeignee	En droite bataille ordenee
Chiuacha cell matinee	Chevaucha celle matinee,
Et rengist si ioliement	Rengië si joliëment
Qe vnqes ne vist si noble gent	Qu'onques ne vit si noble gent
3015 Null home puis qe ihu nasqui	Nuls hom, puis que Jesus nasqui. 3015
Celi iour fuist le vendredi	Celi jour fu le vendredi.
Deux lenges chiuacha cel iour	Deux lieuwes chevaucha cel jour
Le Prince sanz prendre soiour	Li Princes, sanz prendre sojour,
Et bien quidoit sachez pur voir	Et bien quidoit, sachiez pour voir,
3020 Celi iour la bataille auoir	Celi jour le bataille avoir. 3020
Sez courreurs enuoia p tout	Ses coureurs envoia par tout,
Les queux se travaillerent moult	Liquel se travaillierent moult
Pur la verite reporter	Pour le verite raporter ;
Mais au veritee recorder	Mais, a verite recorder,
3025 De lautre hoost vinrent la conuine	De l'autre host virent le couvine 3025
Et pceurent qen ce termine	Et perceurent qu'en ce termine
ffuist logiez desur la Riuere	ffurent logie sur le riviere
Pres de Naddres en la biuere	Pres de Naddres, en le bruiere,
En les vergiers et en les champs	Enz es vergiers et enz es camps —
3030 Moult pestoit lour hoost puissantz	Moult par estoit lour hos puissanz — 3030
Et de rien semblant ne fesissent	Et que de rien semblant ne fissent
Qe cel iour chiuacher deussent	Que cel jour chevauchier deüssent.
Au Prince erraument reporterent	Au Prince erraument raporterent
De loost | ensi qils trouerent	De l'ost ensi qu'il le troverent,
3035 Qi se·logea a Naueret	Qui se logea a Naveret. 3035
La ou home tout entre set	La oï on tout entreset
Lordenance de la bataille	L'ordenance de le bataille.
Ore feurent si sachez sanz faille	Or feurent, si sachiez sanz faille,
A deux lenges pres densemble	A deux lieuwes pres, ensamble
3040 Les hoostz logiez come moi semble	Les oz logiëz, com moi samble. 3040
Cel noet chescon sur son garde	Cele noet chescuns sur sa garde
Estoit | et de li se prent garde	Estoit et de li se prent garde,
Et si coucherent tout armee	Et se couchierent tout arme ;
Et deuant qil fut ad iourne	Et devant qu'il fust ajorne
3045 Tramist le Bastard Henri espies	Tramist li Rois Henris espies 3045
Vers les Englois en plusours parties	Vers Englois en plusours parties
Pur sauoir lour des logement	Pour savoir lour deslogement ;
Mais si lui estoire ne ment	Mais, se li estoire ne ment,
A plus matin se deslogierent	Au plus matin se deslogierent,
3050 Et a chiuachier se chiminrent	Et a chevauchier comencierent ; 3050

Line 3041 chascon, *marginal correction* u.

Mais le Prince oue le coer fin	Mais li Princes o le coer fin
Nala pas le plus droit chemyn	N'ala pas le plus droit chemyn,
Ancois prist sachez de certayn	Aincois prist, sachiez de certayn,
Le chimin a la droit main	Le chemin a le droite main.
3055 Vn montaigne et vn grant val	Une montaigne et un grant val 3055
Avallerent tout a chiual	Avallerent tout a cheval,
Si tresnoblement ordeignee	Si tres noblement ordene
Et si coyntement serree	Et si tres coyntement serre
Qe merueillouse fuist a veir	Que merveilles fu a veïr.
3060 Et li Bastard sanz alentir	Et li Bastarz, sanz alentir, 3060
Auoit tres a la mynuyt	Avoit tres a le myenuyt
Ordeigne sa bataille et droit	Ordene sa bataille et duit.
A pee estoit monſ Bartrans	A pie estoit sire Bertrans
Et li bon mareschalt vaillantz	Et li bons Mareschalx vaillanz
3065 Dodreham qui tant fuist gentils	D'Odreham, qui tant fu gentils, 3065
Et li Counte Sauses de pris	Et li conte Sanses, de pris,
Lui Counte de dene ensement	Li conte de Dene ensement,
Qui Daragon fuist pprement	Qui d'Aragon fu proprement ;
Si fuist li Beghes de Villaine	S'i fu li Beghes de Villaines
3070 Qui estoit bon chifteine	Qui moult estoit bons capitaines, 3070
Monſ Johan de Noef ville	Messires Jehans de Noefville
Et dautres plus de iiij. mille	Et d'autres plus de iiij. mille,
Dont ie ne say nomer les nouns	Dont je ne say nomer le non,
Qei Despaigne qei Daragons	Que d'Espaigne, que d'Aragon,
3075 Qei de ffrance qei de Picardie	Que de ffrance, de Picardie, 3075
De Britayne et de Normandie	De Bretaigne et de Normandie,
De moultz dautrez pais lointain	De maint autre païs lointain.
Puis fuist a la senestre main	Puis fu a le senestre main
A chiual le Conte Dantille	A cheval li conte dan Tille,
3080 Qui auoit plus de xij. Mille	Qui avoit plus de xii mille 3080
Geneteurs, homes a chiual	Geneteurs, homes a cheval.
Au destre les fuist le Roial	A destre fu l'esle roial

De la gºnd bataille du Bastard qauoit
ouesqe lui xv Milt homes darmes et gºnt
nombre des arblastres | et des chiualx armez
iiii. Milt et Cent et le Priour de seint
Johan le Baptistr̄ | et le Meistre de seint
Jakes estoient en sa bataille.

Line 3070 chifteine, *marginal addition* e.

f. 44^r Au Roy Bastard qe home dist Henri Le quel auoit ouesqe lui 3085 Bien xv. Mill hōmes armez Et des gentz du pais assetz Arblastiers villayns seruantz A lances ⁊ a dartes trenchantz Et a fondes pur getter piers 3090 Pur garder deuant les ffrontiers Vnqes cel meruaille ne feu Ne tiel plente de poeple veu Come il ot a cel iournee La ot maint banier oueree 3095 Aux de Sendal ⁊ de Soy Si le corps ihu crist manoy Vn petit ⁊ sur le costee Estoient li chiual armee A nombre de iiij. Mill ⁊ Centz 3100 Vn Chiualer de grantz sens Les gouernoit mult fuist subtils Appelle fuist Gōm Garilles Et le Priour de seint Johan Quel disoit ǀ qil ferroit a han 3105 Englois soeffrer celle iournee Et la estoit sanz demoree Le meistre de seint Jaques auxi Et vn bon Chiualer hardi Maistre de Calletraue ot noun 3110 Cil disot a haut raisoun Qe celi iour tant y ferroit Qe le bataille perceroit.	Au Roy Bastart, qu'on dit Henri, Liqueus avoit avoecques li Bien xv. mille homes armez 3085 Et des genz du païs assez — Arbalastiers, villayns, servanz, A lances et a dars trenchanz, Et a fondes pour getter pieres — Pour garder devant les frontieres. 3090 Onques tel mervaille ne fu Ne tel plente de poeple veu Come il ot a cele journee. La ot mainte baniere ouvree Auxi de sendal et de soye, 3095 Se li corps Jesu Crist m'avoye. Un petitet sur le coste Estoient li cheval arme Au nombre de iiij mille et cens. Uns chevaliers de moult grant sens 3100 Les governoit — moult fu soubtils ; Appellez fu Gomes Garils — Et li Priours de Seint Jehan, Qui disoit qu'il feroit ahan Englois souffrir celle journee ; 3105 Et la estoit, sanz demouree, Le meistre de Seint Jaque auxi Et un bon chevalier hardi, Maistre de Calletrave ot non ; Cil disoit a haute raison 3110 Que celi jour tant y feroit Que le bataille perceroit.

**Coment le Prince descendi de la
mountaigne ǀ ⁊ monſ Ioh^an Chaundos adonqes
fuist mis a Banier dount sez compaignons fesoiēt
g^ant ioie ⁊ eux taillerent de combatre.**

Ore fut la chose deuisee Et tut lour hoost est ordeignee 3115 Et le Prince voet sanz attendre Jus de la montaigne descendre Quant lun hoost lautre apceoit	Or fu le chose devisee Et toute lour hos ordenee, Et li Princes veut sanz attendre 3115 Jus de le montaigne descendre. Quant l'une hos l'autre apercevoit

Chescun sciet bien qil ny auoit	Chescuns sceut bien qu'il n'y avoit
ffors decombatre sont certain	ffors de combatre ; sont certain.
3120 Nult ne attendroit demain	Nulli n'attenderoit demain. 3120
f. 44ᵛ Monſ Iohan de Chaundos	Messires Johans de Chandos
Est venuz au Prince tantos	Est venuz au Prince tantos
Et la porta sa baniere	Et li aporta sa baniere,
Qui fut de soie riche ⁊ fiere	Qui fu de soie riche et fiere.
3125 Moult doucement lui dist ensy	Moult doucement lui dist ensy : 3125
Sire fait il pur dieu mercy	' Sire,' fait il, ' pour Dieu mercy,
Serui vous ay de temps passee	Servi vous ay du tamps passe,
Et tut quant dieux mad donee	Et tout, quant que Dieux m'a done
De biens ils me veignent de vous	De biens, il me vienent de vous ;
3130 Et bien sauez qe ie sui touz	Et bien savez que je sui touz 3130
Le v̄re ⁊ sarray tout temps	Li vostres et seray tout tamps ;
Et sil vous semble lieu ⁊ temps	Et s'il vous samble lieu et tamps
Qe ie puisse a Banier estre	Que je puissë a baniere estre,
Iai bien de quoi a mon maistir	J'ai bien de quoi, du mien, mettre,
3135 Qe dieux mad done pur tenir	Que Dieux m'a done pour tenir. 3135
Ore en faitz v̄re pleisir	Ore en faites vostre pleisir.
Veiez le cy ie vous present	Vez le cy, je le vous presente.'
Adonqes le Prince sanz attent	Adonc li Princes, sanz attente,
Et le Roy daun Petro sanz detri	Li Roys dans Petro, sanz detri,
3140 Et le duc de Lancastre auxi	Et li ducs de Lancastre auxi, 3140
La banier li disploierent	Le baniere li desploierent
Et p le haut li baillerent	Et par le hante li baillierent ;
Et li disrent sanz plus retraire	Et li disent sanz plus retraire :
Dieux vous en laist v̄re preu faire	' Dieux vous en laist vostre preu faire.'
3145 Et Chaundos sa banier prist	Et Chandos sa baniere prist ; 3145
Entre ses compaignons le mist	Entre ses compaignons le mist
Et lour ad dit a lee chiere	Et lour a dit a lië chiere :—
Beaux seigniours Veiez ci ma baniere	' Biaux seigniours, vez ci ma baniere.
Gardez le bien come le v̄re	Gardez le bien com le vostre,
3150 Car auxi bien est v̄re come n̄re	Qu'auxi bien est vostre com nostre.' 3150
Les compaignons ont fait grant ioie	Li compaignon ont fait grant joie.
Ils soulement ont pris lour voie	Il soulement ont pris lour voie
Et ne voillent pluis attendre	Et ne se voeillent plus attendre ;
Au combatre voillent entendre	Au combatre voeillent entendre.

Line 3133, Banier *underlined in a late hand.*
Line 3134 maistir, *marginal correction* mestier.
Line 3141 disploierent, *marginal correction* e.

3155 Celt banier qe ie vous dy Portoit Guilliam Alby	Celle baniere, que vous dy, 3155 Portoit Guilliaumes Alby.

Coment les Englois sont descenduz a pee
⁊ le Prince fist sez priers a deu tout
puissant ⁊ parla Roy Petre certeins poles
⁊ adonqes lauant garde passa auant.

Englois sont a pee descendu	Englois sont a pie descendu,
Qui moult ont le coer esmou	Qui moult ont le coer esmeü
f. 45ʳ De gaigner ⁊ conquerere honour	De gaignier et conquerre honour ;
3160 Et le Prince lour dist ce iour	Et li Princes lour dist ce jour : 3160
Seigniours ni ad autre termine	'Seigniour, n'i a autre termine.
Vous sauez bien qe de famine	Vous savez bien que de famine,
Par defaute de vitaille sumes pres pris	Faute de vivres, soms pres pris,
Et veez ci ⁊ la les noz enemys	Et veiez la noz enemys
3165 Qui de vitaille ont assetz	Qui de vitailles ont assez, 3165
Pain ⁊ vin ⁊ des pissons fales	Pain et vin et pissons sales
Et frees de doulce cawe ⁊ de meer	Et fres, de doulce cawe et de mer,
Mais il les nous faut conquester	Mais il les nous faut conquester
Au ferer de glayue ⁊ des⸗pee	Au ferir de glayve et d'espee.
3170 Ore faceons tant ceste iournee	Or faceons tant ceste journee 3170
Qe partir puissons a honour	Que partir puissons a honour.'
Adonqes le Prince de valour	Adonc li Princes de valour
Deuers li ciel ioindi ses mains	Devers le ciel joindi ses mains
Et dist verray pier souerayns	Et dist : 'Vrais peres soverayns,
3175 Qui nous auez fait ⁊ treez	Qui nous avez faiz et creëz, 3175
Si verrayment come vous sauez	Si vrayement com vous savez,
Qe ie ne sui pas cy venuz	Que je ne sui pas cy venuz
ffors pur droit estre sustenuz	ffors pour droit estre soustenuz
Et pesce ⁊ pur franchise	Et pour prouece et pour franchise,
3180 Qe mon coer semonte ⁊ attise	Qui mon coer semont et attise 3180
De conquestre vie de honour	De conquester vie d'honour,
Je vous supplie qen cesti iour	Je vous suppli qu'en cesti jour
Voilliez garder moy ⁊ ma gent	Voeilliez garder moy et ma gent.'
Et quant le Prince a corps gent	Et quant li Princes a corps gent
3185 Eust vers dieu fait sa priere	Eut vers Dieu faite sa priere, 3185
Adonqes ad dit auant baniere	Adonc a dit : 'Avant, baniere !
Dieux nous aid a n̄re droit	Dieux nous aït a nostre droit !'
Et lors li Prince la endroit	Et lors li Princes la endroit
Le Roy daun Petro p la main	Le Roy dan Petro par le main

98 THE BLACK PRINCE

3190 Ad pris | ⁊ lui dist pur certain	A pris et lui dist, pour certain : 3190
Sire Roy a iour de huy sauerez	' Sire Roys, aujourd'huy savrez
Si iames Castille reaueretz	Se james Castille ravrez.
Aiez en dieu ferme creance	Aiez en Dieu ferme creance.'
Ensement disoit sanz doutance	Ensement disoit, sanz doutance,
3195 Ly Prince a coer sufficiant	Ly Princes a coer souffissant. 3195
Et lauant garde va deuant	En l'avant garde va devant

**Coment le Duc de Lancastre ⁊ monſ
Ioh̄ⁿ Chaundos passerent en lauant
garde ⁊ la furent fait chiualers ⁊ le
duc conforta tres noblement sez gentz**

f. 45ᵛ De Lancastre lui noble ducs	De Lancastre li nobles ducs,
Qui moult eust en lui des vertus	Qui moult eut en lui de vertus ;
Et Chandos le bon Chiualer	Et Chandos, li bon chevalier,
3200 ffist la Chiualers sans targer	ffist la chevaliers sanz targier : 3200
Curson Priour ⁊ Elitōn	Curson, Priour et Eliton,
Et Monſ Guilliam de ffaryndōn	Et Guillaume de ffaryndon,
Et ammori de Rocheward	Et Ainmeri de Rocheward,
Cely de la Mote Gaillard	Cely de la Mote Gaillard,
3205 Et monſ Robt Briket	Et monseignour Robert Briket. 3205
La eust il maint chiualer fa̧	La eut il maint chevalier fet
Qui feurent plain de vessellage	Qui feurent plain de vassellage
E noble e de puissant linage	E de noble e puissant linage.
Li duc de Lancastre deinz le cham̄p	Li ducs de Lancastre enz eu champ
3210 Dist a Guilliam de Beauchām̄p	Dist a Guilliaume de Beauchamp : 3210
Veiez la fit il noz enemys	' Vez la,' fist il, ' noz enemys ;
Mais ensi maide ihu cris	Mais, ensi m'aide Jesus Cris,
Hui me vorrez bon Chiualer	Hui me verrez bon chevalier,
Si mortz ne me fait encombrer	Se morz ne me fait encombrier.'
3215 Puis dist banier auant auant	Puis dist : ' Baniere, avant, avant ! 3215
Preignoms dampne dieu a garant	Preignons Dampnedieu a garant,
Et face chescun son honǒ	Et face chescuns son honour.'
Et lors li ffrancs ducs de valour	Et lors li frans ducs de valour
Deuant toutz ses hōmes se mist	Devant touz ses homes se mist ;
3220 Plus de Cent deuenir enfist	Plus de cent devenir en fist 3220
De lour corages plus hardis	De lour corage plus hardis
Qe deuant ne feurent ce mest auis	Que devant ne feurent, m'est vis.

Line 3200, Chiualers sans targer *underlined in a later hand.*
Line 3206 fa̧, *marginal correction* eet.

En celle heure fist Chiualer	En celle heure fist chevalier
Ly ducz Iohn dipre a coer fier	Ly ducs, Jehan d'Ipre a coer fier.

Du commencement de la gᵃnt
bataille ⁊ de sez seigniours qui
feurent a la bataille oue le duc de
Lancastre | ⁊ de l'assemble a la bataille
de monſ Bertrem ⁊ coment maint
bon chiualer fuist tresbusshe a terre.

3225 Ore comence bataille fier	Or comencea bataille fiere	3225
Et prist a leuer le power	Et prist a lever le pourriere.	
Archiers traient a la volee	Archier traient a le volee	
Plus drue qe plume nest volee	Plus drut que plueve n'est volee.	
Li ducz de Lancastre deuant	Li ducs de Lancastre devant	
3230 Sen va come home vaillant	S'en va, comë home vaillant ;	3230
Apres li va Thomas de Vfford	Apres li va Thomas d'Ufford,	
Et Hugh de Hastynges fort	Et Hugh de Hastynges, le fort,	
46ʳ Chescun banier desploie	Chescuns baniere desploiië :	
Chescun tenoit launce basie	Chescuns tenoit lance baissië.	
3235 Sur la main destre fuist Chaundos	Sur le main destre fu Chandos,	3235
Qui celi iour acquist grant los	Qui celi jour acquist grant los,	
Et Estephenes de Cossyngtone	Et Estiephenes de Cossyngtone,	
Monſ John Deuereux noble psone	Jehans Devereux, noble persone ;	
Et la fut ly bon Guichard dangle	Et la fut ly bons Guicharz d'Angle,	
3240 Qui ne se tenoit pas en lagle	Qui ne se tenoit pas en l'angle ;	3240
Ouesʓ li ot ses deux filtz	Avoecques li ot ses deux filz	
Et dautres chiualers de pris	Et d'autres chevaliers de pris,	
Qui bien fesoient lour deuoir	Qui bien fesoient lour devoir ;	
Et la estoit sachez de voir	Et la estoit, sachiez de voir,	
3245 Li tresnoble sires de Rees	Li tres nobles sires de Res.	3245
La veist home venir toutz pres	La veïst on venir touz pres	
Apres Baniers ⁊ peignons	A pres, banieres et peignons,	
Ensemble touz les compaignons	Ensamble touz les compaignons.	
Chescun tient la lance en pugnie	Chescuns tint le lance en poignië	
3250 Et fesoient grant envaie	Et fesoient grant envaië	3250
Pur courrer sur lour enemys	Pour courir sur lour enemys ;	
Et les Archiers traioient toutdiz	Et archier traioient touz dis	
Et Arblastiers d'autre part	Et arbalastier d'autre part,	

Line 3238, Deuereux *underlined in a later hand.*

Qui feurent ouesq3 le Bastard	Qui feurent avoec le Bastart ;
3255 Mais tout a pee tant chiminerent	Mais tout a pie tant cheminerent 3255
Qe tout ensemble sen contrerent	Que tout ensemble s'encontrerent
A la batail de Bertrān	A le bataille de Bertran,
Qui moult lour fist soeffrer a hau	Qui moult lour fist souffrir ahan.
La veissez a lassembler	La veïssiez a l'assembler
3260 Ensemble de Glaynes bonter	Ensemble de glayves bouter : 3260
Chescun de bien faire se payn	Chescuns de bien faire se payne.
La ne fut ceste chose certayne	La ne fut, c'est chose certayne,
Null coer en monde si hardis	Nuls coers eu monde si hardis
Qe ne puist estre esbahis	Que ne peüst estre esbahis
3265 Pur les grantz cops qils se denoient	Pour les granz cops qu'il se denoient 3265
Des grantz bachez qils portoient	Des grandes haches qu'il portoient,
Et des espees ⁊ cotiaux	Et des espees et cotiaux.
Ce ne fuist mie grantz reuiaux	Ce ne fu mie granz reviaux,
Car vous veissez tresbouchier	Car vous veïssiez tresbuchier
3270 A terre maint bon chiualer	A terre maint bon chevalier. 3270

> Coment maint banier fut versee a
> tre ⁊ monſ Ioh̄n Chaundos fut abatuz a
> tre ⁊ vn Castillayn cheuz ś ly ⁊ lui plaia
> mais p la grace de dieu il recoui ⁊ occist le
> Castillayn ⁊ apres ceo refiert en la
> mellee ⁊ combatist moult fortment.

f. 46ᵛ

Grant fust la noise ⁊ le fimiere	Grant fu le noise et le fumiere.
La ny ot peignon ne baniere	La n'y ot peignon ne baniere
Qe ne fut a terre versee	Que ne fust a terre versee.
Tiel foitz fut celle iournee	Tele fois fut, celle journee,
3275 Chaundos fut a terre abatuz	Chandos fut a terre abatuz ; 3275
Par desus li estoit cheuz	Par desus li estoit cheüz
Vn Castillain qui moult fuist grantz	Uns Castillains, qui moult fu granz —
Appellez fut Martins fferantz	Appellez fu Martins fferanz —
Le qel durement se paynoit	Liqueus durement se paynoit
3280 Coment occire le purroit	Coment occire le pourroit, 3280
Et li plaia p la Visiere	Et le plaia par le visiere.
Chaundos a treshardichiere	Chandos a tres hardie chiere
Vn cotell prist a son costec	Un cotel prist a son coste ;
Le Castillain en ad frappee	Le Castillain en a frappe
3285 Qen son corps lui ad embatu	Qu'en son corps lui a embatu 3285
Per force le cotell agu	Par force le cotel agu.

Le Castillain mort sestendi	Li Castillains mort s'estendi,
Et Chaundos sur ses pees sailli	Et Chandos sur ses pies sailli.
Entre ses poignes ad pris lespee	Entre ses poins a pris l'espee
3290 Et se refiert en la melle	Et se refiert en la mellee, 3290
Qe moult estoit dure ⁊ cremeuse	Qui moult estoit dure et cremeuse
Et au regarder merueilliouse	Et au regarder merveilleuse.
Cil qui de ly estoit atayns	Cil qui de luy estoit atayns
De la mort piust estre certains	De le mort peut estre certains.

Coment le Duc de Lancastre tschiualrousemet combatoit | ⁊ se mist en tresgraunt auenture.

3295 Et dautre part li noble ducz	Et d'autre part li nobles ducs 3295
De lancastre plein de vertuz	De Lancastre, pleins de vertuz,
Si noblement se combatoit	Si noblement se combatoit
Qe chescun s'en merueilloit	Que chescuns s'en esmerveilloit,
En regardant sa grant puesce	En regardant sa grant prouece,
3300 Coment p̄ sa noble hautesse	Coment par sa noble hautece 3300
Mettoit son corps en auenture	Mettoit son corps en aventure ;
Car ieo croy qe vnqes creature	Car je croy qu'onques creature,
Poeure ne riches ne se mist	Povre ne riche, ne se mist
Celle iour si auant come il fist	Cel jour si avant come il fist.
3305 Et ly Prince nattendoit pas	Et ly Princes n'attendoit pas. 3305
A lestour plus tost qe le pas	A l'estour plus tost que le pas
Sen venoit	si sachez sanz faille	S'en venoit, si sachiez sanz faille.
Du les adestre de sa bataille	Du les destre de sa bataille

47ʳ   **Coment le Banier au Roy de Nauarre ⁊ monſ Martyn de la Carre se partirent oue le Captall oue · ij · Milles combatauntz pur combatre au Counte Dantill ⁊ deuant qils purroient assembler le Counte Dantill sen departist.**

Le banier au Roy de Nauarre	Le baniere au Roy de Navarre
3310 Et monſ Martin de la Carre	Et sire Martins de la Carre 3310
Se partirent oue le Captall	Se partirent ou le Captal,
Qui ot le coer preu ⁊ loiall	Qui ot le coer preu et loial,
Et le droit seigniour de la Bret	Et le droit seigniour de Labret,

Line 3292 merueilliouse, *marginal correction* e.
Line 3294 piust, e *superscript*.

Qui de bien faire sentrement	Qui de bien faire s'entremet —
3315 Ensemble furent bien .ij. Milt	Ensamble furent bien .ij. mille — 3315
Pur combatre au Count dantilt	Pour combatre au comte dan Tille,
Qui fuist sur la senestre main	Qui fu sur le senestre main
De dan Bertrans au coer certain	De dan Bertran au coer certain;
Mais ie vous puisse bien recorder	Mais je vous puis bien recorder
3320 Qe deuant qils purroient assembler	Qu'avant qu'il peurent assembler 3320
Dantilt s'en prist a partir	Dan Tilles s'en prist a partir,
Et le Captalt sanz alentir	Et li Captaus sanz alentir
Sur ceux a pee prist son retour	Sur ciaux a pie prist son retour.
Moult les traueillerent ceo iour	Moult les traveillierent ce jour.
3325 Come gent de hardi corage	Come gent de hardi corage 3325
Se defendoient p vasselage	Se defendoient par vasselage.
A senestre dautre costee	A senestre, d'autre coste
Du Prince | ceste veritee	Du Prince, ce est verite,
Pcy le seigniour de Clisceōn	Percy, li seignour de Clisceon,
3330 Et monſ Thomas de ffelletōn	Messires Thomas de ffellton 3330
Et monſ Gautier Hewet	Et messires Gautiers Hewet,
Qui souent pler de ly fait	Qui sovent parler de ly fait,
Cils venoient pur visiter	Cil venoient pour visiter
Lauant garde ⁊ pur conforter	L'avant garde et pour conforter.

*Coment lui tsnoble Prince venoit oue
sa graunt bataille pur combatre ⁊ la
reregarde fuist comaundee destre a vn
petit mountaigne p deuers les chiualx
armez | ⁊ la fuist le Roy de Mayogre ⁊
plusours seigniours ⁊ la bataille comence
de tous partiez ⁊ combatirent tanqe
les Espaignardes sen fuirent.*

3335 Lors senforce li ferreis	Lors s'enforce li fereïs 3335
Et fors fuit lui abatis	Et fors fu li abateïs,
f. 47ᵛ Car lui frank Prince daquitaine	Car li frans Princes d'Aquitaine
Tout sa grant bataille amayne	Toute sa grant bataille amayne:
Na nauoit cely qui se faine.	La n'avoit cely qui se faigne.
3340 Vn bien petit montaigne	Une bien petite montaigne 3340
Auoit desoubz le main senestre	Avoit desus le main senestre;
La ot hōme comandee a yestre	La ot on comande a yestre

Line 3331, Hewet *underlined in a later hand.*
Line 3339 Na, *marginal correction* la.

La reregarde sur le les	L'arieregarde sur le les,
Par deuers les chiualx armez	Par devers les chevalx armez ;
3345 La fuit de Maiogre le Roy	La fu de Maiogre le Roy 3345
Qe pas oblier ie ne doie	Que pas oublier je ne doi,
Et le preu conte darmynak	Et li preus comte d'Armynak
Et le seigniour de Sauerak	Et li seigniour de Saverak,
Monſ Berard de la Bret	Messires Berarz de Labret
3350 Et Bertrukat qui fu en het	Et Bertrukaz qui fu en het 3350
De combatre | ⁊ entalentes	De combatre et entalente ;
Et ce ne vous ay pas nomez	Et se ne vous ay pas nome
Monſ Hugh de Caluerlee	Monsiour Hughe de Calverlee.
Pur quoy vous serroit destobee	Pour quoy vous seroit destobee
3355 La matier | ⁊ plus alongiee	Le matere et plus alongië ? 3355
Moult fui la bataille enforcie	Moult fu le bataille enforcië,
Qui comence de toutz partz	Qui comencea de toutes parz.
Archigairs ⁊ launces ⁊ dartz	Archigaies, lances et darz
Lanceoient Espaignardz p̄ force	Lanceoient Espaignart par force.
3360 Chescun de bien faire senforce	Chescuns de bien faire s'enforce, 3360
Car plus drut traioient archier	Car plus drut traioient archier
Qe ne soit pluine en temps dyuer	Que ne soit plueve eu tamps d'yvier.
Chiualx ⁊ homēs lour blisceoient	Chevalx et homes lour bliceoient,
Et les Espaignardz bien p̄ceoient	Et Espaignart bien percevoient
3365 Qe plus ne purroient endurer	Que plus ne peurent endurer ; 3365
Les chiualx prirent a tourner	Les chevalx prirent a tourner
Et la fuite de sont mys	Et en le fuite se sont mys.
Quant les vist li bastard Henris	Quant les vit li bastarz Henris,
En ly nauoit qe coreucier	En ly n'avoit que corecier.
3370 P̄ trois foitz les fist realer	Par trois fois les fist ralier 3370
Endisant seigniours aidez moy	En disant : ' Seigniours, aidiez moy
Pur dieu car vous maicez fait Roy	Pour Dieu, car vous m'avez fait Roy,
Et si mauez fait seurement	Et se m'avez fait sierement
De moy aider loialment	De moy aidier loialment.'
3375 Mais sa pole rien ne vaut	Mais sa parole rien ne vaut, 3375
Car toutz iours reenforce lassaut.	Car touz jours renforce l'assaut.

48ʳ **Coment le Bastard sen fui ⁊ les Espaignaldes furent descomfitz | ⁊ apres ce les ffrancois se combatirent ⁊ furent auxi descomfitz | ⁊ monſ Bartrem ⁊ plusours seigniours ⁊ chiualers furent pris ⁊ gentz darmes mortz | ⁊ des englois le p̄² de fferers fuist occis amesme cel bataille.**

Qei voillez vous qe ie vous dye	Quoi voeilliez vous que je vous dye?
Il nauoit en la compaignie	Il n'avoit en le compaignie
Du Prince home tant fuist petitz	Du Prince home, tant fust petiz,
3380 Qui ne fut bien auxi hardiz	Qui ne fust bien auxi hardiz 3380
Et auxi fiers come vn lion	Et auxi fiers come un lion :
Home ne poet comparison	On ne poet pas comparison
ffaire de Olyuer ⁊ Rolant	ffaire d'Olyvier et Rolant.
Espaignardz se tournoient fuyant	Espaignart se tournoient fuyant,
3385 Chescun ses fraines abandonez	Chescuns ses frains abandonez. 3385
Dolantz en fuy ⁊ moult yrez	Dolanz en fu et moult yrez
Luy Bastard quant il les veoit	Li Bastarz quant il les veöit ;
Mais fuyer il les couenoit	Mais fuïr il les covenoit
Ou ils fuissent toutz pris ⁊ mortz	Ou il fuissent tout pris et morz.
3390 Lors comence lui esfortz	Lores comencea li esforz, 3390
Et la veissez le pee taillie	Et la veïssiez le pietaille
Occire destoch ⁊ detaillie	Occire d'estoch et de taille.
Luy Bastard sen fuit tut vn val	Li Bastarz s'en fuit tout un val.
Mais en coer sont en estal	Mais encore sont en estal
3395 ffrancois | Bretons | ⁊ Normandz	ffrancois et Bretons et Normanz ; 3395
Mais petit dura lour beaubantz	Mais petit dura lour beubanz,
Car moult tost feurent disconfit	Car moult tost feurent desconfi ;
Et si sachez trestouz de fit	Et se sachiez, trestout de fi,
Et home crioit la a haute gorge	Qu'on crioit la a haute gorge
3400 En maint lieu Guyane seint George	En maint lieu 'Guyane! seint George!' 3400
Illoeqes fut pris monſ Bertrans	Illoec fu pris sires Bertrans
Et la Mareschalt sufficiantz	Et li Mareschaux souffissans,
Dodrehem qui tant fuit hardiz	D'Odrehem, qui tant fu hardiz,
Et vn Counte qui eust grant pris	Et uns conte qui eut grant pris,
3405 Counte de Dene fuit nosmez	Conte de Dene fu nomez. 3405
Li Counte Sauses nen doutes	Li conte Sanses, n'en doutes,
Y fut pris | qui fut chieftayne	Y fu pris, qui fu capitaines,
Ouesqȝ le Beghe de Vellaine	Avoec le Beghe de Vellaines,
Monſ John de Neofville	Monseignour Jehan de Noefville
3410 Et des autres plus de ij. Mille	Et des autres plus de ij mille. 3410
Et pur faire iuste report	Et pour faire juste report
Luy Beghes de Villiers fut mort	Li Beghes de Villiers fu mort
Et plusours autres dont de noun	Et plusours autres, dont de non
Je ne say faire mencioune	Je ne say faire mencïon.

Line 3402 la, *marginal correction* i.
Line 3412, Villiers *underlined in a later hand.*

f. 48ᵛ Mais li reporte y fuist tenuz 3416 Cink Centz homes darmes ou plus Morirent en la piece de la terre Ou home eust mayn ⁊ mayn a feare Auxi de la pte des Englois 3420 Morust vn chiualer pfees Ce fut le droit seigniour de fferriers Li glorious dieux ⁊ seint piers Eit les almes des trespasses Seigniour pur dieu ore entendes	Mais li raporz y fu tenuz, 3415 Cink cent home d'armes ou plus Morurent eu piecc de terre, Ou on eut mayn a mayn a fere. Auxi de le part des Englois Morut uns chevaliers parfes : 3420 Ce fut li seignours de fferrieres. Li glorious Dieux et seinz Pieres Eit les ames des trespasses ! Seigniour, pour Dieu, ore entendes.

De la place ou la g̃nt bataille estoit ⁊ de
la chase apres la bataille ⁊ coment les
Espaignardes plus de deux Mill se noieret
en vne Riuere enuiron vii · M · ⁊ vii · C · furet
mortz | issint qe leawe ent fut vermaille | ⁊
les englois entrerent en la ville | ⁊ la furent
p̓soners pris | ⁊ le Pnce qui se tenoit oue sa
baniere leue fuist moult reioiouse.

3425 La place ou home combati Estoit sur vn beal palnie ioly Ou il neust arbre ne buysson Dune grant lenge environ Solonc vn beal Riuere 3430 Que moult estoit ⁊ radde ⁊ fiere Le quel fist ceo iour de maus Sur Castillains car li enchaus Dusqȝ a la Riuere dura Plus de deux Mill en ynoia 3435 Deuant Nazareth sur le pont Vous face assauoir qe mont ffut li enchace pillouse ⁊ fiers La veissez vous Chiualers De paour en leawe fallir 3440 Et lun sur lautre morir Et si dist hom p grant meruaille Qe la Riuere en fut vermeille Du sank qe issoit hors de corps Des homes ⁊ des Chiualx mortz	Le placë ou on combati 3425 Estoit sur un bel plain joly, Ou il n'eut arbre ne buysson D'une grande lieuwe environ, Selonc une bele riviere, Qui moult estoit et rade et fiere, 3430 Lequele fist ce jour de maus Sur Castillains, car li enchaus Dusqu'a le riviere dura. Plus de deux mille en y noia. Devant Nazares sur le pont 3435 Vous fac assavoir que fu mont Li enchauz perilleus et fiers. La veïssiez vous chevaliers De paöur en l'eawe saillir Et li uns sur l'autre mourir ; 3440 Et se dist on par grant merveille Que la riviere en fu vermeille Du sank qui issoit hors des corps Des homes et des chevalx morz.

Line 3440 lautre, l *omitted and superscript.*

3445 Tant fut grantz la disconfiture	Tant fu granz la desconfiture 3445
Qe ieo croy qe vnqes creature	Que je croy qu'onques creature
Ne pooit vnqes auoir vewe	Ne pooit onc avoir veüwe
Le pil, si dieux mauoye	Le pareille, se Dieux m'aiuwe :
f. 49ʳ Tant fui gros la mortalite	Tant fu gries le mortalitez,
3450 La nombre ent fuy reporte	Li nombres en fu raportez 3450
Enuiron vii · Mill et vii · Centz	Environ vii. mille et vii. cenz ;
Et si vous die bien qe les gentz	Et se vous di bien que les genz
Du prince entrerent in la ville	Du Prince entrerent en le ville.
La en eust des mortz plus de Mille	La en eut de morz plus de mille ;
3455 Et la fut pris en vne Caue	Et la fu pris en une cave 3455
Lui grant mestre de Calletraue	Li granz mestres de Calletrave,
Et le Priour de seint John	Et li Priours de Seint Jehan,
Qui moult lour fist soeffur dahan,	Qui moult lour fist souffrir d'ahan,
Le mestre de seint Jake auxi	Li mestres de seint Jake auxi.
3460 Cils deux estoient sanz destri	Cil doi estoient sanz detri 3460
Retrait p deux costees vn haut mure	Retrait par d'encoste un haut mur ;
La ne furent pas asseure	La ne furent pas asseür,
Car gentz darmes sus se mentoient	Car genz d'armes sus se mettoient
Qui a lassailler le voloient	Qui la assaillir les voloient,
3465 Mais humblement se viendrent rendre	Mais humblement se vinrent rendre, 3465
Car ne les oserent attendre	Car ne les oserent attendre.
Ensi feurent ils mortz et pris	Ensi feurent il mort et pris,
Dont tres fortement fut reioiz	Dont tres fortment fu resjoïz
Lui tresnoble Prince vaillantz	Li tres nobles Princes vaillanz,
3470 Le quel se tenoit sur les champs	Liqueus se tenoit sur les camps 3470
Et ot sa banier leuee	Et ot sa baniere levee
Ou sa gent se fut reassemble	Ou sa gent se fut rassamblee.

Du temps qnt ceste bataille estoit.

Seigniour le temps qe ie vous dy	Seigniour le tamps que je vous dy
Ce fut droit p vn samady	Ce fut droit par un samedy
3475 Trois iours droit en moys daueril	Trois jours droit eu moys d'averil 3475
Qe tiel doulce oisselet gentil	Que cil doulc oisselet gentil
Preignent a refaire lour chantz	Prendent a refaire lour chanz
Per prees et bois et p champs	Par prees, par bois et par champs.
En celluy temps fut tout sanz faille	En celuy tamps fut, tout sanz faille,
3480 Deuant Nazarz le grant bataille	Devant Nazres le grant bataille 3480

Line 3453, a *of* la *in rasura.*

Coment le Prince se logea a noet oue sez gentz oue le Bastarde fuist logie la noet deuant ⁊ la menerent gnt deduit ⁊ gcioient dieu ⁊ la trouerent vitailles assetz ⁊ grant pleintee de richesse.

Tout ensi fui come oy auez	Tout ensi come oÿ avez.
En cel noet fut hostellez	En cele noet fut hostellez
Lui Prince droit en logement	Li Princes droit eu logement
Ou lui Roy Henri pprement	Ou li Roys Henris proprement
Auoit este logiez la nuyt	Avoit este logiez le nuyt. 3485
3486 Illoeqes menoient grant deduyt	Illoec menoient grant deduyt
Et gracioient dieu le pier	Et gracioient Dieu le Pere,
Le filtz | ⁊ la benoite mier	Le Filz et sa benoite mere
De la grace qil lour ad fait	De le grace qu'il lour a fait ;
3490 Car bien sachez tout entrefeat	Car bien sachiez, tout entreset, 3490
Qe la trouerent vin ⁊ pain	Que la troverent vin et pain —
Toutz les loges ent furent plain	Tout li logis en furent plain —
Cofres vessel or ⁊ argent	Cofres, vessele, or et argent
Dont il pleust bien ⁊ maint gent.	Dont il pleut bien a mainte gent.

(marginal: 49ʳ)

Coment le Roy Daun Petre est venuz au Prince ⁊ ly enmercia de ce qil auoit fait pur luy ⁊ disoit au Prince coment il voloit prendre vengeaunce de ceux qui auoient estee contre ly ⁊ le noble Prince a ce respoundi ⁊ lui disoit son sage auis.

3495 Luy Roy daun Petre est venuz	Li Roys dans Petro est venuz 3495
Au Prince qui moult fui ses durez	Au Prince, qui moult fu ses druz,
Et lui ad dit n̄re cosin chier	Et lui a dit : 'No cousin chier,
Je vous doy bien remercier	Je vous doy bien remercier,
Car a iour de huy mauez fait tant	Car au jour d'huy m'avez fait tant
3500 Qe īames iour de mon Viuant	Que james jour de mon vivant 3500
Je ne le purray deseruir	Je ne le pourray deservir.'
Sire fit il v̄re pleisir	'Sire,' fit il, 'vostre pleisir,
Merciez dieu ⁊ noun pas moy	Merciez Dieu et non pas moy,

Line 3482, *letter erased after* l *of* cel.
Line 3495, e *erased after* n *of* daun.

Car p la foy qe vous doy 3505 Dieux lad fait ꞇ noun mie nous Siꝫ nous denous estre touz En volunte de li prier Merci ꞇ de lui regracier Daun Petre dist qil disoit voir 3510 Et de ce auoit bon voilloir Mais il voilleit prendre vengeance Des traitoures qui p puissance Lui ont fait tant de mal sentier Lors dist le Prince sanz mentier	Car, par le foy que je vous doy, Dieux l'a fait et non mie nous, 3505 Si que nous devons estre touz En volente de li prier Merci et li regracier.' Dans Petro dist qu'il disoit voir, Et de ce avoit bon voloir, 3510 Mais il voloit prendre vengeance Des traïtours qui par puissance Lui ont fait tant de mal sentir. Lors dist li Princes, sanz mentir :

Coment le Prince conceilla le Roy Petre
de pardoner as ceux qui auoient estee
encontre lui | ꞇ le Roy Daun Petre luy
g̃nta forspris vn qui auoit a noun
Gome Garilles | le quel fuist trayne
ꝑmy loost ꞇ la goule trenche.

f. 50ʳ Sire Roy donez moi vn don 3516 Ie vous pri si vous semble bon Dist lui Roy Petro las pur quoy Sire demandez vous a moy Tout est vr̄e qe ie ay 3520 Lors dist li Prince sanz delay Sire de vr̄e ne voille rien Mais ie vous conseille pur bien Si estre voillez Roi de Castelle Qe p tout mandez la nouelle 3525 Qe ottroie auez le doun De doner a touz ceux ꝑdoun Qui ont encontre vous estee Et ce p mal voluntee Et p malueis conseil auxi 3530 Ont este oue le Bastard Henry De ore en auant lour ꝑdonez Mais qe de bon volunteez Ils beignent a vous merci priere Lui Roy daun Petro ottroiere 3535 Le voit mais ce est a grant payne	'Sire Roy, donez moi un don, 3515 Je vous pri, se vous samble bon.' Dist li Roys Petro : 'Las ! pour quoy, Sire, demandez vous a moy ? Tout est vostre ce que je ay' Lors dist li Princes sanz delay : 3520 'Sire, du vostre ne voeil rien. Mais je vous conseille pour bien, S'estre volez Rois de Castelle, Que par tout mandez le novelle Que ottroie avez le don 3525 De doner a touz ciaux pardon Qui ont encontre vous este ; Et se par male volente Et par mauveis conseil auxi Ont este o le Roi Henry 3530 D'ore en avant lour pardonez, Mais que de bones volentez Il veignent merci vous prier.' Li Rois dans Petro ottroier Le voet mais ce est a grant payne. 3535

Puis dist au Prince Daquitayne	Puis dist au Prince d'Aquitayne :
Beau cosin ie le vous ottroie	'Biau cosin, je le vous ottroie
fforscȝ dun | mais ne ne vorroie	fforsque d'un, mais ne me vorroie
Dauoir trestont le de Siuylle	Avoir trestout l'or de Sevylle
3540 Pur deporter Gomes Garille	Pour deporter Gomes Garille, 3540
Car certes ce est le traitour	Car, certes, c'est li traïtour
Qui plus mad fait de deshonour	Qui plus m'a fait de deshonour.'
Et li Prince li dist ensi	Et li Princes li dist ensi :—
ffaitez vre voiller de luy	'ffaites vostre voloir de ly
3545 Et les autres touz pdonez	Et as autres touz pardonez.' 3545
Seuches frere au Bastard fut amesnez	Ses frere Bastarz fu menez
Et plusours autres prisoners	Et plusours autres prisoniers,
Qui il pdona voluntiers	Qui il pardona volentiers
Pur le Prince ⁊ pur sa priere	Pour le Prince et pour sa priere.
3550 Et lors se retourna arere	Et lors se retourna ariere 3550
Tout droit | ou il estoit logiez	Tout droit ou il estoit logiez ;
Et illoeqes fut apparaillez	Et illoec fu apparailliez
Gome Garilles ⁊ Trayn li fist home	Gomes et trainer le fist on
Et trencher la goule desoubz le menton	Et trenchier goule soubz menton
3555 Adonqes deuant tout la gent	Adonc devant toute le gent. 3555
Pur quoy ferroy ie vn parlement	Pour quoy feroi je parlement
50ᵛ De la matire plus lontayne	De le matere plus lointayn ?
Le Prince le lundi pschayne	Li Princes le lundi proschayn

Coment le Prince ⁊ le Roi Petre sen partirent de Naddres pdoners Burghes ⁊ les nouell sen alerent a touz parties.

De deuant Naddres se party	De devant Naddres se party
3560 Et le Roi daun Petro auxi	Et li Rois dans Petro auxi. 3560
Per deuers Burhes chiminerent	Par devers Burghes cheminerent ;
Et lors les nouelles alerent	Et lors les novelles alerent
Per Espaigne de touz partz	Par Espaigne de toutes parz
Qe disconfitz fut li Bastardz	Que desconfiz fu li Bastarz.

Coment la feme du Bastarde estoit a Burghes ⁊ quant ele auoit oy les nouelles ele s'en fui moult dolent en Aragon ⁊ fist sez g̊ntz ⁊ dolorousez

Line 3561 Burhes, g added in the margin.

compleintes de la fortune | ꝫ apres ce
comenda le Prince moult noblement
ꝫ le Ṗnce sevint loger a Bernesques.

3565 A Burghes estoit sa moullier	A Burghes estoit sa moullier 3565
Qe neust mye temps detergier	Qui n'eut mye tamps d'atergier.
Si tost qelle la nouelle sa noit	Si tost que le novelle sot,
Sen ala plus tost qele pooit	S'en ala plus tost qu'elle pot
Et ce qelle pooit porter	Ou ce qu'elle pooit porter
3570 De bien que elle pooit trusser	Du bien qu'elle pooit trousser. 3570
Tant chimina ꝫ iour nuit	Tant chemina et jour et nuit
Ouesqȝ ceux qui li font conduit	Avoec ciaux qui li font conduit
Qen Arragon est venue	Que en Arragon est venue.
Moult durement fut esper due	Moult durement fut esperdue.
3575 Come dolante ꝫ esploree	Come dolante et esploree 3575
Disoit	las pur quoy sui ie nee	Disoit: 'Las! pour quoy sui je nee?
De Castille estoi Reigne	De Castille estoie Reïne,
De corone dor riche ꝫ fine	A corone d'or riche et fine,
Mais poi ad duree la fortune	Mais poi a dure le fortune.
3580 He mort que estes a touz commune	He! morz, qui es a touz commune, 3580
Qei attendes tu ore morir vorroie	Qu'attens tu? or mourir vorroie,
Car iammes auoir ne purroie	Car jammes avoir ne pourroie
Ne esbatement ne solas	Ne esbatement ne solas,
Toute foitz qe hōme dirra las	Toutes fois que on dira, las!
3585 Veiez la la Roigne despaigne	"Vez la le Roïne d'Espaigne 3585
Qe corona la grant compaigne	Que corona le Grant Compaigne."
He Prince ta puissance fiere	He! Princes, ta puissance fiere
Mad de haut en bas mis a rere	M'a de haut en bas mise ariere.
f. 51ʳ Moult est bien la dame hoñee	Moult est bien la dame honouree
3590 Qe au ton corps est assenee	Qui a ton corps est assenee, 3590
Car dire poet qele ad le flour	Car dire poet qu'ele a le flour
De tout le monde ꝫ le meillour	De tout le monde et le meillour,
Et qe tout le monde meistrie	Et que tout le monde meistrie.'
Ensi dist la dame iolie	Ensi dist le dame jolie
3595 Que se compleindoit en ses ditz	Qui se compleindoit en ses diz. 3595
Et li tresnoble Prince de pris	Et li nobles Princes de pris
Sent vint a Benesques logier	S'en vint a Benesques logier,
Et le Roy Petro a chiuacher	Et li Roys Petre a chevauchier

**Coment le Roi Petre sen chiuacha
deuaunt Burghes ⁊ les Burgeises
venoient encontre lui | ⁊ ly receiuerent
moult belement ⁊ apres ceo le Prince
venoit a Burghes ⁊ la demorra per
vn moys | ⁊ le Roi Petre manda p tout
Espaigne | ⁊ lours sount venuz les gentz
de touz partiez | ⁊ lui prierent mcy ⁊ illes pdona.**

Se prist deuant Burghes tut droit	Se prist devant Burghes tout droit.
3600 Enconte de li la endroit	Encontre de li, la endroit, 3600
Vindrent li riche Burgeois	S'en vinrent li riche bourgeois,
Qui lui disoient bien veignez Rois	Qui lui disoient: 'Bien veigniez, Rois!'
Lors fust a Burghes receuz	Lors fu a Burghes receüz,
Et ly Prince y est venuz	Et ly Princes y est venuz
3605 Apres le terme de vi. iours	Apres le terme de vi jours; 3605
Et a Burghes fut ly soiours	Et a Burghes fut ly sojours
Bien le terme dun Mois passee	Bien le terme d'un mois passe.
Per tout Espaigne ad home d	Par tout Espaigne a on mande,
Si qil niad Cite ne ville	Si qu'il n'i a cite ne ville,
3610 Et a Tollette ⁊ Seuille	Et a Toulete et a Seville, 3610
A Cordevalle ⁊ a Lion	A Cordeval et a Lion,
Per tout le Roialme enuiron	Par tout le roialme environ,
Qe chescun venist sanz detry	Que chescuns venist sanz detry
Au Roy Petro prier mercy	Au Roi Petro prier mercy.
3615 Lors sont de touz partz venu	Lors sont de toutes parz venu 3615
Lui estranges ⁊ lui conu	Li estrange et li coneü,
Et li Roy touz lour pdona	Et li Roys touz lour pardona.
Seigniour ne vous menteray ia	Seigniour, ne vous menteray ja,

**Coment le Prince tenoit son iugement deuant
Burghes | ⁊ tout Espaigne fust a sa ordinance | ⁊ la
vint fferantes de Castres | ⁊ le Prince ly fist grant
honour ⁊ le festoia moult noblement | ⁊ la soiourna
le Prince vii · mois ⁊ plus ⁊ illoeqes
furent les serementes renouelles.**

Luy Prince tient certainement	Li Princes tint certainement
3620 Deuant Burghes son Iugement	Devant Burghes son jugement 3620

Et tient son gage de bataille	Et tint son gage de bataille,
Siϛ home pooit dire sanz faille	Si qu'on pooit dire sanz faille
Qen Espaigne ot tiel puissance	Que en Espaigne ot tel puissance
Qe tut fut a son ordinance	Que tout fut a son ordenance.
3625 La vint de Castres dan ffarrantz	La vint de Castres dans ffarranz, 3625
Qui moult estoit preu ⁊ vaillantz	Qui moult estoit preus et vaillanz.
Lui Prince mouit le festoia	Li Princes moult le festoia
Et moult grant honour li porta	Et moult grant honour li porta.
A Burghes la Cite garnie	A Burghes, la cite garnie,
3630 Ly Prince ⁊ sa baronie	Ly Princes et sa baronie 3630
Soiournerent vij. mois ou plus	Sojournerent vij. mois ou plus ;
Et la fut lour conseilt tenuz	Et la fu lour consiaux tenuz
Et la feurent renouellee	Et la feurent renovelle
Les serement qils eussent iuree	Li serement qu'eurent jure,

**Coment le Roy Petre sen ala deuers
Seuille pur purchacer or ⁊ argent pur
paier au noble Prince ⁊ a sez gentz
⁊ le noble Prince lattendi entour la
vale Dolif | p̄ vi mois ⁊ sez gentz soeffrent
g̊nt duretee per defaute de vitaille.**

3635 Et qe le Roy daun Petro droit	Et que li Roys dans Petro droit 3635
Deuers sa ville sen irroit	Devers Seville s'en iroit
Pur purchaser or ⁊ argent	Pour pourchacier or et argent
Pur paier le Prince ⁊ sa gent	Pour paier le Prince et sa gent ;
Et li Prince deuoit attendre	Et li Princes devoit attendre,
3640 Le Roy daun Petro auoir entendre	Le Roy dan Petre, au voir entendre, 3640
Au Vale Dolif ⁊ la entour	Au Val d'Olif ⁊ la entour,
Et ordeignia vn certain iour	Et ordena un certain jour
Qil deuoit a ly retourner	Qu'il devoit a ly retourner.
Mais a verite recorder	Mais a verite recorder
3645 Ly Prince latendi vj. mois	Ly Princes l'atendi vj. mois, 3645
Dont moult endura de destrois	Dont moult endura de destrois
Son hoost de soif ⁊ de ffarin	Son os, et de soif et de fain,
Per defaute de vin ⁊ pain	Par defaute de vin et pain.
Vn puerbe ai oy noncier	Un proverbe ay oÿ noncier,
3650 Qe home doit pur sa feme tencier	Qu'on doit pour sa femme tencier, 3650
Et pur sa viande combatre	Et pour sa viande combatre.
Seigniour il ne fait nult esbatre	Seigniour, il ne fait nul esbatre,

Line 3627 **festoia,** f *omitted and superscript.*

f. 52^r Qui niad ben ⁊ mangez assetz	Qui n'a beu et mangie assez :
Dont il yauoit assetz	Adont il y avoit assez
3655 Qui ne mageoient pas de pain	Qui ne mangeoient pas de pain 3655
Touz foitz qils anoient faim	Toutes fois qu'il avoient faim,
Et si noisoient sanz mentir	Et se n'osoient, sanz mentir,
Villes ne Chastelx assailler	Villes ne chastiaux assaillir,
Car le Prince lauoit defendu	Car li Princes l'eut defendu ;
3660 Mais si home les deust auoir pendu	Mais s'on les deust avoir pendu 3660
Lour faloit il faire p force	Lour faloit il faire par force,
Car grant fayme les enforce	Car grant famine les enforce.
Et li Prince meisment	Et li Princes meïsmement
Prist haumousque primerment	Prist Haumousque premierement
3665 Et fut a Medismes de cāmp	Et fu a Medismes de Camp, 3665
Et dema tant sur le cāmp	Et demoura tant sur le camp
Qe de la Ville ot la vitaille	Que de le ville ot le vitaille,
Ou liueree lour eust la bataille	Ou livre lour euïst bataille :
Auxi tout la gͬnde compaignie	Auxi toute le Grant Compaigne
3670 Plusours en prisent en Espaigne	Plusours en prisent en Espaigne. 3670
Mais nepͬquant pur veritee	Mais nepourquant pour verite
Moult ils soeffrerent de duretee	Moult il souffrirent de durte
Toutdiz le Roy Petro attendant	Touz dis le Roy Petre attendant.
Quant ils eurent demee tant	Quant il eurent demoure tant
3675 Et le iour estoit ia passez	Et li jours estoit ja passez 3675
Qil deuoit estre retournez	Qu'il devoit estre retournez,

Coment le Roi Petre enuoia sez lres au Prince ⁊ ly rendist grantz mercies | ⁊ lui excusa de sa paimēt ⁊ le noble Prince ly enuoia vne lr̄e.

Vne lr̄e au Prince manda	Une lettre au Prince manda,
De quele le tenour deuisa	De qui le tenour devisa
Quil li rendoit moultz des mercys	Qu'il li rendoit moult de mercy
3680 De ce qils lui anoient seruis	De ce qu'il l'avoient servi, 3680
Car Roy fut de tut Castielle	Car Roys fut de toute Castelle,
Et chescun son seigniour li appelle	Et chescuns son seigniour l'appelle ;
Mais sa gent lui ont respondu	Mais sa gent lui ont respondu
Sachez li grant ⁊ li menu	Sachiez, li grant et li menu,
3685 Qil ne purroit auoir argent	Qu'il ne pourroit avoir argent 3685
Sil ne fesoit voider sagent	S'il ne fesoit voidier sa gent ;
Et pur tant le Prince prioit	Et pour tant le Prince prioit,

A plus amiablement qil pooit	Plus amiablement qu'il pooit
Qil li plust a repairer	Qu'il li pleüst a repairier,
3690 Car plus nauòit de li mestier	Car plus n'avoit de li mestier, 3690
f. 52ᵛ Et qil vousist ordeigner gent	Et qu'il vousist ordener gent,
Pur resceyure son paiment	Pour receyvre son paiement.
Li Prince moult senmueilla	Li Princes moult s'esmerveilla
Sitost qe la lr̅e escouta	Sitost que le lettre escouta.
3695 Deux Chiualers vers ly tramist	Deux chevaliers vers ly tramist 3695
Et per lr̅es sauoir li fist	Et par lettres savoir li fist
Qil nauoit tenuz les ditz	Que il n'avoit tenuz les diz
Queux il auoit iuree ꝫ ꝑmis	Qu'il avoit jurez et promis.

Coment le Prince prist son purpois de
retourner en Acquitaigne car plusŏrs disoient
qe le Bastard yestoit entrez ꝫ fist gͣnt damage
ꝫ le Prince tant chiuacha qil vint a la
vale de Sorie | ꝫ en celł temps Chaundos
conceilla oue le conceil Daragoune.

A quoy faire vous conteroie	A quoy faire vous conteroie
3700 La matiere ꝫ alongeroie	Le matere et alongeroie? 3700
Tant vous en purroy conter	Tant vous en pourroye conter
Qe bien vous purroy tasner	Que bien vous pourroye taner.
Luy Prince ad bien aꝑceu	Li Princes a bien aperceu
Qe le Roy Petro ne fui	Que li Roys dans Petro ne fu
3705 Pas | si foiaux come il quidoit	Pas si foiaux come il quidoit. 3705
Lors dist qil sen retourneroit	Lors dist qu'il s'en retourneroit,
Car plusours disoient ensi	Car plusours disoient ensi
Auxi qe le Bastard Henri	Auxi, que le Bastart Henri
Estoit entrez en Aquitaine	Estoit entrez en Aquitaine,
3710 Et moult fesoit soeffrir de paine	Et moult fesoit souffrir de paine 3710
A comune poeple du pais	Au comun poeple du païs,
Dont le Prince fut moult maris	Dont li Princes fut moult maris.
Lors prist le Prince son retour	Lors prist li Princes son retour
De Mandregay sanz nułł soiŏ	De Madregay sanz nul sejour.
3715 Tant iour ꝫ noet ad chiuache	Tant jour et noet a chevauchië 3715
Qil vient en vale de Sorye	Que il vint eu val de Sorye
Ou il soiourna bien vn mois	Ou il sojourna bien un mois.
Et Chaundos conseilla en trois	Et Chandos conseilla entroes

Line 3707 Car, c *corrected out of* q; t *of* disoient *almost erased.*

Ouesqȝ le conseil daragon	Avoec le conseil d'Aragon.
3720 Du conseil ne say si poi non	Du conseil ne say se poi non. 3720

Coment Chaundos ⁊ monſ Martin de la
Carre venoit au Roy de Nauarre ⁊ purcha-
cerent le passage du Prince | ⁊ le Prince
se pti de la vale de Sorie ⁊ prist sa voie
pmy Nauarre ⁊ le Roy de Nauarre
ly conduist outre le paas ⁊ la prirent congie
conge | ⁊ le Pnce vient a Bayone ⁊ la fuist p
v · iours en grauntz reueaux ⁊ les Burgeises
festoient moult graund ⁊ noblement.

f. 53ʳ

Mais pur la matiere abreggier	Mais pour le matere abregier
Chaundos se vint sanz atargier	Chandos s'en vint sanz atargier
Per deuers le Roy de Nauarre	Par devers le Roy de Navarre.
Il ⁊ daun Martin de la Carre	Il et dans Martins de la Carre
3725 Purchacerent tant qe le Roys	Pourchacerent tant que li Roys 3725
De Nauerre qui fut curtoys	De Naverre, qui fut courtoys,
Lessa le Prince passer	Lessa le Prince repasser.
Et li Prince sanz arester	Et li Princes sanz arester
Septi de vale de sorie	Se parti du val de Sorie;
3730 Pmy Nauarre ad quillie	Parmy Navarre a acoeillie 3730
Sa voie	sanz prendre soiour	Sa voie sanz prendre sojour.
Lui Roi qui moult fui plain donõ	Li Roys, qui moult fu plains d'onour
Ly Prince grant honour fesoit	Au Prince grant honour fesoit,
Car toutz les iours li enuoioit	Car touz les jours li envoioit
3735 Vin ⁊ vitaille aġnt plentee	Vin et vitaille a grant plente. 3735
Pmy Nauarre li ad amesnee	Parmy Navarre l'a mene,
Si conduist tut outre le paas	Sil conduist tout outre le pas.
Apres ne vous menteray pas	Apres, ne vous menteray pas,
A seint Iohn du pee des portz	A Seint Jehan du Pie des Porz
3740 ffestierent p grantz desportz	ffestierent par granz deporz. 3740
Dilloeqes ensemble congie prirent	Illoec ensamble congie prirent
Doucement ⁊ se deptirent	Doucement et se departirent.
Lor vient le Prince a Baione	Lor vint li Princes a Baione,
Dont grant ioie ot mainte psone,	Dont grant joie ot mainte persone.
3745 Noblement les nobles Burgeois	Noblement li noble bourgeois 3745

L̇ne 3727 passer, re added in the margin.
Line 3736 omitted and inserted after line 3752.

Li festoient ⁊ ce fut droitz,	Le festioient et ce fut droiz.
Et la congie dona a sa gent	Et la congie dona sa gent,
Et lour dist qe lour paiment	Et lour dist que lour paiement
Venissent quererę a Burdeaux	Venissent querir a Bourdiaux.
3750 La fut v · iours en grant reueaux	La fut v · jours en granz reviaux, 3750

Coment le Prince sen est partiz de Bayon ⁊ est venuz a Burdeaux ⁊ fut retenuz moult noblement a croys ⁊ a pcessions ⁊ la Princesse oue Edward son filtz vint encontre ly oue plusours dames ⁊ Chiualers ⁊ demenoient moult graund ioie.

De Baione sest deptiz	De Baione s'est departiz
Lui Prince plus nest alentiz	Li Princes, plus n'est alentiz,
Tanqɜ il est a Burdeux venuz	Tanqu'il est a Bourdiaux venuz.
Noblement y fui resceuz	Noblement y fu receüz
f. 53ᵛ A croys ⁊ a pcessious	A croys et a processions, 3755
3756 Et touz les religious	Et trestout li religious
A lencontre li venoient	A l'encontre de li venoient.
Moult noblement le festoient	Moult noblement le festoioient
En loeant ⁊ graciant dieu	En loant et graciant Dieu.
3760 Lors descendi a seint Andrev	Lors descendi a Seint Andrieu. 3760
La Princesse vient encontre ly	La Princesse vint contre ly,
Qe fist aporter ouesqɜ luy	Qui fist aporter avoec ly
Edward son filtz le primiers,	Edouwart son filz, le premier.
Les dames ⁊ les chiualers	Les dames et li chevalier
3765 Pur li festoier y venoient	Pour li festoier y venoient, 3765
Et moult grant ioie demenoient	Et moult grant joie demenoient.
Moult doulcement se entre collerent	Moult doulcement s'entrecollerent,
Ensemble quant ils sencontrerent	Ensamble quant il s'encontrerent.
Ly Prince qui ot coer gentil	Ly Princes, qui ot coer gentil,
3770 Baissa sa moullier ⁊ son fil	Baisa sa moullier et son fil. 3770
Dusqɜ alostielt a pe sen venirent	Dusqu'a l'ostel a pie s'en vinrent
Ensemble p les mains se tenirent	Ensamble par les mains se tinrent.

Coment le Prince demͣa a Burdeaux en g̃nt ioie ⁊ deduit ⁊ chescun sen resioie de sa venue per tout le pais daq̇taigne ⁊ chescune festoia moult noblement a son amy.

Line 3749 Burdeaux, a *omitted and superscript.*

A quoi faire vous mentiroye	A quoi faire vous mentiroye ?
A Burdeaux fesoit home tiel ioie	A Bourdiaux fesoit on tel joye
3775 Qe chescun se reioissoit	Que chescuns se resjoïssoit 3775
De Prince qi venuz estoit	Du Prince, qui venuz estoit,
Et cils qe furent ouesqз ly	Et ciaux qui furent avoec ly.
Chescon festoit son amy	Chescuns festioit son amy.
Home pooit sauoir qe cett nuit	On poet savoir que celle nuit
3780 ffist home en maint lieu grant deduit	ffist on en maint lieu grant deduit 3780
Par tout le pais daquitaine	Par tout le païs d'Aquitaine,
De ce est bien chose cetaine	De ce est bien chose certaine.
Pur venier a conclusione	Pour venir a conclusiön,
Ore vous ai ie fet mencion	Or vous ai je fet menciön,
3785 Du Prince et de son gra voiage	Du Prince et de son grant voiage, 3785
Et de son tresnoble baronage	Et de son tresnoble barnage,
Pdones moy si mal iai dit	Pardones moy se mal j'ai dit
Car de rien ne vous ay mentit	Car de rien ne vous ay mentit.

Coment le Prince apres ce qil auoit demee vn temps a Burdeaux fist assembler a seint Milion touz les nobles de tout la principaltee moult debonairement si bien ceux qui auoient estee ouesqe sa compaigne en sa absence com ceux qi auoient estee ouesqe ly en Espaigne et les festoia moult noblement et grauntz douns lour dona et lors chescun se parti vs soun hosteille.

A Burdeux dema vn temps	A Bourdiaux demoura un temps
3790 Et bien se tenoit pur contemps	Et bien se tenoit pour contens 3790
De ses gentz et de son pais	De ses genz et de son païs,
Car moult li auoit reesoiez	Car moult s'i estoit resjoïz.
Puis fist en bien contre faison	Puis fist en bien courte saison
Assembler a seint Milion	Assembler a Seint Milion
3795 De tout sa principaltee	De toute sa principaute 3795
Les nobles | ce fut veritee	Les nobles, ce fut verite,
Countes | Barons | Euesqes platz	Contes, barons, vesques, prelaz.
La viendrent ils a grant solas	La vinrent il a grant solas.
Et ly Prince debonairment	Ly Princes debonairement
3800 Les mercia moult humblement	Les mercia moult humblement : 3800

Ceux qi ouesʒ sa compaigne	Ciaux qui avoecque sa compaigne
ffurent ⁊ ouesʒ ly en Espaigne,	ffurent, avoec ly en Espaigne,
Et ceux qui demore estoient	Et ciaux qui demore estoient,
Quils la pais gardes auoient	Qui le païs garde avoient ;
3805 Et lour dist beaux seigniours p foi	Et lour dist : 'Biaux seigniours, par foi, 3805
De tout mon coer aymer vous doi	De tout mon coer aymer vous doi,
Car vous mauez tres bien serui	Car vous m'avez tres bien servi,
De bon coer vous enmerci	De bon coer vous en remerci.'
Moult noblement les estoia	Moult noblement les festoia
3810 Et moult beal doner lour dona	Et moult de biaux dons lour dona, 3810
Or ⁊ argent ⁊ riches Ioiaux	Or, argent, et riches joiaux,
Et cils en fesoient grantz reueaux	Et cil en fesoient granz reviaux.
De noble Prince se ptirent	Du noble Prince se partirent ;
Vers lours hostelx lour chimin prirent.	Vers lours hostelx lour chemin prirent.

**Coment le Prince se vint a
Anguleme ⁊ la luy survint
sa maladie | ⁊ adonqes
comencerent fauxetees ⁊ traisons
entre les seigniours du pais car ils sacor-
deret entre eux de comencer guerre contͤ le Pnce.**

3815 Assetz tost apres ce auint	Assez tost apres ce avint 3815
Qe a Anguyleme logier vient	Qu'a Angouleme logier vint
Lui noble Prince daquitaine	Ly nobles Princes d'Aquitaine ;
Et la cest bien chose certaine	Et la, c'est bien chose certaine
f. 54ᵛ Li comencea la maladie	Li comencea la maladie
3820 Qe puis dura tout sa vie	Qui puis dura toute sa vie, 3820
Dont fut damage ⁊ pitee	Dont fut damages et pites.
Adonqes comencea fauxetee	Adonc comencea fauxetes
Et traison a gouerner	Et traisons a governer
Ceux qui le denoient aymer	Ciaux qui le devoient aymer,
3825 Car cils qil tenoit pur amis	Car cil qu'il tenoit pour amis 3825
Adonqes feurent ses enemis	Adonc feurent ses enemis ;
Mais ce nest mie grant merueille	Mais ce n'est mie grant merveille,
Car lenemy qui touz iours veille	Car l'enemis, qui touz jours veille,
Pluis tost greuera vn p̄dhome	Plus tost grevera un preudhome
3830 Qe vn manneis cest la sōme	Que un mauveis, ce est le some ; 3830
Et pur ce, si tost qe hōme sanoit	Et pour ce, si tost qu'on savoit
Qe li noble Prince estoit	Que li nobles Princes estoit

Line 3825 qil, l omitted and superscript.

Malades en pil de mort,	Malades, en peril de mort,
Ses enemis furent dacort	Si enemi furent d'acort
3835 De la guerre recomencier	De le guerre recomencier ; 3835
Si comencerent a traitier	Si comencierent a traitier
A ceux qils sauoient de fit	A ciaux qu'il savoient, de fi,
Qils estoient si enemit	Qu'il estoient si enemi.

Coment la guerre fut recomencee
entre ffraunce & Engletre & adonqes
villes & Citees & plusours seigniours
du pais se tournerent encontre le Pͥnce |
& se trahierent vers le Roy de ffraunce
come a lour seigniour soúaine pur
appeller le Prince en sa Court endisantz
qil lour auoit fait gͣnt tort.

Adonqes recomencea la guerre	Adonc recomencea le guerre
3840 Entre ffrance & Engleterre	Entre ffrance et Engleterre, 3840
Et lors villes & Citees	Et lores villes et cites
Se tournerent cest veritees	Se tournerent, c'est verites,
Et plusours Countees & Barons	Et plusours contes et barons,
Dont ie ne doi celer les nouns	Dont je ne doi celer les nons :
3845 Arminak | Lisle | & Peregos	Arminak, Lisle et Pieregos, 3845
Labret Corages de briefs motz	Labret, Corages de bries moz,
Toutz relinquerent a vn iour	Tout relinquirent a un jour
Le Prince lour liege seigniour	Le Prince, lour lige seignour,
Pur ce qe malades estoit	Pour ce que malades estoit,
3850 Et qe aider plus ne se pooit	Et qu'aidier plus ne se pooit. 3850
Adonqes feurent ils tut dacord	Adonc feurent il tout d'acort,
Sicome ie oy em mon record	Si come j'oy em mon recort,
55ʳ Qe du Prince sexpelleroient	Que du Prince s'apelleroient
Et qe gurre comenceroient	Et que guerre comenceroient.
3855 Ly Count Darminak primers	Ly conte d'Arminak premiers 3855
Et plente dautres chiualers	Et plente d'autres chevaliers
Se trahierent vers le Roy de ffrance	Se traissent vers le Roy de ffrance,
Et ly dirent sanz demorance	Et ly dirent sanz demorance
Qils voilloient appeller	Que il voloient appeller
3860 En sa court | & eux retorner	En sa court et yaux retorner, 3860
Endisantz qe le Prince tort	En disant que li Princes tort
Lour fesoit & trauailloit fort.	Lour fesoit et travailloit fort.

Line 3843 plusours, r *omitted and superscript.*

Pur ce venoient de cetain	Pour ce venoient, de certain,
Vers ly come seignour souerain	Vers ly com seignour soverain.

Coment le Roy de ffraunce appella son g̃nd conseil | ⁊ lour moustra lentent du Counte Darmynak ⁊ s̃ ce le Roy de ffraunce enuoia p̃ le Pͥnce de venir ⁊ respondre en son parlement dount le noble Prince fuist corucez.

3865 Luy Roy de ffrance en appella	Ly Rois de ffrance en appella	3865
Son grant conseille ⁊ assembla	Son grant conseil et assambla,	
Et lour moustra tout lentente	Et lour moustra toute l'entente	
Coment sil Darminak le tempte	Coment cil d'Arminak le tempte	
De la guerre comencier	De la guerre recomencier:	
3870 Dont se pristrent a conseiller	Dont se prisent a conseillier.	3870
Et le conseille fut sur ce point	Et li consiauz fut sur ce point,	
De ce ne vous menterai point	De ce ne vous menteray point,	
Qils firent le Prince mander	Qu'il firent le Prince mander	
Qil venist sanz arestier	Que il venist, sanz arester,	
3875 Respondre en son plein parlement	Respondre en son plein parlement	3875
Et contre celle appellement	Encontre cel appellement.	
Ly Prince qui malades fui	Ly Princes, qui malades fu,	
Quant il ot le fait entendu	Quant il ot le fait entendu,	
Moult durement fut coroucez	Moult durement fut corouciez.	
3880 Adonqes cest de son lit diescez	Adonc s'est de son lit dreciez	3880
Et ad dit beau seigniour p̃ foi	Et a dit : 'Biau seigniour, par foi,	
Avis mest a ce qe ie voi	Avis m'est, a ce que je voi,	
Qe ffarncois me teignont pur mort	Que ffrancois me tienent pour mort;	
Mais si dieux me doint verrai confort	Mais, se Dieux me doint vrai confort,	
3885 Si de ce lit leuir me puis	Se de ce lit lever me puis	3885
En coer lour ferrai moult daunys	Encor lour ferai moult d'anuys,	
Car dieu sciet bieu qe sanz bon droit	Car Dieux scet bien que sanz bon droit	
Se pleindent de moy ore en droit	Se pleindent de moy ore en droit.'	

f. 55ᵛ
Coment le Prince remanda au Roy de ffraunce ⁊ apͬs ce comencea guerre en Aquitaigne.

Lors remanda au Roy de ffrance	Lors remanda au Roy de ffrance,	
3890 De volunte hardi ⁊ france	De volente hardie et france,	3890
Qe voluntiers certeynement	Que voluntiers certeynement	

Line 3881 beau, *a omitted and superscript.*

Il irroit a son mandement	Il iroit a son mandement,
Si dieux li donast saunte ꝫ vie	Se Dieux li doint sante et vie,
Il ꝫ tout sa compaignie	Il et toute sa compaignie,
3895 Le bacinet armee au chief	Le bacinet arme au chief, 3895
Pur li defendre de meschief	Pour li defendre de meschief.
Ensi ceste bien chose certaine	Ensi, c'est bien chose certaine,
Comencea guerre en Acquitaine	Comencea guerre en Acquitaine ;
Et lors fist touz les compaignous	Et lors fist touz les compaignons
3900 Mettre en touz les garisons	Mettre en toutes les garnisons. 3900
La veissez guerre mortele	La veïssiez guerre mortele
Et en plusours lieux moult cruele	Et en plusours lieux moult cruele :
Les freres furent contre le frere	Li freres fu contre le frere
Et le filtz contre le piere	Et li filz encontre le pere ;
3905 Chescun de eux se ptie tenoit	Chescuns d'yaux son parti tenoit 3905
A quel part qe meultz li plesoit	A quel part que mieulz li plesoit.
Mais en temps qe ie vous die	Mais en ce tamps que je vous di
Ly noble Prince moult pdi	Ly nobles Princes moult perdi,
Car traisons ꝫ fauxetees	Car traïsons et fauxetes
3910 Regnoient la de touz costeez	Regnoient la de touz costez. 3910
Home ne sauoit en qi fiance	On ne savoit en qui fiance
Auoir si le verray dieux mauance	Avoir, se li vrays Dieux m'avance.
Mais ne pur quant se confortoit	Mais nepourquant se confortoit
Lui Prince au mulz qil pooit	Li Princes au mieulz qu'il pooit.

Coment le Prince enuoia en Engleͬtre
pur socour auoir de son pier | ꝫ il ly
enuoia Esmond Counte de Cantebrigge
son filtz | ꝫ le Counte de Pembrok od moult
noble chiualrie les queux pristrent
Bourdreſſ per assaut ꝫ le Counte de
Penbrok fuist fait Chiualer | ꝫ apres
ce mistrent siege a Roche Suryon.

3915 En Engleterre fist mander	En Engleterre fist mander 3915
Socours	pur li reconforter	Socours pour li reconforter,
Et li tresnoble Roy son pier	Et li tresnobles Roys, ses pere,
Li enuoia Esmond son frere	Li envoia Esmond son frere,
Conte de Cantebrigge de renon	Conte de Cantbrigge de non,
3920 Qui eust le coer fier come lion	Qui eut le coer fier com lion, 3920
Cil de Pembrok auxi	Et cil de Pennebrok auxi

Qui eust le coer preu ⁊ hardi	Qui eut le coer preu et hardi,
Et auoient en lour compaignie	Et avoient en lour compaignie
Moult de noble chiualrie	Moult de noble chevalerie.
3925 Cils deux viendrent en le frontier	Cil doi s'en vinrent en frontier 3925
Et moult fesoient eux chier	Et moult fesoient yaux chier:
Bourdielle prirent p assaut	Bourdeille prirent par assaut,
Dont eurent le coer leez ⁊ baut	Dont eurent le coer lie et baut;
Et la fut Chiualer le Counte	Et la fu chevaliers li conte
3930 De Pembrok dont home fist counte	De Pennebrok, dont on fist conte. 3930
Puis mistrent en court faison	Puis misent en courte saison
Siege a la Roche Surion	Siege a la Roche sur Ion;
Et Chaundos fut a Mont Auben	Et Chandos fut a Montauben
Qui illoeqes se meintenoit bien	Qui illoec se meintenoit bien.

**Coment la Roche Suryon fuist pris p le
Counte de Cantebrigge ⁊ Audel ⁊ Chaundos tspassent.**

3935 Que vous purroi ie recorder	Que vous pourroi je recorder 3935
Pur la matier destourber	Pour le matere destourber?
De toutz partz fust la fortune	De toutes parz fu le fortune
En Acquitaine horrible ⁊ frune	En Acquitaine horrible et frune.
La Roche Surion fut pris	La Roche sur Ion fut prise
3940 De Cantebrigge ⁊ son empris	De Cantebrigge et son emprise; 3940
Mais ensi qil pleust a celly	Mais ensi qu'il pleut a cely
Verrai dieux qui vnqes ne menty	Vrai Dieu, qui onques ne menty,
Monſ James de Audelee	Messires James d'Audelee,
Qui moult fui de grant renomee	Qui moult fu de grant renommee,
3945 Morust illoqes de maladie	Morut illoec de maladie: 3945
Dont dolantz fui nendoutez mye	Dont dolanz fu, n'en doutez mye,
Li tresnoble Prince de pris	Li tresnobles Princes de pris,
Car moult li fui Jamys amys	Car moult li fu Jamys amis.
Et puis gaires ne demora	Et puis gaires ne demora,
3950 Et Chaundos auxi trespassa	Et Chandos auxi trespassa 3950
Au pont de Lusak bien sauez	Au pont de Lusak, bien savez:
Dont fui damage ⁊ piteez	Dont fu damages et pitez,
Car moult en estoit esmays	Car moult en estoit esmays
Ly Prince qui moult fui maris	Ly Princes, qui moult fu maris.
3955 Mais home voit souent auenir	Mais on voit souvent avenir 3955
Qe quant il doit mys a venir	Que, quant il doit mesavenir,
Li meschief apres lautre vient	L'uns meschies apres l'autre vient.
Beau cop des foitz ensi auyent	Biau cop des fois ensi avyent.

Toutz les meschiefs ensi sourdoient	Tout li meschief ensi sourdoient,
3960 Lun apres lautre venoient	L'uns apres l'autre, il venoient 3960
f. 56ᵛ A noble Prince qui gisoit	Au noble Prince, qui gisoit
En lit ou malades estoit	En lit ou malades estoit.
Mais de tout ce gracioit dieu	Mais de tout ce gracioit Dieu
Et disoit | tout auera son lieu	Et disoit : 'Tout avra son lieu ;
3965 Et si de ci leuer me purroye	Se de ci lever me pooye, 3965
Bien la vengeance en prenderoye	Bien la vengeance en prenderoye.'

Coment les ffrancois se reioissent moult
de la malaie du Prince ꝫ de la mort de
Chaundos ꝫ Audele | ꝫ adonqes le Roy de fful̄ce
ent manda nouelles a monſ Bartrem de
Claykyn en Espeyne ꝫ qil deust
retourner | ꝫ il se vint a Tholohouse.

Quant ffrancois sauoient qe Chaundos	Quant ffrancois savoient que Chandos
ffut mort qui auoit grant los	ffut morz, qui tant avoit grant los,
Moult grant ioie firent p̄ tout	Moult grant joie firent par tout
3970 Et se reioissent moult	Et se resjoïssoient moult, 3970
Et disoient tout serra n̄re	Et disoient : 'Tout sera nostre,
Auxi verray come le paternoster	Auxi vray com le paternostre.'
Lors fist le Roy Charles de ffrance	Lors fist li Roys Charles de ffrance
Mander sanz point de demorance	Mander sanz point de demorance
3975 A monſ Bartrem de Claykyn	A monsiour Bartrem de Claykyn, 3975
Qui ot le coer hardi ꝫ fyn	Qui ot le coer hardi et fyn,
En Espaigne leure il estoit	En Espaigne, leur il estoit,
La ou le Roy Bastard seruoit	La ou le Roy Bastart servoit,
Et manda qe Chaundos fui mort	Et manda que Chandos fu mort.
3980 Voluntiers oy le recort	Volentiers oÿ le recort. 3980
Bartrem en ffrance retourna	Bartrem en ffrance retourna
Bien tost | gaires ne demora	Bien tost, gaires ne demora.
A tholouse sen est venuz	A Tholouse s'en est venuz ;
La fui Danioo li riche ducz	La fu d'Anjou li riches ducs
3985 Qui le festoia doulcement	Qui le festoia doulcement 3985
Et moult tresameablement	Et moult tresamiäblement
Et dist Dan Bartrem bien trouez	Li dist : 'Dan Bertrem, bien trovez
Soiez vous | ꝫ bien ariuez	Soiez vous et bien arivez.
Nous auons grant mestier de vous	Nous avons grant mestier de vous,
3990 Car si vous estez ouesꝗ yous	Car se vous estez avoec nous, 3990

Line 3990 yous, *marginal correction* n.

Nous conquestrons Acquitanie	Nous conquesterons Acquitaine ;
Car ce est bien chose certaine	Car ce est bien chose certaine,
Audelee ⁊ Chaundos sont mortz	Audelee et Chandos sont mort,
Qui nous ont fait tant de discordz	Qui nous ont fait tant de descort,
3995 Et li Prince gist en son lit	Et li Princes gist en son lit 3995
Malades qui poy ad de delit	Malades, qui poy a delit,
Si ꝗ vous le conseillez	Si que, se vous le conseilliez,
Nous sumes touz appaillez	Nous somes touz appareilliez
De chiuachier pmy la terre	De chevauchier parmy le terre.'
4000	 4000

Coment monſ Bartrem sacorda de
faire la guerre encontre le Prince | ⁊
adonqes les ffrancois firent assembler lour
grant poer. ⁊ le Duc Danioo entra pmy
Crescyn ⁊ le Duc de Barry | ⁊ le Duc de
Burbon chiuacherent pmy lymosyn ⁊
furent en purpose dassieger le Prince |
⁊ lors le Prince se leua ⁊ fist son poair.

A ce faire bien sacorda	A ce faire bien s'acorda
Daun Bartrem | qe le conseilla	Dans Bartrems, qui le conseilla ;
Et la feurent ils tut daccord	Et lor feurent il tout d'accort,
Sicome ioy en mon record	Sicome j'oy en mon recort,
4005 Qe a deux costes chiuacheroient	Qu'a deux costes chevaucheroient 4005
Et qe le Prince assegeroient	Et que le Prince assegeroient.
Lors fesoient assembler lour gentz	Lors fisent assambler lour genz
Assez p Milliers ⁊ p Centz	Assez par milliers et par cenz.
Le Duc Danioo pmy Cressin	Li Ducs d'Anjou par my Cressin
4010 Chiuacha | a moult grant trahin	Chevaucha a moult grant trahin ; 4010
Cil de Barry | ⁊ cil de Burbon	Cil de Barry, cil de Bourbon,
Ouesꝗ des gentz grant fuison	Avoecque des genz grant fuison,
Parmy limosyn chiuacherent	Parmy Limosyn chevauchierent
Tantꝗ a Lymoges se longierent	Tant qu'a Lymoges se logierent,
4015 Et quidoient au voir iugier	Et quidoient, au voir jugier, 4015
Venir | droit le Prince assegier	Venir droit le Prince assegier
En Anguileme ou il estoit	En Angouleme, ou il estoit,
Si malades qil se gisoit	Si malades qu'il se gisoit.
Et ly Prince fui en son lit	Et ly Princes fu en son lit,

Line 4000 *left blank in the MS.*
Line 4016 *omitted and inserted after line* 4024.

4020 Qui pas nauoit trop grant delit.	Qui pas n'avoit trop grant delit. 4020
Si tost qil en oy nouelles	Si tost qu'il en oÿ novelles,
Ly semblerent bons ⁊ beles	Ly semblerent bones et beles;
De son lit tantost se leua	De son lit tantost se leva
Et tout son poair assembla.	Et tout son pooir assambla.

Coment en cel temps le Duc de Lancastre
oue moult noble chiualrie fuist arriuez
en la pais ⁊ voilliot aler pur combatre les
enemys | ⁊ quant ils ent sauoient | ⁊ qe le
Prince auoit assemblee son poair les enemys
se retournerent ⁊ noiserent paas attendre
⁊ en cel temps Lymoges fust rendu p
fauxtee | ⁊ le Prince y mist assegee
⁊ le regaigna per assaut | ⁊ la furent
plusours gentz darmes ⁊ Burgeises pis ⁊ mortz.

f. 57ᵛ

4025 A ceo temps fut ly riche ducz	A ce tamps fu ly riches ducs 4025
De Lancastre en qui feurent vertuz	De Lancastre, en qui fu vertuz,
Armes dedeinz son pais	Arives dedenz son païs,
Et moultz des chiualers de pris	Ou moult de chevaliers de pris,
Et les voilloit aler combatre	Et les voloit aler combatre
4030 Pur son noble pais debatre	Pour son noble païs debatre; 4030
Mais si tost qil orent dire	Mais si tost qu'il oïrent dire
Qe li Prince sanz contredire	Que li Princes, sanz contredire,
Auoit assemblee son poair	Avoit assamble son pooir,
Ils sen retournent pur voir	Il s'en retournerent, pour voir,
4035 Et ne loiserent pas attendre	Et ne l'oserent pas attendre. 4035
Mais en ce temps a voir entendre	Mais en ce tamps, au voir entendre,
Limoges la bone Citee	Limoges, le bone cite,
ffut rendu p fauxtee	ffut rendue par fauxete,
Et li Prince celle part vint	Et li Princes celle part vint,
4040 Qui p devant lassiege tient	Qui par devant le siege tint, 4040
Tanqȝ il le gaigna p assaut	Tant qu'il le gaigna par assaut :
Dont moult ot le coer haut	Dont moult ot le coer lie et baut,
Qar la fui Rogier de Beauford	Car la fu Rogiers de Beaufort,
Qui de tenir se fesoit fort	Qui de tenir se fesoit fort,
4045 Et monſ Iohn de Villemer	Messires Jehans de Villemur, 4045
Qui dist qil garderoit le mure	Qui dist qu'il garderoit le mur,
Et des gentz darmes bien iij. Centz	Et des genz d'armes bien iii. cenz,

Sanz les Burgeises dep dedeinz	Sanz les bourgeois de par dedenz.
Mais touz y furent mortz ou pris	Mais tout y furent mort ou pris
4050 P le noble Prince de pris	Par le noble Prince de pris, 4050
Dont auoient grant ioie entour ly	Dont avoient grant joie entour ly
Toutz ceux qe li furent amy	Tout cil qui li furent amy ;
Et les enemis en auoient	Et li enemi en avoient
Grant paour | ꝛ se repentoient	Grant paöur et se repentoient
4055 Qe la guerre recomencee	Que le guerre recomencië 4055
Auoient vers ly ie vous affie	Avoient vers ly, je vous affie.

Coment apres ceo qe Lymoges fuist pris le
Pnce se revint a Anguyleme | ꝛ troua Edward
son filtz trespasse | dount il fut moult dolentz
ꝛ apres ceo se vint en Engletre | ꝛ ouesqe
luy sa femme ꝛ son filtz Richard
ꝛ moult plusours autres de sez gentz.

f. 58ʳ Apres qe limoge fust pris	Apres que Limoges fu prise,
Ly noble Prince de haut empris	Ly Princes de hautë emprise
En Anguileme sen reuynt	En Angouleme s'en revynt ;
4060 Dont autre ensegne ly auient	Dont autre enseigne ly avint, 4060
Car adonqes troua trespassee	Car adonc trova trespasse
Son filtz Edward primer nee	Son filz Edouwart, premier ne,
Dont bien fut dolantz en son coer	Dont bien fu dolanz en son coer :
Mais nult poet la mort fuyer	Mais nuls ne poet le mort fuyer.
4065 Tout ly couenoit prendre en gre	Tout ly covenoit prendre en gre 4065
Ce qe dieux ly auoit done	Ce que Dieux ly avoit done.
Apres gaires ne demora	Apres gaires ne demora
Qe tout son arrai apresta	Que tout son arroi apresta
Et en Engleterre se vient	Et en Engleterre s'en vint
4070 Pur la maledie qe ly tient	Pour maladie qui le tint, 4070
Ouesq li sa feme ꝛ son fitz	Avoec li sa femme et ses fiz
Et multz des Chiualers du pris	Et moult de chevaliers de pris.

Coment la nouelle vint en Engleterre
qe la Rochell fuist perdu | ꝛ le Count de
Penbrok pris | ꝛ sur ceo le Roy Dengletre
fist vn tresgraunt armee en quelle
fuist ly tresnoble Prince | ꝛ maint
vaillant seigniour ꝛ chiualer de renoun

> queux furet sur la meer entour ·ix· sema-
> ignes ⁊ ne proient auoir vent pur passer.

Qe puis fut nouel venu	Depuis fut novelle venue
Qe la Rochell fust pdu	Que la Rochelle fu perdue,
4075 Et si fut pris lui noble Counte	Et se fu pris li nobles conte 4075
De Penbrok dont home fist counte	De Pennebrok, dont on fist conte.
Donc fist li Roy faire vne arriuee	Donc fist li Roys faire une armee,
Qe moult fui de grant renōme	Qui moult fu de grant renommee ;
Et la furent tout li baron	Et la furent tout li baron
4080 Et toutz les Chiualers de noun	Et tout li chevalier de non : 4080
Ly noble Prince y estoit	Ly nobles Princes y estoit
Qui en grant paine se mettoit	Qui en grant paine se mettoit
Qe arriuer peust ⁊ prendre terre	Qu'arriver peust et prendre terre,
Pur aler socourer sa terre	Pour aler socourir sa terre.
4085 Mais a ceo qe iay oi countier	Mais a ce que j'oï conter 4085
Noef semaignes estoient sur meer	Noef semaines estoient sur mer,
Qe vnqes ne purroient auoir vent	Qu'onques ne peurent avoir vent,
Eins les failli tout varrayment	Eins les failli tout vrayement
Retourner ⁊ vener ariere	Retourner et venir ariere :
4090 Dont moult fesoient matechiere	Dont moult fesoient mate chiere 4090
f. 58ᵛ Lui Roi ⁊ le Prince auxi	Li Rois et li Princes auxi
Et touz les Chiualers hardi	Et tout li chevalier hardi.

> **Coment le Prince se compleindoit en sez**
> **grāntz maladies ⁊ pria sez gentz prier p ly.**

Ore vous ay tout countee	Ore vous ay toute contee
La vie du Prince ⁊ rimee	La vie du Prince et rimee
4095 Pdones moy si vn poy briefment	Pardones moy s'un poy briefment 4095
Je lay passee legierment	Je l'ay passe legierement,
Mais il faut qe ie men deliuere	Mais il faut que je m'en delivre ;
Car hōme en purroit faire vn liuere	Car on en pourroit faire un livre
Bien auxi grant come Dartus	Bien auxi grant come d'Artus,
4100 Dalisandre ou de Claruz	D'Alisandrë ou de Clarus, 4100
Mais pur doner en remembrance	Neis pour doner la remambrance
De sont fait ⁊ reconissance	Des siens faiz et reconissance,
Et de sa treshaute pesse	Et de sa treshaute prouece
Et de sa tresnoble largesse	Et de sa tresnoble largece
4105 Et auxi de la pdhōmẹ	Et auxi de sa preudhomye, 4105

Line 4105 pdhōmẹ, d omitted and superscript; ẹ marginal correction ye.

Coment il fui tout sa vie Pdhōme | loialx ⁊ Catholiqs Et en touz biens faire publiqs Et si ot si tresnoble fin 4110 En reconissance de coer fyn Son dieu ⁊ son verrai creature Et disoit as senes beau seigniour Regardez ci pur dieu merci Nous ne sumes pas seigniour cy 4115 Tout couiendra p ci passer Nult home ne sen poet destourner Pur ce treshumblement vous pri Qe vous voillez prier pur my	Coment il fu toute sa vie, Preudhom, loialx et catholiques Et en tout bien faire publiques; Et si ot si tresnoble fin En reconissant de coer fin 4110 Son Dieu et son vrai creatour; Et disoit as siens: 'Biau seignour, Regardez ci pour Dieu merci, Nous ne somes pas seignour cy. Touz covenra par ci passer, 4115 Nuls hom ne s'en poet destourner. Pour ce treshumblement vous pri Que vous voeilliez prier pour my.'

Coment le Prince fist ouerer sa chaumbre
⁊ trestoutz sez hōmes fist vener deuaunt
luy | ⁊ les regracioit moult noblement |
de lour seruice a luy fait | ⁊ eux reco-
menda son filtz qui estoit moult ioefne
⁊ ils plorerent moult tendrement.

Lors fist le Prince sa chambre ouuer 4120 Et trestouz ses hōmes venir Qui en son temps serui lanoient Et qui voluntiers le sernoient Seigniour fait il pdonez moy Car p la foy qe ie vous doy f. 59ʳ Vous mauez loialment serui 4126 Si ne puisse de droit de my Rendre a chescun son guerdon Mais dieux p son seintisme noun Et seintz cils | vous le rendera 4130 La chescun de coer larmoia Et plorerent moult dendrement Touz ceux qi furent en present Conte | Baron ⁊ Bacheler Et disoit au touz haut ⁊ cler 4135 Je moy recomande mon fitz	Lors fist il sa chambre ouvrir Et trestouz ses homes venir, 4120 Qui en son tamps servi l'avoient Et qui volentiers le servoient. 'Seigniour,' fait il, 'pardonez moy, Car par le foy que je vous doy Vous m'avez loialment servi; 4125 Si ne puis je de droit demý Rendre a chescun son gueredon, Mais Dieux par son seintisme non Es seinz cieus vous le rendera.' Lor chescuns de coer larmoia 4130 Et plorerent moult tendrement Tout cil qui furent en present, Conte, baron et bacheler. Et disoit a touz haut et cler: 'Je vous recomande mon fiz, 4135

Line 4131 dendrement, *marginal correction* t.
Line 4133, Bacheler *underlined in a later hand.*
Line 4135 moy, *marginal correction* vos.

Qui moult est ioefne ⁊ petitz Et vous pri si serui manez Qe vous de bon coer ly seruez	Qui moult est joenes et petiz, Et vous pri, se servi m'avez, Que vous de bon coer le servez.'

**Coment le Prince appella le Roy son pier
⁊ le Duc de Lancastre son frere | ⁊ a eux
recomenda sa feme ⁊ son filz a eux
en suppliauntz de les confortier ⁊
maintener ⁊ trestouz ly promistrent de ce
fair ⁊ tresgrant dolour fuist entre eux.**

Lors appella le Roy son pier	Lors appella le Roy, son pere,	
4140 Et le duc de Lancastre son frere	Le duc de Lancastre, son frere;	4140
Sa feme lour recomenda	Sa feme lour recomenda	
Et son filtz qui fortment ama	Et son filz, qui fortment ama,	
Et lour supplia la endroit	Et lour supplia la endroit	
Et chescun les aider voilloit	Que chescuns les aidier vorroit.	
4145 Chescun li iura sur le liere	Chescuns le jura sur le livre	4145
Et ly pmistrent a deliure	Et ly promisent a delivre	
Qe son enfant conforteroient	Que son enfant conforteroient	
Et en son droit le maintiendroient	Et en son droit le maintenroient:	
Tout li Prince ⁊ tout li baron	Tout li prince et tout li baron	
4150 La iurent tout enuiron	Le jurerent tout environ.	4150
Et li noble Prince de pris	Et li nobles Princes de pris	
Lour rendi Cent Mill mercys	Lour rendi cent mille mercys;	
Mais vnqes si dieux maniwe	Mais onc, se li vrais Dieux m'aiuwe,	
Si tresdure dolour ne fut viewe	Si dure dolour ne fut veuwe,	
4155 Come fui a le deptie	Come fu a sa departie.	4155
Ly tresnoble Prince iolie	Ly noble Princesse jolie	
Tiel dolour a son coer sentoit	Tel dolour a son coer sentoit	
Qe a poi son coer partoit	Que a poi ses coers ne partoit.	
Ia de pleindre ⁊ de suspire	Ja de pleindre et de souspirer	
4160 De haut crier ⁊ dolousere	De haut crier et dolouser	4160
f. 59ᵛ Auoit vn mois si grant	Avoit une noise si grant	
Qeu monde ne fuit home viuant	Qu'eu monde ne fut hom vivant,	
Qui eust le doel regarde	Qui euïst le doel regarde,	
Qil nen eust en coer pite	Qui n'en euïst eu coer pite.	

Line 4145 liere, *marginal correction* liure.

De la noble ⁊ deuoute repentance du
Prince | ⁊ coment | et en quele lieu | ⁊ a
quel temps il trespassa ⁊ yci fine ceste liure
qui retrahist Chaundos le haraude.

4165 La auoit si noble repentance	La avoit si noble repentance, 4165
Qe dieux p sa haute puissance	Que Dieux par sa haute puissance
Auera de salme mercy	Avera de s'ame mercy;
Car il pria dieu mercy	Car il pria a Dieu mercy
Et pdōn de touz ses mesfaites	Et pardon de touz ces mesfais
4170 Qen yceste monde mortel eust faitz	Qu'en ycest mont mortel eut faiz. 4170
Et lor li Prince trespassa	Et lor li Princes trespassa
De cest siecle	⁊ si deuia	De cest siecle et se devia
Lan Mill CCC. sesze ⁊ sessante	L'an mil ccc. sesze et sissante,
Et du regne le Roy son pier lan ciq̊nte	Et du regne le Roy cinquante,
4175 A Londres la noble Citee	A Londres, le noble cite, 4175
Le haute iour de la Trinitee	Le haut jour de le Trinite,
Dont il fesoit tout sa vie	Dont il fesoit toute sa vie,
ffeste de bon coer oue melodie	De bon coer, feste ou melodie.
Ore prioms dieu le Roy des Roys	Or prions Dieu le Roy des Roys,
4180 Qui pur nous morist en la croys	Qui pour nous morut en le croys, 4180
Qil eit de salme pdōn	Que il eit de s'ame pardon,
Et li ottroie de son doun	Et li otroie de son don
La glorie de son paradis	Le glore de son paradis.
Amen	⁊ ci fyn lui ditz	Amen. Et ci fyne li diz
4185 Du tresnoble Prince Edward	Du tresnoble Prince Edouwart, 4185
Qui nauoit vnqes coer de Coward	Qui n'avoit onc coer de couwart,
Qe retrahist li heraud Chaundos	Que retrais li herauz Chandos,
Qui voluntiers recordoit motz	Qui volentiers recordoit moz.

Line 4187, heraud Chaundos *underlined in a later hand.*

Cy ensement les nouns de ceux
qui feurent les hautez officers
du trenoble Prince p ly faitz
en son temps en Acquitaigne.

Seigniours vous airez oy de certaine
Du trenoble Prince daquitaine
Ore vous dirray briefment
Sanz plus longe parlement
De ses hautes officers
Queux li furent moult chiers
En Acquitaine en son temps
Des queux il se tenoit bien contens
Primerment Iohn Chaundos fust conestable
Et apres sa mort le Captawe sanz fable
Monſ Gwichard dangle fut Mareschalt
Et Estephen de Cosinton qui ot coer loialt
Et monſ Thomas de ffelleton auoir iugier
ffuist Seneschalt Dacquitaine sauz mentir
Et monſ Guilliam de ffelleton
ffuist Seneschalt de Paytoo p noun
Et apres sa mort come dist lestille
Monſ Baudewyn ffreville
Et apres de monſ Baudewyn departir
En Engleterre a voir contir
Monſ Thomas de Percy li vaillant
Y fuist oue honô moult grant
Et de seint Onge fuist Seneschalt
Monſ Iohn Harpeden oue coer loialt
Et monſ Henri del hay
ffuist Seneschalt danguymois bien say
Monſ Thomas de Roos oue coer fyn
ffuist Senseschalt de Lymosyn
Et apres son departir en Engleterre
Monſ Richard Abberbury avoir retrere
Et monſ Thomas Wetenale en verite
ffuist Seneschalt de Roarge le Counte

Et si ne vous ai nomee vnqore
Le Seneschal de Cressy ⁊ Peregore
Qui fuist monſ Thomas Walkfare
Bon chiualer vous declare
Et du Counte de Agenoys
ffust Seneschalt a celle foitz
Monſ Richard Baskerville
Et apres sa mort come dit lestille
Monſ Guilliam le Moigne
Car ce nest pas mencoigne
Et de monſ Guilliam apres le departir
En Engleterre a voir Iugir
Si fuist vn bon Chiualer
Monſ Richard Walkfare oue coer frer
Et de Bigore fut Seneschalt
Monſ Iohn Roche oue coer preu ⁊ loialt
Et le sire de Pyan fuist Seneschaux
Dez Laundes de Burdeaux
Et plusours autres tresuaillantz
Qui furent adonqes viuantz
ffurent oue loure Prince a voir Iuger
Les queux ie ne sai nomer
Mais ie pri a treshaute Trinitee
Qe del alme du Prince auant nomee
Et de touz les autres qi mortz sont
Et qen apres morir deueront
Et merci a son iugement
Et ie pri auxi verrayment
Qe as viuantz li plese doner
Longe vie ⁊ bon fin acheuer
Amen | Amen | p seint charite
De chescun en son degre.   Amen.

Line 4233 Chiualer, i *omitted and superscript.*

Cy ensement lescripture fait sur la Tumbe du noble Prince deuat n̄ome.

 Tout qe passez de bouche close
 Par la ou ce corps repose
 Entendez ce qe te dirray   4255
 Sicome ie dire le say
 Tiel come tu es ⁊ tiel ie fu
 Tu serras tiel come ie su
 De la mort ne pensa ie mye
 Tant come ianoi la vie   4260
 En terre anoi ie g̊unde richesse
 Dount ie yfis g̊unde noblesse
 Terre maisons ⁊ g̊unde tresor
 Draps Chiualx argent ⁊ or
 Mais ie sui ore poeures ⁊ cheitifs   4265
 Parfond en la terre gis
 Ma graunde beautee est tout allee
 Ma char est tout gastee
 Moult est estroit ma maison
 Oue moy nad si veruyn noun   4270
 Et si ore me veissez   f. 61ʳ
 Ie ne quide pas qe vous deissez
 Qe ie eusse vnqes hōme estee
 Si su ie tut chaungee
 Pur dieu priez au celestien Roy   4275
 Qil merci eit de salme de moy
 Tut cil qe pur moy prieront
 Ou a dieu macorderont
 Dieux les mette en son paris
 Ou null ne poet estre cheitifs.   4280

Line 4270 nad, *stroke erased before* n.

THE LIFE OF THE BLACK PRINCE

(TRANSLATION)

IN times of yore it was seen that they who fashioned fair poems were in sooth esteemed as authors or in some sort recorders to show knowledge of the good, in order to draw remembrance of good from their hearts and to receive honour (?). But it is said, and truly, that there is naught that does not dry up, and that there is no tree that does not wither, excepting one only, the tree of life: and this tree, moreover, buds and flowers in this life in all parts. On this I will dwell no longer, for although such writers are held of no account, and a chatterer, a liar, a juggler, or a buffoon who, to raise a laugh, would grimace and make antics, is more esteemed than one who had skill to indite—for, without gainsaying, such a one is ill received at court nowadays—but albeit they who set forth the good are held in no estimation, yet ought men not to refrain from making and remembering fair poems—all such as have skill thereto; rather they should enter them in a book, that after their death true records may be kept; for to relate the good is verily alms and charity, for good was never lost without return at some time. Wherefore, incited by my desire, I wish to set my intent on making and recording fair poems of present and past times.

Now it is high time to begin my matter and address myself to the purpose which I am minded to fulfil. Now, may God let me attain to it, for I wish to set my intent on writing and recording the life of the most valiant prince of this world, throughout its compass, that ever was since the days of Claris, Julius Caesar, or Arthur, as you shall hear, if so be that you listen with good will: it is of a noble Prince of Aquitaine, who was son of the noble and valorous King Edward and of Queen Philippa, who was the perfect root of all honour and nobleness, of wisdom, valour, and bounty.

This noble Prince of whom I speak, from the day of his birth cherished no thought but loyalty, nobleness, valour, and goodness, and was endued with prowess. Of such nobleness was the Prince that he wished all the days of his life to set his whole intent on maintaining justice and right, and therein was he nurtured from his childhood up; from his generous and noble disposition he drew the doctrine of bounty, for gaiety and nobleness were in his heart perfectly from the first beginnings of his life and youth. Now, is it full time that I address myself to carrying forward my matter, how he was so noble, bold, and valiant, so courteous and so sage, and how he loved so well the holy Church with his whole heart, and, above all, the most lofty Trinity; its festival and solemnity he began to celebrate from the first days of his youth and upheld it all his life zealously, without evil thought.

Now I have wished to record his youth, and now it is right that I should relate to you that which all should hold in esteem—that is, chivalry: this was upheld in his person, in whom it held sway thirty years (?). Nobly he spent his life (?), for I would dare to say this, that since the time that God was born there was none more valiant than he, as you shall hear in my records if you will hearken and give ear to the matter to which I am coming.

107 You know well that the noble King his father, with very great array, of his high and noble puissance made war on the realm of France, saying that he ought to have the crown; wherefore, in maintaining the quarrel, he kept up right cruel war which lasted long. Now it befell that just at this time he crossed the sea to Normandy. With right noble following, barons, bannerets, and earls . . . he landed in the Cotentin. There was many a good and true knight, the noble Earl of Warwick, of high esteem, and the right noble Earl of Northampton, the Earl of Suffolk, and the Earl of Stafford, of the stout and bold heart, and the Earls of Salisbury and Oxford; and John de Beauchamp was there, the valiant Reginald de Cobham, Sir Bartholomew de Burghersh, bold in deed, the good Guy de Brian, the good Richard de la Vache, and the good Richard Talbot, of great prowess. And Chandos and Audeley were there, who smote mightily with the sword, and the good Thomas de Holland, of great prowess, and a great number of others, whose names I cannot tell.

145 The English army arrived, and when he was about to disembark the King knighted the Prince, the Earl of March also, and the Earl of Salisbury, John of Montagu, his brother, and others, more than I could tell you. And know well, the Marshal Bertrand, who was of great valour and hardihood, was there, and thought right easily to keep them from landing. But the English power landed by force. There were achieved so many feats of arms that one might have compared Roland, and Oliver, and the very courteous Ogier the Dane. There might one behold men of prowess, valour, and hardihood. There was the fair and noble Prince, who made a right goodly beginning. All the Cotentin he overrode and wholly burnt and laid waste, La Hogue, Barfleur, Carentan, Saint-Lô, Bayeux, and up to Caen, where they conquered the bridge; and there they fought mightily; by force they took the town, and the Count of Tancarville and the Count of Eu were taken there. There the noble Prince gained renown, for he was eager to acquit himself well, and was but eighteen years old. And the Marshal rode away, nor stopped before Paris; he told the King the news that was in no wise pleasing to him. Such marvel he had that scarcely could he believe it, for he thought not that such folk would have had such hardihood. Then he assembled his power; throughout France there remained neither duke nor earl of account, nor baron, banneret, nor squire, that he did not cause to assemble.

195 He sent to the King of Bohemia, whom he heartily loved, who brought in his company his son, who was King of Germany, and the good John de Beaumont of Hainault, of high renown. Well did he think to defend his land against the English king, and very little did he esteem him, and right sorely did he threaten him. But afterwards, meseems, the King and the Prince together rode through Normandy, and laid waste all the country. Many a great affray did they have, and many a good

and valiant man did they take, and they came to the bridge of Poissy; but the story says that the bridge there was broken, yet they did so much that with great logs they remade the bridge by force, whereat the French marvelled, and crossed one morning. They took their way through Caux, burning, laying waste, harrying; whereat the French were sore grieved and cried aloud: 'Where is Philip our king?'

He was at Paris, to speak the truth, for at this time he made ready and collected his great power. And there he assembled his men and said that he would esteem himself but little if he did not take great vengeance, for he thought to have shut in the English, as I think, between the Seine and the Somme, and right there he thought lightly to give them battle. But the English to disport themselves put everything to fire and flame. There they made many a widowed lady and many a poor child orphan. They rode, day and night, until they came to the water of the Somme; on the other side was many a man, for there were the forces of the communes of Picardy and also Sir Godemar du Fay. Very wide was the river, swift and fierce with the tide, wherefore the English marvelled sore how they should cross over. But the Prince made choice of a hundred knights, of the best of his vanguard, and sent them to see how they might pass. And they who were worthy of praise rode abroad until they found a fellow who showed them the passage of the Somme, and all the hundred with one accord dashed into the water on their chargers, lance couched—very valiant knights were they—and the Prince came after, keeping ever close behind them. Sore strife was there at the passage of the Somme, and stoutly did the knights fight; and there on both sides they were at pains to shoot and cast; but the men of Picardy were speedily scattered and put to flight, together with Messire Godemar, and with the help of God all passed in due time.

When King Philip heard the tidings he was sore grieved and angry at heart, and said: 'By St. Paul, the valiant, I mistrust me of treason;' but nevertheless he hasted greatly. He passed through Abbeville. Very rich was his array, for he was there with three other kings: the Kings of Majorca and Bohemia and the King of Germany; there were many dukes and earls, so that it was a goodly number. They rode on until they pitched their camp right near Cressy, in Ponthieu. There King Edward was camped, and the Prince, who that day led the vanguard. There they had made but brief stay, when on either side they were told that both were so close that each one could see the array and the order of the other. Then they raised a loud cry and began to order and draw up their divisions.

That day was there battle so horrible that never was there man so bold that would not be abashed thereby. Whoso saw coming the puissance and power of the King of France, great marvel would he have to relate! Inflamed with ill-will and anger they set forth to encounter together, bearing themselves in such true knightly fashion that never since Christ's coming did one behold fiercer battle. There was seen many a banner embroidered in fine gold and silk, and there the English were all afoot like men ready and eager to fight. There was the good Prince who led the vanguard; so valiantly he bore himself that it was a marvel to behold. Hardly did he suffer any one to attack, however bold or strong he might be. They fought that day until the English had the advantage. And there was slain the noble and courteous King of Bohemia, and the good Duke of Lorraine, who was a very noble leader, and the noble and renowned Count of Flanders and the good Count of Alençon, brother to King Philip, the Counts of Joii and Harcourt. What should I say in brief word? One king, one duke, and seven counts, and, as the account says, more than sixty bannerets were there stark dead, and three kings who left the field, and divers others fled, of whom I know not the number, nor is it right that I should enumerate them. But well I know that that day the brave and noble Prince led the vanguard of the army, as one should take note, for by him and his courage was the field gained and won.

357　King Philip betook himself to Paris, sore grieved; he mourned in his heart for his men whom he had lost. And the noble King of England, who was worthy to hold land, lodged that night in the field, for he gained very great honour. He had the dead sought out to know and recognize them, and found the King of Bohemia, who lay dead on the field. He had him put into a coffin and placed on a litter covered with rich cloth of gold. He sent him back and then moved from the place and rode towards Calais. That I may not lie, this right noble expedition, of which I here speak, was in the year of our Lord one thousand three hundred forty and six, and, as the record says, 'twas on the eve of St. Bartholomew that by the grace of God the King fought this battle wherein he acquired such honour.

385　Afterwards they came before Calais; there was many a fair deed of arms achieved; to it the noble King, who was there with his whole army, laid siege eighteen months without intermission. Here they abode until the town was starved out, and King Philip came to raise the siege, as I heard tell. But the army was lodged in such wise and the town so beset that King Philip durst not raise the siege, but turned back, and the noble King of England held there the field. Many an encounter and many an assault was there made by men of low and high degree until the town yielded, beseeching the King, for God's sake, that he would take them to mercy. And thus was Calais conquered by force, by the power and enterprise of the noble King and of his son, the Prince.

411　Hereafter, with scant delay, they returned to England, the King and the Prince also, and all the bold knights. On account of a truce that was made they stayed in their country until it befell that by treaty, by treason and sin, Calais was about to be sold, given up by a Lord of Beaujeu (?) to Sir Geffroi de Charny, through a Lombard, who was called Aimery of Pavia; and there were all the barons of Picardy and France, at least the most part. But there was the noble King to save it; and the noble Prince his son, very bold and valiant, there fought so valiantly that in sooth he rescued the King, his father, by force. There the men of France and Picardy were brought to confusion that night, whereat divers English made great joy at their return, for there were all the best of the noble country of England, who to win great praise and renown acquitted themselves valiantly. There were taken, of a truth, the noblest lords of France, and deceived outright; nor ever was the King of England so hard bested in any hour as he was in that hour then, for many people have recorded that the King would have been taken had it not been for the Prince his son; but his puissance, his noblesse, and his very perfect prowess rescued there the King, his father. And this matter ought in no wise to be forgotten; so it is very right that I tell it you.

They returned to England and made very merry. Their friends and all the ladies also made great joy. The Queen, who loved her lord with her whole heart, welcomed them. Then said the King to his wife: 'Lady, now welcome your son, for I had been taken had it not been for his great valour, but by him was I succoured.' 'Sire,' says she, 'welcome be he and you also. Methinks I should say: "In a good hour was he born."' There were the knights and barons right well received; there was seen dancing and junketing, feasting and revelling; and right pleasantly was time passed among them, and there was love and noblesse, gaiety and prowess. Thus they abode a long space, until it befell, just at that time, that Spanish ships were assembled at Sluys that boasted they would pass in defiance of the King, despite him and his array, wherefore the King, of his great valour, assembled his great power and made an expedition by sea that was of great renown. There were the Prince his son and many good and famous knights, all the earls, and all the knights of repute. There was fierce and sore battle: there God gave him fortune, for by him and his power and right lofty valiance the Spaniards were all discomfited and slain. And there was knighted his very valiant brother John, who afterwards was Duke of Lancaster—very great was his courage. There likewise did the noble barons acquit themselves valiantly; there was many a ship conquered, many a one taken, many a one sunk, and there was many a good man slain, as I hear in my record; and know that this encounter was before Winchelsea.

After this noble battle, that of a surety was right fell, they returned to land. They brought the goodly store of goods that they had gained and conquered, whereat every one rejoiced. Soon after, the Queen of England brought forth a son, the last she bore, and this son was called Thomas. Great joy and great feast were made, and great joustings cried then through the country. And at that time there came from Gascony the doughty and valiant Captal, who was right brave and courageous and greatly beloved of everybody. He was welcomed right nobly. The Prince, who rejoiced greatly at his coming, took fresh courage. One day he said to the King his father and to the Queen his mother: 'Sire,' quoth he, 'for God's sake, you know well that thus it is, that in Gascony the noble and valiant knights cherish you so greatly that they suffer great pain for your war and to gain you honour, and yet they have no leader of your blood. Therefore if you were so advised as to send one of your sons they would be the bolder.' And every one said that he spoke truly. Then the King let summon his great parliament. Al. were of accord likewise to send the Prince into Gascony, because he was of such renown, and ordained forthwith that with him should go the noble Earl of Warwick, of high esteem, and the Earl of Salisbury, of great valiance, the gallant Earl of Suffolk, Ufford was his name, and the Earl of Oxford, the good Earl of Stafford, Sir Bartholomew de Burghersh, bold in deed, Sir John of Montagu, proud and impetuous, the Lord the Despenser, and Basset of high renown; and there was also the Lord of Mohun, and likewise, meseems, the good Reginald Cobham, who had been at many an assault; there were also Chandos and Audeley: these two were of great renown and were appointed chief advisers.

577   When the matter was settled and the ordinance wholly performed, they sent to Plymouth to assemble all their ships, men-at-arms, and archers also, and their provisions: very rich was their array. After the term of two months he took leave of the King his father, of the Queen his mother and of all his brothers and sisters. Right sore grieved were they at heart when it came to his departing, for there you might see lady and damsel weep and make moan in complaints; the one wept for her husband, the other lamented for her lover.

594   Thus the Prince took leave, blithe and glad at heart. He took his way to Plymouth. He rode night and morning until he reached Plymouth and abode there until his great array was ready. And it befell right speedily afterward that he had all his vessels loaded with victuals and jewels, hauberks, helmets, lances, shields, bows, arrows, and yet more; he let ship all his horses and anon embarked, and all the noble knights. There might one see the flower of chivalry and of right noble bachelry, who were very eager and desirous to acquit themselves well. Then they set sail. They sailed over the sea until they arrived at Bordeaux, whereat the noble barons of the country made high revel. There you might see great and small come straight to the Prince, who courteously welcomed them. To him came incontinent the noble Prince d'Albret and the valiant and doughty Lord of Montferrant, Mussidan, Roson, Curton and Amenieu de Fossard, and the great Lord of Pommiers and many noble knights, and the rightful Lord of Lesparre. Thither came all the barons of Gascony, and right well did the Prince know how to entertain them. At Bordeaux he sojourned a short space until he had made his preparations and well rested his horses. Right speedily after, he was ready and took the field with more than six thousand fighting-men. He rode towards Toulouse; not a town remained that he did not utterly lay waste; he took Carcassonne and Béziers and Narbonne, and all the country was ravaged and harried by him, and divers towns and castles, whereat the enemies in Gascony made no great rejoicing. More than four and a half months he remained in the field this time and did much damage then.

657   Thereafter the Prince turned back towards Bordeaux and abode there until the whole winter was passed. He and his noble knights were there in great joy and solace. There was gaiety, noblesse, courtesy, goodness, and largesse; and he quartered his men, as I think, in his castles round about, and there they took up their abode. Warwick was at La Réole, Salisbury at Sainte-Foy, and Suffolk, as I think, at Saint-Émilion; at Libourne and all round his men were disposed. When all were thus lodged, the good Chandos and Audeley, with the noble Captal, went to camp in the open. There they remained a long time. Many a fair encounter they had, and many a time they fought to conquer them a lodging. Up to Cahors and towards Agen they undertook their expedition and took Port-Sainte-Marie. Thereafter they returned all up the river and went to take Périgueux, a city of great fame. There they camped a great part of the winter.

Right noble was their sojourn, for many an assault and many an attack they made against the castle, for there was naught but a little meadow between the castle and the town. There were the Count de L'Isle and the Count de Périgord.

In such wise did the Prince make stay in Gascony, and abode there the space of eight months or more. Very great was his valour. When it came towards summer then he assembled his forces, and rode again into Saintonge, Périgord and Quercy, and came as far as Romorantin. There he took the tower by assault, and the Lord Bouciquaut also, and the great Lord of Craon and a goodly number of others; more than two hundred were taken there, all men-at-arms of high renown, fifteen days before the battle of Poitiers. Thereafter he rode into Berry, and through Gascony also, and up to Tours in Tourayne. Then the tidings came to King John, whereat he made great lamentation, and said that he would lightly esteem himself if he did not take great vengeance.

Then he assembled his forces from all the realm of France. There remained neither duke nor earl, nor baron of account, that he did not have summoned, and, as I have heard tell, the muster was held at Chartres. A noble host was there gathered together, and according to the number in the list there were more than ten thousand. From Chartres they departed and rode right so towards Tours. Very noble was their array. The Prince heard the tidings that seemed to him good and fair. He took his way towards Poitiers, bringing with him much booty, for they had wrought much damage in France by their great valour. And know that the Saturday the Prince took the noble Count of Joigny, together with the Count of Auxerre; and the French fought valiantly at their encampment, but they were all taken and slain, as the record says, whereat the English made great joy throughout their army. And King John rode until he outstripped the Prince, and till one army beheld the other; and, by what I heard, they camped one in front of the other, and were lodged so close that they watered their horses at the same river.

Right there, however, came the Cardinal of Périgord, who brought with him many a clerk, and many a man of law also. Thereupon he spoke gently to the King of France, in all meekness: 'Sire,' quoth he, 'for the love of God, a sound word is timely. May it please you to let me ride to the Prince to advise if you might be accorded, for, certes, this great battle will be without fail so horrible that it will be loss and pity and great pride and presumption that so many a fair creature needs must die a sure and grievous death, and yet there is no avoidance but die he must at the encountering, whereof for sure he who is in the wrong must needs render account before God at the day of doom, if the Scripture lie not.' Then King John answered: 'Cardinal, you are very wise. We are well pleased that you should go, but know and understand well, never in all our life will we make peace unless we get into our keeping the castles and all the land that he has wasted and ravaged, wrongfully and sinfully, since he came from England, and are also quit of the quarrel for which the war is renewed.' 'Sire,' said the Cardinal, 'I will do in such wise that you shall be safe and satisfied with regard to your right.' Thereupon he departed thence.

He rode towards the Prince's army; as soon as he came up to him he saluted him full sweetly, weeping for pity. 'Sire,' quoth he, 'for God's mercy now have pity to-day on so many a noble person who this day might here perish in this great conflict. Act so that you may not be in the wrong. If you could be brought to accord, God and the Holy Trinity would be gracious unto you.'

821 Sorrowfully the Prince said: 'Truly, fair sweet father in God, we know well that what you say is true, it is so in Holy Writ. But we would maintain that our quarrel, in truth, is just, true, and veritable. You know well that it is no idle tale that my father, King Edward, was assuredly the most rightful heir to hold and possess France, rightly beloved of every one, at the time that King Philip of Valois was crowned king there; but natheless it is not my desire that it be said that so many a fair youth here perishes through my pride. Nor is it my intent to set myself against peace, if it could be made; rather will I further it with all my power: but know that, in very truth, I cannot bring this matter to conclusion without the King, my father, but respite I can grant to my men to treat more at length of peace. If they wish no accord this time, I am here, all ready, to abide the grace of God, for our quarrel is so just that I fear not to engage; but to avert the damage and sin of death I will agree to it, at your pleasure, if so be that my father assent.'

857 The Cardinal, in tears, departed from him straightway and rode without delay towards King John of France, and told him of his reception. The King, to prolong the matter and to put off the battle, assembled and brought together all the barons of both sides. Of speech there he made no stint. There came the Count of Tancarville, and, as the list says, the Archbishop of Sens was there, he of Taurus, of great discretion, Charny, Bouciquaut, and Clermont; all these went there for the council of

874 the King of France. | On the other side there came gladly the Earl of Warwick, and, as the account says, the hoary-headed Earl of Suffolk was there, and Bartholomew de Burghersh, most privy to the Prince, and Audeley and Chandos, who at that time were of great repute. There they held their parliament, and each one spoke his mind. But their counsel I cannot relate (?), yet I know well, in very truth, as I hear in my record, that they could not be agreed, wherefore each one of them departed. Then said Geffroi de Charny: 'Lords,' quoth he, 'since so it is that this treaty pleases you no more, I make offer that we fight you, a hundred against a hundred, choosing each one from his own side; and know well, whichever hundred be discomfited, all the others, know for sure, shall quit this field and let the quarrel be. I think that it will be best so, and that God will be gracious to us if the battle be avoided in which so many valiant men will be slain.'

905 Then the Earl of Warwick made answer to him thus: 'Lords,' quoth he, 'what do you wish to gain by this against us? You know well that you have four times more of men-at-arms clad in armour than we, and that it is your land we are overriding. Behold the plain and the place, let each one who can do his best. No other option do I know, no other will I accord. May God support the right, where He sees it the stronger.' Then they part without more discourse and return to their camp. Each one said on his side: 'That Cardinal has betrayed us.' Alas! but 'fore God it was not so, for weeping he departed and rode towards Poitiers—that was very needful to him, for, truly, he had neither thanks nor favour from either side. Then incontinent, on either side they set their troops in array.

First the King of France marshalled his men, and said: 'Fair sirs, by my troth, 931
you will so keep me back, I ween, that the Prince will escape me. That Cardinal
has certainly betrayed me, who has made me abide here so long.' Thereupon he
called the good Marshal de Clermont and the Marshal d'Audrehem, that was ever
at all times right greatly to be esteemed, for he was a very goodly knight, and the
Duke of Athens, a very noble leader. 'Lords,' quoth the puissant King, 'make
ready your array, for you shall be in our vanguard, and this is your right, so God
help me. In your company you shall have three thousand men, and you shall
have two thousand with spears and sharp darts, and good two thousand cross-
bow-men, who will gladly aid you. See to it, if you find the English, that you
engage in battle with them and spare not to put them all to death.'

Then he called this time his son, the Duke of Normandy, and said to him, 959
'Fair son, by my troth, you will be King of France after me, and therefore you shall
surely have our second division; and you shall have the noble Duke of Bourbon to
accompany you, and the Lord of Saint Venant, valiant and doughty. The good Tristan
of Magnelais, a right noble squire, shall bear your banner, that is of rich and
precious silk. Spare not, for Jesus Christ, the English, however great or small,
that you put them not all to death. For I would not that one single man of them
should ever be so venturesome as to recross to this side of the sea to hurt or make
war on me.' 'Thus will I deal with them,' said the Dauphin, 'Father, by my faith.
We shall, methinks, do so much that we shall earn your gratitude.' Then you
might see banners and pennons unfurled to the wind, whereon fine gold and azure
shone, purple, gules, and ermine. Trumpets, tabours, horns and clarions—you
might hear sounding through the camp; the Dauphin's great battle made the
earth ring. There was many a true knight, and, as the list says, they were four
thousand in number. On one of the sides it took its place and covered a great
space. Thus has the King ordered and arranged this division.

Then he summoned the powerful Duke of Orleans, his brother. 'Brother,' quoth 999
he, 'so God help me, you shall lead our rearguard with three thousand fighting-men,
men-at-arms, valiant and doughty; and take good heed, for God's sake, that you have
no mercy on the English, but put them all to death: for they have done us much
wrong and burnt and destroyed our land since they left England. Take heed, if you
take the Prince, that you bring him to me.' 'Sire,' quoth the rich duke, 'Gladly,
and more also.'

Thus did the noble King John marshal his troops. He was in the fourth battle 1015
—right stout was his courage; with him there were three of his sons, that were of
great renown: the Dukes of Anjou and Berry, and also Philip the bold, who was
very young and small. There was Jacques de Bourbon, the Count of Eu, and the
Count of Longueville; these two were sons of my Lord Robert d'Artois. And there
was also with him at this time the noble Count of Sancerre, and the Count of
Dammartin. Very goodly was his array, for he had three-and-twenty banners.
Then he drew up on the other side full four hundred barded horses and four hun-
dred knights upon them, picked men; Guichard d'Angle led them, who was a noble
knight, and the good Lord of Aubigny, brave and bold, and Eustace de Ribemont

in whom the King set great trust; and he begged them, without slackening, to take heed to strike well and to spare no pains to break the battle, and each one would follow them close who should be ready to acquit himself well. And every one consented to carry out his will. There was such noble display that it was a great marvel. Never did one see the like nobleness and array as had they of France.

1061　　Elsewhere the English host was encamped, for this day likewise did the noble Prince set his men in order, and gladly, to my thinking, would he have avoided the battle if he could have escaped from there, but well he saw that he must engage. Then incontinent he called the noble Earl of Warwick, and very perfectly sets forth to him: 'Sir,' says he, 'needs must we fight, and since it so fortunes, I beg you, take command of the vanguard in this battle. The noble Lord of Pommiers, a right noble knight, shall be in your company, and you shall have, I pledge you, all his brothers with him, who are brave, valiant, and bold. You first shall make the passage, and shall guard our baggage. I will ride after you with all my knights; if so be that mischief befall you, you shall be succoured by us; and the Earl of Salisbury shall ride behind also, who shall lead our rearguard; and let every one be prepared, in case they attack you, to alight on foot at his speediest.'

1096　　And each one says he will do so. Thus they hold converse that night. There was none too great ease, for all lay in ambush; there was many an affray; and when it came to early morning the noble and true-hearted Prince called Sir Eustace d'Aubréchicourt with the lion-hearted Lord of Curton, and bade them ride to spy out the French army, and each one set out to ride, mounted on his noble steed. But, as the French book says, these two rode so forward that they were taken and held prisoners, whereat the Prince was sore grieved, and the French made great joy throughout their army, and said in these very words: 'All the others will come after.'

1121　　Thereupon the clamour began, and a right great shout was raised, and the Prince broke up camp; he began to ride, for that day he thought not to have battle, I assure you, but weened ever, most certainly, to continue to avoid the battle. But on the other side the French cried out loudly to the King that the English were fleeing and that they would speedily lose them. Then the French begin to ride without longer tarrying. Quoth the Marshal d'Audrehem: 'Certes, little do I esteem your trouble. Soon we shall have lost the English if we set not forth to attack them.' Quoth the Marshal de Clermont: 'Fair brother, you are in sore haste. Do not be so eager, for we shall surely come there betimes, for the English do not flee, but come at a round pace.' Quoth d'Audrehem: 'Your delay will make us lose them at this time.' Then said Clermont: 'By Saint Denis, Marshal, you are very bold.' And then he said to him angrily: 'Indeed you will not be so bold as to acquit yourself to-day in such wise that you come far enough forward for the point of your lance to reach the rump of my horse.' Thus inflamed with wrath they set out towards the English.

1157　　Then began the shouting, and noise and clamour is raised, and the armies began to draw near. Then on both sides they began to shoot and to cast; not one of them made stint therewith. Sirs, by what I heard, the noble Earl of Salisbury led the Prince's rearguard, but that day he joined battle the very first, for full of ire and wrath the Marshals came upon him, on foot and on horseback, and attacked him by force. When the Earl saw this force he turned his division towards them, and cried out to it with a loud voice, 'Forward, sirs, for God's sake, since it pleases St. George thus that we were the hindmost and shall be the very first, let us so acquit ourselves that we gain honour thereby.' Then might you see the barons approve themselves well in battle; great pastime would it have been to behold for one that had naught there at stake, but certes it was sore pity and a marvellous and grievous thing. There was many a creature who that day was brought to his end. There they fought staunchly. The archers that were on the two sides over towards the barded horses shot rapidly, thicker than rain falls. Then behold there came spurring a valiant and doughty knight, by name Guichard d'Angle; he never lagged behind, but smote with lance and sword in the middle of the press. And the Marshal de Clermont and Eustace de Ribemont, and the rightful lord of Aubigny, each one acquitted himself well also.

The French book says, and the account likewise, that the Earl of Salisbury, he 1205 and his companions, who were fiercer than lions, discomfited the Marshals and all the barded horses, before the vanguard could be turned and brought across again, for it was over the river; but by the will of God and Saint Peter they joined all together and came, methinks, like people of noble bearing, right up a mountain until they brought their ranks up to the Dauphin's division, which was at the passage of a hedge, and there, with steadfast will, they came to encounter together, plying the business of arms in such right knightly fashion that it was great marvel to behold. There they gained the passage of the hedge by force by their assault, whereat many a Frenchman is dismayed at heart, and they began to turn their backs and mount their horses. In many a place men cried with loud voice 'Guyenne! St. George!' What would you that I should tell you? The division of Normandy was discomfited that morning, and the Dauphin departed thence. There was many a one taken and slain, and the noble Prince fought right valiantly, and comforting his people said: 'Lords, for God's sake, take heed to strike; behold me here.'

Then the King of France approached, bringing up a great power, for to him drew every man who would fain acquit himself well.

When the Prince saw him come he was some deal abashed, and looking 1249 around him saw that divers had left who had set out in pursuit, for truly they weened that by this time they had accomplished everything; but now the battle waxed sore, for the French King came up, bringing so great a power that it was a marvel to behold. When the Prince saw him, he looked up to Heaven, cried mercy of Jesus Christ, and spake thus: 'Mighty Father, right so as I believe that Thou art King of Kings and didst willingly endure the death on the cross for all of us, to redeem us out of hell, Father, who art true God, true man, be pleased, by Thy most holy name, to guard me and my people from harm, even as Thou knowest, true God of heaven, that I have good right.' Then the Prince straightway, when he had made his prayer, said: 'Forward, forward, banner! Let each one take heed to his honour.' Two knights, full of valour, were stationed (?) at the two sides; they were Chandos and Audeley. Then began the encounter, and Audeley right gently and humbly besought the Prince: 'Sire,' quoth he, 'I have vowed to God and promised and sworn that wherever I should see the banner of the King of France in power there I would set on the first, so that I beseech you for God give me leave, for it is high time to join battle.' Then the Prince said to him, 'Truly, James, do your will.' Then James departed from the Prince; he made no longer stay. He advanced before the others more than a spear's length and hurled himself on his enemies like a valiant and bold man; but he could not long endure, for he had to come to the ground. There might you see in the encountering great lances couched and thrust on both sides; each one bore his part well. There you might behold Chandos smiting, who acquired great praise that day, Warwick and the Despenser, Montagu of esteem, him of Mohun and him of Basset, who fought right gallantly, Sir Reginald of Cobham, who caused the French sore loss, the good Bartholomew de Burghersh, very valiant in deed; elsewhere both Salisbury and Oxford fought mightily, and also, of a truth, the noble barons of Gascony, the Captal and the Lord of Pommiers, valiant and loyal, d'Albret, Lesparre and Langoiran(?), Fossard, and Couchon and Roson, Mussidan and he of Caupene, Montferrant, who above all strives with all his might to acquit himself well: these squires of high degree you might see smiting lustily and dealing such mighty strokes that it was a great marvel. There was a right sore battle, there might you see many a man slain. A long space this struggle endured until there was none so bold but was abashed at heart; but the Prince cried out aloud many a time: 'Forward, sirs,' quoth he, 'for God! Let us win this field and place if we set store by life and honour.' So much did the valiant Prince, who was so sage and prudent, that the victory turned to him, and that his enemies fled and divers departed, wherefore King John made exclamation: he, himself, fought valiantly, and with him many good knights that thought assuredly to succour him. But his strength availed him little, for the Prince made such onslaught that he was taken by force, and Philip also, his son, my Lord Jaques de Bourbon, and a goodly number of others, the Count of Eu, the right courteous Count Charles of Artois, and Charles the good Count of Dammartin, loyal-hearted and true, and the good Count of Joigny; he of Tancarville also, the Count of Sarrebruck that never hid behind, and Ventadour, the good Count of Sancerre. All these were taken that day, and many high and honourable bannerets, whose names I cannot give; but, by what I heard tell, there were fully sixty taken, counts and bold bannerets, and more than a thousand others, whose title I cannot give. And, by what I heard, there died there, I warrant you: the right noble Duke of Bourbon, the brave Duke of Athens, and the Marshal de Clermont, Matas, Landas, and Ribemont, with Sir Renaut de Pons and others, whose names I will not name to you; but by what I have heard tell, and by what I hear set forth in the matter, there were full three thousand dead. May God receive the souls! for the bodies abode on the field. Then did one see the English joyous, and they shouted aloud in many a place: 'Guyenne! St. George!' There might you see the French scattered! For booty you might see many an archer, many a knight, many a squire, running in every direction, to take prisoners on all sides. Thus were the French taken and slain that day, as I hear in my record.

Sirs, that time of which I tell you was one thousand three hundred and fifty and six years after the birth of Christ, and also, as I think, it was nineteen days on in September, the month before October, that this great battle befell that was certainly right horrible. Pardon me if I relate it briefly, for I have passed over it lightly, | because I would narrate to you of this noble Prince, right valiant and bold, gallant in words and deeds. Then was King John brought before him; the Prince gave him right hearty greeting, and rendered thanks to Almighty God, and to do more honour to the King would fain help him to disarm. But King John said to him: 'Fair, sweet cousin, for God's pity, let be, it beseems me not, for, by the faith I owe you, you have to-day more honour than ever had any Prince on one day.' Then said the Prince: 'Sweet sir, it is God's doing and not ours: and we are bound to give thanks to Him therefor, and beseech Him earnestly that He would grant us His glory and pardon us the victory.' Thus did they both hold converse and speak kindly together. The English made right merry. The Prince lodged that night in a little pavilion among the dead on the plain, and his men all around him. That night he slept but little. In the morning he broke camp, set out towards Bordeaux, and all the noble knights, and they took with them their prisoner. So long did they ride and journey that they came to Bordeaux. Nobly were they received and welcomed by all the people; with crosses and processions, singing their orisons, all the members of the collegial churches of Bordeaux came to meet them, and the ladies and the damsels, old and young, and serving-maids. At Bordeaux was such joy made that it was marvellous to behold. There the Prince abode the whole winter. Then he dispatched his messenger to the noble King, his father, and to the Queen his mother, with the tidings how he had sped, in what wise God had wrought for him, and asked that they should send him over vessels wherein he might bring the King of France to England to do the more honour to the land.

When the King heard the news, he rejoiced right heartily, praising God, clasping his hands, saying: 'Fair, sovereign Father, be extolled for all these benefits.' And the gentle Queen gave great praise to God and the pure virgin who had sent her such offspring as was her son the Prince, who was of so great valour. They dispatched the messenger speedily, and sent him vessels and barges, such that there was a goodly number. The vessels came to Bordeaux, whereat the Prince rejoiced greatly. No longer would he tarry. He had all his harness loaded; the barons took ship, and all the knights of repute; the King and all the prisoners and that which was needful they brought on board. They sailed until they came to England, and so soon as they landed they sent to the King tidings that were to him good and fair. To meet him he let summon all the barons to do him honour; he himself in person came there with more than a score of earls. Up to London they escorted the Prince, for they welcomed him (?). There were they gladly greeted by the ladies and so received that never was such rejoicing made as was at that time. There was the noble and puissant King, and the Queen his wife, and his mother, who held him dear; many a lady, many a damsel, right amorous, sprightly, and fair. There was dancing, hunting, hawking, feasting, and jousting, as in the reign of Arthur, the space of four years or more.

1517 Then the King made another expedition to France with his noble following, and the noble Prince also, and Duke Henry of Lancaster, and more than ten thousand others, whose titles I will not give, for it behoves me to dispatch quickly. But, as the book says, he rode through Artois and Picardy and Vermandois and Champagne, Burgundy and Brie, right to the Yonne (?), I assure you, and came as far as before Paris. There were the noble and renowned King and the noble and valiant Prince; there they were encamped in the open, drawn up in battle array —about that can there be no debate—but they did not engage. Then they turned their expedition towards Chartres. There the peace was agreed to, which was afterwards sworn; in this peace-making the Prince of right noble conditions was concerned, for by him and his admonition the two Kings came to terms, and King John was set free from prison; and there by the peace was all Guyenne delivered into the keeping of the noble King and of his son the very valiant Prince. And this peace whereof I speak was in the year of our Lord one thousand three hundred with sixty, at the time when the nightingale sings, eight days on in the gay month of May, when birds wax bold.

1555 They returned to England bringing their great array. Very noble feast was made them, and right well were they welcomed. After the day of All Saints, just at this time, of that I am sure, the two Kings were together at Calais, methinks; and the Prince and all the barons and all the knights of repute of all the realm of England, and of all the realm of France also, were there of their free will. There each one swore on the book, and also without reserve on the holy and precious sacrament, that they would hold the peace surely (?) without ever breaking it and without renewing the war. Thus both the noble Kings agreed in making peace. The King of France went away, who made but short stay further; the noble King and the Prince of noble conditions returned with great joy to England, bringing with them the hostages.

1585 The gentle Prince married no long while afterwards a lady of great renown, who enkindled love in him, in that she was beauteous, charming, and discreet. And after that marriage he delayed no longer, but betook himself without tarrying, in brief season, to Gascony, to take possession of his land and country. The very noble Prince took his wife with him, for that he loved her greatly. He had of his wife two children. He reigned seven years in Gascony, in joy, in peace, and in pleasantness, for all the princes and barons of all the country round about came to him to do homage; for a good lord, loyal and sage, they held him with one accord, and rightly, if I dare say, for since the birth of God such fair state was never kept as his, nor more honourable, for ever he had at his table more than fourscore knights and full four times as many squires. There were held jousts and feasts in Angoulême and Bordeaux; there abode all nobleness, all joy and jollity, largesse, gentleness, and honour, and all his subjects and all his men loved him right dearly, for he dealt liberally with them. Those who dwelt about him esteemed and loved him greatly, for largesse sustained him and nobleness governed him, and discretion, temperance and uprightness, reason, justice and moderation : one might rightly say that such a Prince would not be found, were the whole world to be searched throughout its whole extent. Neighbours and enemies had great dread of him, for so lofty was his courage that he held potent sway everywhere, so that his deeds should not be forgotten, neither in words nor actions.

Now it is not right that I should be backward in telling of a noble Spanish expedition, but very right that he should be esteemed therefor; for it was the noblest enterprise that ever Christian undertook, for by force he put back in his place a king whom his younger bastard brother had disinherited, as you will be able to hear if you give ear a little.

Now it is full time to begin my matter and address myself to the purpose to which I am minded to come, to what I saw befall after the battle in Brittany, in which the Duke and his company conquered and gained his land by the power of England. And there was slain Charles of Blois and many a noble and courteous baron, of high and puissant lineage, both of France and of Picardy. There were Sir Bertrand du Guesclin, of great renown, and many high lords of degree, of noble and puissant lineage, whose names I will not mention, because I might delay too much to come to my purpose, and to shorten my words the more.

You know that Sir Bertrand, right bold and valiant, with the approval of the Pope of Rome, led out of the realm of France the whole of the Great Company and a great part of the mounted men, and drew to himself many a man—barons, bachelors and earls, knights, squires, and viscounts. At the time of which I relate there was between Spain and Aragon a right marvellous war that had lasted, in very cruel fashion, the space of fourteen years and more. On this account Sir Bertrand du Guesclin, bold-hearted and true, was chosen, and the good Jean de Bourbon, styled Count of la Marche, and the gallant and loyal Marshal d'Audrehem and Eustace d'Aubréchicourt, of noble disposition (?), Sir Hugh of Calverley, who gladly smites with his sword, and Sir Matthew de Gournay, and many other true knights, to go (?) into that country and by their great valour bring about peace between the Kings, and open the passes and defiles of Granada, that these many valiant men and good lords might set out to conquer. Thus were they all accorded. For this agreement Sir Bertrand and his men received great monies.

When they had set forth on their way, he and all his company, they passed the defiles of Aragon, and then in right brief season they sent tidings to the King of Castile by a messenger, how he should accord and swear peace to Aragon, and that he should open the passage for them to go on a holy expedition in which all good feats of arms might fortune against the enemies of God. He, who was proud and disdainful, and feared little the power either of them or others, conceived sore displeasure thereat in his heart, and said that he would esteem himself but little if he obeyed such people. Then he let assemble his forces and prepared himself right stoutly to defend his country. Then he summoned great and small, gentlemen, freemen, and serfs, and thought to be well assured of defending his land against them. Fair, sweet sirs, may it please you, hearken! English, French and Bretons, Normans, Picards and Gascons, all entered into Spain, and so did the Great

Company; the good Hugh of Calverley, and Gournay his comrade, and many good and bold knights, crossed there without delay, and gained by their emprise all the land that King Pedro had formerly conquered. Right sore grieved at heart was Don Pedro of Spain, the king; he says he will esteem himself no whit if he take not vengeance for all this. But little did his power avail, for not a month had passed when, by the great disloyalty of those who were bound to serve him, it behoved him to quit Spain and abandon his royal state (?), for all those who should have loved him were disloyal to him, so that one should verily say he ought not to be called lord that is not beloved of his people. This is manifest by this king, who was of so proud a disposition that he had fear of no man, but weened well that none could do him any hurt, howsoever great his power might be; but in no great while he had no friend nor relative, cousin-german, uncle, nor brother that did not part from him. They crowned his bastard brother, bestowed on him all the land, and all in Castile held him for lord, both great and small.

1777 Don Pedro durst wait no longer, but betook himself then incontinent to Seville, where his treasure had remained. He had galleys and ships loaded, and his treasure placed in them. Hastily he embarked, as the story says; day and night he sailed until he came to the port of Corunna, the which is in Galicia. And the Bastard was no fool; he rode through Castile; not a city remained of which he did not get possession; there were neither earls nor barons that did not do him homage, saving only one reputed sage,—Fernandez de Castro, they that knew him called him—and right valiant and noble was he, and he vowed, so God aided him, that never for a day would he forsake him who was king by right, and if they all would do it—those who had the power—yet could not he suffer a bastard to hold a kingdom. But all the others of the country were altogether agreed that Henry should remain king of Castile and of Toledo and Seville, and Cordova, and of Leon. By the accord of all the barons was Castile thus conquered, and by the power and emprise of Sir Bertrand du Guesclin. Now you will be able to hear the end, how it fortuned after this day, not a score of years ago.

1817 Now begins a noble tale, of noble and puissant import (?), for pity, love, and justice dwelled together in his upbringing, as you will hear. You have well heard me recount the foregoing matter. Right wretched was King Pedro at Corunna on the sea, and full of cruel, bitter grief (?), for they had failed him that should have been his friends. Exceeding sad was he and could devise no means whereby he might obtain succour, neither for pure gold nor for treasure. One day the King called to mind that he had long had alliances and amity—wherewith he held himself full content—with the King of England, of such noble disposition, for God had given him such virtue that since the time of King Arthur there was no king of such power; and if for that alliance, and for love and lineage, and for God, and for knightliness, he would send him succour, he might yet be saved.

1847 Thereupon he called his council, and showed them the matter, and every one said he spoke well. Then a noble lord, Fernandez de Castro, the gentle, who was of right good counsel, spoke and said, 'Sire, hearken to me. By the faith I owe you, first of all, if you believe me, you will send straight to the Prince of Aquitaine, who is his son; right valiant is he and bold, and so strong in men-of-arms that I ween there is no man living, save God, that would do him wrong; and, if you find him well minded to succour you, be certain that you will have Spain again in your hands before this year is over.' To all this they readily agreed.

Don Pedro, the king of Castile, writes and seals incontinently, begging the Prince humbly that for God's sake first of all, and for love and pity, for alliance and amity, and by reason of lineage also, and for the right he has, without any doubt, that it please him, the right noble Prince, puissant, honourable, valiant and doughty, to succour justice and him, who petitions him in the name of patience; and that he would of his valiancy send ships to set him across, and bring him safely, for he would fain speak with him. The messenger came without delay.

At Bordeaux he found the Prince, who marvelled right greatly when he had read the letter. So soon as he had looked it through he called his knights and all his best councillors. He showed them all the letter, even as it was indited, and said to them, ' Fair lords, by my troth, I marvel at what I behold. Foolish is he who puts his trust in his might. You have well seen that France was, as I think, the most puissant Christian country, and now have God and right granted us strength to conquer our right; and also I have heard tell that the leopards and their company would spread abroad in Spain, and if it could be in our time we should be held the more valiant. Good counsel in this matter, my lords, you see to be right convenient. Now speak your minds thereon.' Then answered Chandos and next Thomas of Felton,—these two were comrades, of his most privy council,—and said to him, of a truth, that he could not accomplish this unless he had some alliance with the King of Navarre, who at that time kept the passage of the defiles. By the advice they tendered they summoned the King of Navarre, the Count of Armagnac also, and all the barons of the noble land of Aquitaine. And then all the great council assembled. Each one said what seemed to him good to do in the emprise; and know that it was arranged, by such council and such agreement, as I hear in my record, that vessels should be made ready at Bayonne without delay, men-at-arms and archers also, to go forthwith to seek King Peter in Spain. Sir Thomas Felton, the great seneschal of Aquitaine, was to be their captain. But whilst they were lading their vessels and making preparation | the King Don Pedro in proper person arrived at Bayonne, bringing his sons and daughters, and that remnant of his treasure that God had left him, precious stones, pearls, silver and gold. When the Prince had knowledge of the tidings, they seemed to him good and pleasing. He went to Bayonne to meet him, and nobly welcomed him in great joy and pastance, and there they gave many a banquet. Why should I lengthen out and delay my story? Incontinent all were of accord, the King of Navarre also, to aid the King Don Pedro, and bring him again into Spain; since that for justice and amity he besought him so humbly, he ought assuredly to be succoured. All were agreed on this point, and henceforward the valiant Prince made no further tarrying.

He returned to Bordeaux and bade his men prepare. Many a noble and doughty knight he summoned throughout his land; nor did any delay, great nor small; Chandos was not behind, for he went to the Great Company in quest of companions, up to fourteen pennons, apart from the others who returned from Spain when they heard that the Prince wished to aid the King Don Pedro to his right. They took leave of King Henry, who gave it them at once, and paid them right gladly, for they were no longer needful to him. He was King of Castile at that time, and held himself well satisfied that none could wrest it from him, howsoever great his power. To be brief, there then returned Sir Eustace d'Aubréchicourt, Devereux, Cresswell, Briquet, whose name is often on people's lips, and thereafter the Lord of Aubeterre that ever gladly followed after war, and the good Bernard de la Salle. All the merry companions returned to Aquitaine, but first they endured great sufferings, for when the Bastard knew verily that the Prince wished without delay to succour the King Don Pedro he wrought them sore hindrance; he let cut all the roads, and night and morning he made to spring out many an ambush on them, and caused them to be attacked in divers fashion by geneteurs and villains. But God, who is sovereign Lord, brought them back in safety, right straight to the principality, whereat the Prince was right joyous, for he was right eager to accomplish his desire. And then without slackening he had gold and silver prepared and money to pay his men.

2015 Sirs, the time I speak of was after the birth of God one thousand three hundred sixty and six years, when the gentle bird ceases to sing, three weeks before the day when Jesus Christ of His sweetness was born of the Virgin Mary. Have no doubt of the time.

2023 Very nobly did the gentle Prince order his payment. Then might you see swords and daggers forged at Bordeaux, coats of mail, and bassinets, lances, axes and gauntlets. Exceeding noble would the equipment have been, had there been thirty kings.

2031 The muster of the noble Prince's army was held at Dax. There assembled the barons and the knights from round about. All the companions camped in the fields at that time. In the Basque country, among the mountains, the great companies camped; they abode there more than two months, and endured great privations, all to await the passage, that they could go on their way. There they stayed all winter up to the month of February, until all were assembled, the distant and the
2049 near. But, according to what I heard, the Prince set out from Bordeaux | fifteen days after Christmas. And then the Princess had right bitter grief at heart, and then she reproached the goddess of love who had brought her to such great majesty, for she had the most puissant Prince in this world. Often she said: 'Alas! what should I do, God and Love, if I were to lose the very flower of nobleness, the flower of loftiest grandeur, him who has no peer in the world in valour? Death! thou wouldst be at hand. Now have I neither heart nor blood nor vein, but every member fails me, when I call to mind his departure; for all the world says this, that never did any man adventure himself on so perilous an expedition. O very sweet and glorious Father, comfort me of your pity.' Then did the Prince hearken to his gentle lady's words; he gave her right noble comfort and said to her: 'Lady, let be your weeping, be not dismayed, for God has power to do all.' The noble Prince gently comforts the lady, and then sweetly takes leave of her, saying

lovingly: 'Lady, we shall meet again in such wise that we shall have joy, we and all our friends, for my heart tells me so.' Very sweetly did they embrace and take farewell with kisses. Then might you see ladies weep and damsels lament; one bewailing her lover and another her husband. The Princess sorrowed so much that, being then big with child, she through grief delivered and brought forth a very fair son, the which was called Richard. Great rejoicings did all make, and the Prince also was right glad at heart, and all say with one accord: 'Behold a right fair beginning.'

Then the Prince set forth, he waited no more; no longer did he tarry there. Very rich was his array. He came to Dax and abode there, for news was brought him that the Duke of Lancaster was on his way, commanding and maintaining a great company. Then he was minded to stay and await his brother. And know that the noble Duke, when he heard it said that the Prince had set forth from Bordeaux, was sore grieved, for he thought not to come in time. He had landed in the Cotentin, and hastened much to ride, he and all the knights; he passed through the Cotentin into Brittany. To meet him there was a fair company, for Duke John of Brittany came; with him the greatest barons of his land, those he held most dear, Clisson, Knolles, and many who did him great honour. He feasted him in his land, but he made there but short stay, for it behoved him to make speed on account of the Prince, who would fain cross. He took leave without delay of Duke John and his wife. 2103

Night and morning the noble Duke of Lancaster rode until he came right to Bordeaux, and found there the Princess, mistress of all honour, who welcomed him sweetly and very graciously asked news of her country, how they fared in England. And the Duke recounted all. Then the Duke tarried no more, for he left Bordeaux; he rode through the Landes, hastening right speedily till he came to the city of Dax. He found his brother, the Prince, who came to meet him with more than twenty knights, and know, moreover, that at this time the Count of Foix was there. Great joy of each other did they make as soon as they met together. Then they kissed and embraced, and the Prince said, smiling: 'Duke of Lancaster, sweet brother, welcome in our land. Tell me, how fares the King our father, and the Queen our mother, all our brothers, and all our friends?' 'Sire,' said he, 'by God's mercy they fare no other than well. Our father tells you to send word to him if there lack aught that he can do. Our mother gives you greeting. All our brothers commend themselves to you, and send word by me that gladly would they have come if they had had leave.' 2138

Conversing thus they came to Dax, holding each other by the hand, and that night they made very merry. Of their talk I know no more, nor will I recount anything further. The Count of Foix returned into the land where he dwelt, and the Prince stayed at Dax awaiting the time and hour when he could pass the defiles. As yet he knew not whether they would cross by the pass of Roncevaux, for it was said that the King of Navarre was allied to Henry the Bastard, whereat many were dismayed. But at this time and juncture Hugh of Calverley took Miranda-de-Arga and Puente la Reina, whereat Navarre was affrighted. The King sent his 2177 messenger to the Prince forthwith, without delay, and announced the deed to him, what Hugh had done to them. Afterwards the loyal-hearted Sir Martin came from Navarre; by his sage counsel he helped to secure for them the passage.

2209 Right soon after this day it befell that the King of Navarre came to St. Jean Pied du Port, and the Duke of Lancaster and Chandos went then to meet him. They escorted him towards the Prince to a place where they found him. Peyrehorade was the name of the town and the house. There came King Pedro, and there their oath was renewed on the body of Jesus, and each one was agreed as to what he was to have. The next day the King, the Duke, and Chandos left, for it was settled that the vanguard should pass, first of all, the next Monday; and they without long delay reached St. Jean. There they were lodged, and the next day proclamation was made that every one should make ready to pass the next Monday, those in sooth who were chosen to cross in the vanguard. Now it is right that

2243 I should take heed to enumerate the vanguard. Fair sirs, first I should name | the Duke of Lancaster, who was valiant, bold, and courageous, and had in his company many noble knights. There was the good Thomas d'Ufford, bold and strong, the good Hugh of Hastings, and his noble comrade William Beauchamp, son of the Earl of Warwick, the Lord of Neville also, and many a good bold knight, whom now I will not name, as I wish to speak of them elsewhere. Next I must name Chandos, Constable of the army, leader of all the Companions, whose names I will tell you. First of all the Lord de Rays, good and valiant in deeds, next the Lord d'Aubeterre, eager in pursuit of war, Messire Garsis de Castel, valiant and loyalhearted, and Gaillard (?) de la Motte also, and Aimery de Rochechouart, and Messire Robert Camyn, Cresswell, and the true-hearted Briquet and Messire Richard Taunton and William Felton and Willecock le Boteller and Peverell of the proud heart, John Sandes, a man of renown, and John Alein, his companion, next afterwards Shakell and Hawley. All these pennons were companions to Chandos, and placed under his pennon. Next were the Marshals, loyal men of valour, one Stephen of Cosinton, a very noble knight, the other the good Guichard d'Angle, who ought not to be set aside, rather is it very right that he should be remembered; with them they had the banner of St. George, and many other knights in their company.

2291 Now, my lords, I have enumerated and completely named the vanguard, which lingered not, but made the passage wholly, on Monday, the 14th of February. But since the just God suffered death for us on the cross there was no such painful passage, for one saw men and horses, that suffered many ills, stumble on the mountain; there was no fellowship; the father made no tarrying for the son; there was cold so great, snow and frost also, that each one was dismayed, but by the grace of God all passed in due time, ten thousand horses and more, and the men upon them, and camped in Navarre. And the next day all those who were with the Prince in his division made ready.

2315 Now it is very right that I should recount to you the names of these noble barons: first of all the Prince and the King Don Pedro, whom I should rightly name, and the King of Navarre also—these three passed without delay; Messire Louis de

Harcourt and Eustace d'Aubréchicourt, Messire Thomas Felton and the Baron de Parthenay, and all the brothers De Pommiers, that were noble knights, and then the Lord de Clisson and the good Lord de Curton. The right courageous Lord de la Warre was there, and Messire Robert Knolles, of short speech. The Viscount de Rochechouart was also there, and the rightful Lord of Bourchier and many other honourable knights, and the Seneschal of Aquitaine, a noble captain, and the Seneschals of Poitou, the Angoumois, of Saintonge, Périgord, and Quercy, he that was bold and loyal; moreover, I will also name to you the High Seneschal of Bigorre. These I mention were assuredly in the Prince's division, and good four thousand others, whose names I will not give, but they were good twenty thousand horse that all passed on the Tuesday. And the King of Navarre also crossed with the Prince, and escorted and guided him beyond the passes. And God, who was merciful, permitted them all to cross, but great hardships did the noble Prince of Aquitaine suffer in the passage.

On the Wednesday the rearguard also crossed: the noble King of Majorca, and the valiant, courteous, and right gentle Count of Armagnac, the bold Berard d'Albret, the Lord of Mussidan, and other honourable knights of noble fame. And there were also other pennon-bearers: [to wit] Sir Bertucat d'Albret; and also know assuredly that the Bour de Breteuil was there, and the Bour Camus, whose deeds I am not forgetting; Naudon de Bageran was there also, and Bernard de la Salle and Lami: all these, without doubt, were placed in the rearguard and passed on the Wednesday out of the defile. Now I will tell you truly. Each one of these divisions camped in the concha of Pampeluna. There they found bread and wine, so that they were filled.

Afterwards, without long delay, the noble Lord d'Albret crossed with the noble, valiant and loyal-hearted Captal, each one with two hundred fighting-men, valiant and bold men-at-arms. Now the army was all collected together again. The tidings were brought to Henry the Bastard of Spain, who was lodged, he and his company, at Santo Domingo. Now he was not greatly dismayed, but on the advice he received was minded to send the Prince a letter. This he did, writing these words in the letter, as you shall hear:—

'Most puissant, honoured, and noble Prince of Aquitaine! Dear Sire, it is a certain thing, as we have heard, that you and your men are come and have crossed to this side of the passes, and that you have made agreements and alliance with our enemy, whereat we have great wonder. I know not who counsels you, for I have never done you wrong or harm, wherefore you should hate us or take from us that little land that God has lent us of His will: but forasmuch as we know well that there is no lord holding land in this world nor any creature to whom God has given such fortune in arms as He has to you, and since we know well that you and your men seek only to have battle, we beg you in all courtesy that you will inform us merely in what place you will enter our seignory, and we pledge our word to you that we will be over against you to give battle.'

Then he had his letter sealed, and sent it by his herald, who journeyed without fail until he found the Prince: forthwith he delivered to him the letter.

2441 And the Prince rejoiced greatly at the letter and showed it to his barons and set forth to them the tenour. Then King Pedro was summoned and all the council convened to advise about the answer, how he should send back and reply to him. But meanwhile Sir Thomas Felton craved a gift of the Prince, that it would please him to grant him only this one thing, that he might ride out ahead to go and spy out their army; and the Prince granted it him. And then Thomas called the companions, as many as he wished to have. Thomas d'Ufford and the lion-hearted William Felton, Hugh of Stafford and Knolles of short speech, were there; and there came also to the muster Messire Simon Burleigh. There were certainly, as I heard say, eight score lances, and there were three hundred archers. Then they began to ride through Navarre, day and night; they had guides and conductors. At Logroño they crossed the river, whose waters were swift and fierce, and camped at Navaretta to hear and know about their doings, how their army was being directed. Whilst this was being done the King of Navarre was taken by treason; whereat the Prince and his council were amazed. Now was Messire Martin de La Carra ruler and governor of all the country of Navarre. By the advice of the Queen, who is worthy to have every blessing, he came to the Prince and related to him the capture, in what wise it befell, and begged him to keep and govern the country. The Prince marvelled greatly

2493 when he heard it word for word, and answered graciously: | 'I am sore grieved at the capture. Now I cannot recover him, but you know well, in good sooth, the very best that I can do is to quit his land. If good befalls me, it shall be for him, so please God, as much as for myself. I have no other counsel.' Thereupon he bade the army make ready to set out in the early morning. Then he prayed Messire Martin to procure him guides; and know verily that so he did. Then he crossed the pass of Arruiz, which was very strait and narrow—much hardship did the army suffer there—and afterwards, of a surety, he journeyed through Guipuzcoa. But scant provisions did he find for his army right through the land until he came to Salvatierra.

2515 Now was the army come to Spain and it spread itself abroad over the country. The noble company of knights lodged near Salvatierra, in the villages; they thought to attack the town, but know well that without delay it surrendered to the King Don Pedro as soon as it beheld him. There the Prince abode six days in the country round about, and meanwhile his men were at Navaretta, who often rode out and spied on the Bastard's army until it happened that one night they made their attack on their watch. All on horseback they charged upon them and took the knight that had command of the watch, and two or three others. Then the alarm was raised. To Messire Simon Burleigh fell prisoner the knight aforesaid. Then incontinent they came back to Navaretta, where they were lodged, and from the prisoners they had taken they learnt the truth about the army. Speedily they sent word to the Prince.

2543 And the Bastard, on the other side, knew the tidings of the other army, and said that he would break up his camp and come to meet them. And when Thomas Felton knew it, and all his companions, they departed from Navaretta. They rode always in front of the army to report more exactly the tidings. They stayed on the other side until the Spaniards had crossed and they were minded to come this side of the mountains before Vittoria. In front of Vittoria, on the plain, Sir Thomas Felton and his companions camped. They sent word of this to the Prince, just what they had done. When the Prince heard the matter, even so as it stood, how the Bastard was coming straight to him, eager for battle, then he said: 'So help me Jesus Christ, the Bastard is right bold. In God's name let us go, my lords, and take up our position before Vittoria. The next day he came in front of Vittoria. There the Bastard was not yet in sight, but was on the plain on the other side of the mountain. When the Prince was in the fields, there he found his knights. Very gladly did he see them, and said to them, 'Fair, sweet Sirs, be welcome more than a hundred times.'

As they thus talked together the currours were scouring the field. They 2581 brought word to the Prince ... that they had seen, they thought, the enemy's currours. Then was there a stir in the camp, and all the army gathered together. The cry 'To arms' might be heard. The Prince drew up his men and set his divisions in order. There might a man regale himself at the sight, one to whom naught was at stake, for one could see gleaming pure gold and azure and silver, gules and sable, also sinople and crimson and ermine; there was many a precious banner of silk and sendal also, for since the time of which I now tell you so noble a sight has not been seen. There was the vanguard drawn up very nobly that day. There might one see knighted squires of high degree. The King Don Pedro did the Prince first make knight, and afterwards Thomas of Holland, ever ready for deeds of arms, and then Hugh de Courteney, Philip and Peter, as I know well; John Trivet, Nicholas Bond; and the Duke, in whom all virtue abounds, knighted Raoul Camois, fair and courteous in deeds, and Walter Ursewick also, and then Thomas d'Auvirmetri and Messire John Grendon. There the noble and redoubtable Duke, of enduring fame, made twelve knights or thereabout. And know well that there incontinent was many a good knight made whose name I cannot tell; but, by what I heard related, the Prince, with his men, made that day more than two hundred.

All day were they there in battle-order and ready to abide the onset. But it 2631 pleased not Mary's Son that the enemies should come that day, for, by Saint Peter, the reanguard was behind more than seven of the country's leagues, whereat the Prince was sore grieved. At vespers they went to their quarters. Then the Prince let cry that each one should return the next day right to that plain, and that no one should go beyond the vanguard, and that each one should be on his guard and should camp under his banner. But, by the faith I owe St. Peter, Sir Thomas Felton and William his companion went off to encamp, more than two leagues of the country away, methinks.

Now it is full time that I should tell you of Don Tello, the noble earl, who ad- 2651 dressed his brother the Bastard Henry in these words: 'Sire,' said he, 'now listen to me. It is very true, as you know in sooth, that our enemies are lodged very near here, and therefore, if you so will and give me leave, I will ride out in the morning and report you the truth about the enemies, what they are doing.' The Bastard replies to him forthwith that he fully approved of this proposal, and that Sancho, his brother, should accompany him, and D'Audrehem, the good Marshal, should also go;

the expedition should be made with six thousand mounted men; thus was the matter settled. Sir Bertrand du Guesclin would have gone on it, but he had arrived that day, it was said, for he came straight from Aragon. Thus were their dispositions taken. Fiercely do they threaten the English, saying that for their great insolence they would make them die in shame.

2681   Now may God aid the right! The Prince was encamped in front of Vittoria; and round about there was no hovel nor house not wholly full of his men. But the Prince the next day was not aware of the expedition that Don Tello was preparing; for know that without sleeping he rose at midnight, rode the broadest road straight up the mountain, until he brought his company right down a valley. First he met Hugh of Calverley, who was breaking up, and coming towards the Prince. The currours wrought great damage to his sumpter beasts and waggons, whereat noise and shouting arose, and the currours ran up and down through the camp: many were killed in their beds. There the vanguard would have been sorely surprised had it not been for the noble Duke of Lancaster, full of valour; for as soon as he heard the shouting he sallied forth from his lodging and took his station on the mountain. There his company rallied, and all the others as best they could, and it is said that the Spaniards thought to take this mountain; but round the Duke and his banner all the banners of the army gladly gathered. Thither the Prince and Chandos came, and there the army was drawn up; there you might see the currours repulsed with force. Each one strove to acquit himself well.

2725   Then the main body of the Spaniards rode up and met Felton and Sir Richard Taunton, Degori Says (?), Ralph de Hastings, who cared not two cherries for death, and Sir Gaillard Beguer, and many a good and valiant knight: they were a good one hundred fighting-men together, great and small. Their company rallied on a little mountain, but Sir William, the valiant, very boldly and bravely charged among the enemy like a man devoid of sense and discretion, on horseback, lance couched. Striking a Spaniard upon his flower-emblazoned shield, he made him feel through the heart his sharp blade of steel. Down to the ground he hurled him in the sight of all the people. Like a man full of great hardihood he rushed upon them, with drawn sword, and the Castilians by their might followed him on all sides, and threw spears and darts at him. They slew his horse under him, but Sir William Felton defended himself stoutly on foot, like a lion-hearted man; albeit his defence availed him little, for he was slain. God have mercy on him.

2769   And the others joined together on a mountain which they took; there the Spaniards made many an onslaught on them, fiercely attacking them without cessation, and hurling at them spears and darts and strong, sharp archegays. And they, who were very courageous, gave proof of their prowess like men of valour, for more than a hundred times that day they descended without ceasing, their sharp lances in their hands, and by force made them give way. Nor would the Castilians have been able to harm them, by casting lance or dart, had it not been for the French and Bretons, the Normans, Picards, and Burgundians, who came up a valley with Marshal d'Audrehem and Sir Jehan de Neufville. Those were together a thousand. As soon as they saw them, they all immediately dismounted.

The English and Gascons saw well that they could not long withstand there, for they had no support, and the French on foot ran at full speed to attack them; and the others without slackening defended themselves fiercely, but they were not one hundred against more than six thousand. And these knights approved themselves well, and there did such feats of arms that never were Oliver nor Roland able to do more, as I have heard related. But their defence availed but little, for by force they had to yield themselves prisoners. There were taken: Hastings and Degori Says (?), Gaillard Beguer, a perfect knight, the three brothers Felton, and with them Richard Taunton, Mitton, and many others, whose names I have not mentioned: whereat the Prince was sore grieved, but he thought certainly that the whole army had come down through the pass and on that account he would not break up his army; for he would have gone to succour his men, had it not been for this, for that he was bound to do: but it was not so done. And they who had carried out their emprise, as soon as it was told them that the Prince was near there, departed at their speediest and turned back. They take the prisoners with them, treating them very harshly.

Greatly did King Henry rejoice at their return, and he said to them: 'Welcome, fair sirs, greatly am I beholden to you,' and then added, in these express words: 'All the others will follow. It is to his undoing that the Prince thinks to take my land and attack me: I will therefore cause him to know that great greed of possession has made him undertake this expedition. Whoso could take him prisoner, to him I would give so much silver and gold that he might make a treasure thereof.' When the Marshal heard him, very softly he said to him: 'Sire,' quoth he, 'what are you saying? As yet you have not discomfited all the good knights. But be sure and certain that you will find them proper men-at-arms when you fight against them. But if you will believe good counsel you will be able, in sooth, to discomfit them without striking a blow; if you will keep the defiles whereby they must pass and have your army well guarded. If you do not give them battle, through great lack of victuals you will see them quit Spain, or you will see them die of hunger.' Thus was the Bastard King advised by French counsel. And the Prince was still encamped in battle-order before Vittoria, for he still waited there to see if the Bastard would come down, his troops drawn up, and his banners unfurled. That night he camped in the open. There was there none too good cheer, for many there were, by St. Martin, who had neither bread nor wine. None too pleasant was the stay there, for there were often conflicts and skirmishes with geneteurs; and of the English there were many slain, of them and of the others. Very ugly and foul was the weather, with rain and wind also. Sirs, the time I am telling you of | was in March, when it often rains, blows, and snows—never was worse weather—and the Prince was in the open, where there were many hardships to endure, both for men-at-arms and horses. And the Monday the Prince raised his camp and moved. He turned back through Navarre; he crossed a pass which is called by name the Pas de La Guardia. He journeyed until he came to camp at Viana, and speedily after this it befell that he passed the bridge of Logroño. The Prince, who is very anxious and eager for battle, camped that day in front of

Logroño, in the orchards and under the olive-trees. And the Bastard King learnt by spies that the Prince's army was encamped before Logroño in the gardens. Then he stopped neither night nor morning; he turned back from St. Vincent and encamped on the river, in a vineyard, beneath Najares. A fair army he had, puissant and noble. Thereupon the Prince sent him a letter which ran thus :—

2909 'Right puissant and honourable Henry, who art called Duke of Trastamare, who else styles himself for the present time in his letters King of Castile. We have well heard the tidings of your noble letters present, that are fair and gracious, of which the tenour is in sooth that you would gladly know wherefore we have plighted our troth and are allied with your enemy, whom we hold as our friend. Know that we are bound to do it to fulfil the alliances made in the past, and for love and pity and to maintain the right; for you should assuredly feel in your heart that it is not right that a bastard should be king to disinherit the lawful heir. No man born of lawful wedlock should agree to that. Of another point we apprise you, that, whereas you have such renown, and are held so valiant, we would very gladly be at pains to accord you both, and would ourselves see to it that you should have a large share in Castile. But reason and right ordain that you must give up the crown, and thus in truth fair peace might be nourished between you. And as to the entrance into Spain, know that I and my company with the help of God will enter there by whatsoever place it shall please us to enter, without asking leave of any man.'

2951 Thus was the letter indited and thereafter sealed. They delivered it to a herald, who was glad and merry at heart and made great rejoicings, for they bestowed on him fine jewels, ermine robes, furred mantles. Then he tarried no longer. He took leave and departed; he came to his master, King Henry, and gave him the letter. The Bastard, when he looked at it and perceived the intent the Prince had made known to him, knew well that he was of high worth, and without making more delay he called his council together and asked: 'What seems good to you to do in all this matter?' Each one spoke his mind. Messire Bertrand du Guesclin, bold and true-hearted, said to him: 'Sire, doubt not, for you will speedily have battle. Ill do you know, in sooth, the great power that the Prince leads. There is the flower of knighthood, there is the flower of bachelry, there are the best fighting-men living in the world, so that you have great need to make ready and marshal your men.' 'Sir Bertrand, have no fear,' answered the Bastard Henry, 'for I shall have, I am sure of it, good four thousand barded horses who will be on the two sides of the two wings of my army, and moreover you will see, know assuredly, good four thousand geneteurs; and of men-at-arms, of the best that can be found in all Spain, I shall have two thousand in my company, and, moreover, I can have, know well, fifty thousand men on foot and six thousand crossbow-men. Between here and Seville there dwell neither free men nor villeins but all are sure to help me, and have pledged their word to me that they will ever look on me as king, so that I have no fear that I shall not have the victory.' Thus did they hold converse that night in great joy and pastance.

3007 And the Prince made no tarrying. The next morning, at break of dawn, he moved from before Logroño, for he delayed not at all. In right battle-array they rode that morning, so fairly ordered that never had any man seen so noble a host since the birth of Jesus. That day was Friday. Two leagues the Prince rode that day without making halt, and well he thought that day to have the battle. He sent out his currours in all directions, who were at great pains to report the truth; and, to speak sooth, they saw the disposition of the other army, and perceived that it was camped on the river, near Najara, on the moor, in the orchards and the fields—very mighty was their army—and that in no wise did they look as if they would move that day. They speedily reported to the Prince, who was camped at Navaretta, how they found the army. Then they heard at once the disposition of the battle. Now were the two armies camped together, about two leagues apart, methinks. That night each was on his guard and took heed to himself, and they slept under arms. And before it was day King Henry sent out spies on the English in divers directions to know about their movements; but these, if the chronicle does not lie, set forth earlier and began to ride. But the true-hearted Prince did not go the most direct road, but took the road to the right hand. They descended a mountain and a big valley, all on horseback, so nobly arrayed and in such fair close order that it was marvellous to behold. And the Bastard without slackening had at midnight set in order and instructed his army. On foot were Sir Bertrand and the good and valiant Marshal d'Audrehem, of great nobility, and the renowned Count Sancho, the Count of Denia likewise, who was truly from Aragon. Le Bègue de Villaines was there also, a very good leader, Messire Jean de Neufville, and more than four thousand others, whose names I cannot give, from Spain, from Aragon, from France, Picardy, Brittany, and Normandy, and many another distant country. Next on the left hand was the Count Don Tello, on horseback, with more than twelve thousand geneteurs, mounted men. On the right was the royal wing | of the bastard king, called Henry, 3083 the which had with him good fifteen thousand armed men and many men of the country—crossbow-men, villeins, varlets, with lances and sharp darts, and slings to throw stones—to guard the front ranks. Never was such a marvel nor such abundance of men seen as there were that day. There was many an embroidered banner, both of sendal and of silk. A little towards the side were the barded horses, to the number of four thousand five (?) hundred. A right sage knight commanded them— very wise was he, by name Gomez Carillo—with the Prior of St. Jean, who said that he would make the English suffer tribulation that day. And there was also the Master of St. Jacques and a good and bold knight called the Master of Calatrava; he said aloud that that day he would do so much that he would ride through the battle.

Now the matter was settled and all their host marshalled, and the Prince with- 3113 out delay came down from the mountain. When one army perceived the other, each knew well that naught remained but to fight, of this they are certain. No one would wait for the morrow. Sir John Chandos came forthwith to the Prince and brought him his banner, which was of silk, rich and brave. Very courteously he spake to him thus: 'Sire,' says he, 'mercy for God, I have served you in the past, and everything, whatsoever God has given me, comes from you, and you know well that I am wholly yours and will be always; and, if it seems to you time and place for me to raise my banner, I have enough fortune of my own (?), that God has given me to hold, wherewith to maintain it. Now do your pleasure in the matter. Behold it, I present it to you.' Then, incontinently, the Prince, the King Don Pedro, and the Duke of Lancaster also, unfurled his banner and handed it to him by the shaft and said to him forthwith: 'God grant you gain honour thereby'. And Chandos took his banner; he set it among the companions and said to them with joyous mien, 'Fair sirs, behold my banner. Guard it well as your own, for indeed it is yours as much as ours'. The companions rejoiced greatly. They set out forthwith (?) and wait no more; they are intent upon battle. This banner that I speak of, William Alby carried.

3157 The English have dismounted, aflame with desire to win and achieve honour, and the Prince said to them that day: 'Sirs, there is no other end. You know well that we are nigh overtaken by famine, for lack of victual (?), and you see there our enemies who have plenty of provisions, bread and wine, salt and fresh fish, both from fresh water and the sea, but we must conquer them with blow of lance and sword. Now let us so act this day that we may depart in honour.' Then the valiant Prince clasped his hands to heaven and said: 'True, sovereign Father, who hast made and created us, as truly as Thou dost know that I am not come here save for the maintenance of right, and for prowess and nobility which urge and incite me to gain a life of honour, I beseech Thee that Thou wilt this day guard me and my men.' And when the Prince, fair to look upon, had made his prayer to God, then he said: 'Forward banner! God help us to our right!' And then the Prince forthwith took the King Don Pedro by the hand and said to him: 'Sire King, to-day will you know if ever you will have Castile again. Have firm faith in God.' Thus 3197 spake the valiant-hearted Prince. In the vanguard went forward | the noble and valorous Duke of Lancaster; and the good knight Chandos knighted there without delay Curson, Prior and Eliton, and William de Ferinton and Aimery de Rochechouart, Gaillard de la Motte and Messire Robert Briquet. There was many a knight made, who was full of valour and of noble and puissant lineage. On the field the Duke of Lancaster said to William Beauchamp: 'See there,' said he, 'our enemies; but so help me Jesus Christ, to-day you shall see me a good knight, if death causes me no hindrance.' Then he said: 'Forward, forward banner! Let us take the Lord God for our Protector and let each one acquit himself honourably.' And then the noble and valiant Duke placed himself before his men; more than a hundred he made bolder-hearted than they were before, methinks. In that hour the Duke knighted Jean d'Ypres of the proud heart.

3225 Now began fierce battle, and the dust commenced to rise. Archers shoot swiftly, thicker than rain falls. Like a valiant man the Duke of Lancaster leads the way; after him goes Thomas d'Ufford and the stalwart Hugh de Hastings, each one with his banner unfurled, each one holding lance couched. On the right hand was Chandos, who acquired great renown that day, and Stephen Cosinton, John Devereux, a noble knight; and there was the good Guichard d'Angle that ever was in the forefront. With him he had his two sons and other knights of renown, who did their duty stoutly; and there was the right noble lord of Rays. There might one see the companions coming, all close together, banners and pennons. Each

TRANSLATION 163

one held lance in hand, and they made fierce onslaught to attack their enemies; and the archers kept on shooting, and the crossbow-men on the other side, who were with the Bastard; but all advanced so far on foot that they met together with Bertrand's division, which caused them much mischief. There might you see thrust of lance as they came together; each one strove to acquit himself well. Then, of a surety, was no heart in the world so bold as not to be amazed at the mighty blows they dealt with the great axes they bore, and the swords and daggers. It was no great pastance, for you might see many a good knight fall to the ground.

Great was the din and reek (?). There was neither banner nor pennon that was not cast down. At one time that day Chandos was thrown to the ground; upon him fell a Castilian, great in stature—by name Martin Fernandez—the which was at great pains that he might slay him, and wounded him through the vizor. Chandos, of bold mien, took a dagger from his side, and struck therewith the Castilian so that he thrust the sharp blade into his body. The Castilian stretched himself out dead, and Chandos leapt to his feet. He grasped his sword with both hands and plunged into the fray, which was fierce and terrible and marvellous to behold. He who was struck by him might be certain of death. 3271

And elsewhere the noble Duke of Lancaster, full of valour, fought so nobly that every one marvelled, looking at his great prowess, how he put himself in jeopardy by his noble valiance; for I think that no creature, rich or poor, adventured himself so far forward as he did. And the Prince made no tarrying; know of a certainty he hasted fast to the battle. From the right side of his division | the King of Navarre's banner and Sire Martin de la Carra set out with the Captal, of noble and loyal heart, and the rightful Lord d'Albret who strove to acquit himself well—together they were two thousand—to join battle with the Count Don Tello, who was on the left hand of the stout-hearted Sir Bertrand. But I can well record it, before they could come together Don Tello left and the Captal incontinently wheeled round upon the footmen. Sorely did they harry them that day. As men of hardihood they defended themselves valiantly. On the left, on the other side of the Prince, Percy, the Lord de Clisson, Sir Thomas Felton, and Sir Walter Hewet, who time and again is named, these came to visit and support the vanguard. 3295 3309

Then the clash increases, and mighty was the slaughter, for the noble Prince of Aquitaine brought up all his main division; there was none who was backward in the fight. On the left was a very little mountain; there, on the side, the rearguard had been commanded to stand, over against the barded horses. There was the King of Majorca, whom I should not forget, and the valiant Count d'Armagnac, the lord of Sévérac, Sir Berard d'Albret, and Bertucat, who was anxious and eager to fight, and moreover I have not named to you Sir Hugh of Calverley. Fiercer waxed the battle, which began on all sides. The Spaniards hurled with might archegays, lances, and darts. Each one strove to acquit himself well, for archers shot thicker than rain falls in winter time. They wounded their horses and men, and the Spaniards perceived well that they could no longer endure; they began to turn their horses and took to flight. When the Bastard Henry saw them he was filled with wrath. Three times he made them rally, saying, 'Sirs, help me, for God's sake, for you have made 3335 me king and have also made oath to help me loyally.' But his speech is of no avail, for the attack waxed ever stronger.

3377 What would you have me tell you? There was not in the Prince's following any man, however small, who was not as bold and as fierce as a lion: one cannot make comparison with Oliver and Roland. The Spaniards turned in flight, each one gave rein. Sore grieved and wrathful thereat was the Bastard when he saw them, but it behoved them to flee, or they would have been all taken and slain. Then the stress began, and then might you see the footmen slain with point and blade. The Bastard flees down a valley. But French, Bretons, and Normans still stand their ground, but their pride lasted only a short while, for they were speedily routed; and know that the cry was raised loudly in many a place, 'Guyenne! St. George!' There was Messire Bertrand taken and the noble Marshal d'Audrehem, of such great hardihood, and a count of great renown, Count of Denia by name. Count Sancho, doubt not, was taken there, who was a leader, together with Le Bègue de Villaines, Messire Jean de Neufville, and more than two thousand others; and, to make true report, Le Bègue de Villiers was slain, and divers others, whose names I cannot mention; but according to the report five hundred men-at-arms or more died on the strip of land where the battle was hand to hand. Also on the side of the English died a perfect knight: that was the Lord of Ferrers. The glorious God and St. Peter receive the souls of the dead! Sirs, for God, now listen.

3425 The battlefield was on a fair and beauteous plain, whereon was neither bush nor tree for a full league round, along a fine river, very rapid and fierce, the which caused the Castilians much damage that day, for the pursuit lasted up to the river. More than two thousand were drowned there. In front of Najara, on the bridge, I assure you that the pursuit was very fell and fierce. There might you see knights leap into the water for fear, and die one on the other; and it was said that the river was red with the blood that flowed from the bodies of dead men and horses. So great was the discomfiture that methinks never could any creature have seen the like, so God help me: so great was the mortality that the number was reported as about seven thousand and seven hundred, and moreover I assure you that the Prince's followers entered the town. There were more than a thousand slain; and there the Grand Master of Calatrava was taken in a cellar; and the Prior of St. John who caused them much mischief, and the master of St. Jacques also. These two had withdrawn incontinently beside a high wall; there they were not safe, for men-at-arms climbed up, who were minded to attack them, but they yielded humbly, for they dared not await them. Thus were they slain and taken prisoner, whereat the noble and valiant Prince rejoiced greatly. He remained in the open and raised his banner, round which his men gathered.

3473 My lords, the time I am telling you of was right on a Saturday, three days on in the month of April, when sweet and gentle birds begin to renew their songs in meadows, woods, and fields. It was at that time that, of a surety, befell the great battle before Najara, even as you have heard.

3481 That night the Prince was lodged in the very lodging in which King Henry himself had been the night before. There they held high revel and thanked God the Father, the Son, and his blessed Mother, for the grace he had done them, for know well that they found there forthwith wine and bread—all the camp was well furnished therewith—coffers, vessels, gold and silver, whereat many folks were right well pleased.

The King Don Pedro came to the Prince, who was right well affectioned to him, and said to him, 'Our dear cousin, well ought I to give you thanks, for this day you have done so much for me that never any day of my life shall I be able to repay it. 'Sire,' said he, 'if it please you, render thanks to God and not to me, for, by the faith I owe you, God has done it and not we, so that we should all be minded to pray Him mercy and yield Him thanks.' Don Pedro said that he spoke truly, and of this he was right fain, but that he wished to take vengeance on the traitors who by force had done him so much mischief. Thereupon the Prince said, of a truth, | 'Sir King, I pray you, grant me a gift, if it please you.' Quoth King Pedro: 'Alas! wherefore, Sire, do you ask me? All that I have is yours.' Then the Prince said incontinent: 'Sire, I wish for naught of yours. But I counsel you for good, if you wish to be king of Castile, that you send tidings everywhere that you have granted this gift: to bestow pardon on all who have been against you; and that, if through ill will or by evil counsel they have been with King Henry, you pardon them henceforward, provided that of their own accord they come to pray you mercy.' The King Don Pedro grants this, but sore against his will; then he said: 'Fair cousin, I grant it you, except for one; but I would not have all the gold of Seville to spare Gomez Carillo, for, certes, he is the traitor that most has done me dishonour.' And the Prince spake thus: 'Take your pleasure of him, and pardon all the others.' His bastard brother was brought, and divers other prisoners, whom he gladly pardoned, for the Prince's sake, and at his request. And then he turned him back, straight to his lodging, and there Gomez Carillo was made ready, and there he was drawn and his throat cut under his chin before all the people.

The Prince, the next Monday, | set forth from before Najara, and the King Don Pedro also. They took their way towards Burgos, and then the news went through Spain to all parts that the Bastard was discomfited. At Burgos was his wife, who had no time to delay. As soon as she heard the tidings she departed at her hastiest, with all that she could carry of goods that she could pack up. She rode day and night with her escort until she came to Aragon. Right sorely was she troubled. Sorrowing and weeping, she said: 'Alas, wherefore was I born? Queen of Castile was I, with rich and fair crown, but little space has fortune endured. Ah! death, who art common to all, for what waitest thou? Now fain would I die, for never could I have pastime or solace, what time, woe is me, they should say, "Behold the Queen of Spain whom the Great Company crowned." Ah, Prince, thy fell power has brought me low. Right honourable is the lady who is yoked to you, for she can say she has the flower of the whole world, and the best, and that she holds sway over all the world.' Thus spake the lovely lady who made such lament. And the noble and renowned Prince betook himself to Briviesca to lodge, and King Pedro rode straight before Burgos. To meet him there, came the rich burgesses, saying, 'Welcome, King.' Then he was received at Burgos, and the Prince came there after the

term of six days; and at Burgos he made sojourn for the term of a full month. Word was sent throughout Spain to every city and town, to Toledo and Seville, Cordova and Leon, throughout the whole realm, that each one should come without delay to cry mercy of King Pedro. Thither came from all sides the known and the
3619 unknown, and the King pardoned them all. Lords, I will not lie to you : | the Prince gave judgement before Burgos and held gage of battle, wherefore it might truly be said that in Spain he had such power that all was under his sway. There came Don Fernandez de Castro, who was right noble and valiant. The Prince welcomed him greatly and showed him very great honour. At Burgos, the rich city, the Prince and his noble followers sojourned seven months or more, and there was their council
3635 held, and there were the oaths renewed that they had sworn, | . . . and that the King Don Pedro should go straight towards Seville to procure gold and silver to pay the Prince and his men; and the Prince was to await the King Don Pedro at Valladolid and round about, and fixed a certain day for him to return to him. But, to tell the truth, the Prince awaited him six months, wherefore his army endured sore distress of thirst and of hunger, for lack of bread and wine. A proverb I have heard said, that one should dispute for one's wife and fight for one's vietuals. Lords, there is no pastance for him who has but scantly eaten and drunk. At that time there were a many who ate not bread whenever they were hungry, and yet they dared not, of a truth, attack towns nor castles, for the Prince had forbidden it ; but should they have been hung for it they had to do it perforce, for great famine constrained them. And the Prince also took Amusco first, and was at Medina del Campo, and abode in the fields until he had provisions from the town, or he would have given them battle. Likewise the Great Company took several towns in Spain, but nevertheless, of a truth, they suffered great hardships while awaiting King Pedro. When they had stayed thus long and the day was passed that he was to be
3677 back, | he sent a letter to the Prince the tenour of which set forth that he gave him great thanks for the service they had rendered him, for he was King of all Castile and every one called him lord; but that his people have answered him, to wit both great and small, that he could not have money if he did not withdraw his men, and accordingly he begged the Prince, as courteously as he could, that it would please him to return, for he had no more need of him, and that he would appoint men to receive his payment. The Prince marvelled greatly so soon as he heard the letter. He sent two knights to him and informed him by letter that he had not kept his promises and pledges.
3699 Wherefore should I relate and draw out the matter? So much might I recount that well I might weary you. The Prince perceived clearly that the King Don Pedro was not as loyal as he thought. Then he said he would return, for many said also that the Bastard Henry had entered Aquitaine and was harrying sorely the common people of the country, whereat the Prince was sore grieved. Whereupon incontinent the Prince took his return from Madrigal. He rode day and night until he came to the valley of Soria, where he abode fully a month. And Chandos held counsel in the meantime with the Council of Aragon. Of the council I know but little.
3721 But, to abridge the tale, Chandos went without delay to the King of Navarre.

He and Don Martin de la Carra obtained so much that the King of Navarre, who was courteous, let the Prince repass, and the Prince without delay departed from the valley of Soria; he took his way through Navarre without stay. The King, who was right noble, showed the Prince great honour, for every day he sent him wine and provisions in great plenty. He brought him through Navarre and guided him right beyond the pass. Afterwards, of a truth, they held high revel at St. Jean Pied du Port. There they took courteous leave, the one from the other, and parted. Then the Prince came to Bayonne, whereat many a one made great joy. Honourably did the noble burgesses welcome him, and that was right. And there he dismissed his men and told them to come and seek their monies at Bordeaux. There he abode five days in high revel.

The Prince set forth from Bayonne and made no stay till he came to Bordeaux. Nobly was he received with crosses and processions, and all the monks came to meet him. Right nobly they welcomed him, praising and thanking God. Then he dismounted at St. Andrews. The Princess came to meet him, bringing with her her firstborn son, Edward. The ladies and knights came there to welcome him and made great joy. Very sweetly they embraced when they met together. The gentle Prince kissed his wife and son. They went to their lodging on foot, holding each other by the hand. 3751

At Bordeaux such joy was made that every one rejoiced over the Prince who was come, and those who were with him. Every one welcomed his friend. In very sooth that night high revel was held in many a place throughout the land of Aquitaine. 3774

To come to a conclusion, now I have told you of the Prince and his great expedition, and of his very noble following, pardon me if I have spoken amiss, for in nothing have I lied.

He sojourned a space at Bordeaux and held himself full well content with his men and his country, for greatly had he gladdened them (?). Thereafter in brief season he called together at St. Émilion the nobles of his whole principality, earls, barons, bishops, prelates. Thither they came right gladly. The Prince graciously and humbly thanked them all, both those who had been in his company with him in Spain and those who had remained behind, who had guarded the country, and said to them : 'Fair Sirs, by my troth, I should indeed love you with all my heart, for you have served me right well. With all my heart do I give you thanks.' Very nobly did he welcome them and bestowed on them many fair gifts, gold, silver, and rich jewels, and they made thereof great joy. They departed from the noble Prince and took their way to their homes. 3789

Very soon after this it befell that the noble Prince of Aquitaine came to lodge at Angoulême, and there, of a surety, the malady began that thereafter lasted all his life, whereof it was pity and hurt. Then began falsehood and treason to govern those who ought to have loved him, for those whom he held for friends then became his enemies; but this is no great marvel, for the enemy that is ever on the watch quicklier harms a valiant man than a wicked ; and on this account, as soon as it was known that the noble Prince was ill, in peril of death, his enemies were agreed to begin the war anew, and began to treat with those whom they knew of a certainty to be his enemies. 3815

3839 Thereupon the war between France and England began again, and then towns and cities turned from their allegiance, and divers earls and barons, whose names I should not hide—Armagnac, Lisle and Périgord, Albret, Comminges (?), of short speech—all on one day forsook the Prince their liege lord, because he was ill and could no more help himself. Then they were all agreed, as I hear in my record, that they should appeal from the Prince and begin war. The Count of Armagnac first and many other knights betook themselves to the King of France and told him straightway that they wished to turn and appeal to his court, saying that the Prince was wronging and oppressing them sorely; on this account assuredly they came to him as to their sovereign lord.

3865 The King of France convened and assembled his great Council and showed them the proposal, how he of Armagnac was tempting him to begin anew the war: thereupon they began to hold counsel. And the counsel in this matter was that they sent word to the Prince that he should come without delay to answer in his full parliament against this appeal. The Prince, who was ill, when he heard the matter was mighty wroth. Then he raised himself from his bed and said: 'Fair sirs, by my troth, methinks, by what I see, that the French deem me as dead; but, so God comfort me, if I can rise from this bed I will yet do them much hurt, for God knows well that wrongfully they make complaint of me.'

3889 Then did he send back word to the King of France boldly and staunchly, that in sooth gladly would he go at his summons, so God grant him health and life, he and all his company, with bassinet on head to defend him from mischief. Thus began war in Aquitaine, and then he had all the companions set in all the fortified places. There might you see mortal war, right cruel in many parts. The brother was against the brother, and the son against the father; every one took sides whichever way he list. But, at the time I speak of, the noble Prince lost greatly, for treason and falsehood held sway on all sides; none knew in whom to trust. But, nevertheless, the Prince strengthened himself as best he could.

3915 To England he sent for help to succour him, and the very noble King his father sent him his lion-hearted brother Edmund, by name Earl of Cambridge, and the brave and valiant Earl of Pembroke also, and they had in their company much noble chivalry. These two went to the border marches (?) and made themselves right dear. They took Bourdeilles by assault, whereat they were blithe and glad, and there was the Earl of Pembroke knighted. Then in short season they laid siege to La Roche-sur-Yon, and Chandos was at Montauban, who bore himself well there.

3935 What could I set down for you to delay the story? On all sides was fortune in Aquitaine cruel and surly. La Roche-sur-Yon was taken by Cambridge and his emprise, but, as it pleased the true God who never lied, Sir James Audeley, of great fame, died there of sickness: whereat the very noble and renowned Prince was sore grieved, for greatly beloved was James by him. And then it was not long before Chandos also died at the bridge of Lussac, the which was loss and pity, for the Prince, who was right sorrowful, was sore dismayed. But oft-times one sees it so come about that, when misfortune is to befall, one mischance follows on another.

Many a time it so happens. Thus all kinds of mischance arose; one after another they befell the noble Prince, who lay ill abed. But for all this he gave thanks to God and said: 'Everything will have its season; if I could rise from here I would assuredly take vengeance.'

When the French knew that the famous Chandos was dead they made great joy everywhere and rejoiced greatly, saying: 'All will be ours, as true as is the paternoster.' Then King Charles of France had word sent incontinent to Sir Bertrand du Guesclin, the bold and true, in Spain, where he was, where he served the Bastard King, and announced that Chandos was dead. Gladly did he hear the tidings. Bertrand returned right speedily into France without delay. He came to Toulouse; there was the powerful Duke of Anjou, who welcomed him sweetly and right graciously said to him: 'Sir Bertrand, fair greeting and welcome. We have great need of you, for if you are with us we shall conquer Aquitaine; for this is a very certain matter, Audeley and Chandos are dead, who have wrought so much mischief, and the Prince lies abed ill, with but scant cheer, so that if you counsel it we are all ready prepared to override the land.'

Well did Sir Bertrand agree to this, and advise it; and then they were all accorded, as I hear in my record, to ride in two directions and besiege the Prince. Then they assembled their men by hundreds and thousands; the Duke of Anjou rode through Quercy with great following; he of Berry and he of Bourbon with great force of men rode through the Limousin until they lodged at Limoges, and thought to come straight to besiege the Prince in Angoulême, where he abode, so ill that he kept his bed. And the Prince lay abed, where he had but scant cheer. So soon as he heard the tidings, they seemed to him good and fair; forthwith he rose from his bed and assembled all his host.

At that time the great and valorous Duke of Lancaster had arrived in his country with many knights of renown, and was desirous to give them battle, to defend his noble country. But as soon as they heard tell that the Prince, of a certainty, had assembled his power, they turned back, in sooth, and dared not await him. But at this time Limoges, the good city, was given up by treachery, and thither came the Prince, who laid siege to it until he took it by assault. Thereat he was blithe and glad, for there were Roger de Beaufort, who made boast of holding it, Sir Jean de Villemur, who said he would keep the wall, and good 300 men-at-arms, without the burgesses therein. But all were slain or taken by the noble and renowned Prince, whereat all his friends rejoiced greatly around him, and his enemies, I warrant you, had great fear and repented they had begun again war with him.

After Limoges was taken, the Prince of high emprise returned to Angoulême. Then another sign befell him, for at that time he found his first-born son Edward passed from life, whereat he was sore grieved at heart. But none may scape death. All that God had given him it behoved him to accept. Afterwards it was not long before he made ready his array and betook himself to England, by reason of the malady that oppressed him, with his wife and his sons and many knights of renown.

Thereafter came tidings that La Rochelle was lost, and that the noble Earl of Pembroke was taken. Then the King levied an army, that was of great renown, and there were all the barons and knights of repute. The noble Prince was there, who was at great pains to reach the land and disembark, to go and succour his land. But by what I heard tell they were nine weeks at sea, nor ever could have any wind, rather they had to turn and come back ; whereat the King and the Prince and all the bold knights were sorely cast down.

4093 Now I have set forth in rhyme to you the whole life of the Prince ; pardon me if I have passed over it a little briefly, but I must make dispatch to bring it to an end. For one could make a book of it as big as of Arthur, Alexander, or Claris, merely to bring to remembrance and knowledge his deeds and his right lofty prowess, and his very noble largesse, and also his valour, how he was all his life a valiant man, loyal and catholic, and zealous for the common weal, and how he made a very noble end, confessing with loyal heart his God and his true creator, and said to his household : ' Fair lords, behold, for God, we are not lords here on earth ; all will have to pass this way. No man may scape ; therefore I beseech you right humbly that you will pray for me.'

4119 Then he had his room opened and made all his men come who had served him in his life and still gladly served him. ' Sirs,' says he, ' pardon me, for, by the faith that I owe you, you have loyally served me ; nor can I of myself give to each his guerdon, but God, by His most holy name, will render it you in the holy heaven.' Then each one sobbed heartily and wept very tenderly, all those who were present, earls, barons, and bachelors. And he said to all, loud and clear : 'I commend to you my son, who is very young and little, and pray you, as you have served me, to serve him loyally.'

4139 Then he called the King, his father, and the Duke of Lancaster, his brother ; he commended to them his wife and his son, whom he greatly loved, and besought them right then that each one should help him. Each one swore it on the book and promised him without reserve to support his child and maintain him in his right; all the princes and all the barons standing round swore it; and the noble and renowned Prince gave them a hundred thousand thanks. But never, so God help me, was such sore grief beheld as there was at his departing. The lovely and noble Princess felt such grief at heart that her heart was nigh breaking. Of lamentation and sighing, of crying aloud and sorrowing, there was so great a noise that there was no man living in the world, if he had beheld the grief, but would have had pity at heart.

4165 There was so noble a repentance that God of His mighty power will have mercy on his soul; for he prayed to God for mercy and pardon for all those misdeeds that he had committed in this mortal world. And then the Prince passed from this world and departed, in the year one thousand three hundred and seventy-six, in the fiftieth of his father's reign, in London, the noble city, on the festival of the Trinity, of which he kept the feast all his life, gladly, with melody. Now let us pray God, the King of kings, who died for us on the cross, that He will have pardon on his soul and grant him of His gift the glory of His paradise. Amen. And here finishes the poem of the most noble Prince Edward, who never turned craven. This hath the Herald of Chandos related, who gladly made record.

CRITICAL NOTES

1-42. In the opening passage and wherever the Herald has forsaken his simple narrative style the text is very difficult to establish. Cf. 95-100, 4101-4.

13. *ff* should perhaps have been replaced by *F* here and throughout the poem. Cf. Introduction, p. xxxvii.

24. *saunz, sount*; the graphy *au, ou*, should perhaps have been retained here and elsewhere. Cf. Introduction, p. xxxvii.

27. The confusion of *de* and *qe* which has led to that between *coment* and *couient* occurs elsewhere. Cf. 1298 (where both are used), 1683, 2022, 4073. It is probably due to the use of both after a comparative.

34. Some emendation is necessary. The use of the plural *recort* is found in 330; a similar confusion between *Et* and *En* in 262.

38. Retain *feust*.

45. *Voloi* is evidently faulty; the use of the future is rendered probable by line 2256, and the somewhat similar mistake in 4144.

49-51. For the construction compare Jean de la Mote, 1640: *Mors est li plus loiaus del monde Ne qui ains fust a la ronde.* The confusion between *tamps* and *champs*, i.e. *camps*, is found also in 2035. M. Meyer prefers *Si com tornie a le reonde*.

64. *nasquy.* Cf. Introduction, p. xlvii.

85. *Esglise* might have been retained. Cf. Introduction, p. xxxviii.

97-9. A difficult passage. *Morie* stands here for *norie* as *moriture* for *noriture* in 72. In 1820 the same mistake was made, but corrected by the scribe himself. The use of *il* as a feminine sg. occurs here only—it receives some support from the use of *ils* for *eles* in 1892, but it is possibly an addition of the scribes. M. Meyer would refer the *il* of 99 to *fait* and construe the *il* of 100 as *y*.

107-8. Perhaps *li noble Roi . . . a tres grant arroi* should have been retained, as *arroi* in this sense is ordinarily used in the singular.

120. As repetition of identical lines is frequent in the poem the missing line may be supplied from 1678-9, *Barons et bachelers et contes, Chevaliers, escuiers, viscontes.*

145. Some emendation is necessary to secure syllabic correctness. Perhaps better *Arive furent d'Engleterre*, as the break in the narrative caused by the introduction of the headlines may have led to the introduction of the words *le poair*. For somewhat similar cases of confusion in the opening lines of sections cf. 1409-11, 1669, 3481, 4119.

157. For a similar confusion between *lors* and *lor* cf. 2749; in support of the insertion of *bien* cf. 235.

180. The Prince's age is wrongly given here, but to judge from the other passages where the graphy *oet* occurs the scribe meant *eight*. Cf. Introduction, p. xxxvii.

192. Retain *conte*. Cf. 1584.

197. *Amesna* should perhaps have been retained. Cf. Introduction, p. xxxviii.

212. Perhaps better *Et maint bon, vaillant home prirent*. Cf. 2732, *Et maint bon, vaillant chevalier*.

226. Retain *apparaillier*. Cf. Introduction, p. vii, § 1 (*b*).

234. Retain *ce* here and throughout. Cf. Introduction, p. l.

251. *O*, better *ou* here and wherever *o* stands for *apud*.

256. *Firent* has been adopted in the text here, as the locution is ordinarily formed with *faire*. The singular *fist* should have been substituted for *fuist* in ll. 148, 552, 568, although the MS. has consistently forms of the verb *to be*.

277, 292. For the omission of the article cf. Introduction, p. xxxix.

284-6. The construction is not clear here. The comma after *fu* should be suppressed, as the Herald probably means to say that Philip was accompanied by three other kings, but this leaves line 285 hanging in mid-air.

298. *peut*. Cf. Introduction, p. xlvi.

308. *poeit*, correct *peuist* (?). Cf. Introduction, p. xx, § 2 (*b*).

313. Uncertain. The correction is based on 1223-4, *Se vont ensamble rencontrer En fesant d'armes le mestier*. M. Meyer suggests *entr'acointier*, which secures a correct rhyme. *Rencontrer* in 1223 may stand for *a l'encontrier* used in l. 1303.

325. Better *conduissoit*, as the doubling of *ss* intervocal belongs probably to the original MS. Cf. Introduction, p. xxxvii.

330. Retain *je* here, the slurring of *a* being evidently practised when *-oie* precedes *je*. Cf. Introduction, p. xi.

353. The use of the enclitic feminine article is very doubtful; it might be avoided by the substitution of *ot* for *avoit*. Cf. Introduction, p. xlvi.

394. *oï*. Cf. Introduction, p. xiii.

420-2. A difficult passage; cf. historical note to this line. Perhaps Michel's correction *Au* for *D'un* should be adopted.

456. Perhaps *l'* enclitic should have been admitted and *je* retained. Cf. Introduction, p. xxvii.

465. Retain *feusse*.

480. *iesqes* is evidently faulty. The phrase *droit a ce tamps* occurs in 116 and 1560, but *tres a ce tamps*, supported by *tres a le myenuyt* in 3061, would account more satisfactorily for the mistake in the text.

523-5. The repetition of *feste* and the omission of the auxiliary are evidently faulty. *Feste* in 523 might be replaced by *deduit*, which is used coupled with *joie* in 661. The phrase *feste de joustes* is used by Jean le Bel and Froissart and secures metrical and grammatical correctness here.

563. *Monsiour* (?). Cf. Introduction, p. xv.

569. *Manne*. Correct *Maune*. Cf. Introduction, p. viii, § 6.

593-4. For the correction cf. 2901-2, *L'une ploroit pour son amy Et li autre pour son mari*.

630. *de*, retain *des*. Cf. Introduction, p. xl.

648. *Vesier*, correct *Besier*. The confusion between *b* and *v* is found elsewhere.

682. *Leur*. Cf. line 3977.

733. *fesist*. Cf. Introduction, p. xlvii.

734. *oÿ*. Cf. Introduction, p. xiii.

744. *Qui*. Cf. Introduction, p. xliv.   *sambloient*. Cf. Introduction, p. xlvi.

770. *legat*, correct *legal*.

773. Cf. Introduction, p. xvii.

777. *pourparler*. M. Meyer would retain the *poraler*, used in *Guillaume le Maréchal* and elsewhere in the sense of '*to arrange, settle*.'

785-6. '*and yet one cannot prevent their dying if battle is joined*.' Juxtaposition is frequent with verbs of preventing. Cf. Introduction, p. xxiv, (1) (*b*).

787. The correction leaves the metre faulty. M. Meyer suggests: *Dont certes conter en faudra*.

795. (?) We take it that the *la*, misplaced by the A.N. scribe, stands for some such word

as *acort* or *paix*, understood from the general tenor of the preceding speech. M. Meyer suggests: *La pais ne ferons en no vie.*

800. *apeciez*, better *a peciez* (sinfully).

805. *a souffit*, correct *asouffit*, i.e. p. pt. of *asouffire*.

861. *conta*. Cf. Introduction, p. xlvii.

885. (?) *Mais de lour conseil rien ne say*. (M. Meyer.)

888. *oi*. Cf. Introduction, p. xiii.

904. The emendation is doubtful. *Tante persone* with a singular verb is found in other poems, but this gives a syllable too much.

922. Substitute a full stop for the dash at the end of the line.

988. Retain the *ss* of *bussynes*. Cf. Introduction, p. xxxvii.

996. *Grant espace de terre emprist*. (M. Meyer.)

1022. The scribe, not realizing that the dukes of Anjou and Berri are the King's sons just mentioned, has added *auxi*.

1041. Retain the *ss* of *condussoit*. Cf. Introduction, p. xxxvii.

1058-60. (?) A form *appareille* with the meaning of *manner* (?) occurs in the 'Geste de Liege' (cf. Scheler's Glossary) and should perhaps have been kept here; but the construction *tele appareille ... d'ordinance Come feurent* is wholly unsatisfactory. The adjectival use of *tel pareil* is found in Froissart, i. 166, 2663 (cf. Scheler's Glossary), a substantival use in the 'Roman de Troie' (see Godefroi).

1068. The scribe seems to have been influenced by the meaning *esvuidier* took in Middle English. *Se voidier d'un lieu* is frequent in Froissart and other fourteenth-century writers. The confusion of *s* and *l* is found in lines 1728, 1846, 2516. The Indicative *pooit* might perhaps have been retained, but in the other hypothetical clauses of this type found in the poem the Subjunctive is always used. Cf. Introduction, p. xx.

1080. The intermediate stage between *averez* and *a veritez* is seen in the *averetez* of 951.

1112. *Sur* is frequently omitted by A.N. scribes. Cf. Burghardt, p. 81.

1124. *chemina*, correct *comenca* (*cemenca* (?)), cf. Introduction, p. xlix. The same mistake occurs in l. 3050.

1131. For the omission of the article cf. Introduction, p. xxxix.

1177. *Estiemes*. A termination *-iemes* is frequent in Northern writers (Froissart and others) and may have occasioned the MS. form.

1190. *Plume*, the form used wherever the locution appears, is evidently faulty. Cf. 3362.

1214. Cf. 3422, *Li glorious dieux et seint piers*.

1223-4. Cf. note to 313.

1246. Replace the full stop at the end of the line by a comma.

1279. *La*, correct *Se* (?).

1283. *Audele* might perhaps have been retained. Cf. Introduction, pp. xi and xiii.

1325. *Campayne*, correct *Caupayne*.

1341. (?) Emendation is necessary, and *aconter à* is frequent in Northern texts (e.g. Gilles le Muisit, Jean de Condé) with the meaning of *en tenir compte, en faire cas*. It is, however, usually construed with an adverb of quantity.

1370. For *oÿ* here and in l. 1384 cf. Introduction, p. xiii.

1373. A numeral has evidently been omitted before *mille*. Jean le Bel gives 2000 here. A somewhat similar omission occurs in 3099.

1385, 1400. For *oy* cf. Introduction, p. xiii.

1409-11. A difficult passage: 1409-10 are metrically faulty, *mais* in 1411 is pleonastic. It is probably the introduction of the rubric that has brought confusion, and the passage should run: *Pardonez se le dis briefment Car l'ay passe legierement . . . Pour ce que je vous voeil retraire*, &c., with a full stop at the end of 1414.

In 1409 *moy* might be kept if enclisis were adopted: *sel* for *se le*. Cf. Introduction, p. xxvii.

1443 and 1444 should perhaps be transposed.

1445. Retain *esre*. Cf. Introduction, p. xxxviii.

1448. *bien veignie*. Correct *bienveignie* here and elsewhere.

1463. *Et* for *ou* as in 2156, 2780, 2877.

1507. *faite*. Retain *fait*.

1511–16. *baler*. Retain *voler*. *Vit on* (cf. l. 474) would perhaps be better than *ffist on*, but M. Meyer is inclined to think the whole passage is corrupt.

1528. *Bayane* (?). See historical note to this line.

1565. *royon* (?). *Royalme* is trisyllabic on every other occasion on which it occurs in the poem; *royon* is not used by the Herald, but is frequent in contemporary writers. M. Meyer prefers *regne*.

1593. *en courte saison* or *saisson* is muddled by the scribe on nearly every occasion on which it occurs. Cf. ll. 3793, 3931. The phrase, or its counterpart, *en longe saison*, &c., is frequent in Northern poems, such as 'Baudouin de Sebourg' (e.g. ii. 413), Jehan de la Mote (e.g. l. 3891).

1614. *escuiers*, correct *d'escuiers*, *tanz* being necessarily substantival in this locution.

1632. *torne*, better *tornie (a le ronde)* as in 50.

1647. Cf. the almost identical couplet 53–4 with the words placed in the order given in the text.

1667. Perhaps a full stop should be placed at the end of 1667, and 1668–9 taken thus: *Et pour plus abregier mes moz . . . savez que messires Bertrans*, &c.

1684 . . . 1697. A couplet has perhaps dropped out here, for the construction *fu esleüs . . . Qu'il iroient* is hardly possible.

1692. *de noble court*, correct *de noble atour* (?).

1702. *conquester*, correct *conquerir*.

1716. The scribe has evidently confused *pais* and *païs*.

1755. (?)

1775. *celeroie* is evidently faulty; *conteroie* stands in the identical couplets 1203–4, 3699–700.

1784. *dist*, correct *dit*.

1793. *fissent*. Cf. Introduction, p. xlvii.

1815. A colon should have been placed at the end of the line.

1819–20. (?) *For pity, love, and justice dwelt together in his* (i.e. *the Prince's*) *upbringing* (?), or should the MS. reading be kept and taken to mean *For his upbringing joined together pity, love, and justice*?

1822. *regestrir* (?). The usual form is *registrer*.

1826. (?) M. Meyer would keep the reading, taking *amer* as a substantive.

1912. A comma is required at the end of the line.

1925. *s'assambla*. Cf. Introduction, p. xlvii.

1939. Here, and wherever the adverb *entrues* or the conjunctive *entrues que* is used, it has been misunderstood by the scribe and his modern editors. Cf. ll. 2478 and 3718.

1994. *Galle*, better *galle*. Cf. Vocabulary.

2035–8. Michel emends and punctuates differently; the text adopted here is supported by the confusion between *camps* and *tamps* in 49, and Froissart's Chronicle, '*Et les envoia logier en ung pays con appelle Bascle, entre les montaignes*' (Amiens MS., ed. Luce, vol. vi, p. 379, § 558).

2050. The substitution of *la* for *lor* occurs also in 2072, 2445.

2058. *perdoie*. Cf. Introduction, p. xlvii.

CRITICAL NOTES 175

2104, 2134. *veut.* Cf. Introduction, p. xlvi.
2183. *quens.* Cf. Introduction, p. xv.
2194. Substitute for the correction adopted in the text: *Dont feurent maint home esbahy* (M. Meyer.)
2196. Retain *Point*, which probably represents the Spanish *Puente.*
2198. Retain *enfraee.* Cf. Introduction, p. xxxviii.
2236. For the omission of *se* cf. Introduction, p. xlii.
2281. *Devereux* is evidently a scribe's addition.
2370, 2371. As *peignons* is best taken in this passage as *pennon-bearer*, place a colon at the end of line 2370, correct *si* of 2370 to *s'i*, and restore *Bertrukat* in line 2371.
2404. Cf. 2909.
2415–19. Cf. Froissart: *Car onques nous ne vous fourfesimes cose nulle, ne faire vorions, pour quoy ensi a main armee vous doiies venir sur nous pour nous tollir tant peu d'iretaige que Dieux nous a dounne.* (Amiens MS., ed. Luce, vol. vii, p. 265, § 566.)
2454. For the omission of *de* cf. Introduction, p. xxi.
2460. Or perhaps *Autant come il en volt avoir.*
2462. William Felton's Christian name is trisyllabic in ll. 2272 and 2648. Here, perhaps, and in ll. 2737 and 2756 a dissyllabic form *Guilliam* should have been admitted.
2475. *logeoient.* Cf. Introduction, p. xlvi; but *se* might be omitted.
2478. *Entreus.* Cf. 1939; *ce la* is used in 926 and 1534.
2482–4. Froissart has these lines practically word for word. *Or fu gouvreneres et baux de tout le royaume de Navarre messires Martins de le Kare.* Ed. Luce, vol. vii, p. 266, § 567.
2497. Perhaps *que je puis faire.* Cf. Introduction, p. xx.
2525. (?) M. Meyer suggests: *Et en ces jours et en ce temps* (?).
2542. (?) Or *Errant l'ont au Prince mande* (?).
2553. (?) '*So long did they remain on the other side (of the Ebro)*' (?). The *de lors* of the MS. is evidently faulty.
2581. *Ensement come s. d.*, better '*Ensi com il se devisoient.*' Froissart has '*Entroes qu'il se devisoient leur courreur reporterent qu'il avoient veu les coureurs des enemis*', ed. Luce, vol. vii, p. 268, § 568, and *ensi com* is used not infrequently as '*whilst*'.
2593. The construction is rather involved, but its parts find analogies in other lines in the poem. cf. 1182–3, *Granz deduiz fuist au regarder Cely qui rien n'y conteroit*, and 29–31, where *cil* is used, as here, referring to *on* used indefinitely.
2631. *tout*, correct *toute.*
2641–2. The repetition of *droit* is certainly faulty; substitute *tres* in 2642. Cf. *tres a le myenuyt* in 3061.
2643–4. The change of order adopted makes the passage run more smoothly and is supported by Froissart: '*Li marescal ordounerent et coumanderent que chacuns retournast l'endemain sus le dite plache et que nuls ne passast l'arere garde et que chescuns fuist sus se gardez se logast desoulz se banierre.*' vol. vii, § 170, p. 270.
2660. *donez.* Cf. Introduction, p. xlvii.
2668. Perhaps *Et s'iroit, ce est chose clere.* Cf. Introduction, p. xxvii, (1) (*b*).
2679. *Par* (= *p*), correct *pour.*
2713. *que*, correct *qui* (?).
2720. *vint.* Cf. Introduction, p. xlvi.
2724. Retain *s'enforce.* Cf. Introduction, p. xxxviii.
2749–50. A scribe seems to have changed the order to secure a good A.N. rhyme. Cf. 3133-4.
2794–5. The repetition of *fesoient* is certainly faulty; for the emendation cf. line 503.
2806. *ly* is evidently faulty; *lor*, found in contemporary writers for the stressed accusative plural, has been adopted as supplying some explanation for the mistake.

2808. (?) The emendation *Dont je ne say les nons nosmer*, preferable from the point of view of construction, brings the rhyme *-er* to *ez*, not found elsewhere in the poem.

2823. *peurent*. Cf. Introduction, p. xlvi.

2833. (?) A similar unintelligible *mais* occurs in 2975.

2839. *Tant li deurroie argent et or* (?). Cf. Introduction, p. xi, Note (2).

2877. *ou*?

2909–19. Some emendation is necessary; the text adopted secures syllabic correctness, but leaves untouched the awkward change of person. This could be obviated by correcting 2910 to *Henris qui contes est clamez*, a change which finds some support in Froissart, who gives the beginning of this letter in the following terms : '*A tres renoumme et honnoure Henri, conte de Trastemare et qui pour le temps present s'appelle roys de Castelle . . .*' § 574, Amiens MS., vol. vii, p. 276.

2941. *si s'adonne*, correct *si ordonne*.

2944. *entr'ous*. Cf. Introduction, p. xlii.

2963. *apperceut*. Cf. Introduction, p. xlvii.

2975. *Mal*. Cf. 2833.

2987. Correct *iii mille* (?). *iiii mil* is doubtful on two accounts. (1) Froissart has here *iii mille*. (2) In every other passage in the poem in which *mille* occurs in the plural it is dissyllabic.

3027. The singular *ffu logië* should have been retained.

3031. The subjunctive *fesissent* is probably a misreading of the unfamiliar form *fissent*.

3035. *logea*, correct *logeoit* (?). Cf. Introduction, p. xlvi.

3050. *comencierent*. Cf. 1124.

3077. (?)

3082. Michel keeps the MS. reading and translates '*On the right was the royal banner*'; but there is no evidence for such use of *roial*. *Esle* is not an infrequent graphy for *ele* (cf. the Amiens MS. of Froissart).

3099. The number 4100 is unusual, and the use of *cens* in the singular unlikely. Froissart gives 3500, and this should probably be adopted here. For somewhat similar mistakes cf. 1373 (omission of a numeral) and 2987 (probable use of iiij for iij).

3119. (?)

3133-5. A difficult passage. For 3134 M. Meyer suggests the distinctly preferable emendation: *J ai b. d. q. a mon oes metre*. Froissart, who in the version of the Amiens ms. here follows the Herald very closely, gives Chandos' speech in these terms: '*Monsigneur je vous ay servi ung long tamps a mon loyal pooir, et tout ce que Dieux m'a dounne de bien, il me vient de vous : si saves ossi que je sui tout vostre & seray tant que je vivray. Si vous pry que je puisse estre a banierre; car, Dieu merchy, j'ay bien de quoy, terre et mise, pour l'estre & ve le ci je le vous presente; si en faittes vostre plaisir.*' Vol. vii, § 578, p. 282. The confusion in the MS. may be in part due to the scribe's desire to avoid the unfamilar rhymes *estre* : *mettre*. Cf. 2749-50.

3152. *soulement* : *soudement* (?).

3156. The line is a syllable short. Correct *Aleby* (?); Froissart gives *Aleri*.

3163. (?) *Vitaille* may have been introduced from 3165 ; *soms* is a form used by Froissart. M. Meyer questions the use of *faute* without *par* and suggests: *Par disette somes prespris*. The passage runs in Froissart : '*Biau signeur, voyes nos ennemis qui ont grant largece de ce dont nous avons grant disette; il ont de tous vivres a fuisson, et nous advons grant faminne.*' Ed. Luce, vol. vii, p. 283, § 579.

3196–3200. Michel keeps *Et* and translates : '*And the vanguard moved forward . . . The noble Duke of Lancaster . . . and the good knight Chandos made knights . . .*' This runs counter to the head-lines and to Froissart, who attributes the accolade of the following knights to Chandos alone.

3222. Better *Qu'avant ne feurent, ce m'est vis.* Cf. Introduction, p. xlii and l. 3420.

3232. (?)

3237 and 3238 should perhaps be transposed.

3249. *en poignië*, correct *enpoignië* (i.e. past participle feminine of *enpoignier*).

3305-9. The punctuation adopted alters somewhat the account of the battle given by Michel and followed by others. Michel, putting a full stop at the end of 3308, translates: '*Nor was the Prince behindhand in the fray, but with all speed came up, you must know without fail, with the right wing of his division*' (sic!). Lines 3335-9 confirm the punctuation adopted here, as it is clear from them that the action of the Prince's main body was distinct from that of the division commanded by the Captal.

3320 and 3365. *peurent*. Cf. Introduction, p. xlvi.

3405. *nosmez* might be retained. Cf. Introduction, p. xxxviii.

3461. The MS. is evidently faulty. Froissart has: '*qui s'estoient repus dalles uns mur*' (vol. vii, p. 290, § 584). *Par d'encoste* with the meaning of *beside* occurs in 'Baudouin de Sebourg'.

3481. The insertion of the rubric has again broken the sequence of the narrative here and led to the introduction of *fui*.

3519. A full stop is required at the end of the line.

3546. (?) Emendation is necessary, but that suggested is by no means certain. It is supported to some extent by the fact that elsewhere the name of the youngest brother is given as *Sanses*, not *Senches*, and by Froissart's account of the scene in the Amiens MS.: '*Dont furent mandé tout li chevalier d'Espaingne qui prisounnier estoient en l'ost et la, present le Prince et moult de grans signeurs, leur pardonna li rois dans Pierres tous mautalens et baisa son frere le bastart, le comte Sansse.*' Ed. Luce, vol. vii, p. 293, § 586. Another possibility is: '*Senches ses frere fut menez.*'

3553-4. Another corrupt passage. Froissart is of no assistance, as he omits these details. Perhaps *Garils* should have been kept and *Gomes* discarded as the scribe's addition.

3567-8. *sot : pot.* Cf. Introduction, p. xlvi.

3634-5. (?) A couplet has perhaps been omitted.

3659. *eut*. Cf. Introduction, p. xlvi.

3678. *qui*. Cf. Introduction, p. xliv, note (2).

3713-27. The scribe's graphy has again misled the previous editors, though the headlines give a correct summary. There is no discrepancy between the Herald and Froissart. The Amiens version of the Chronicles runs as follows: '*Si se mist au retour par deviers Madrigay et chevaucha tant qu'il vint ou val de Sorrie, et là sejourna, et touttes ses hos, bien un mois. Endemetroes eut grans conssaux entre monsigneur Jehan Camdos et le consseil dou roy d'Arragon … Apries ce, s'en revinrent messires Jehans Camdos et messires Martins de le Kare deviers le roy de Navarre et pourcachierent tant que li rois de Navarre accorda a rapasser le prinche et touttes ses gens parmy son royaumme.*' vii, p. 299, § 591. For the rhyme cf. Introduction, p. viii, § 8.

3736. *mene*. Cf. Introduction, p. xxv.

3741. Perhaps the *D'* of *D'illoeqes* should have been retained.

3792. (?) M. Meyer suggests: *Car moult les avoit resjoïs.*

3797. *vesques*. Cf. Introduction, p. xxviii.

3925. (?) A difficult line. (1) If *frontier* stands for *frontiere* it would be the only instance in the poem of the reduction of *iere* to *ier*; and (2) *Venir en la frontier(e)* is not very intelligible. Perhaps *frontier* stands for the verb *frontiier* used by Froissart in the sense of '*oppose face to face*', e.g. *Si commencent a frontiier, a coustiier et a poursuivre les Anglais* (quoted from Godefroi), and we should read: *Cil doi s'en vinrent frontiier.* M. Meyer suggests: *Cil doi conte vindrent frontier.*

3953. *esmays*, correct *esbays*.

3965. *pooye.* Cf. Introduction, p. xlvii.
4007. *fisent.* Cf. Introduction, p. xlvi.
4042. For the addition of *lie* cf. l. 3928, for the scribe's confusion of *haut* and *baut* cf. l. 596.
4058. (?)
4073. *Depuis.* Cf. note to l. 27.
4087. *peurent.* Cf. Introduction, p. xlvi.
4101-2. (?) *Mais* is unintelligible. *Neis*, though not found elsewhere in the poem, is still used by the Herald's contemporaries, e.g. Deschamps and Jean des Preis. M. Meyer, however, prefers *soul*.
4119. *Lors*, correct *Lores*. It is again the interruption caused by the insertion of the title that has occasioned the addition of the words '*le Prince*'. Cf. l. 145.
4126. Retain *de my* (= *of myself*).
4144. *vorroit.* Cf. l. 45 and Introduction, p. xxii.

HISTORICAL NOTES

116-44. King Edward left the Isle of Wight on July 11,[1] and landed at Saint-Vaast de la Hougue in Cotentin July 12,[2] with the intention of wasting Normandy and marching on Paris.[3]

The list of nobles who accompanied the King seems to be correctly drawn up on the whole. Thomas Beauchamp, Earl of Warwick, and William de Bohun, Earl of Northampton, are mentioned in the list given by Froissart,[4] and are amongst those to whom wages are paid for services with the King from April 1346 to Nov. 1349.[5]

Ralph, Earl of Stafford, is not given by Froissart, and as he was Seneschal of Aquitaine, and took part in the siege of Aiguillon, Dec. 1345,[6] it looks as though he may not have been with Edward when he sailed: but he is enumerated in Wetewang's Accounts, as are the two former nobles, and he certainly joined the King in time to take part in the battle of Crecy.[7]

Robert Ufford, Earl of Suffolk, was certainly in the campaign of 1346, his name not only being found in Froissart,[8] but also in the letters of Northburgh, who himself accompanied the army.[9] William de Montagu, Earl of Salisbury, who was only sixteen at the time, is mentioned by an eyewitness as being knighted at Saint-Vaast;[10] John Beauchamp, a brother of the Earl of Warwick, and John De Vere, Earl of Oxford, are named in most of the authorities;[11] the former is said to have had the honour of carrying the King's standard at the battle of Crécy.[12] Raouls de Cobham is probably a mistake for Reginald, though there was also a Ralph who fought in the French wars;[13] he does not seem, however, to have been a very important personage, whereas we find Reginald in almost every list,[14] and constantly mentioned later on in the Poem itself. Sir Bartholomew de Burghersh presents a little difficulty because there were two of the same name—father and son. Dugdale speaks of them both as taking part in the French campaign of 1346, but according to documents printed by Rymer[15] it hardly seems as though the father were present; for the King before setting sail gives him instructions as to the conduct of affairs in England, and writes to him again on home matters as late as Sept. 8th. Only one of the name being mentioned not only here, but also in Froissart, and in Wetewang's Accounts,

---

[1] On July 11 Edward issued a charter from St. Helens just before sailing. Rymer's Foedera, ii, pt. iv, 202 (3rd edition).

[2] This was a Wednesday. Cf. Northburgh's Letter in Robert of Avesbury, De gestis mirabilibus regis Edwardi Tertii, edited E. Maunde Thompson (Rolls Series); letter of Edward III in Delpit, Collection des documents français en Angleterre, Paris, 1847; Le Héraut Chandos, edited Francisque Michel, 307, note.

[3] Jean le Bel, Les Vrayes Chroniques, Bruxelles, 1863, 8vo, ii. 64.

[4] Froissart, edited Luce (Société de l'Histoire de France), vol. iii, 130.

[5] Wetewang's Accounts, published in Wrottesley, Crécy and Calais.

[6] Froissart, vol. iii, p. xx, note 3.

[7] Froissart. Cf. Dugdale, The Baronage of England, London, 1675, 2 vols., folio; vol. i, 159.

Beltz, Memorials of the Order of the Garter, London, 1841. 8vo.

[8] Froissart, iii. 130.

[9] Robert of Avesbury and Froissart, i. 242, note.

[10] Letter of Bartholomew de Burghersh, published in Adam Murimuth, Continuatio Chronicarum, edited E. M. Thompson (Rolls Series), p. 200. Name also given in Corpus Christi College Library, Cambridge MS., No. 370, published in Moisant, Le Prince Noir, Paris, 1894.

[11] Froissart, iii. 130; Wetewang's Accounts; French Rolls.

[12] Dugdale, i. 226; Wrottesley, Crécy and Calais.

[13] Dugdale, ii. 69.

[14] Froissart, iii. 130; Wetewang's Accounts, published in Wrottesley; French Rolls, 20 Ed. III, 21 Ed. III, &c.

[15] Rymer, ii, part iv, pp. 202, 205 (3rd edition).

it is doubtless Sir Bartholomew, junior: indeed, in a mention made of him in the fragment of the Chronicle in the library of Corpus Christi College, Cambridge, this explanation is expressly added.[1]

Guy de Brian, although not named by the other chroniclers, occurs in Wetewang's Accounts,[2] and constantly in the French Rolls, as receiving payments or letters of protection,[3] while in 1350 a grant of money was made to him for gallant deeds done at Calais.[4]

Sir Richard de la Vache is not mentioned by other chroniclers as present so early as 1346, unless the Richard de la Vere given by the Corpus Christi Chronicle[5] can be the same person; but it looks as though he most probably joined the King later, since in 1347 a writ was directed to him requiring that he should supervise the armings in Bedfordshire and Buckinghamshire;[6] and in Wetewang's Accounts he is only stated as receiving pay, Mich. 1347;[7] Thomas de Holland also received pay at this time, but he was certainly with the army from the first, as he distinguished himself by capturing the Comte d'Eu at Caen.[8]

Sir Richard Talbot's name occurs in Wetewang's Accounts, and in the French Rolls of 1347;[9] he is also spoken of in the Corpus Christi MS. as taking part in the campaign of 1346;[10] while Chandos and Audeley are repeatedly mentioned by all the authorities.

Thus the list given here, if apparently accurate so far as it goes, is not complete, and the choice of names is a little curious, such important persons as Godefroi de Harcourt and the Earl of Arundel being omitted.

The King sent to England for the aid due on the occasion of knighting Prince Edward.[11] Sir Bart. de Burghersh, in his letter from Saint-Vaast, speaks of the honour being conferred on Mortimer (Earl of March) and Montagu (Earl of Salisbury).[12] John de Montagu is not mentioned by him, but he was certainly present, and the Queen's Remembrancer Rolls speak of Sir John de Montagu being in his brother's retinue from Saint-Vaast de la Hougue to Calais.[13]

154-64. In this account of Edward's arrival in France Chandos gives a piece of information which is peculiar to his record, namely, that 'Mareschaux Bertrans' was there to prevent the landing of the English.

Robert Bertrand, Baron de Briquebec was Marshal of France,[14] and in 1345 had been made captain of the sea-coast in Normandy;[15] but, though there is some evidence that he was raising men at the time,[16] the story of his opposition at Saint-Vaast appears rather improbable. We are fortunate in possessing really valuable authority upon these events in the shape of three letters from actual eyewitnesses—the King himself,[17] Michael de Northburgh, his secretary,[18] and Sir Bartholomew de Burghersh.[19]

None of these mention any difficulty in landing, but merely state that the army arrived at Saint-Vaast de la Hougue on the 12th, and stayed there to rest until the 18th of July.

Walsingham says there was resistance and gives a detailed account of the prowess of the Earl of Warwick, who with seven men defeated 100 men at arms and killed 60 of them, before the rest of the English landed.[20] But apart from the general improbability of the story,

---

[1] Moisant, Le Prince Noir, Appendix.
[2] Wrottesley, Crecy and Calais, Appendix.
[3] French Rolls, 20 Ed. III, pt. 1, m. 9; 21 Ed. III.
[4] Rymer, iii, pt. i, 52.
[5] Moisant, Le Prince Noir, Appendix.
[6] French Rolls, 20 Ed. III, pt. 1, m. 21 (Wrottesley).
[7] Wetewang's Accounts.
[8] Jean le Bel, ii. 72.
[9] Wrottesley, Crécy and Calais, Appendix.
[10] Moisant, Le Prince Noir, Appendix.
[11] Rymer, ii, pt. iv, 205.
[12] Adam Murimuth, p. 201; cf. also Galfridus le Baker de Swynebroke, Chronicon, edited E. M. Thompson.
[13] Queen's Remembrancer, 27 Ed. III, in Wrottesley, Crecy and Calais, Appendix.
[14] Anselme, Histoire Généalogique de la Maison Royale de France, vol. vi, 688.
[15] Sceaux de Clairembault (Collection de documents inédits), vol. ii, 362.
[16] Corpus Christi MS., Moisant, Appendix.
[17] Delpit, Collection des documents français en Angleterre, Paris, 1847.
[18] Robert of Avesbury and Froissart, Panthéon Littéraire, edited Buchon, i. 219, note.
[19] Murimuth, 201.
[20] Walsingham, Ypodigma Neustriae (Rolls Series), 285.

and the fact that Walsingham is not an original authority for this period, it would be curious if so striking an incident had remained unnoticed, not only in the letters mentioned above, but also in the Chronicle of Froissart, the narrator *par excellence* of such deeds. Jean le Bel, the original of Froissart's narrative at this date, gives no hint of any hindrance being offered to the English landing,[1] and Froissart's additions as to Edward's fall and the speeches on the subject certainly give little idea of any general fighting at the time.[2]

Probably Walsingham's story can be explained by some later achievement of Warwick; for Burghersh writes that after the taking of Barfleur (July 14th) the Earl had skirmished successfully with the enemy.[3] At all events, any resistance that may have been made can have been merely local and insignificant, not worthy of a marshal of France. Bertrand, who before this had been occupied at Aiguillon, appears first in most chronicles at the siege of Caen,[4] and Chandos' account is, to say the least of it, so doubtful, that it supports the view that this part of the poem must not be accepted with too much confidence.

169-174. The advance of the English army is here treated too briefly to be of much use, and the order of the march has been altered to suit the exigencies of the verse. The real order should be: 12th July, landing at Saint-Vaast; a halt of five days there, during which time Barfleur was burnt (14th July); 20th July, occupation of Carentan; 22nd, crossing of the river Vire and taking of St. Lô. After this Edward marched directly towards Caen, which was taken on the 26th, Bayeux not submitting until the following day.[5]

175-84. For the taking of Caen the accounts are all more or less agreed,[6] both as to the hard fighting by the bridge and the capture of d'Eu (Raoul de Brienne, Comte d'Eu et de Guines, Constable) and Tancarville (Jean, Sire de Tancarville, Vicomte de Melun—not Comte until 4th February, 1352[7]—Chamberlain).[8]

Northburgh adds that the Castle was held by the Bishop of Bayeux;[9] and by the Continuator of Nangis we are told that it was only the town that was taken; 'they did not take the Castle, because they could not.'[10]

The allusion made to the Black Prince—'la auoit luy noble Prince pris'—is probably only part of the author's general desire to enhance his hero's glory, since no particular mention is made of his prowess by the other writers. In one sense he certainly had success, since Tancarville, being captured by one of his knights, was considered as his prisoner.[11] The

---

[1] Jean le Bel, ii. 69.
[2] Froissart, iii. 133.
[3] Murimuth, 201; cf. also Chronographia regum Francorum, edited Moranvillé, Paris, 1897 (Soc. de l'Hist. de France), 223.
[4] Jean le Bel, ii. 71. Chronographia, 224; cf. Anselme, vol. vi, 688. Chronique des quatre premiers Valois, ed. Luce, Paris, 1882, 14, speaks of Bertrand being sent to the front together with Tancarville and Comte d'Eu, *after* the landing of the English, and adds that he then retired to the Castle of Caen.
[5] Northburgh's Letter in Robert of Avesbury and Froissart, i. 219, note. Wynkeley's Letter in Murimuth, 215. Edward's Letter, Delpit, Collection de Documents. Cf. also Jean le Bel, ii. 70 sq., Le Héraut Chandos, ed. F. Michel, 310, note. Continuation of Richard Lescot's Chronicle (Chronique de Richard Lescot, ed. J. Lemoine, Paris, 1896. Soc. de l'Hist. de France). Itineraries of this campaign have been made by E. Maunde Thompson in the Preface to Adam Murimuth, and the notes to Baker of Swynebroke, 255, compiled from his account, the Kitchen Registers, and Cotton MSS.
[6] Edward's Letter, Northburgh's Letter, Bartholomew de Burghersh's Letter; Jean le Bel, ii. 71 sq.; Chronographia, 224; Grandes Chroniques de France, ed. P. Paris, Paris, 1837, v. 453; Froissart, iii. 141 sq. Froissart, copying from Jean le Bel, speaks of the cowardice of the burghers, and their flight at the approach of the English. There is nothing, however, in the record of those present to justify this statement, which may have been a mere bit of nobles' jealousy.
[7] Froissart, vol. iii, p. xxxvii, note, quoting from Arch. Nat., JJ 81, p. 85, fol. 101.
[8] On imprisonment of Comte d'Eu, cf. Arch. Nat., JJ 76, fol. 122 v°., which speaks of him as still in the power of the English, Dec., 1347; JJ 77, No. 216, Aug., 1347, refers to an appeal made to King Philip by the Sire de Tancarville for help in raising his ransom.
[9] Guillaume Bertrand, brother of the Marshal. Also added in Chronographia, 224; Grandes Chroniques, v. 453, and Continuation of Lescot, 72.
[10] Croniques de Guillaume de Nangis et de ses continuateurs, ed. Géraud (Soc. de l'Hist. de France), ii. 197. The Grandes Chroniques also say that the English left the Citadel because they did not want to lose more men.
[11] Letter of Bartholomew de Burghersh (Murimuth,

fact of the Marshal riding off to take news of the disaster to the King, though not found elsewhere, is likely enough, Bertrand having been specially sent to the relief of Caen, as we saw earlier.

195-200. John, King of Bohemia, his son Charles, King of the Romans (Emperor 5th April, 1355), and John of Hainault, lord of Beaumont. It is well known that these three came to the aid of the French, together with others, such as the Duke of Lorraine, the Count of Flanders, &c. Froissart places Philip's message a little earlier, after the fall of Carentan, but in all probability there is no special desire here to indicate any exact chronological sequence.

209-24. This account taken alone is bald if not actually misleading. We learn nothing of the meeting with the Papal envoys at Lisieux (23rd Aug.)[1]; of the long march up the Seine, every bridge being broken or guarded, while the French army, some say under Philip himself, advanced simultaneously on the opposite bank of the river[2]; of the three days' halt at Poissy (13th-15th Aug.)[3], during which time the Marshals burnt the surrounding villages and consternation reigned in Paris;[4] of the attempt made by the French to prevent the rebuilding of the bridge and of the skirmish which took place with a detachment from Amiens.[5]

Both Edward and Wynkeley, writing at the time, agree in their accounts of the events at Poissy, and of the discomfiture of the French force. The chief difficulty arises as to the movements of King Philip. Chandos seems to take for granted that he was at Paris all the time. Marshal Bertrand, he says, rode there to report the fall of Caen, and now he speaks of the King collecting his army in the capital (line 225). There is no doubt that Philip was in or near Paris at the time when Edward was crossing the Seine, all authorities agree on this point,[6] and we have a letter from him challenging Edward to battle, which was dated at St. Denis on Aug. 14;[7] but he may have retreated thither while the enemy was advancing, which is implied by most of the French chroniclers.[8] An army of some sort had certainly been facing the English on the opposite side of the river (cf. note [6]), and the Continuator of Nangis, who has the reputation of being an eyewitness, distinctly speaks of Philip himself as being present.[9] There is certainly some discrepancy on this point. The French allies were summoned to meet in Paris; Froissart writes as though the King sent instructions to his army in Normandy,[10] and there is little evidence of his actual presence; but at the same time the authority of the Continuator is not one to be lightly put aside: and when Edward speaks in his letter of 'notre adversaire' having come to Rouen it rather implies the presence of his chief enemy.

240-76. The passage of the Somme took place on Aug. 24. The account given here by Chandos differs somewhat from the usual descriptions of this event, which has been narrated by most modern historians according to the graphic story told by Froissart; a story which, following in essentials that of Jean le Bel, contains some details not given by the earlier writer[11]

203). He says that the Constable surrendered to Sir Thos. Holland, and Tancarville to a bachelor of the Black Prince, so that he was his prisoner. Jean le Bel, ii. 72, speaks as though both were taken by Holland.

[1] Wynkeley's Letter, Murimuth, 215; Froissart, iii. p. xxxix, note 3.

[2] Froissart, Panthéon Littéraire, i. 226; Wynkeley's Letter; Chronographia, 227; Corpus Christi MS., Moisant, Appendix.

[3] Baker of Swynebroke, 255, notes.

[4] Edward's Letter, Delpit; Jean le Bel.

[5] Northburgh's Letter, Edward's Letter, Wynkeley's Letter, Robert of Avesbury, 136, 137; cf. Froissart, iii. p. xl, note 4.

[6] Jean le Bel, iii. 76, 79; Villani, Istorie Fiorentine; Muratori, Scriptores rerum Italie, xiv. 27; Edward's Letter, Delpit.

[7] Froissart, ed. Kervyn de Lettenhove, iv. 496, 497.

[8] Continuation of Lescot, p. 72, speaks of King Philip at Rouen just after the taking of Caen, and says that he sent to offer Edward single combat. Chronographia, 225, also says that the King was at Rouen with a great army. Cochon, Chronique Normande, ed. Beaurepaire, Rouen, 1870, p. 68.

[9] Chronique de Guillaume de Nangis et de ses continuateurs, ii. 199.

[10] Froissart, iii, p. xxxix, note 4. Ibid., p. 148. He speaks of troops in Rouen, but merely says that the Counts of Harcourt and of Dreux were captains there.

[11] Froissart, iii. 159, 160.

and differs somewhat from that of the Herald. From Froissart we learn that Edward lodged on the way at Grandvilliers, Poix and Airaines, from which latter place he sent Harcourt and Warwick with a force of 3,000 men to search for a passage, which they failed to discover. Godemar de Fay is also named, as having been deputed by Philip for the same purpose; he was accompanied not only by a large body of countrymen, but also by an armed force of 6,000 men.[1]

The name of the ford, Blanche-Tache, is added,[2] the place having been shown to Edward by a prisoner, Gobin Agace.[3] No word is said of the Prince, nor of his 100 picked men, but the Marshals are mentioned as leading the way. An important fact left unnoticed by Chandos is the close pursuit of Philip, who was quartered at Airaines on the day that the English crossed the river.[4] Both Jean le Bel and Froissart speak of the hard fighting before the English could get over, the latter, in his Amiens manuscript, adding that Godemar was wounded while defending the passage.

It is difficult to gauge the exact truth, owing to the brevity of the records left by eye-witnesses. Edward himself gives no names, but affirms that a large number of armed men and commons opposed the English army, which crossed in spite of them without losing a single man. Wynkeley gives a very similar account, but he adds a statement which it is interesting to compare with the Chandos record, namely that Northampton and Cobham with 100 armed men and some archers went first and broke the force of the resistance. These may be the picked warriors of whom Chandos speaks, but it scarcely seems probable that the Black Prince should have taken so commanding a position thus early, before having proved his merit at the Battle of Crécy. We are left in ignorance also of the manner in which the English discovered the ford; Froissart alone being responsible for the name of Gobin Agace. The words of our poem are so little explicit that they might mean anything, but at the same time it is interesting to compare them with a curious and unique statement made in the Annals of Melsa,[5] namely, that the ford was betrayed by an English resident, who had lived near the place for sixteen years; if then 'compaignoun' may be taken to imply compatriot, we have one record which seems to prove the existence of, at least, a rumour to that effect. It is, however, more frequently used simply in the sense of a 'fellow' or a 'rustic'.

285, 286. James II, King of Majorca; John, King of Bohemia; Charles, his son. For John's share in the battle and the bravery of his son see 'Poème Tchèque sur la bataille de Crécy' in Journal des Savants 1902.

290. Philip, having crossed at Abbeville, advanced some way towards Noyelles, along what is still called 'chemin de Valois', but changed his route towards Crécy on hearing that Edward was lodged in the forest.[6]

297. Edward in his letter speaks of the French army as approaching quite near. Northburgh says that spies discovered the advance of the French in four great 'battles'. Jean le Bel, who claims to have his information on the battle direct from John of Hainault and other knights who were present, states that Philip wished to halt half a league from his adversary's army.[7]

310-12. The confusion in the French army is described by Jean le Bel, who says that,

---

[1] All this follows Jean de Bel, ii. 83, and agrees with account of Northburgh, Avesbury, 369; cf. also Chronographia, 228, 9. Godemar de Fay evidently made quite a fair defence. He was still in the royal favour in 1347, being captain of frontiers of Flanders and Hainault. Arch. Nat., JJ 76, No. 378.

[2] For exact position of this ford cf. Louandre, Bataille de Crécy, in Revue Anglo-Française, tome iii.

[3] Jean le Bel, ii. 82, only calls him a 'varlet'.

[4] Philip could not cross at the same place, as it would be impossible for two armies to make the passage before the tide was high again. The French king must have returned to Abbeville and crossed by the bridge of Talance; otherwise Edward would have been obliged to guard the passage; cf. Seymour de Constant, Bataille de Crécy, Abbeville, 1846.

[5] Chronica Monasterii de Melsa, 1154-1406, ed. Bond (Rolls Series), 3 vols., 1866-8, iii. 57.

[6] Seymour de Constant, Bataille de Crécy; Caron, Itinéraire au champ de bataille de Crécy, Versailles, 1836.

[7] Jean le Bel, ii. 87.

when Philip wished to halt, the nobles in advance refused to return, while those behind tried to press forward, so that the whole force marched upon the English in the greatest confusion.[1] Froissart explains that this was caused by a quarrel between the forces of the two Marshals; all were so eager to be first and to surpass the others, that they obeyed no commands, but advanced on the enemy 'sans array et sans ordonnance'.[2]

This confusion was augmented by the mismanagement of the Genoese bowmen. They were sent on in so close an array that they shot one another, while the mounted nobles behind trampled them down, partly by accident, partly suspecting treachery, because their strings were wet and their bows of little use in consequence.

321. The infantry was the main strength of the English army; but there is also a special statement to this effect in Holinshed, and Villani says that the horses were put together in a place fortified by the carts and baggage.[3]

325. Jean le Bel, and Baker of Swynebroke, also a very good authority, since he evidently got his information from an eyewitness, place the Prince in the vanguard. There were three 'battles', commanded respectively by Prince Edward, the Earl of Northampton and the King.[4]

326. For the prowess of the Black Prince on this occasion our chief authority is Froissart,[5] since Jean le Bel, who gives strictly the French version of the battle, scarcely mentions him.

333. The death of the King of Bohemia is given in all accounts.

335. Raoul, Duke of Lorraine.

337. Louis, Count of Flanders.

339. Charles, Count of Perche and Alençon.

341. John IV, Count of Harcourt; brother of Godfrey, the ally of the English.

These names are given in all the lists of those slain at Crécy; but no one mentions a name in the least resembling 'Joii', presumably Joigny or Jouy. Coxe, in his notes on The Chandos Poem, suggests that Blois should be the reading for this. Louis de Châtillon, Count of Blois was slain at Crécy, and both Edward and Northburgh place the name in juxtaposition with that of Harcourt, but the difference in spelling is too great to allow us to adopt this explanation.

343. The one King was of course John of Bohemia. Edward and Wynkeley both add the King of Majorca, but Chandos is right, for James II reigned 1324-49.[6]

343. Seven counts certainly fell, possibly more. Besides the three mentioned correctly above, there is evidence as to the death of the Counts of Blois, Auxerre, Sancerre, Salm;[7] and to these Luce adds the names of Vaudemont and Roucy.[8]

345. There is no certainty as to the number of bannerets; Froissart admits this.

For fuller accounts of the battle of Crécy, besides the ordinary chronicles, see Babinet, in *Antiquaires de l'Ouest*, 1896, who supports the statement made by Villani and the Grandes Chroniques as to the use of cannon at Crécy; Oman's Art of War on same question; Louandre, Bataille de Crécy, in Revue Anglo-Française, tome iii; Seymour de Constant and Caron, already mentioned, p. 183, note 6.

357. Philip, according to Edward's letter, retreated to Amiens; and Jean le Bel, who ought to know, says he fled that night with John of Hainault to La Broye, and so on to Amiens.[9] Here apparently he stopped to hear news of his army, and returned to Paris after that.[10]

---

[1] Jean le Bel, ii. 87, 88. [2] Froissart, iii. 174.
[3] Holinshed, English Chronicle, London, 1587, fol., 372. He does not give his authority for the statement. Villani, Istorie Fiorentine, 28. Quoted also by Barnes, History of Edward III, together with that of the Black Prince, Cambridge, 1688, fol., 354.
[4] Jean le Bel, ii. 90; Baker of Swynebroke, 82.
[5] Froissart, iii. 174-87. (The Amiens version is more exclusively based on Jean le Bel, and not nearly so favourable to the English. Cf. p. li, note 3.)
[6] L'art de vérifier les dates, i. 753.
[7] Jean le Bel, Edward, Wynkeley, Northburgh, Froissart.
[8] Froissart, iii, p. lxi, note 2.
[9] Jean le Bel, ii. 89.
[10] Froissart, iii. 193.

363. Edward says they stayed all night on the field without eating or drinking, and that next day pursuit was made and many were slain.[1]

365. Reginald Cobham was sent with a herald and other lords to search out the slain.[2]

367-71. According to Froissart the King of Bohemia was buried at Montenay:[3] but Villani says that Edward caused the body to be given to Charles of Bohemia, and that he conveyed it to Luxemburg.[4] The latter appears to be true, the heart, however, being placed in the church of the Dominicans at Montargis.[5]

381. This date is quite wrong. The vigil of St. Bartholomew would make it the 23rd August, the day before Edward crossed the Somme; whereas there is no doubt that the battle of Crécy was fought on Saturday, August 26th. Chandos is probably quoting from memory: there is no explanation of this wrong date in any of the Chronicles which he might have seen.

389. Another chronological error; there is absolutely no foundation for the statement that the siege lasted 18 months. The generally accepted dates for this siege are from Sept. 3, 1346, to Aug. 3, 1347; but it is a point on which much varying evidence exists. Jean le Bel speaks of the siege beginning 'à l'issue d'aoust',[6] and Froissart in one version dates Edward's arrival before the town as early as Aug. 31st,[7] while Knighton puts it as late as Sept. 7th.[8] Thompson, in the careful itinerary which he has drawn up from Baker of Swynebroke, the Kitchen Registers and Cotton MSS., gives Sept. 4th as the date of the arrival before Calais, the 2nd and 3rd being spent at Wissant;[9] which is borne out by a letter from Northburgh dated from Calais, Sept. 4th, where he writes: 'from what I have heard his purpose is to besiege the town of Calais'.[10] Edward's letter, however, is dated Sept. 3rd before Calais,[11] though nothing is said in it on the subject of the siege. Probably the whole army was not assembled there before the 4th, and certainly the actual siege did not commence before that date and may possibly have been later. Brequigny, who has considered the subject with great care, inclines to Knighton's date of the 7th as the commencement of the actual siege: in 1346 this fell on a Thursday, and he suggests this as an explanation for Froissart's mistake of the 31st, which would also be a Thursday.[12] In any case eleven months was the extreme limit, and Chandos' statement is either a slip or has been incorrectly transcribed.

390-8. From Edward's own letter[13] we learn that Philip pitched his tent on a hill near Calais on July 27th;[14] that some time was spent in vain negotiations, the Cardinals doing their best to effect a settlement; that on the 31st the French King sent a proposal that Calais should be the prize of a combat between four knights chosen from either side, which Edward accepted next day; but that Philip never really intended to carry out this proposal, and retreated, leaving Calais to its fate during the night of Aug. 1st-2nd.[15] Jean le Bel, and Froissart copying him[16], say that Edward sent a refusal to this offer, declaring that he had been there quite long enough to be fought with before that date. Apart, however, from the fact that the King himself should know best, an acceptance was more in accord with the spirit of the age.

[1] Chandos, ed. F. Michel, 311, notes.
[2] Jean le Bel, ii. 94.
[3] Froissart, iii. 191.
[4] Quoted by Barnes, 356.
[5] Froissart, iii. p. lxi, note 3.
[6] Jean le Bel, iii. 139.
[7] Froissart (Panthéon Littéraire), i. 244.
[8] Henrici Knighton Chronicon (Rolls Series), i. 52.
[9] Baker of Swynebroke, 225.
[10] Avesbury, 371.
[11] Chandos, ed. F. Michel, 311, notes.
[12] Brequigny, Siège de Calais. Académie des Inscriptions et Belles-Lettres, 1808.
[13] Robert of Avesbury, 394.
[14] Cf. also Record Office, Ancient Corr., box 10, Letter from Edward dated July 30, stating that King Philip was only three French leagues distant.
[15] Philip had reached Fauquembergue by Aug. 6, as he writes from there on that date on the subject of an aid (Arch. Nat., K 44, No. 12).
[16] Jean le Bel, ii. 131; Froissart, i. 264.

400. Edward constructed a regular town before Calais; 'Villeneuve-la-Hardie,' Froissart calls it.

401–5. Calais surrendered Aug. 3, 1347. Froissart's account of this and the devotion of the six burghers,[1] which he borrowed from Jean le Bel,[2] and which appears with slight variations in most other writers[3] (probably copied), has been sometimes questioned. On this, and the general decision in its favour, see Luce's notes to his edition of Froissart.[4]

415. Truce made Sept. 28, 1347; 12th Oct., Edward landed at Sandwich; 14th Oct., he reached London.[5]

417–33. The plot for the recovery of Calais is so confusingly told that it needs helping out with other records. The actual facts appear to have been as follows:—Geffroi de Charny, at that time Governor of St. Omer, made a secret arrangement with Aimery of Pavia to purchase the town of Calais, or more probably an entrance into the castle. News of this plot reached the ears of Edward, who arrived secretly with a small but picked force, lay in ambush in the castle until a certain number of the French were admitted, and then, rushing out, surprised and cut to pieces the first detachment within the town; afterwards falling upon Charny and the rest of his men outside, he totally defeated them, almost the whole force being either killed or taken prisoners (Dec. 31, 1349 – Jan. 1, 1350).

420. This curious mention of the Seigneur de Beaujeu is peculiar to Chandos and seems inexplicable. The only other of the many accounts of this plot which mentions a third person at all is the Chronicle of the First Four Valois, which says that Aimery betrayed Calais to Marshal d'Audrehem, who in his turn told Geffroi de Charny.[6] No importance can, however, be attached to this narrative, as the whole thing is inaccurate, Aimery being called a Frenchman, and the date of the event being given as 1355.[7] As for Edouard, Sire de Beaujeu at this time, we have no reason to connect him in any way with Geffroi de Charny and his plot. He took part in Philip's expedition to relieve Calais in 1347, and was made Captain of St. Omer in 1352;[8] but in 1350 he went on an expedition to the Holy Land, which, without rendering the other affair an absolute impossibility, considerably increases the unlikeliness of his share in an enterprise which, we learn, cost the lives or liberties of almost all who took part in it. He had a brother Guichard, who 'was distinguished in all the wars against the English', and who afterwards fought at Poitiers;[9] but there is equally little reason for coupling his name with that of Charny in this attempt on Calais.

421. Geoffroi de Charny, Seigneur de Pierre-Perthuis. Jean le Bel calls Aimery de Pavia Governor of Calais.[10]

422. Froissart and Avesbury both give him the title of Captain,[11] Froissart adding that Edward had brought him up from his infancy; while Lefebvre, in his history of Calais, actually states, though without reference, that Aimery had been the King's governor in his early days.[12] This latter statement is very improbable; but that Aimery was a person of some importance

---

[1] Froissart, iv. 57–63.
[2] Jean le Bel, ii. 134, 5.
[3] Baker of Swynebroke, 90; Annals of Melsa, 67; Henrici Knighton Chronicon, 52; Continuation of Lescot, 245.
[4] Froissart, iv. p. xxv, note 1. For the opposite view see Brequigny, 'Siège de Calais,' in Mémoires de l'Académie des Inscriptions, 1808.
[5] Rymer, iii. 21.
[6] Chronique des quatre premiers Valois, ed. Luce (Soc. de l'Histoire de France), Paris, 1882, 49. This goes on to say that Aimery was afterwards taken by Audrehem, and put to death; a deed which Froissart and others impute to Charny. Froissart, iv, p. xxxviii, and note 2. Continuation of Lescot, 91.
[7] For life of Audrehem, see Molinier, in Mémoires des Savants étrangers, 1883.
[8] Anselme, vi. 734, and Ferdinand de la Roche la Carelle, Hist. du Beaujolais, Lyon, 1853, i. 154.
[9] Hist. de Beaujolais, i. 148.
[10] Jean le Bel, ii. 147.
[11] Robert of Avesbury, 408; Froissart (Panthéon Littéraire), i. 274, 277 (i.e. MS. d'Amiens). But in another version of Froissart he is only called Captain in Calais, and spoken of especially in reference to the castle only. Froissart, iv. 71, 304.
[12] Lefebvre, Histoire de Calais, Paris, 1766, 2 vols., 4to, ii. 3.

HISTORICAL NOTES

is shown by the fact that in 1348 he was made Captain of the King's Galleys, with full judicial power.[1] As for his position in Calais it is most improbable that he should have been Captain. In Rymer we have documents enumerating the different appointments to this post, which was always held by an Englishman: Oct. 1347, John de Montgomery; Dec. 1, 1347, John Chiverston; Jan. 1, 1349, John Beauchamp.[2] Lefebvre is probably right when he describes Aimery as Commander of the castle, for we learn later in Rymer[3] that there was a Constable of the castle separate from the Captain of the town, inferior to and removable by the latter. Thompson, in his notes to Baker of Swynebroke,[4] suggests an even less important position for the 'Lombard mercenary', namely that of Captain of one of the towers forming part of the walls of the town, but, as we know that the other office existed, the former is quite a plausible explanation.

427-8. Chandos is quite vague as to the manner in which the news reached the ears of Edward. Was it early made known to him by Aimery, as Avesbury, Jean le Bel and one of the MSS. of Froissart state,[5] or was it betrayed by his secretary, as we find in Baker of Swynebroke?[6] In any case, the Lombard must have been in collusion with the King in the end, as he had to carry on negotiations while the English lay in ambush in the tower. As we find that Aimery was still left in Calais after this event,[7] it is most probable that he had been more of a traitor to the French than to the English in this very discreditable transaction.

429-33. Chandos is the only Chronicler who lays great stress on the special prowess of the Black Prince. Baker, however, must be referring to the same event when he describes how Edward with only 16 men-at-arms and 16 archers held 80 of the enemy at bay, until they were put to flight by the arrival of the Black Prince.[8] According to Avesbury, the King, being left with only 30 armed men and fewer archers, was set upon by Charny with superior numbers, but he waved his sword and so astonished the French that they lost heart and, on more of the English coming up, were defeated.[9]

Edward's best-known adventure on this night was his fight with Eustace de Ribemont, when he was twice beaten to the knees, but raised by Cobham and Manny, and finally victorious.[10] Guy de Brian also did some deed of valour this day, in which he bore the royal banner, for shortly afterwards he received a pension in reward for the distinguished services then rendered.[11] The Black Prince no doubt fought well on the occasion, and Chandos calls particular attention to it, as in duty bound.

481-98. The battle of L'Espagnols-sur-Mer, fought off Winchelsea, Aug. 29, 1350. The cause appears to have been that the Spaniards had destroyed and robbed some English ships at Guérande earlier in the year. The Spanish Commander was Don Carlos de la Cerda. The few facts given by Chandos agree with the other accounts of this battle.[12]

499-500. Froissart also speaks of Prince John being present, but says nothing of his being knighted on this occasion. He is generally supposed to have received this honour from the hands of Henry of Lancaster in 1355.[13]

518-21. The birth of Thomas of Woodstock did not take place shortly after L'Espagnols-sur-Mer, as Chandos implies, but on Jan. 7, 1355.

---

[1] Gascon Rolls, 22 Ed. III, m. 17.
[2] Rymer, iii, pt. i, pp. 19, 25, 46. On this subject see also Brequigny, 'Calais sous les Anglais.' Mémoires de l'Académie des Inscriptions, vol. 50.
[3] Rymer, iii, pt. 1, p. 67. Captain of the town was then Robert Herle, 1350.
[4] Baker of Swynebroke, 275.
[5] Robert of Avesbury, 408; Jean le Bel, ii. 147; Froissart, iv. 304, MS. de Rome.
[6] Baker of Swynebroke, 106.
[7] Froissart, iv. 98.
[8] Baker of Swynebroke, 104.
[9] Avesbury, 409.
[10] Jean le Bel, ii. 149; Froissart, iv. 80.
[11] French Rolls, 23 Ed. III; Rymer, iii, pt. i, p. 52; see Brequigny, 'Calais sous les Anglais.'
[12] Avesbury, 412; Villani, 95; Froissart, 93-5; Walsingham, Historia Anglicana, 274; Baker of Swynebroke, 110; see Baurel de la Roncière, Histoire de la Marine Française, Paris, 1899, i. 496.
[13] Dictionary of National Biography.

525-6. Whether Jean de Grailly, Captal de Buch, really visited England at this time is uncertain; Froissart states that a Gascon embassy consisting of Pommiers, Rosem, Lesparre and Mussidan came in 1352 with a request that Prince Edward should be sent out to their assistance;[1] but he mentions the Captal as amongst the nobles whom the Prince summoned to his side after his arrival.[2]

549. According to Avesbury a Council was held at Westminster, Easter 1355, which ordered the Prince to go to Gascony.[3] King Edward as early as 28th May of this year gave orders for the assembling of a fleet for this purpose.[4]

555. Thomas Beauchamp, Earl of Warwick.
557. William de Montagu, Earl of Salisbury.
559. Robert Ufford, Earl of Suffolk.
561. John de Vere, Earl of Oxford.

These are all mentioned in Edward III's Household Book (July 10, 1355) as about to accompany the Black Prince into Gascony.[5]

562. The Earl of Stafford is not so certain; according to Froissart he was accompanying King Edward in his expedition to Normandy this year,[6] while Avesbury speaks of him as a member of Lancaster's army in Brittany.[7] Possibly Chandos has given the title of Earl to Ralph's younger brother, Richard Stafford, who certainly took part in the Gascon wars,[8] and to whom the Black Prince alludes in a letter dated from Bordeaux, Christmas, 1355.[9]

563. Bartholomew de Burghersh is in Froissart's list of those who are starting with the Prince,[10] and he is mentioned repeatedly during the expedition. His father, Bartholomew the elder, being now dead, there is no question as to which is intended.

565. John de Montagu, brother of the Earl of Salisbury, is also given by Froissart as taking part in the Norman Expedition. Dugdale only notices his presence in the French Wars of 1346 and 1347, though he speaks of his return to Gascony in 1363.[11] As Edward's Norman expedition was only of very short duration (July to November 1355), it is always probable that some of his followers joined the Black Prince in Gascony later on, and that Chandos has perhaps named those of them who fought at Poitiers, although they did not form part of the original following.

567. Edward le Despenser is mentioned by Froissart, and is found in the Black Prince's Household Book.[12]

568. Ralph, Lord Basset of Drayton; mentioned both in the Household Book and Gascon Rolls.[13]

569. This is almost certainly John of Dunster, Lord Mohun, elsewhere called Mawne (1311). He was with the Prince in Gascony,[14] and fought at Poitiers.[15]

571. Reginald, Lord Cobham of Sterburgh; cf. Household Book and French Rolls, besides frequent mention in Froissart.

573. There is no doubt about Sir John Chandos and Sir James Audeley (cf. Household Book), as to whose doings the Herald is naturally well informed.

600. Avesbury says the Prince was detained by contrary winds in Plymouth until Sept. 8th.[16] Thompson calculates Sept. 9th as the day on which he set sail from Plymouth.[17]

---

[1] Froissart, iv. 134.
[2] Froissart, iv. 160.
[3] Avesbury, 424.
[4] Rymer, iii, pt. i, p. 108.
[5] Beltz, Memorials of the Order of the Garter, London, 1841, App. 3.
[6] Froissart, iv. 135.
[7] Avesbury, 425.
[8] Dugdale, i. 259.
[9] Avesbury, 439.
[10] Froissart, iv. 136.
[11] Dugdale, i. 649.
[12] Beltz, 140.
[13] Beltz, 159.
[14] Gascon Rolls, 29 Ed. III, m. 3.
[15] Dictionary of National Biography.
[16] Avesbury, 424; also Walsingham, Historia Anglicana, 279.
[17] Baker of Swynebroke, 293, note.

HISTORICAL NOTES

617. Thompson dates the arrival at Bordeaux as Sept. 20th. Froissart only vaguely says 'about St. Michael's day'.[1]

624. Bernard-Ezy, Sire d'Albret, Vicomte de Tartas, now on the side of the English,[2] though in his early days he had taken an oath of allegiance to the French King.[3]

625. Amaury de Biron, Sire de Montferrant.[4]

627. Auger de Montaut, Sire de Mussidan et de Blaye.[5] G^{me} Amanieu de Madailhan, Sire de Roson.[6] Sire Petiton de Curton.[7]

628. Amanieu de Fossard.[8]

629. Guillaume Sans, Sire de Pommiers.[9]

631. Cénébrun IV, Sire de Lesparre.[10]

All these are well-known supporters of the English cause in Gascony, and very probably came to meet the Prince on his arrival; almost all concur in saying that he was welcomed by the Gascons, and Froissart names, as summoned by him, 'Labreth, Pumiers, Mucident, Courton, Rosem et tous les aultres'.[11]

642. The Black Prince left Bordeaux, Oct. 5th.[12]

645-9. As usual, a very short account of numerous marches and sieges, and not absolutely correct. On 28th Oct. the English army was near Toulouse. The Black Prince says in a letter which he wrote at Christmas, that he was only a league distant and that he stayed in the neighbourhood two days.[13] Toulouse was guarded at this time by Clément d'Armagnac,[14] and was probably too strong to attack; Carcassonne was reached on Nov. 3rd, and the *bourg* burnt on the 6th;[15] the *cité* apparently remained untaken.[16]

Narbonne was reached Nov. 8th, and the *bourg* burnt Nov. 10th: the citadel certainly remained uncaptured; the Black Prince describes how the garrison withdrew into it, and never mentions its destruction.[17] Béziers was not taken. It is not mentioned by the Black Prince or Wingfield, who state that the army returned from Narbonne. Froissart expressly says that the English retreat left Béziers, Montpellier, Luniel, and Nîmes untouched, to the great joy of the inhabitants, so that an attack had certainly been expected. Denifle thinks, however, that the scouts went as far as Béziers on Nov. 10, and this is implied by an old Chronicle of Jacques Mascaro, which says they saw that the town was too well defended to be attacked.[18]

654. Quite impossible before going into winter quarters. Wingfield says the campaign lasted eight months. The Prince was at La Réole by Dec. 2,[19] and was writing from Bordeaux on Christmas Day.[20]

657-9. The Prince seems to have stayed in Bordeaux or its neighbourhood until August, 1356.

669-82. The Herald seems to be the only writer who gives the exact disposition of these garrisons, on which he was very likely to have good information.

---

[1] Froissart, iv. 160.
[2] Froissart, iv. 160.
[3] Histoire de Languedoc, ix. 444.
[4] Anselme, vii. 352.
[5] Anselme, vii. 352.
[6] Bertrandy, Études sur les Chroniques de Froissart, Bordeaux, 1870, 65.
[7] Froissart, v. 5.
[8] Gascon Rolls, 29 Ed. III, m. 15 (at siege of Romorantin).
[9] Bertrandy, 231.
[10] Jean le Bel, ii. 157.
[11] Froissart, iv. 160.
[12] Thompson (Baker of Swynebroke, 293) and Denifle (La désolation des églises, Paris, 1897-9, ii, 86 sq.) have given full details and dates of this campaign, and are in almost exact accordance with each other.
[13] Avesbury, 437.
[14] Wingfield's Letter in Avesbury, 443.
[15] Thompson and Denifle.
[16] Prince's Letter, Hist. of Languedoc, ix. 650; Jean le Bel vaguely says 'taken', ii. 186.
[17] Avesbury, 438.
[18] Bulletin de la Société Archéologique de Béziers, i. 81; Jean le Bel, ii. 188, speaks of the army reaching Béziers and advancing as far as Saint-Thibéry on the way to Montpellier. This may not have been the whole force. In any case there is no question of an attack.
[19] Denifle and Thompson.
[20] Avesbury, 437.

686-88. On the subject of proceedings during the winter there is a letter from Wingfield written from Libourne Jan. 22, 1356,[1] by means of which some of the above-mentioned facts can be verified, though the accounts do not tally too exactly.

Port Sainte-Marie is mentioned first in a list of captured towns, and an expedition is described to Agen, where mills and bridges were burnt and a castle outside the town taken and occupied. Chandos and Audeley, together with certain Gascons, are reported to have taken Chastelsagrat, where the bastard of Lisle was killed, and where they stayed until the Feast of St. John (Dec. 27). The Captal de Buch, meanwhile, together with Montferrand and Crotoy, was upon an expedition to Anjou and Poitou; while, at the time the letter was written, Suffolk, Salisbury and Warwick seem to have been no longer in garrison, but afield on different expeditions; the latter, having taken Tonneins and Clairac, was on the way to Marmande, and the two former were marching against Notre-Dame de Rochemade. Fuller information is needed to harmonize these accounts, but without it there is no reason to doubt the general accuracy of Chandos' statement. The order of events is doubtless affected by exigencies of verse: Port Sainte-Marie should, from its position, have been taken before Agen and Cahors if the return was to be made along the river Lot: but the English may have started from Cahors, as he says, and returned to Bordeaux or Libourne along the Garonne, and thence to Périgueux. Tonneins, Clairac, and Marmande are all in the immediate neighbourhood of La Réole, and could have been taken by Warwick while he was still keeping guard over the former town.

689-699. Wingfield's letter may have been written too early to give any account of the events at Périgueux, for which we have no exact date. Walsingham mentions this incident,[2] but says the town was taken by the Captal after the Prince had refused the Comte de Périgord's offer of a money payment in return for safety. The whole of this affair is omitted in Froissart's narrative.

700. Jean, Comte de l'Isle-en-Jourdain, was in these Gascon Wars and may be the person referred to here.[3]

701. Roger Bernard, Comte de Périgord. He was given a sum for the guard of his castle in 1356.[4]

705. From Dec. 1355 to Aug. 1356. The Black Prince says that he left Bordeaux on the vigil of the Translation of St. Thomas of Canterbury, i.e. July 6;[5] but the crossing of the Dordogne at Bergerac and actual commencement of campaign was on Aug. 4.

709-11. This march as indicated by Chandos is an impossibility, but his ideas of geography are always very rudimentary. Possibly, however, expeditions were made into these provinces during July, before the Prince had finally decided to march north in order to join the rest of the English in Normandy.[6]

We have a brief account of this campaign in a letter of Bartholomew de Burghersh,[7] generally giving the direction, but by far the fullest appears in the Annals of the Monastery of Malmesbury.[8] From the various records Denifle has constructed a day-by-day Itinerary for this as well as for the previous year.[9]

712-15. Romorantin was reached Aug. 30, and the town taken next day,[10] but the citadel held out for five days.[11] All authorities agree as to the presence of Craon (Amaury, Sire de

---

[1] Avesbury, 448.
[2] Walsingham, Historia Anglicana, 456.
[3] Sceaux de Clairambault, ii. 4806, 4808. Anselme, vi. 73.
[4] Sceaux de Clairambault, ii. 7095. Anselme, ii. 73.
[5] Letter of the Black Prince written at Bordeaux, Oct. 20; Archaeologia (Soc. of Antiquaries of London, 1770), i. 213.
[6] Froissart, v. 1-3.
[7] Chandos, ed. F. Michel, 336, notes.
[8] Eulogium Historiarum a monacho quodam Malmesburiensi exaratum, ed. Haydon (Rolls Series), iii. 215.
[9] Denifle, ii. 113 sq.
[10] Eulogium, 215.
[11] Black Prince's Letter, Bordeaux, Oct. 22, 1356, in Sir Harry Nicolas, Chronicle of London, London, 1827, p. 204.

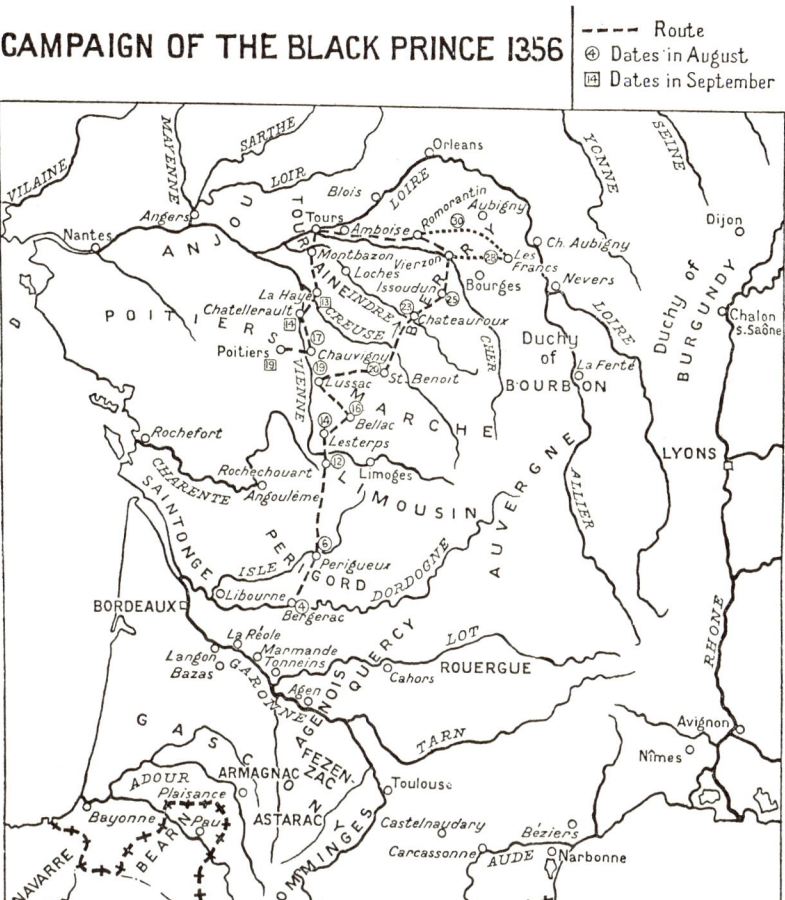

Craon), Lieutenant of the King in Poitou, Limousin, Saintonge, and Périgueux,[1] and Bouciquaut (Jean le Maingre, dit Bouciquaut),[2] and of their final capture.[3]

716. The numbers as usual are vague. Burghersh says forty men were taken with the two captains when the citadel fell; but he has already mentioned six score as captured in the siege[4] of the town. Walsingham says a number of knights and eighty armed men.[5] There is no reason to think that 200 is more than a rough general estimate.

721-3. The Prince had already passed through Berry on his way to Romorantin, and now only continued on the right bank of the Cher in the direction of Tours. Unable to cross the Loire, he stayed four days opposite the town,[6] and then, crossing the Cher and the Indre, reached Montbazon on Sept. 11.[7]

735. Froissart also describes the gathering of the French army at Chartres.[8] King John was at Breteuil at the beginning of August,[9] but at Chartres from August 28 till early in September.[10]

739-42. On the 8th of September King John was at Meung-sur-Loire; 13th, at Loches; 14th, La Haye Creuse; 15th, Chauvigny; 18th, near Poitiers.[11] Jean le Bel says that he spent a night at Tours on his way;[12] Froissart implies that only the Dauphin did this;[13] but in any case the army must have passed very near, if not through, the town.

749-56. The skirmish with a detachment of the French on Saturday, 17th, is a generally recorded fact; it took place at La Chaboterie, close to Chauvigny, sometimes being called after the one place, sometimes after the other. There is some difference of opinion as to the names of the French commanders captured on that occasion. Bartholomew de Burghersh,[14] Avesbury,[15] and Froissart (in one version[16]) agree with Chandos as to Joigny and Auxerre; the Grandes Chroniques say it was Sancerre and not Auxerre who was captured,[17] and the Black Prince speaks of the Count of 'Soussoire'[18], which seems to support this view; but the Poem (1031) includes Sancerre in the King's division before the battle. Both Auxerre and Sancerre were captured at this time—either on the 17th or in the actual battle of Poitiers on the 19th—as they are included in official lists and were released at the Peace of Brétigny.[19]

Froissart gives an account of another affair on the Saturday: a fight between the Prince's scouts (d'Aubréchicourt, Pommiers, Burghersh and the Captal) and the rearguard of the French army.[20] These two events (if Froissart is correct in thinking that there were two)[21] seem to be occasionally confused and reckoned as one by modern historians; Chandos must, however, be referring to the former incident. The French detachment, according to Froissart, had stayed behind for their own comfort, and where the Poem speaks of valiant fighting 'a lour logement' it probably refers to their night quarters.

762-6. The Prince says that he marched as near to the French army as possible, a league from Poitiers.[22] The river at which they watered their horses must have been the Miausson,

---

[1] Arch. Nat., JJ 84, No. 224.
[2] Arch. Hist. du Poitou, vol. 17, introduction.
[3] Jean le Bel, ii. 196; Walsingham, 281; Letter of Burghersh; Letter of Black Prince; Froissart, v. 11.
[4] Chandos, ed. F. Michel, 336.
[5] Walsingham, 281.
[6] Black Prince's Letter, in Chronicle of London, 204.
[7] Eulogium, 215, and Denifle.
[8] Froissart, v. 2.
[9] Arch. Nat., JJ 84, No. 638, 'Donné en nos tentes devant Breteuil', Aug. 12, 1356.
[10] Arch. Nat., JJ 84. No. 672, Datum Camoti die penultimi Augusti. Ibid., JJ 89, No. 316. Cf. Froissart, v. p. 11, note 1.

[11] Denifle, ii. 125; Froissart, v, pp. iv-vi.
[12] Jean le Bel, ii. 197.
[13] Froissart, v, p. iv, note 1.
[14] Chandos, ed. F. Michel, 336.
[15] Avesbury, 255.
[16] Froissart, v. 247, MS. A. Ibid., 17. We find: 'Il fu pris li contes de Joni et li viscontes de Bruese, Sires de Chauvegni.'
[17] Grandes Chroniques, vi. 31.
[18] Letter of Black Prince, Oct. 22, in Chronicle of London, 205.
[19] Arch. Nat., J 638 B, no. 9 bis; Bibl. Nat., Fonds Fr. 23593, fol. 10; French Rolls, 1360.
[20] Froissart, v. 17.
[21] Luce, B. du Guesclin, Paris, 1876, i. 172.
[22] Prince's letter, Oct. 22, Chronicle of London, 205.

THE LIFE OF THE BLACK PRINCE

a stream running near the battle-field. The place was then called Maupertuis, now La Cardinerie.[1]

768. Talleyrand de Périgord, Cardinal. He had already come to the English camp at Montbazon to treat of peace.[2] Villani,[3] Walsingham[4] and the Continuator of Nangis,[5] all speak as though two cardinals were present; this may merely be because the Pope had sent both Nicholas of Urgel and Talleyrand to treat for peace, and they do not go into the circumstantial details of Chandos and Froissart, who only speak of Cardinal Talleyrand as taking active part in these negotiations. The Herald's authority should be very good for all these details, which he gives so fully, since Sir John Chandos, one of the deputation to the French camp, may have been his informant.

821-56. There is great difference amongst chroniclers as to the attitude of the Prince at this time. Froissart represents King John as only with great difficulty persuaded by the Cardinal to put off the battle for a day, whereas the Prince said he was quite ready to treat if his honour could be saved, and actually offered to give up conquests made in that expedition, to yield his prisoners and not to fight against France for seven years. Even these terms, however, failed to satisfy King John, who insisted that the Prince with 100 knights should surrender themselves prisoners; it was repugnance to these conditions which caused the failure of the negotiations.[6]

This view has been followed by most of the chroniclers.[7] Modern writers, on the other hand, as a rule agree with Chandos as to the readiness of the Prince for the battle.[8] This latter opinion is on the whole the more probable. The Prince had, to all appearances, been making all preparations for battle; he could have retreated, had he wished, from Châtellerault, since the French army had passed him; instead of which he followed and took up a strong position in view of attack. The substance of the reply put into his mouth by Chandos agrees with what he reports himself to have said to the Cardinal at Montbazon, viz. that he had no power to make peace without the King his father, and this attitude is more in accordance with what we know of his character.

847. The Prince goes on to say, in the same letter,[9] that he agreed to send men to arbitrate, but refused to purchase a truce.

867. Probably Jean II de Melun, Comte de Tancarville, son of the Sire de Tancarville, captured at Caen.[10]

869. Guillaume, brother of the Comte de Tancarville, was Archbishop of Sens 1347-76.[11]

870. Jean de Talaru, afterwards Archbishop of Lyons.[12]

871. Bouciquaut must be wrong. He had been taken at Romorantin, and was not freed till July 1357.[13]

Jean de Clermont, Comte de Chantilly, Marshal of France.[14]

873-84. This Council is also mentioned in the Eulogium,[15] which says that there were eleven of each nation, but does not enter into any details. The names given here, with the exception of Bouciquaut, are all most probable.

890-914. Only found in this narrative.

---

[1] Froissart, v, p. vi, note 1. Babinet, Critique du Récit de la Bataille de Poitiers (Bulletin des Antiquaires de l'Ouest, 1895).
[2] Prince's Letter, Chronicle of London, 205.
[3] Villani, 411. Cardinal of Bologna and Cardinal of Périgord in French King's company.
[4] Walsingham, Ypodigma, 299.
[5] Chronique de Guillaume de Nangis et de ses continuateurs, ii. 240.
[6] Froissart, v. 25-7.
[7] Cochon, Chronique Normande, 88; Chronique des quatre premiers Valois, 45; Villani, 411, c. 11; Jean le Bel, ii. 198. Baker of Swynebroke takes much the same view.
[8] Denifle and Babinet.
[9] Chronicle of London, 205.
[10] Kervyn de Lettenhove, Index to Froissart.
[11] Gallia Christiana.
[12] Gallia Christiana.
[13] Archives Historiques du Poitou, xvii, Introduction.
[14] Archives Historiques du Poitou, xvii, p. 192, note.
[15] Eulogium, iii. 223.

939-44. Jean de Clermont, Comte de Chantilly, Marshal; Arnoul, Sire d'Audrehem, Marshal; and Gautier, Duc d'Athènes, Constable of France. All agree as to this advanced guard of the marshals, Jean le Bel and Froissart (in at least one version) associating the Duke of Athens with them,[1] though some chroniclers place him with the King.[2]

949-54. Froissart only says that they chose out 300 knights and squires; Baker talks of 500 mounted men; Chandos must be mistaken in giving so large a number of followers.

Far the clearest and most useful account of all this battle of Poitiers is that given by Baker of Swynebroke, which Thompson says must certainly have come from an eyewitness; the editor's excellent notes and map which accompany them are invaluable for an understanding of the engagement,[3] and this description is well worth comparing with that given by Chandos.

955-8. Chandos repeatedly represents King John as commanding that no English should be spared except the Prince (973, 1005). Knighton supports this statement[4]; Froissart does not, since he describes two captures made by Frenchmen in the battle; but certainly the oriflamme was carried at Poitiers,[5] which signified that no quarter was to be given.

959-64. Baker also places Normandy (Charles the Dauphin) immediately after the marshals. Jean le Bel and Froissart give the same divisions of the French army, but place the Duke of Orleans in command of this second 'battle':[6] the other arrangement, however, agrees better with the subsequent events of the fight, since Froissart says that the horsemen were driven back on the 'battle' of the Duke of Normandy.[7]

965. Pierre, Duc de Bourbon, Comte de Clermont et de la Marche.[8]

967. Robert, Sire de Saint-Venant.[9]

969. Jean, Sire de Magnelais dit Tristan.[10] Froissart also mentions Saint-Venant as one of the guardians of the Duke of Normandy, the other two being Landas and Vaudenay;[11] but it is certain that he would have several persons of importance to assist him in the command.

1000. Philip, Duke of Orleans, son of Philip VI.

1017. All accounts agree as to King John's position in the battle.

1019. John's youngest son Philip was certainly with him. Froissart places the other two Princes, Louis and Jean, with the Duke of Normandy,[12] and since they all three fled together it looks as though this might be correct.[13]

1021. Louis should be Comte d'Anjou; he was not Duke till 1360. Jean should be Comte de Poitiers; he was created 'Duc de Berri et d'Auvergne' in 1360.

It is interesting to note that the Continuator of Nangis[14] and the Chronicle of the First Four Valois[15] support each other in saying that the Princes only fled quite late in the fight when King John was taken; but no other authorities seem to imply this.

1025. Jacques de Bourbon, Sire de Leuze.[16]

1026. Jean d'Artois, Comte d'Eu.

1027. Charles d'Artois, Comte de Longueville.

1031. Jean III, Comte de Sancerre.

1033. Charles de Trie, Comte de Dammartin.

---

[1] Jean le Bel, ii. 197; Froissart, v. 253; Continuation of Lescot, 102.
[2] Quatre premiers Valois, 45.
[3] Babinet (Bulletin des Antiquaires de l'Ouest, 1895) makes some criticisms on Swynebroke's narrative; he considers the description of the field rather exaggerated.
[4] Henrici Knighton Chronicon, 89.
[5] Froissart, v. 23.
[6] Baker of Swynebroke, 310, map; Jean le Bel, ii. 197; Froissart, v. 20.
[7] Froissart, v. 37.
[8] Arch. Nat., JJ 85, No. 112. Confirmed as Lieutenant in Gascony, 1356.
[9] Rymer, iii, pt. ii, 4, 26, 39, 77. Hostage for King John, 1360; cf. Cosneau, Traités de la Guerre de Cent Ans, Paris, 1889.
[10] Anselme, viii. 540.
[11] Froissart, v. 23.
[12] Froissart, v. 20.
[13] Froissart, v. 41.
[14] Guillaume de Nangis, ii. 240.
[15] Chronique des quatre premiers Valois, 51.
[16] Archives Historiques du Poitou, xiii, 340, note.

All these are found in the list of the King's followers given in the Chronicle of the First Four Valois[1], and were captured together with the King and his son Philip.[2]

1038. This may mean the advanced guard of 300 mentioned by Froissart and Swynebroke, who say that all but the advanced guard fought on foot, and that it was Ribemont who advised this plan.[3]

All the three leaders now named were certainly present in the battle.

1041. Guichard d'Angle, Sire de Pleumartin; afterwards an ally of the English and Earl of Huntingdon.[4]

1043. Jean, Sire d'Aubigny. One of the prisoners released in 1360.[5]

1045. Eustace de Ribemont, who had fought with the King at Calais.

1070–91. The disposition of the English army is the same here as in the narrative of Baker, who adds that Oxford was with Warwick in the vanguard, Suffolk with Salisbury in the rear.

1077–81. Froissart mentions the Seigneur de Pommiers and Messires Hélie and Aymon de Pommiers as all present in the battle; and there seems to have been even a fourth brother, Jean.

1083. This seems to be a command to cross the river Miausson, as we read later that the advanced guard was on the other side of the river and had to repass to get at the enemy (line 1212).[6]

1084. Babinet thinks that the indispensable carriages were with Warwick, while the right wing was fortified with the pillage waggons.[7]

1106. Sir Eustace d'Aubréchicourt, a knight from Hainault.[8]

Froissart also relates the capture of d'Aubréchicourt, but with slightly different details; he does not mention Curton, nor say that they were sent to reconnoitre, but merely that Sir Eustace was eager to engage, and was caught and kept prisoner by the Germans.[9]

1121–32. This is explained by reference to Baker, who says that the Prince led his army across the marshy valley on the right, and took up a position on a hill covered with vines and brambles, this movement causing the French to think that he was retreating.[10]

1135–56. Baker also relates the quarrel between the two marshals, and how Clermont asserted that the English were not flying; but that he was forced, nevertheless, out of rivalry with his colleague, to hurry on to the attack.[11]

The Chronicle of the First Four Valois alludes to the same event, but dates it earlier, and as taking place before the King.[12]

1163–1179. This description of the reargaurd being the first to engage, though given by no French chronicler, is clearly justified by Baker's account.[13] The third division had been placed on the high ground on the left rear, close to a gap in the hedge, with a road leading up to it, evidently the point from which Ribemont had made his survey of the English army. Clermont must have made for this gap by the road, which explains Froissart's statement that the marshals advanced between two thick hedges.[14] Salisbury's 'battle', being moved forward, was therefore the first to engage.

1189–92. The effectiveness of the English archers is attested by all. From Baker we learn that they had been posted all along the hedge.[15]

---

[1] Chronique des quatre premiers Valois, 45.
[2] Froissart, v, p. xiii, note 3.
[3] Froissart, v. 22.
[4] Froissart, v. 44.
[5] Bibl. Nat. Fonds Fr., 23593.
[6] On this see also Luce, Bertrand du Guesclin, i. 173, and Froissart, v, p. x note.
[7] Antiquaires de l'Ouest, 1895.
[8] Beltz, Memorials of the Garter, 90.
[9] Froissart, v. 34, 35.
[10] Baker of Swynebroke, 147.
[11] Ibid.
[12] Chronique des quatre premiers Valois, 51.
[13] On this see Luce, B. du Guesclin, i. 175.
[14] Froissart, v. 36.
[15] Baker of Swynebroke, 147, 306.

THE LIFE OF THE BLACK PRINCE

1193–1202. The special mention of these four knights seems to be peculiar to Chandos.

1205–13. All this still agrees with Baker's narrative, as does also the defeat of the Duke of Normandy (1235–8) and the battle between the forces of King John and the Prince (1239–48).

1260–73. The Prince's prayer may have been reported to the Herald by Sir John Chandos, who fought by his master's side throughout the battle.

1283–92. The request of Audeley is given rather differently by Froissart, who places it much earlier in the day. According to him, Audeley had sworn to be the first to engage in the battle, and therefore obtained the Prince's leave to ride against the first attack of the Marshals.[1]

1311. John, Lord Mohun of Dunster.

1313. Very probably means Reginald, who was certainly present.

1320–1. The Captal de Buch and the Gascons did particularly good work in the battle. Baker says that the Captal was sent round to attack the French in the rear, and that this, combined with the Prince's charge, finally settled the day.[2]

1323–6. Almost all the names given here are mentioned by Froissart as those of Gascons in the Prince's army.[3]

1323. Bernard Ezi, Sire d'Albret; Cénébrun IV, Sire de Lesparre; and Amanieu d'Albret, Sire de Langoiran.

1325. Auger Montaut, Sire de Mussidan, and Raymond Guillaume, Sire de Caupene.

1353. King John, according to Froissart, surrendered to Denys de St. Omer, Sire de Morbecque;[4] and this was confirmed by letters patent in 1357.[5] In 1361 a Gascon gentleman, Bernard de Troy, asserted that it was really he who had effected the capture.[6]

1361. Jean de Noyers, Comte de Joigny, had been captured on the Saturday before at La Chaboterie.

1363. The Black Prince names as prisoner a Comte de Salesberg,[7] who is called Salebrugge in the French Rolls.[8] The real name was Jean, Comte de Sarrebruck.[9]

1365. Jean III, Comte de Sancerre.

1366. Bernard, Comte de Ventadour.

This list of prisoners seems to be quite correct so far as it goes. It agrees with the list given by the Black Prince himself and with the French Rolls of 1360.[10]

1373. The Prince gives the number of prisoners, besides those specially named, as 1,933 men-at-arms.[11] Jean le Bel says 2,000 prisoners.[12] B. de Burghersh gives the highest reckoning, viz. 2,500.[13]

1375–87. The list of slain appears to be equally without error (though of course far from complete). They are all mentioned by the Black Prince, with the exception of Matas, and also by Burghersh, Froissart and Avesbury.

1380. In Avesbury's list we find le Sire de Matas, and in the letter of Burghersh 'Monsieur Geffrey Matas' with no other indications. There was a Robert Matas about this time,[14] son of Fouques de Matas and Yolande de Pons;[15] but Thompson, in notes to Baker of Swynebroke, suggests an interesting solution of the problem.[16] In his account of the Calais plot

---

[1] Froissart, v. 33.
[2] Baker of Swynebroke, 151. On this see also Babinet.
[3] Froissart, v. 32.
[4] Froissart, v. 54.
[5] Cotton MSS., Caligula D iii, fol. 74.
[6] Froissart, v, p. xvii, note 3; Rymer (1836 ed.), iii. 467.
[7] Letter of Black Prince, Oct. 20. Archaeologia, i.
[8] Carte's Catalogue. Rolls of Treaty of Peace, 1360.
[9] For spelling of some of these names see Champollion-Figeac, Lettres des Rois, ii. 128.
[10] For complete list see Froissart, v, p. xiii, note 3.
[11] Archaeologia, i.
[12] Jean le Bel, ii. 199.
[13] Chandos, ed. F. Michel, 336.
[14] Arch. Nat., JJ 84, No. 16. Possessions confirmed to him, March, 1355.
[15] Archives du Poitou, xvii, No. 381.
[16] Baker of Swynebroke, 276.

Baker speaks of 'Geoffrey de Chargny, Lord of Matas'.[1] The editor therefore thinks it possible that Chandos is here referring to the famous Standard-Bearer, and that the fact that the two names are given in juxtaposition both by Avesbury and Burghersh renders it possible that two men have been made out of one; and instead of 'Geoffrey de Chargny, le Sire de Matas' we should read 'Geoffrey de Chargny, sire de Matas.' No one but Baker seems to connect Charny in any way with the name Matas, but certainly he would be rather a serious person to omit even in so short a list, whereas Robert de Matas must have been fairly unimportant.

1380. Jean de Mortagne, Sire de Landas.
1381. Renaud de Pons, Sire de Blaye et de Ribérac.
1387. The Black Prince puts it at 2,426 men-at-arms besides the nineteen knights he has mentioned by name; Burghersh says 2,800, of whom 2,000 were men-at-arms.
1405. For once Chandos has given a correct date. The battle was fought on Monday, 19th Sept.: 'surveile de Seint Matheu,' as the Black Prince calls it.[2] Froissart and Jean le Bel are both wrong on this point: the former calling it the 20th, the latter saying it was the day after the festival of St. Lambert, which would make it the 18th. A letter from the French King's Council to the Bishop of Albi on Sept. 27th gives accurate proof of the 19th.[3]
1441-2. Agrees with Jean le Bel and Froissart, who both recount the supper on the night of the battle and the departure next day.[4]
1446. The Chronicle of the Monk of Malmesbury gives the itinerary of this return to Bordeaux.[5] They stopped at Libourne, Oct. 2nd, while the King's lodging was prepared at Bordeaux, in the Abbey of St. André.
1459. Feastings and rejoicings, says Froissart, went on till Lent of next year.[6] They stayed in Bordeaux until Easter, leaving the Tuesday or Wednesday after, 11th or 12th April, according to the French Chronicles;[7] this would seem to be fairly correct, since King John was dating an act from Bordeaux as late as April 7th.[8]
1493. They landed at Plymouth during May. The Grandes Chroniques say on the 4th:[9] Walsingham says on the 15th.[10]
1501. Reached London 24th May, and rode over London Bridge at 3 in the afternoon.[11]
1516. War began again long before that. The truce made in 1357 expired Easter 1359, and Edward began fresh preparations for war.[12]
1517-21. Henry Duke of Lancaster was sent in advance, reached Calais 1st Oct., 1359, and ravaged Artois and Picardy.[13] The King, Black Prince and many others reached Calais 30th Oct.,[14] and met Lancaster shortly after.
1524-9. This agrees entirely with the more detailed account of the campaign given by Froissart,[15] with the exception of the curious mention of 'parmi Bayane'. There is a small town called Bayou (Meurthe-et-Moselle), but this is much further east than they seem to have gone. It is more likely the river Yonne, which they must have crossed.
1527. According to Froissart, Edward was stopped by a fearful storm at Gallardon, between Maintenon and Chartres, from which place he saw the spire of the Cathedral (it is true that it is visible from that place), and agreed to come to terms.[16]
1538. The conference to draw up terms of peace was held at Brétigny, five miles from

---

[1] Baker of Swynebroke, 103.
[2] Letter dated Oct. 23; Chronicle of London, 204.
[3] Froissart, v, p. xv, note 3.
[4] Jean le Bel, ii. 201-2; Froissart, v. 64, 65.
[5] Eulogium Historiarum, iii. 226.
[6] Froissart, v. 70.
[7] Grandes Chroniques, vi. 58: Tuesday, April 11, 1357; Continuation of Lescot, 110: Wednesday after Easter.
[8] Arch. Nat., K 47 b, No. 41.
[9] Grandes Chroniques, vi. 58.
[10] Walsingham, 281.
[11] Nicolas, Chronicle of London, 63.
[12] Rymer, iii, pt. i, pp. 185, 186, &c.
[13] Froissart, v. 192.
[14] Rymer, iii, pt. i, p. 188; Froissart, v, p. lviii, note 3.
[15] Froissart, v. 199-234.
[16] Froissart, vi. 5.

Chartres—1st to 7th May, 1360: the Black Prince acting for his father and signing the provisional treaty with the Regent 8th May (line 1553). This had to be ratified by the two Kings, Edward and John, which was done in London on the 14th June. Finally the formal treaty was drawn up and signed at Calais, and dated 24th Oct., 1360.[1]

1543-4. John was not fully at liberty until after 24th Oct., 1360; the conditions being the immediate surrender of certain places, including La Rochelle, to the English, the payment of the first instalment of his ransom, and the delivery of hostages.[2]

1546. Besides Guienne the English King was to possess in full sovereignty Poitou, Saintonge, Agenais, Périgord, Limousin, Cahors, Tarbes, Bigorre, Gaure, Angoumois, Rouergue, Montreuil, Ponthieu, Guines and the town and environs of Calais.[3]

1555. King Edward had gone first. He landed at Rye on 18th May, 1360.[4]

1559. Date wrong as usual; it should be, as we have already seen, 24th Oct., 1360. The Prince of Wales and many others were witnesses.[5]

1585. The Black Prince married Joan, Countess of Kent, widow of Sir Thos. Holland, on 10th Oct., 1361.[6]

1590-5. The Prince of Wales was created Prince of Aquitaine 19th July, 1362.[7] He set out in August of the same year, accompanied by his wife, and established his court at Bordeaux.

1599. Edward of Angoulême, born 1364 or 1365; died January, 1371. Richard of Bordeaux, born 6th Jan., 1367; afterwards Richard II.

1600-1. Scarcely as much as seven years. In 1368 appeals were made against him to the French King.[8] In Jan. 1369 he was summoned to answer for his conduct before the Parlement of Paris:[9] in the same month hostilities first began to break out in Rouergue.[10]

1602-5. The Gascon Lords did homage from 9th to 30th July, 1363, at Bordeaux; after which the Prince made a tour through Poitou, Saintonge, Angoumois and Périgord to receive his vassals from other parts of the country.[11]

1616. The Prince had a royal residence at Angoulême as well as at Bordeaux. Acts are dated from each.

1649-51. The Herald now enters on by far the most important part of his narrative concerning events of which he was an eyewitness. For the criticism of this portion of his poem we have fewer facilities than for the study of the French campaigns: most of the English chroniclers have dismissed the Spanish wars in a few words, and we possess no letters written on the spot, such as have been preserved for us for the years 1346 and 1356. Froissart was present in person at Bordeaux at the close of 1366, so that for the negotiations preceding the war we can compare the accounts of two eyewitnesses; but for the actual expedition and for the battle of Nájera he has so obviously drawn his materials from the Herald Chandos that his corroboration ceases to be of much value as evidence. The Spanish historian Ayala[12] was present in the opposite camp and affords exceedingly useful information, but is naturally less well informed as to the proceedings of Pedro's army than of that of his rival; while the work of another eyewitness, a Latin poem on the battle of Nájera by Walter of Peterborough, monk of Revesby,[13] although interesting, is very much confused, and is coloured throughout by a desire to enhance excessively the glory of its hero, the Duke of Lancaster.

---

[1] On all this see Lavisse, Histoire de France, iv. 153, 156; and Froissart, vi, p. v, note 1.
[2] Lavisse, iv. 155; Rymer, iii, pt. ii, p. 22.
[3] Lavisse, iv. 154; Rymer, iii, pt. ii, p. 1.
[4] Rymer, iii, pt. i, p. 209.
[5] Arch. Nat., J 639, No. 15; Rymer, iii, pt. ii.
[6] Rymer, iii, pt. ii, p. 47.   [7] Ibid., 66, 67.
[8] Treaty between King Charles and the Counts of Armagnac, Périgord and the Sire d'Albret, June 30, 1365; Arch. Nat., J 293, No. 16.
[9] Lacabane, Bibl. de l'École des Chartes, 3e série, tome 3.
[10] Rouquette, Le Rouergue sous les Anglais (Millau, 1887), 72.
[11] Froissart, vi, p. xli, note 1, and xl, note 4.
[12] Ayala, Cronicas de los Reyes de Castilla, vol. i, Madrid, 1779, 4to.
[13] Wright, Political Songs (Rolls Series), 1859-61, i. 97.

HISTORICAL NOTES

The remaining authorities have to be studied with considerable discretion. The rhymed chronicle by Cuvelier on Bertrand du Guesclin[1] and the anonymous prose Life[2] published by Buchon mix so much romance with their statements that it is impossible to place much confidence in their accuracy.

The Grandes Chroniques de France[3] are especially valuable for this period, since from 1340 to 1380 they are an original authority and the work of a contemporary; they give us apparently trustworthy information, and, which are rarer still, precise dates;[4] but unluckily they are very brief upon the Spanish affairs and leave most of the details unnoticed.

1653. The battle of Auray, at which Charles de Blois was killed and B. du Guesclin taken prisoner, was fought on Sept. 29th, 1364[5]; since the march of the Companies into Spain did not begin until October 1365, this statement as it stands is misleading: no doubt the Herald merely wishes to imply that, after the Breton succession was once settled, the next event of importance was the expedition into Castile.

1669-74. This happened in October 1365. Pedro the Cruel of Castile was engaged in war with his half-brother Henry of Trastamare, who claimed his throne, and who was supported by the King of Aragon. Charles V was enraged against Pedro on account of the suspicion that he had murdered his wife, Blanche of Bourbon, sister of his own wife Jeanne; and therefore on March 9, 1365, he had made a treaty with Henry and the King of Aragon, by which he promised to send an army to their assistance.

1675. The Pope was naturally hostile to Pedro, since the most constant charge made against him was his friendship with Jews and Saracens;[6] he had also ill-treated the Papal envoys sent to treat with him, and, on refusing to comply with a summons to Rome, had been excommunicated.[7]

1679-83. The war between Castile and Aragon had not lasted fourteen years. Pedro's father, Alfonso XI, died in 1350, at which time Ferdinand, the Infant of Aragon, was one of the claimants for the throne obtained by Pedro; but actual war did not break out between the two countries until 1356, from which time it had continued with intervals until the date at which we have arrived, not quite ten years later.[8]

1685. The French King, the Pope and Henry of Trastamare had clubbed together to release Bertrand after the Breton war, in order that he might lead the Companies.

1687. Jean de Bourbon, Comte de la Marche, son of Jacques—but himself called Jacques by various chroniclers (e.g. Thalamus Parvus, 370; Grandes Chroniques, 239). He had joined the expedition to avenge the death of his cousin, Pedro's wife.[9]

1689. Arnoul, Sire d'Audrehem, Marshal of France.

1691. Eustace d'Aubréchicourt.

1693. Sir Hugh de Calverley, who had gone against the wishes of King Edward.[10]

1695. Sir Matthew de Gournay accompanied him.

Marshal Audrehem had long been engaged in efforts to check evils resulting from the ravages of the Companies;[11] the rest are all well-known members of the Grand Company,[12] and are all mentioned during the campaign by Froissart, Ayala, Cuvelier, &c.

1697-1705. As for the motives of the expedition, there is no doubt that Castile was the prime object, though Bertrand gave out that he was going to fight the infidels, in order not to

---

[1] Cuvelier, Chronique de B. du Guesclin, ed. Charrière (Documents inédits sur l'Histoire de France).
[2] Chronique anonyme, Panthéon Littéraire.
[3] Les Grandes Chroniques de France ou de St. Denis, ed. P. Paris, Paris, 1836, 6 vols in 8vo.
[4] Lacabane, on Les Grandes Chroniques, Bibl. de l'École des Chartes, tome 2.
[5] Froissart, vi. 159, p. lxi, note 2.
[6] Ayala and Cuvelier, passim.
[7] Froissart, vi. 187.
[8] Prosper Mérimée, Histoire de Don Pèdre, Paris, 1865, 8vo, 54, 203.
[9] Froissart, vi. 188.
[10] French Rolls, 39 Ed. III, m. 3. No vassals of King Edward to fight for Pedro, Dec. 6, 1365.
[11] Molinier, Arnoul d'Audrehem, Paris, 1883, 4to (Mémoires des Savants, série ii, t. 6).
[12] Fréville, Des Grandes Compagnies au 14ᵉ siècle, Bibl. de l'École des Chartes, série i, tomes 3 and 5.

lose the help of the English, who had been forbidden to fight against Don Pedro.¹ According to Cuvelier he informed the captains that he wanted to go against the Saracens in Granada and Cyprus, but that he would not mind doing some harm to Pedro on the way.²

1707. Bertrand had been promised large sums to get the Companies out of France, and we read of the halt made on the way by the army of adventurers at Villeneuve-lès-Avignon, and their successful demand for Papal absolution and a large sum of money at the same time.³

1709–11. Chandos passes very briefly over those parts of his narrative on which he could not have had personal knowledge. They travelled in different detachments, as is shown by the dates at which the various commanders passed through Montpellier, between Nov. 5th and Dec. 24th; and in January, 1366, they were received by the King of Aragon at Barcelona.⁴

1712–26. This message sent to Don Pedro is only mentioned by Froissart, but it does not appear to have been copied, as he omits the demand for peace with Aragon and adds a reply sent by Pedro, who on receipt of the news 'ne fist que rire, et respondi qu'il n'en feroit riens, ne que il n'obeiroit ja a tel truandaille'.⁵ Apart from this corroboration, some sort of communication would probably have been made by the invaders.

1739–45. This statement appears to be coloured by national partiality. Froissart says that all that Pedro had taken from the King of Aragon was recovered, but makes no special mention of the English captains;⁶ while the Lives of du Guesclin, in their turn, ascribe the capture of Magalon and Borja to the prowess of their special hero.⁷ As he was leader of the expedition this credit is probably not undeserved; nevertheless Cuvelier repeatedly mentions the names of Gournay and Calverley in connexion with these events, and they must undoubtedly have distinguished themselves.

1751–5. The date given by Ayala of Pedro's flight from Burgos is 28th March,⁸ nearly three *months* after the first arrival of the Companies; but it is in truth less than a month after the capture of Borja and Magalon, to which reference has just been made, and which fell to the invaders at the beginning of March.⁹

1771. More precise details as to Henry's coronation are given in the other Chronicles.¹⁰ After being proclaimed at Calahorra, he was crowned at Burgos on Easter Day, 5th April, 1366, according to the Grandes Chroniques; this date, though not given elsewhere except in the Chronographia rerum Francorum, is at least correct as to the date of Easter in that year, and there seems no reason to doubt it: the prose Life of du Guesclin also mentions that it took place on a Sunday.

1775–82. This is apparently true, though Chandos is not always very accurately informed as to the proceedings of Don Pedro;¹¹ his treasures at Seville also receive frequent notice, Cuvelier making special mention of a certain golden table, which he describes later as given to the Prince of Wales.

1785–7. There is probably an error here. The Lives of du Guesclin speak of Pedro as sailing to Lisbon and having a personal interview with the King of Portugal,¹² but Ayala, who is more likely to be well informed upon proceedings in Spain, after describing the failure of Pedro's negotiations with Portugal for the marriage of his daughter (who went to Lisbon, but unaccompanied by her father), gives the details of his journey *overland* to Galicia, through Albuquerque and Monterey, in which latter place he was joined by Fernando de Castro.¹³

---

¹ Molinier, 171.
² Cuvelier, i. 264.
³ Chronique anonyme, 36; Cuvelier, i. 271; Molinier.
⁴ Chronique du petit Thalamus de Montpellier (Soc. Arch. de Montpellier, 1840, 4to); Arch. Nat., J 369–70; Molinier, 172.
⁵ Froissart, vi. 189.
⁶ Froissart, vi. 190.
⁷ Cuvelier, i. 287, 290; Chronique anonyme, 37, 38.
⁸ Ayala, 403.
⁹ Molinier, 172.
¹⁰ Ayala, 401, 407; Grandes Chroniques, vi. 239; Chronographia, 326; Chronique anonyme, 37; Cuvelier, i. 319.
¹¹ Ayala, 403, speaks of his going to Seville.
¹² Cuvelier, i. 544; Chronique anonyme, 43.
¹³ Ayala, 412 sq.

1788-96. That all did homage to Henry is apparently true as far as the great nobles scattered about the country are concerned;[1] a certain number of followers, however, had remained with Pedro throughout his wanderings: Martin Lopez de Cordova, Master of Alcantara; Matheos Fernandez, Chancellor; and Martin Yanez, Treasurer, had accompanied him to Seville,[2] and the names of the first two are on the Treaty made with the Black Prince and signed by Pedro at Bayonne.[3]

1795. Fernandez de Castro. He had been an ally of Henry of Trastamare, whose sister he married, but had rejoined Pedro in 1354 and remained faithful from that time onwards.[4] Chandos has avoided a mistake made by the French chroniclers, who speak of Fernandez travelling with the King to Seville,[5] whereas he was really governing in Galicia at the time.[6]

1825. Corunna in Galicia.

1834-7. In 1344 there had been negotiations for a marriage between Don Pedro and Joan, daughter of Edward III;[7] and treaties between England and Castile had been constantly confirmed during the previous years.[8]

1847. The substance is correct, but the Council seems to have been held at Monterey, from which place the King journeyed to Santiago and thence to Corunna.[9]

1867-84. Froissart also describes the sending of the letter, which, according to him, contained a direct request for help, with no mention of a desire to come to Aquitaine.[10]

1885-1942. For the narrative of the proceedings of this Council, held on receipt of Pedro's letter, Froissart's account is far fuller and the details are given rather differently.[11] He agrees with the Herald that the King asked advice of Chandos and Felton, but they suggested, he says, the expedition to Corunna, which was at once prepared under the command of the latter; but, having been delayed by contrary winds for several days at Bayonne, Pedro arrived in person before they had been able to set out. After his arrival a large Parliament was held, in which the exiled King won the favour of the barons, who were at first inclined to be hostile, by numerous promises; and it was not until *after* this that Armagnac, Chandos and the Captal advised an alliance with Navarre, and that Chandos and Felton were sent to Pampeluna to arrange the matter. Ayala gives yet another account,[12] for he says that a Gascon noble, the Sire de Poyanne, came to Corunna to invite Pedro to Bordeaux, and that on the Spanish King's arrival at Bayonne he was met by the Black Prince and Charles of Navarre, who conducted him to Angoulême. The latter part of this statement is obviously incorrect, and the first part is improbable in the face of more trustworthy evidence (Froissart and Chandos both being on the spot), and therefore need not be considered.

It must be confessed that Froissart's account has an air of greater probability about it than that of Chandos. The pressing question was certainly what answer to make to Pedro before considering the difficulties of a passage into Spain; and if Chandos and Felton really undertook the negotiations with Navarre it must have been after the attempted expedition to fetch the King from Corunna. That the Herald should have been inaccurate over facts which so closely concerned his master may be explained by his desire to pass quickly over these preliminary affairs, and to arrive at what evidently interested him more—the actual campaign in Spain.

1943. The Treaty of Libourne was signed by 'Vexillarius Mayor Domini Sancii filii regis'. There is nothing to prove the presence of the Prince himself, but it is quite possible. The

---

[1] Ayala, 408.
[2] Ayala, 412.
[3] British Museum, Cotton MS. Vespasian C xii, folio 95.
[4] Mérimée, 142, 164, 256.
[5] Froissart, vi. 191; Cuvelier, i. 329.
[6] Ayala, 408; Froissart, vi, p. lxxxiv, note 2.
[7] Rymer, ii, pt. iv, p. 166.
[8] Rymer, ii, pt. ii, pp. 60, 73, 91.
[9] Ayala, 416.
[10] Froissart, vi. 196.
[11] Froissart, vi. 197 sq.
[12] Ayala, 419 sq.

daughters who accompanied Pedro were Constance, Isabel and Beatrice, children of Marie de Padilla. (Constance afterwards married John of Gaunt, and Isabel the Earl of Cambridge.)

1955-8. A joint conference was apparently held at Bayonne between the Black Prince, Pedro and Charles of Navarre. The latter had already made an alliance with Henry of Trastamare, but was won over by promise of Guipuzcoa, Vitoria, Logroño, Calahorra, and Alfaro.[1] On 23rd Sept. 1366 a Treaty was drawn up at Libourne, in presence of Lancaster, Chandos, Felton, the Bishop of Saintonge, &c., and signed 'Yo el Rey'. By this Pedro promised 500,000 florins to the Prince, as well as payment to his followers, and the lands to Navarre.[2] His three daughters and the wives of three Spanish nobles were to remain as hostages. These promises were confirmed at Bayonne on the 20th Feb., King Pedro touching the Gospels with his own hands.[3]

1971-8. The return of the Companies, as here described, agrees in the main with the fuller account given by Froissart.[4] He includes, in the part played by Sir John Chandos, a mission to the Comte de Foix, to induce him to allow the passage of the Companies through his country. This is of interest: first because we find here the earliest mention of 'son Héraut' who was sent to the Companies to explain the arrangements made; and secondly because Dom Vaissette has questioned the truth of the statement,[5] on the plea of the improbability of the adventurers passing through Foix, which would entail a march through the hostile country of Aragon. Certainly it might have been Béarn, which also belonged to the Comte de Foix; but Froissart has taken particular pains to explain how disagreeable the King of Aragon had made it for them while they traversed his country, and how the Passes were all occupied so that they could not return. Another reason for believing what Froissart tells us about the Comte de Foix is that he was personally acquainted with Gaston Phoebus and even wrote part of his Chronicle while residing at his Court.

1989. Sir John Devereux.

Creswell. Froissart calls him 'Jean Carsuelle' or 'Cresuelle', and Luce has identified him as John Creswey de Burnham.[6] But there certainly was a John Creswell fighting in the English army at various dates quite distinct from Creswey, since in the Gascon Rolls these names occur, on the same membrane, as fighting abroad in 1355. This John Creswell receives letters of protection in 1355, 1371 and 1373, and may well be the warrior to whom Chandos here alludes.[7]

Robert Briquet.[8]

1991. Guardia Raymond, Sire d'Aubeterre.[9]

1993. Bernard de la Salle.

The only two of these warriors not specially mentioned by Froissart as returning[10] are Aubeterre and Bernard de la Salle, but they had been fighting in Spain and were members of the Companies, as we know from other references.[11] Our poem omits two names which are given by Froissart, namely those of Calverley and Gournay. This is in reality a proof of its accuracy, for Gournay had been sent by Henry on a mission to Portugal, whence he returned straight to Aquitaine,[12] and Calverley could not have come back with the others if it is true that he threatened Navarre by the capture of Puente la Reina and Miranda.[13]

2018-19. This date is curious—'at the time when the gentle bird ceases to sing', three weeks before Christmas. One would have expected the preparations to begin earlier.

---

[1] Rymer, iii, pt. ii, p. 116.
[2] Rymer, iii, pt. ii, p. 118; Cotton MSS., Vespasian C xii, fol. 95.
[3] Vespasian C xii, 95; Rymer, later edition, London, 1830, iii, pt. ii, p. 821.
[4] Froissart, v. 211-216.
[5] Histoire de Languedoc, ix. 782.
[6] Froissart, vi, pp. 189 and lxxxiii, note.
[7] Gascon Rolls, 29 Ed. III, m. 8 (where both occur), 45 m. 3; Fr. Rolls, 47 m. 27.
[8] Froissart, vi, p. lxxxiii, note 7.
[9] Froissart, vi, p. xciv, note 1, and lxxxi, note 3.
[10] Froissart, vi. 211.
[11] Froissart, vi. 226; Ayala, 402.
[12] Dict. of Nat. Biography.
[13] Chandos, 148; Froissart, vii. 3.

2031. Dax in the dept. of Landes.

2049. The Prince waited in Bordeaux until after the birth of his son Richard, rather over the fortnight.

2097. Richard of Bordeaux, born January 6, 1367;[1] therefore roughly a fortnight after Christmas Day (see line 2049).

2107-12. The Prince left Bordeaux 10th January, and waited at Dax three days for his brother, according to Froissart.

The Duke of Lancaster had apparently been in England when the first message was sent, to ask the advice of Edward III,[2] and was then sent to Gascony to take part in the arrangements, for his name is found amongst those who witness the Treaty at Libourne 23rd Sept. He must have immediately gone home to collect troops, with which he was now returning, leaving England for the second time on January 5, 1367.[3]

2119. Froissart says Lancaster landed at Saint Malière de Fine Poterne, identified by Luce as a hamlet in Finisterre.[4]

2125. John de Montfort, Duke of Brittany; he met the Duke of Lancaster at Nantes.

2129. Olivier de Clisson and Sir Robert Knolles.

2135-53. All this agrees perfectly with Froissart's narrative.

2158. Gaston Phoebus, Comte de Foix. Froissart says that he arrived at Dax just after the Duke of Lancaster.[5]

2183. Ayala gives his name with the English army at Nájera, but this is obviously a mistake; Froissart agrees with Chandos that he returned immediately, presumably to his own country.[6]

Walter of Peterborough's poem says that Foix was left in charge at Bordeaux, together with Pommiers.[7] Froissart says 'il li recarga son pays, et li pria que il en volsist songnier dou garder jusques à son retour'; but does not speak of his going to Bordeaux, for 'sur ce s'en retourna li dis contes en son pays'. This is not perfectly clear, but may mean that he promised to guard the frontier in case of danger arising during the Prince's absence. No history of Gaston Phoebus seems to imply his Governorship of Aquitaine, and the Herald is more likely to be correct than Walter of Peterborough.

2189-94. Charles of Navarre had, as we have seen, already signed a treaty with Pedro, by which in return for certain concessions he had promised to open the passes through his country to the English army.[8] The subsequent alliance with Henry, according to Ayala, was made at Santa Cruz de Campezo, by which King Charles undertook to prevent the passage of the troops.[9]

2196. Chandos and Froissart seem to be the only contemporaries who mention the capture of Miranda and Puente-la-Reina;[10] but Ayala, with the authority of an eyewitness, speaks of Calverley leaving Henry directly after the latter's treaty with Charles the Bad.[11] Navarre would be a possible route of return from Burgos, and, knowing of the recent engagement, Calverley may have wished to take revenge upon the perfidious Charles, or, more probably, he merely sacked the towns in passing, after the usual custom of the Companies, whereupon the King in alarm thought the passage of troops would be less dangerous if they came as allies, and so hastened to renew his old alliance. (On 27th Sept. the Black Prince had signed a promise to forbid all pillage during the march.[12])

---

[1] Froissart, vii. 1.
[2] Froissart, vi. 206.
[3] Dictionary of National Biography.
[4] Froissart, vii, p. iv, note 3.
[5] Froissart, vii. 2.
[6] Froissart, vii. 3.
[7] Wright's Political Songs, i. 104; Froissart, ed. Kervyn de Lettenhove, vii, 149.
[8] Rymer, iii, pt. 2, p. 116.
[9] Ayala, 435.
[10] Froissart, vii. 3.
[11] Ayala, 437.
[12] Brutails, Documents des Archives de Navarre (Bibl. de l'École des Hautes-Études, 1894), 155.

2203. Martin Enriquez de La Carra, 'Alfarez' de Navarre.[1] He has already appeared on the scene as councillor and delegate for the King of Navarre in September, 1366;[2] and he is also mentioned in an earlier document as placed in guard of an important place on the frontier.[3] He was certainly Charles's right-hand man, and may well have taken part in these negotiations, but he probably returned to look after the business of the kingdom when Charles arrived in person, for he is not mentioned as accompanying the army on its passage.

2210. The arrival of Charles of Navarre at Saint-Jean-Pied-du-Port, and meeting with the Prince at Peyrehorade, is told by Froissart also.[4] Ayala says that directly after his treaty with Henry of Trastamare the King of Navarre made a second alliance with Pedro and the Black Prince at Pampeluna, because he thought them the stronger.[5] In all probability Charles was anxious, as far as possible, to keep on good terms with both parties, and all this seems quite true. As to the renewal of the treaty with Pedro, the Herald is more likely to be correct in placing it at Peyrehorade rather than Pampeluna, as it must have taken place *before*, not *after*, the passage of Roncevaux.

2242 sq. This long list of men who marched in each of the 'battles' appears to have been copied with a few slight variations by Froissart, who unfortunately from this time onward loses his value as an original authority; he remained at Bordeaux instead of accompanying the expedition, and there can be little doubt that this poem now becomes his chief source of information.[6] He may, however, have had some first-hand knowledge as to the men taking part in the campaign.

2247. This is probably Sir Thomas d'Ufford, one of the Knights of the Garter.[7] The Earl of Suffolk at this time was Robert d'Ufford.[8]

2249. Hugh of Hastings, probably a son of his namesake who fought in 1346 and 1360.[9]

2250. Sir William Beauchamp, Lord of Bergavenny, youngest son of Thomas, Earl of Warwick, according to Dugdale.[10] Beltz calls him *Thomas*.[11]

2253. Probably John, Lord Neville of Raby,[12] who joined the Black Prince in 1366-7. He was knighted in 1360, and is identified in the Dictionary of National Biography with the warrior mentioned by Chandos. Froissart calls him Sire de Neufville, a Breton captured at Auray, who had served Chandos after that event.[13] This is curious; he cannot be the nephew of Audrehem mentioned elsewhere, who was fighting on the other side.

2261. Kervyn de Lettenhove calls him Gérard Chabot, Sire de Rais or Retz.[14] Froissart adds that he also was a Breton, like Neufville.

2263. Guardia Raymond, Sire d'Aubeterre, was a famous member of the Great Company.[15] There was apparently a Robert d'Aubeterre also, probably a member of the same family, unless the name is merely Froissart's mistake.[16]

2265. Garsis or Garsiot du Castel, Sire du Bois.[17]

2267. Called by Froissart Gaillart de la Motte, and mentioned several times in Spain.[18] There was a man of this name in 1347 called a natural son of Bertrand de la Motte.[19]

2268. Aimery de Rochechouart, Sire de Mortemert.[20]

2269. Robert Camyn: not mentioned by the other authorities in this connection.

---

[1] Yanguas y Miranda, Diccionario de Antigüedades del reino de Navarra. Pampeluna, 1840-43, iii. 89.
[2] Rymer, iii, pt. ii, p. 117.
[3] Brutails, 155.
[4] Froissart, vii. 4.
[5] Ayala, 435.
[6] Froissart, vii, p. iii, note 1.
[7] Beltz, 127.
[8] Beltz, 95.
[9] Froissart, Kervyn de Lettenhove (Index), xxi. 528.
[10] Dugdale, i. 328.
[11] Beltz, 227.
[12] Beltz, 166. He was certainly going abroad in 1366 (Gascon Rolls, 40 Ed. III, m. 4).
[13] Froissart, vii. 7. Hay du Châtelet, Vie de du Guesclin, Paris, 1666, p. 134.
[14] Froissart, Kervyn de Lettenhove (Index), xxiii. 15.
[15] Froissart, vi, p. lxxxi, note 3.
[16] Froissart, vi, p. xciv, note 1.
[17] Anselme, viii, 357.
[18] Froissart, ed. Kervyn de Lettenhove, vii. 154, 172, 212.
[19] Arch. Nat., JJ 76, fol. 145.
[20] Sceaux de Clairambault, ii, nos. 7795, 6, 8.

2270. John Creswell (mentioned earlier, see note to 1989). Robert Briquet.[1]

2271. Sir Richard Taunton. Given in Froissart's list.

2272. William de Felton, a relative of Sir Thomas. Froissart places him, together with Sir Thomas, in the Prince's detachment, instead of with Lancaster, as does Chandos.[2]

2273. Evidently identical with the Wm. le Botiller, or Boteller, member of the Grand Company, summoned to do homage to Charles of Navarre (together with Briquet, Creswell, Cosinton and d'Aubréchicourt) when passing through his territories April 1366.[3] There was a Wm. Boteler of Oversly, alive at this time;[4] Dugdale makes no mention of his share in the Spanish war, but it is just possible that these two are identical.

2274. Froissart calls him Penneriel; but there were plenty of Peverells in the French Wars, mentioned in the French and Gascon Rolls.

2275. John Sandes : not found elsewhere.

2276. John Alein. He and Sandes may have been personal friends of the Herald, who was in the same detachment (see Index).

2277. Hawley and Shakell captured the Count of Denia at the battle of Nájera.[5]

2283. Stephen de Cosinton is constantly mentioned in all records. He received letters of protection at this time.[6]

2285. Guichard d'Angle had joined Edward after the Peace of Brétigny, and was made Marshal to the Black Prince in Gascony.[7]

2294-5. There is a slight error here, for Feb. 14th that year fell on a Sunday, and it is probably the 15th that is meant.[8]

2312-14. Froissart also says that the Prince and Don Pedro set out on Tuesday the 15th (which should be 16th), the rear-guard on Wednesday. Buchon, in his notes, suggests the 20th instead of the 15th for the departure of the forces, but without stating his reasons.[9] In favour of the 20th it may be said that there is a document dated Bayonne, Feb. 20th, and signed by Don Pedro;[10] but, on the other hand, there is a letter addressed to the inhabitants of Murcia which purports to have been written by Don Pedro from Pampeluna, Feb. 19th.[11] As the 20th that year was a Saturday and not a Monday, and as the document of that date might possibly have been sent after the King for his signature, and as it was witnessed by only five officials (Spanish) instead of by the numerous knights whose names appear upon the Treaty of 23rd Sept. (e.g. the Duke of Lancaster, Chandos, Neville, &c.), it seems as though the weight of evidence were in favour of the earlier date.

2321. Louis d'Harcourt, Vicomte de Châtellerault.[12]

2323. Sir Thomas Felton, Seneschal of Aquitaine.

2324. Guillaume l'Archevêque, Sire de Parthenay.[13]

2325. Jean, Hélie and Amanieu de Pommiers, brothers of the Seigneur Guillaume Sans, placed by Froissart in the rear-guard, which seems more probable, since the majority of the Gascons were there.[14]

2327. Olivier de Clisson, who had joined Lancaster in Brittany.

2328. Petiton de Curton (see pp. 189, 194).

2329. There was a Roger de la Warre, mentioned several times in the Gascon Rolls.[15]

---

[1] Both did homage to Navarre, April, 1366. Brutails, 151.
[2] Froissart, vii. 8.
[3] Brutails, 151.
[4] Dugdale, i. 595.
[5] Rymer, iii, pt. ii, p. 133.
[6] Gascon Rolls, 41 Ed. III, m. 3.
[7] Beltz, 182.
[8] Froissart, vii, p. v, note 2.
[9] Froissart (Panthéon Littéraire), i. 525 note.
[10] Cotton MSS. Vespasian C xii, fol. 95; Rymer, iii, pt. ii, p. 131.
[11] Cascales, Discursos históricos, fol. 116 dorso.
[12] Sceaux de Clairambault, ii, No. 4493.
[13] Anselme, i. 434.
[14] Froissart, vii. 9.
[15] Gascon Rolls, 30 Ed. III, m. 4; 40 Ed. III, m. 14; 42 Ed. III, m. 6.

2331. Robert Knolles. Called by Froissart 'Canolles', and placed not here, but in the 3rd Company.[1]

2333. Louis, Vicomte de Rochechouart, nephew of Aimery.[2]

2335. John Bourchier (see Index).

2337. The Seneschal of Aquitaine from 1363 was Thomas Felton;[3] already mentioned by name above.

2339. William Felton (already mentioned in vanguard) was Seneschal of Poitou; there was no separate seneschal for Angoumois.[4]

2340. The Seneschal of Saintonge was Baldwin de Fréville from Sept., 1364.[5]

2341. Seneschal of Périgord and Quercy. Thomas de Walkfare.[6]

2344. Seneschal of Bigorre. Jean de Roches.[7]

2361-2. The passage of the rearguard began Wednesday, 17th Feb.

2363. The King of Majorca is mentioned by Ayala, Walter of Peterborough and others. He was the son of James II, who had been driven out of his kingdom by Pedro of Aragon. Thus he was only king *de jure*, not *de facto*: some books call him King of Naples, because of his marriage with Jeanne I in 1362.[8]

2365. Jean, Comte d'Armagnac de Fézensac et de Rodez, Vicomte de Lomaigne et d'Anvillars. One of the most important of the Gascon nobles.

2366. This is probably Bérard d'Albret, Sire de Puch Normand, since Froissart here calls him *nephew* of the Sire d'Albret.[9] Arnaud Amanieu had also a brother Bérard d'Albret, Sire de Sainte-Bazeille, who deserted the English in 1370.[10]

2367. Raymond de Montaut, Sire de Mussidan et de Blaye.[11]

2371. Bertucat or Perduccas d'Albret: probably an illegitimate son of Bernard Ezi, and a member of the Great Company.[12]

2373. The bastard of Breteuil.[13]

2374-7. The rest of these names, Camus, Naudon de Bageran, Lami or Lamit, are mentioned earlier in Froissart when he enumerates the members of the Great Companies.[14] Bernard de la Salle, whom Froissart now names, was not in the earlier lists.

2383. The arrival in the valley of Pampeluna was accomplished about 20th Feb.[15]

2388. Arnaud Amanieu, Sire d'Albret, nephew of Armagnac.

2389. Jean de Grailly, Captal de Buch, had been fighting for the King of Navarre, and being captured at Cocherel did homage to the French King (1364); but on his return to Guienne he re-entered the service of the Black Prince.[16]

2391. This mention of the 200 combatants, which each brought, indirectly supports the story given by Froissart[17] to explain the origin of the quarrel between the Black Prince and d'Albret: the former, thinking the latter dangerous, countermanded the 1,000 armed men which he had promised to supply, and requested him to bring only 200. Luce thinks that the dispute arose from a different cause; namely, the failure of the Prince of Wales to pay certain rents due

---

[1] Froissart, vii. 9.
[2] Anselme, iv. 653.
[3] Tauzin, in Revue de Gascogne, 1891.
[4] Bibl. Nat. Fonds Lat. 18391, fol. 67 v°: 'G^{me} de Feltoune Sénéchal de Poitou pour notre seigneur le prince d'Aquitaine,' Nov. 1366.
[5] Rymer, iii, pt. ii, p. 133?
[6] Arch. Nat., J 642, No. 2. Power to receive money given to T. de Walkfare, 'Sen. de Caorsin et de Pierregort,' 16 Oct., 1366.
[7] Arch. Nat., J 642, No. 2. Similar notice, 29 Jan., 1366.
[8] Froissart, vi, p. xiv, note.
[9] Froissart, vii. 9.
[10] Arch. Nat., JJ 100, No. 670.
[11] Anselme, vii. 603; vi. 222.
[12] Froissart, vi, p. lxxxi, note 3.
[13] Froissart, vii. 9.
[14] Froissart, vi. 189.
[15] Froissart, vii, p. vi, note 3.
[16] Secousse, Mémoire pour servir à l'histoire de Charles le Mauvais. Paris, 1755, 4to, 71, 72.
[17] Froissart, vi. 230.

to d'Albret, which the French King took upon himself to make good.¹ The story of the knights need not, however, be without foundation.

2397. Perfectly correct, as we learn from Ayala.²

2402-40. Ayala does not mention this letter to the Black Prince, which has been copied almost word for word by Froissart;³ but we have no reason to doubt the truth of this event, as the Herald would certainly have had information on the subject, and, for the council held to discuss the matter, we may consider his authority good (2441-4). Unfortunately the letter has neither place nor date. Froissart, in the abridged Chronicle which he published at a later date, has tried to remedy this omission, and adds to the letter 'Burgos, 17th February'.⁴ This must, however, be a mistake, for Henry, as we have seen, was at St. Domingo, and on the 17th the English army was still on the march; the news could scarcely have been brought to him so early.

2450-64. Our poem appears again to be the principal authority for this expedition of Sir Thomas Felton, and Froissart has reproduced it with very slight additions. The fact that the same name figures in the second more disastrous adventure, when an English detachment was cut off by a party of Spaniards under Don Tello (lines 2725 *sq.*), has led to some apparent confusion between these two events by less well-informed chroniclers, and may perhaps explain the general omission of this previous undertaking. The Herald enters sufficiently into details to give his narrative every semblance of verity.

2461. Froissart calls him Thomas du Fort,⁵ but according to Beltz, as we have seen, there was a Thomas d'Ufford amongst the Knights of the Garter.⁶

2462. William Felton. Very likely to be in his brother's Company.

2463. Hugh, son of Ralph, afterwards second Earl of Stafford.⁷ Called Stanfort by Froissart.

Robert Knolles.

2466. Simon Burleigh.

2475. Luce has inserted a note to the similar account given by Froissart, that it is the Navarete in Alava to which reference is here made, because the army was *en route* to Burgos, through Vitoria, and that therefore it is a mistake to state that they *crossed* the Ebro at Logroño.⁸ If, however, Felton's motive was to spy upon the Spanish army while still quartered at St. Domingo, it must have been the Navarete nearest to that place which is here intended, and that appears from the map to be the one in the Province of Logroño, and on the right bank of the Ebro, which would entail crossing the river in coming from Navarre. The main army advanced later through Alava to Vitoria, but that was because their search-party had sent word of Henry's change of quarters; in this case the words of the Poem would be absolutely correct. It is rather uncertain, however, how long Henry remained at St. Domingo: his positions after leaving that place were, according to Ayala, Banares (right bank of Ebro), near Trevino (left bank), Zaldieran (heights of Alava): but he probably marched fairly rapidly from St. Domingo to Zaldieran.

2479. The whole question of this imprisonment of Charles of Navarre is very complicated. That he was captured by Olivier de Mauny is universally acknowledged; but the date of the event, the nature of the capture, and the length of the imprisonment are all matters of doubt. Ayala has no hesitation in asserting that it was all a matter of arrangement between Charles and De Mauny, in order that the former might save himself from the responsibility of taking a part in the war, and so embroiling himself with one side or the other. In recompense, he adds,

---

¹ Froissart, vi, p. xcvi, note 2.
² Ayala, 439.
³ Froissart, vii. 11.
⁴ Froissart, ed. Kervyn de Lettenhove, xvii. 442.
⁵ Froissart, vii, 13.
⁶ Beltz, 127.
⁷ Beltz, 212.
⁸ Froissart, vii, p. vii, note 3.

Olivier was promised money and the castle of Gavrai in Normandy; but, as soon as the necessity for his imprisonment was over, the King obtained his release by leaving his young son as hostage, and finally arrested Olivier de Mauny himself and repudiated his engagements.[1] This is doubtless the account of an enemy, but it is not without support. The Grandes Chroniques speak of it as a pre-arranged scheme,[2] and Froissart says that there was a general belief among the English that it was the King's own device.[3] A recent biographer and apologist of Charles the Bad has vehemently opposed this view,[4] declaring that Ayala's story is absurd on the face of it, that the promise of the cession of Gavrai was an impossible one, and that he could never have left as hostage a child of two or three years of age. He adopts, without hesitation, an account for which the Chronicle of the First Four Valois is the sole authority.[5] According to this, Olivier de Mauny was sent by Bertrand du Guesclin to prevent Navarre from allowing the passage of the invaders, while the Black Prince was still engaged in his preparations at Bordeaux; it was at this time that Charles was taken prisoner, but released on giving hostages. Thus, he concludes, the capture took place before any agreement was made with Don Pedro, and therefore Ayala's story is completely disproved. But this explanation is untenable. It neglects the obvious fact that Charles had made engagements with Pedro as early as Sept., 1366; it does not answer the question what possible advantage could have been gained by Henry if the prisoner were released in time to continue the alliance with his enemies; and it takes no notice of the fact that the other chroniclers agree with Ayala in placing these events at the later date.

There are also, I think, other indications that the Spanish historian was not so far wrong in his conjectures.

(1) Feb. 11, 1368. Payment due to Lopez Ochoa, Captain of Caparroso, for sums spent during the captivity of 'Olivier Claquin'.[7] Olivier de Mauny was a cousin of du Guesclin, and as it certainly cannot refer to Olivier du Guesclin, Bertrand's brother, it probably alludes to the imprisonment of which Ayala speaks.

(2) During the course of 1369 and 1370 there are records of various sums of money paid to Olivier de Mauny.[8]

(3) Feb. 4, 1369. Homage of Olivier de Mauny at Borja, to Charles of Navarre, for castles and lands in Normandy. At the same date he makes this declaration: 'Whereas in times past the King of Navarre has had treaties with me, for which he gave me certain rents and towns, &c., I promise to restore these letters, the promises being no longer binding.'[9]

The conclusion to be drawn from the evidence we possess at present appears to me to be this. That Navarre, anxious above all things to remain at peace, and to avoid the devastation of his country from the passage of hostile troops, found himself forced to make arrangements with Pedro and the Prince of Wales; that, with his usual duplicity, he did not hesitate to sign a treaty immediately afterwards with Henry of Trastamare, in the hopes of reaping some benefit from whichever side was successful. That finding his plan was discovered, and also possibly alarmed by Hugh of Calverley, he renewed his earlier alliance with the side which appeared to him to be the more formidable, and, to conciliate the troops, accompanied them into his own country, and entertained them when there. That anxious, however, to have an excuse for breaking his promise to assist the Black Prince, he made the arrangement with Olivier de Mauny which resulted in his own imprisonment before the fighting began. That after the battle of Navarete, thinking the immediate danger over, he contrived his release, and then

---

[1] Ayala, 436, 464. See also Cascales, Discursos históricos. Murcia, 1621, 4to, fol. 116.
[2] Grandes Chroniques, vi. 245.
[3] Froissart, vii. 14.
[4] E. Meyer, Charles II, roi de Navarre. Paris, 1898, p. 173.
[5] Chronique des quatre premiers Valois, 171.
[6] Chandos, Froissart, Grandes Chroniques.
[7] Brutails, Docts. des Archives de Navarre, 160.
[8] Isarn, Comptes de Navarre; Bibl. Nat., Fonds Fr. 10367.
[9] Brutails, 169.

HISTORICAL NOTES

captured Olivier in his turn, as a means of diverting attention from his own duplicity, and of convincing the world that his imprisonment had been involuntary. That he subsequently recompensed Mauny with various gifts, although his original promises were not kept, the reward then offered being probably considered too high. That Mauny, being induced to surrender his just claims in return for what he could get, gave up the proof of this previous engagement, which is therefore never likely to be forthcoming.

As for the exact date of the imprisonment, the Grandes Chroniques alone attempt to consider this question,[1] giving it as March 13, 1367. This should be approximately correct, according to what we learn from Chandos and Ayala. The troops were in Pampeluna on Feb. 20th, and the battle of Nájera was fought on April 3rd, so that it took place some time between these two events, and it must have been early in March if the Prince did not leave Navarre until after hearing the news. Charles's release probably took place quite shortly after the battle: he was, in any case, back in his kingdom by June 20th, as we find him again signing an act on that date.[2] (No acts are published by Brutails between Sept. 27, 1366, and June 20, 1367.)

2482-90. Froissart also gives this incident; but he differs slightly from Chandos, in saying that the Queen came in person and afterwards sent La Carra to guide the Prince through the country.[3]

The one certainty is that La Carra did accompany the army and fought in its ranks in the battle of Nájera.

2507-14. The Prince crossed the Pass of Arruiz, rode through Guipuzcoa, and came to Salvatierra in Alava.

Froissart has the same account, even to the spelling of the names; there seems no doubt as to his copying.

2521. The surrender of Salvatierra without resistance is confirmed by Ayala.[4]

2542-70. The account of all this has been copied by Froissart. We can verify from Ayala the fact that Henry took up his quarters at Zaldieran only a slight distance from Vitoria, to which place the enemy advanced.[5]

2605-28. Froissart has given the same list of those knighted, and in the same order, but with a few differences of spelling;[6] he has also added the names of those knighted by Chandos, which our author does not insert until just before the battle of Nájera (3199-3205).

2609. Thomas Holland, afterwards second Earl of Kent; he was only seventeen at this date, so that his knighting is most probable, it being his first expedition.[7]

2611, 2612. Hugh, Philip and Peter Courtenay were all sons of the Earl of Devon.[8]

2613. John Trivet.[9] Nicholas Bond had letters of protection.[10]

2615. Ralph Camois. Possibly the same as Camies?[11]

2617. Walter Ursewick. In a grant for services at Nájera his knighting on that day is mentioned.[12]

2618. Possibly this may be a Thomas Daventrie who travelled to Aquitaine with Ursewick.[13] Froissart calls him Thomas de Daimeri, and Kervyn de Lettenhove suggests Damory de Bradley.[14]

[1] Grandes Chroniques, vi. 245.
[2] Brutails, 158.
[3] Froissart, vii. 14.
[4] Ayala, 445.
[5] Ayala, 445, 447.
[6] Froissart, vii. 18, 19.
[7] Beltz, 217.
[8] Kervyn de Lettenhove (Index), xxi.
[9] Gascon Rolls, 40 Ed. III, m. 15.
[10] Gascon Rolls, 41 Ed. III, m. 3.
[11] Ayala, 553.
[12] Rymer, iii, pt. ii, p. 132.
[13] Chandos, ed. F. Michel, 363; Gascon Rolls, 40 Ed. III, m. 4.
[14] Kervyn de Lettenhove (Index), xxi.

2619. John de Grendon is mentioned together with Ursewick in Lancaster's retinue 1369.[1] He does not, however, have 'Chevalier' after his name as Ursewick does.

2652. Don Tello, Lord of Biscay, second brother of Henry of Trastamare.

2667. Don Sancho, Lord of Albuquerque, youngest brother of Henry.

2669. Marshal Audrehem, we have already seen, had joined Henry's forces with B. du Guesclin: Froissart in his earlier version says he did not go,[2] but in the Amiens MS. that he did;[3] Ayala specially mentions him.

2673–6. Froissart says elsewhere that Bertrand had been sent first to Aragon, then to the Duke of Anjou at Montpellier, and finally to France to seek for help; though Luce questions the latter part of this statement.[4]

Certainly Ayala distinctly says that Henry's position at Zaldieran had been adopted on the advice of du Guesclin:[5] there is no reason why he should have accompanied this party of reconnoitrers even if he were present at the time.

2727. Sir Thomas Felton and his company had already marched two leagues from the English army at Vitoria (2647–50). They were at Ariñez in Alava, a little village on the way from Vitoria to Burgos and Madrid.[6]

2729. Froissart calls him 'Monsigneur d'Agorisses'. F. Michel suggests De Grey; Luce thinks possibly Gregori Seys, Sieur de Gencey.[7]

Ralph de Hastings. Froissart calls him Hugh, who has already been mentioned; but there was a Ralph who accompanied Lancaster to Spain.[8]

2731. Froissart calls him Gaillard Vighier, really the same name. Found in Gascon Rolls in Richard II's reign.[9]

2735–58. This important incident has been recorded in every chronicle, but with perplexing variations. All agree that a skirmish took place between a Spanish and English force, and the death of Felton has been commemorated by the name of the Englishman's Mound, which is still pointed out near Ariñez (environs of Vitoria)[10]. The poem of Lancaster's secretary speaks of the Bastard rushing down like a whirlwind into the camp, in which sudden attack Felton was killed and Hugh Hastings captured, after which Lancaster drove the enemy back into the mountains; and, although another party renewed the attack next day, it was repulsed with loss.[11] (The general confusion in this account is proved by the fact that reference is made to the capture of Navarre, as though occurring on the same occasion, a note adding that he was taken by Lord Oliverum!) The prose Life of du Guesclin says that Bertrand and Denia fell upon William Felton, who had been sent out to forage, and that he fell in the skirmish; Cuvelier, with a very similar story, adds that he was killed by du Guesclin himself.[12] Even Ayala is not very explicit as to the origin of the struggle. He says that an English company in Alava were seeking provisions when Henry sent against them Denia, Tello, Audrehem and others: this force defeated them at Ariñez in Alava, and William Felton, the English commander, was slain, the rest being taken.[13] These varying accounts have evidently been caused by a confusion between three separate skirmishes which took place about this time: (1) Thomas Felton's exploit *before* reaching Vitoria (2546–60); (2) the surprise attack made by Don Tello on the outskirts of the English camp (2686–2724); (3) the defeat of an English detachment again under Sir Thomas Felton, and the death of William in the fight

---

[1] Gascon Rolls, 43 Ed. III, m. 15; Rymer, iii. 871.
[2] Froissart, vii. 21.
[3] Froissart, MS. d'Amiens, vii. 271.
[4] Froissart, vi, p. xc, note 3; vi. 213.
[5] Ayala, 444.
[6] Ayala, 445. Froissart, vii, p. ix, note 3.
[7] Froissart, viii, p. lx, note.
[8] Gascon Rolls, 40 Edw. III, m. 4; Dugdale, i. 579.
[9] Gascon Rolls, 5 Rich. II; Chandos, ed. F. Michel, 364.
[10] Froissart, vii, p. ix, note 4.
[11] Wright's Political Songs, i. 110.
[12] Cuvelier, 389, 393.
[13] Ayala, 445.

HISTORICAL NOTES

(2725–58). The Herald gives by far the clearest and most comprehensible description of these events.

2780. Audrehem was presumably with Don Tello all the time; therefore this must mean not that a fresh force arrived, but that the enemy, whose superior numbers would enable them easily to divide, had sent a party of their men to create a diversion in the rear.

2781. Evidently Jean Neufville, nephew of Audrehem, who had accompanied his uncle into Spain, together with du Guesclin and the Companies.

2805. That is, the two brothers of Sir Thomas as well as himself. There was a John de Felton in the English army in 1367, who was probably one brother:[1] there was an elder brother named Hamo, who may very likely have been present. The latter was accompanying the Earl of Cambridge to France in 1369, so that he was evidently a warrior.[2]

2807. Possibly Thomas de Mytton (see Index).

2811–19. Froissart explains the Prince's inactivity by saying that he knew nothing of the whole affair. Either solution is probable. He may have missed Felton's party without knowing the cause of their absence, and he would not have ventured to send out another force in search of them.

2841–60. Ayala is less detailed on all this part of the story and does not describe Bertrand's advice: but he does say that the Black Prince could not get to Castile because the Passes were held, so that he left Alava and returned to Logroño.[3]

2861–2. Froissart speaks of the English army going and camping outside Vitoria, after the loss of Felton's detachment, and staying there in great distress for six days.[4]

2885. It is a great pity that Chandos has not dated his Itinerary; it seems impossible to fit in the different accounts. A note to Ayala, quoting from Cascales' Discursos históricos, gives the date of this retreat as the 1st of April,[5] but this must be too late. The Black Prince is apparently writing a letter from Navarete on April 1st.[6]

The Latin poem speaks of the skirmish between English and Spaniards as taking place on the 30th day in spring-time, the Feast of the Annunciation.[7] There is an inconsistency here, for the Annunciation of the Virgin falls on the 25th March, which would be a more probable date; and this would fit in with Froissart's six days before Vitoria, and Cascales' date for the march on April 1st. But it would not allow time for the two days spent on the way at Viana according to Froissart, nor for the letter which he dates from Logroño, 30th March, nor for the day of the week named by Chandos. Chronology was, however, never a strong point amongst the chroniclers, and particularly not so in the case of the Herald.

2889. Pass of La Guardia, on left bank of Ebro.

2903–5. Ayala says that Henry's army moved from Zaldieran towards Nájera, and placed its camp near the town, on the river Najerilla.[8] He does not mention St. Vincent, but its position would render it a likely halting-place *en route*.

2907–50. Chandos does not date the Prince's letter, but puts it immediately after his arrival at Logroño, and makes his advance to Navarete occur on the Friday (which was the 2nd April, the day before the battle: but in the Poem it appears to be the day after the letter was written).

Froissart has practically reproduced the same letter, allowing for the differences between prose and verse, and dates it from Logroño, March 30th.

Ayala, on the other hand, says that Pedro and the Prince came to Navarete and

---

[1] Gascon Rolls, 41 Ed. III, m. 3.
[2] Bury and West Suffolk Arch. Institute, 1874, Playford and the Feltons. Gascon Rolls, Edw. III, m. 7.
[3] Ayala, 447.
[4] Froissart, vii. 28.
[5] Ayala, 447.
[6] Rymer, iii, pt. ii, p. 131.
[7] Wright's Political Songs, i. 111.
[8] Ayala, 448.

thence sent a letter to Henry.[1] As this agrees with the document in Rymer dated Navarete, April 1st,[2] his information appears to be the more correct; and he gives a copy of Henry's reply written at Nájera on April 2nd, which is omitted in the poem. As for the substance of the first letter, the essential part—the offer of mediation—is the same in all, but Chandos has not given by any means an exact summary of the actual document, whereas Ayala has reproduced it, which is another reason for attaching particular value to his testimony. Cascales has published a letter from Don Pedro dated from Logroño on April 1st:[3] but, as this is only about six miles from Navarete, that does not render this date any more unlikely. The Poem of Walter of Peterborough becomes more detailed towards this point, and expatiates on the hardships endured on the march, but is not very explicit. The author tells us, however, in a note, that it was on April 1st that the Prince crossed the river and encamped in the fields of Navarete: another first-hand witness to this date.[4] (The Duke's secretary does not seem well informed as to events going on around him, or else he is fond of drawing on his own imagination, as, although he alludes to the second letter from Prince Henry, he gives it as containing a request for two knights from each side to choose the place of battle; a proposal absolutely foreign to the contents of the document, which was a recapitulation of the charges against Don Pedro, and a defence of his own claims by national right of election.)[5] On the whole it seems possible to accept the following Itinerary:—Monday, 29th March, departure from the camp before Vitoria; that and the following nights spent at Viana; 31st, at Logroño; 1st April, departure to Navarete, and the letter sent from the Black Prince to the enemy's camp; 2nd April, Friday, reply of Prince Henry and preparations for battle.

2984–3004. The numbers of the Spanish army are given differently by every writer, ranging from 40,000 (Cuvelier) to 99,000 (Henry's speech according to Froissart). The numbers which Chandos puts into the mouth of Henry, added together, come to 66,000, so that he may be considered to have struck a very fair average, allowing for a little of the usual exaggeration on the part of an enemy: Ayala does not give a full estimate, but only reckons 4,500 lances.[6]

3060–2. The Herald omits to mention a fact upon which Ayala lays stress, and which might have detracted somewhat from the glory of the victory; namely that Henry had left the favourable position in which he was at first encamped, and had crossed the river on to the plain facing Navarete, so that no one might accuse him of taking any unfair advantage.[7] This is doubtless what is meant by the chroniclers of du Guesclin, who lament that the battle was lost because Henry would not take the advice of the great captain.[8] Certainly nothing could be more opposed to the military experience of Bertrand than this chivalrous but mistaken action.

3063–77. Ayala also places Bertrand, Audrehem, Sancho and the Bègue de Villaines in the vanguard; Jean Neufville would naturally accompany his uncle: but the Comte de Denia, according to the Spanish historian, commanded the cavalry on the right wing.[10] This I cannot in any way decide from the details of the battle, as there seems to have been considerable confusion between the different divisions.

3067. Alfonso, Comte de Denia and Marquis of Villena, was son of the Infant Pedro of Aragon.

3069. Pierre de Villaines dit le Bègue had gone out with the Companies.[9]

3078, 3079. Ayala agrees as to Don Tello being on the left wing, and then adds that the right was under Denia.

[1] Ayala, 449.
[2] Rymer, iii, pt. ii, p. 132.
[3] Cascales, Discursos históricos, fol 116, dorso.
[4] Wright's Political Songs, i. 113.
[5] Rymer, iii, pt. ii, p. 132.
[6] Cuvelier, 410; Froissart, vii. 30; Ayala, 453.
[7] Ayala, 453.
[8] Cuvelier, 410.
[9] Froissart, vi. 188.
[10] Ayala, 456.

HISTORICAL NOTES

3078-99. Ayala also describes this force as composed of cavalry and infantry, without mentioning any names. The idea we gather from Ayala of the arrangement of the army, with a vanguard on foot, wings of horsemen and a large mixed force in the rear, is more practical than the description of Chandos, which seems to imply a very large force of cavalry on the left of the vanguard, while the main portion of the army was on the right, mostly consisting of infantry, but with a smaller body of horse on one side. The discrepancy probably arises from the fact that, while Ayala gives the actual disposition of the troops before the battle, Chandos is making a rough plan gathered from the subsequent course of the contest.

3102. Gomez Carillo de Quintano, Chamberlain of Henry.

3103. Gomez Perez de Porres was prior of the Order of San Juan in 1367.[1]

3107. There was an Order of Santiago or Saint-Jacques both in Castile and Galicia. Of the former apparently Gomez Perez just mentioned was Master.[2] Here the reference is more probably to the latter, of which the Grand Master was Gonzalo Mejia at this time. He had succeeded Garcia Alvarez de Toledo, who had deserted Pedro for Henry, but resigned his office before 1367.[3]

3109. Pero Moñiz de Godoy, of whom Froissart speaks in the battle.[4] He had succeeded Diego Garcia de Padilla, who had been Grand Master of the Order of Calatrava under Pedro.[5]

3121-44. Chandos had been made a banneret in 1360, when he received the estate of Saint-Sauveur-le-Vicomte, but was now displaying his banner for the first time in battle. That this was no new honour conferred upon him is borne out by the fact that he is said to have brought his banner to the Prince, who merely unfurled it; not, as a later historian has said, cut off its tail,[6] which would have signified the conversion of a pennon into a banner. Chandos could not have brought his banner to the Prince if he were still only a simple knight.

3161-71. Walter of Peterborough puts similar words into the Prince's mouth, as to the lack of food and the necessity of taking it from the enemy's camp, but earlier in the narrative, before the arrival at Navarete.[7]

3172-95. For all these events—the Prince's prayer and words to Pedro, &c.—the Herald appears to be the original authority.

3200-5. Froissart also states that these warriors were knighted by Chandos, but he mentions the ceremony as taking place earlier, when the Prince and the Duke of Lancaster were making new knights before Vitoria.[8]

3201. In Froissart we find Courson in one version; Courton in another.

Prior, Thomas (see Index).

Eliton, called by Froissart Cliton.

3202. William de Ferinton in Froissart.

3224. John of Ypres was a Fleming in the service of Edward, present at Nájera, and evidently an important personage.[9]

3225 sq. The Herald treats the history of the battle with great vigour and detail; he is better informed than Cuvelier, clearer than the Latin Poem, fuller than Ayala and is the source of Froissart's description; his account is evidently of first-rate importance. The positions occupied by the different combatants are impossible to verify for certain; every one has distributed them somewhat differently, even Froissart not actually reproducing the same divisions, though the names mentioned can all be found in one or other of the narratives of the battle. The principal events and nature of the combat can, however, be traced out with sufficient precision in the

---

[1] Catalina Garcia, Castilla y Leon. Madrid, 1892, 354.
[2] Ibid.
[3] Mérimée, 424; Froissart, vi, p. lxxxvi, note 3; Catalina Garcia, 340, 426.
[4] Froissart, vii, p. xvii, note 4.
[5] Froissart, vi, p. lxxxvi, note 2.
[6] Barnes, 707.
[7] Wright's Political Songs, i. 111.
[8] Froissart, vii. 19.
[9] Kervyn de Lettenhove (Index), xxiii, 306.

Poem; and from what we are able to verify of this description the accuracy of the rest can be inferred: an accuracy, that is, as great as can be expected from the account of one who was himself in the thick of the conflict.

3310. Martin de La Carra, as Navarre's representative, bore his banner.[1]

3321. Ayala says that Tello's flight was caused by the advance of Armagnac and Albret with the Gascons; and that this force, on the departure of their adversaries, turned their arms against the vanguard of infantry which was already engaged.[2]

3329. There were two Percies living at this time: Henry Percy, Earl of Northumberland, who fought in France in 1370, and his younger brother Thomas Percy, Earl of Worcester, who was in the Black Prince's Council at Bordeaux in 1369. The latter, therefore, seems the more probable of the two.[3]

3329. Olivier de Clisson before mentioned.

3330. This must be a mistake, since he had just been made prisoner at Ariñez. He was exchanged finally, but not, I think, until after the battle.

3331. Walter Hewet is mentioned by Cuvelier.[4]

3335. Ayala says that the English left wing also attacked the Spanish infantry, so that they were surrounded by enemies.[5]

3348. Guy de Sévérac, one of the principal Seigneurs of Rouergue.[6]

3370. In Ayala also we find that Henry led his cavalry three times to the attack, but was at last forced to fly. Cuvelier likewise testifies to the courage of the Bastard, whom he describes as being led by force from the field by du Guesclin.[7]

3401. The biographers of du Guesclin describe him as surrendering to the Black Prince himself.[8] This may only be added for the purpose of extolling his prowess; it is mentioned neither by Ayala nor by the Herald, who would probably have gladly recounted an event of such interest had it really occurred.

In studying this battle Ayala furnishes by far the most valuable commentary on Chandos. Walter of Peterborough's Poem,[9] although the work of an eyewitness, is confused, and differs so much from Ayala and Chandos that any comparison seems hopeless. We read there that Lancaster led the way, followed by the King of Majorca and Armagnac; as to numbers, that not quite 2,000 destroyed fully 40,000; that the Duke tried to get at the brothers, who avoided the conflict; and some lines later, that Henry and Tello fled (as though together). The principal aim of the poet is to sing the praises of the Duke of Lancaster, and he seems to have sacrificed any accurate account of proceedings to this object. Cuvelier seems to have little genuine knowledge; according to his account the Captal began the battle by attacking Henry, who was rescued by du Guesclin; while the prose Life says that the Count of Denia put Lancaster to flight, but that the Captal de Buch, coming up, restored the battle and slew Denia.

3401–10. Ayala mentions all these prisoners, except Jean Neufville, whose name I have only found in this connexion in Froissart, which is not much testimony; Ayala, however, is not at pains to make a long list of the French who were captured, but gives more Spanish names; he was himself amongst the number.

3412. Adam de Villiers dit le Bègue, Seigneur de Villiers-le-Bel. Froissart mentions him as slain, and also adds a few more names.[10]

3421. Called by Froissart Raoul, which seems to connect him with the Ralph Ferrers

[1] Mérimée, 467.
[2] Ayala, 455.
[3] Beltz, 154, 221.
[4] Cuvelier, 400.
[5] Ayala, 455.
[6] Froissart, ed. Kervyn de Lettenhove, vii. 203; xx. 145; Froissart, vii. p. xxxviii, note 3.
[7] Cuvelier, 419.
[8] Cuvelier, 424: Chronique anonyme, 49.
[9] Wright's Political Songs, 113-21.
[10] Froissart, vii. 43.

who was Captain of Calais in 1360. There was certainly a Ralph Ferrers still alive after Nájera, who was Admiral of the fleet in 1370,[1] but he may have been a son. This Christian name, however, which is only found in some editions of Froissart, may possibly be a mistake, in which case this Ferrers could be identified with the John Ferrers of Charteleye, who was certainly with the army in 1366,[2] and is not mentioned later.

3425-33. The battle was fought between Nájera and Navarete, and is therefore called sometimes by one, sometimes by the other name. The Herald spells it as Naddres, Nazarz, or, as here, Nazareth; the differences being probably due to the French and Spanish pronunciations combined with the exigencies of verse. In Froissart it is always Nazres or Nazares.

3434. The river was the Nájerilla. The great losses of the Spaniards, especially on the bridge and in the river, are mentioned in various accounts. The numbers who thus perished must have rendered any calculations practically impossible. The Herald is doubtless repeating rough guesses when he speaks of 7,700 reported to have perished.

3453. i.e. the town of Nájera

3456. Pero Moñiz de Godoy, Grand Master of the Order of Calatrava.[3]

3457. Gomez Perez, Prior of San Juan and Master of the Order of Santiago in Castile.[4] Cascales, in enumerating some of the warriors from different parts, speaks of the Prior of San Juan amongst those who came from Castile.[5]

3459. Master of the Order of Santiago in Galicia, probably Gonzalo Mexia. Garcia Alvarez de Toledo had filled the place under Pedro and still disputed the title with Gonzalo Mexia.[6]

In one edition Froissart gives only two names in this connexion: 'li grans prieus de St. Jame et li grans mestres de Caltraue'.[7] In the Amiens MS., however, he seems to have copied Chandos almost exactly and gives the three.

In Walter of Peterborough, where all the names are very curiously spelt, we find: ' Baro Caletrag sive custos militiae Christi'; and ' Magni praelati Iacobique Iohannis amati'.[8]

3475. This date is exact. All the authorities agree on this point, and it is also mentioned in a letter written by Pedro himself from Burgos on the 15th of the same month.[9]

3520-33. Ayala says that Pedro promised to spare the prisoners who submitted, and we learn the Prince's part in this by the fact that a quarrel arose later between them at Burgos, because the King had broken his word to Edward.[10]

3540. We learn from Ayala that not only Gomez Carillo de Quintana was killed on the Sunday, but also Sancho Sanchez de Moscoso and Garcia Jufre Tenorio. Besides these three, Pedro himself had slain Inigo Lopez de Orozco immediately after the battle.[11]

Gomez Carillo, however, appears to have been a specially marked enemy of Pedro. He was excepted from the amnesty arranged with Aragon in 1361, and was evidently in high favour with Henry, being his Chamberlain. He came also of a family of rebels: his uncle had been an adherent of Don Juan Nuñez, claimant to the throne in 1350; and his cousin, accused of treating with Trastamare, had been murdered by command of the King.[12]

3565. Donna Juana, wife of Henry of Trastamare. Her flight from Burgos to Saragossa is also described by Ayala. The King of Aragon apparently received her very badly.

3597. Briviesca. Froissart adds that the halt was from Monday to Wednesday.

3598-9. Pedro set out for Burgos on Monday, 5th April, parting from the Prince at Briviesca; the King was evidently hurrying on with a small force, while Edward travelled with his army.

---

[1] Devon, Issue Rolls of the Exchequer, 47 Edw. III.
[2] Gascon Rolls, 40 Edw. III, mm. 2 and 3.
[3] Cascales, Discursos históricos, fol. 116, dorso.
[4] Catalina Garcia, 354 (see note on line 3103).
[5] Cascales, fol. 116, dorso.
[6] Ayala, 411.
[7] Froissart, vii. 45.
[8] Wright's Political Songs, i. 121.
[9] Ayala, 461.
[10] Ayala, 461, 471.
[11] Ayala, 458, 471.
[12] Mérimée, 302.

3603-4. Ayala says the Prince arrived in Burgos two days after Don Pedro.[1] They both celebrated their Easter there.

3631. Chandos is extraordinarily inconsistent as to the Prince's stay at Burgos. Before this he says he sojourned at Burgos a month (3607), and later he talks of his moving to Valladolid, and waiting there six months for Pedro's return (3645).

Froissart, who has no longer slavishly followed the Poem, is nearer the truth in his chronology. He gives a similar description of the numbers who flocked to Burgos to make their submission to Pedro, and then says that after three weeks the Prince demanded money from the King.

3632-8. Ayala gives the details of the discussions on the point of money payments,[2] which ended in a renewal of the old promises, in a treaty dated Burgos, May 2, 1367.[3]

3641. Froissart agrees that the Prince went to Valladolid, but Ayala gives his quarters at Amusco,[4] a town midway between Burgos and Valladolid. Probably he was not definitely fixed at one place or the other ; Chandos says he was in the town and its neighbourhood, and his troops must have been more or less scattered over the country, owing to the difficulty of procuring provisions.

3645. This is certainly wrong, since only about five months passed between the battle of Nájera and the Prince's return to France. Froissart says he stayed till the feast of St. John in the summer (24th June), so that possibly six weeks should be read instead of six months.

3664. This is possibly Amusco, since Ayala speaks of the Prince's residence there. F. Michel has translated it Almazan, but a note states that this is purely conjectural, whereas the other explanation has some support.

3665. Medina del Campo.

3677-92. For this letter of Pedro we find no details in Ayala. Froissart gives some which differ slightly from those of the Herald. According to him, the Prince, becoming impatient after St. John the Baptist in the summer, despatched three knights to Pedro, who sent back an answer similar in substance to that given by Chandos, though couched in rather more respectful terms, and holding out hopes of a full payment in a year. The English Council, summoned to consider the matter, strongly advised return on account of the climate.[5] All agree as to the fatal effects of the Spanish summer on the army and on the Prince himself: Walsingham is only expressing a very general belief at the time when he speaks of Edward as having been poisoned in Spain.[6]

3708. Henry, after Nájera, had established himself in the Castle of Roquemaine, not far from Toulouse, whence he made incursions into Aquitaine. Finally he invaded Bigorre and seized Bagnères.[7]

3714. This is the first mention made of Madrigal, but it is only slightly to the south of Valladolid, and close to Medina del Campo, one of the towns to which the army had resorted in search of provisions.

3716-17. The month's delay in Soria must have been to give time for the mission of Chandos to Aragon and Navarre to negotiate for passage of the troops.

3718-19. Ayala in his account substitutes the name of Calverley for that of Chandos as negotiator.[8] Froissart, who in his first edition speaks of 'les plus especiaulx de son conseil' being sent,[9] adopts the Herald's version in the Amiens edition: 'Endementroes eut grans conssaux entre monsigneur Jehan Camdos et le consseil dou roy d'Arragon.'[10] He adds that

---

[1] Ayala, 473.
[2] Ayala, 479-83.
[3] Rymer, iii, pt. ii, p. 133.
[4] Ayala, 495.
[5] Froissart, vii. 57, 58.
[6] Walsingham, Ypodigma Neustria, 313.
[7] Froissart, vii, p. xxii, note 1.
[8] Ayala, 465.
[9] Froissart, vii. 60.
[10] Ibid. 300.

the King promised to allow the passage on condition that everything was paid for and no violence done.

3726-7. The King of Navarre, says Froissart, offered passage for the Prince, the Duke of Lancaster and several knights; but hoped that the Companies would not pass through Navarre.

3737. Froissart says that he was accompanied by the King and La Carra as far as Roncevaux.[1]

3753. According to the Grandes Chroniques, which, as we have seen, are as a rule exceedingly precise in the matter of dates, the Prince's return took place in August, 1367;[2] and Luce speaks of his arrival at Bordeaux early in September.[3] This would allow the month of July to have been spent in the valley of Soria, while arrangements were made, if the long period of waiting at Valladolid is renounced as impossible. The Companies were certainly arriving at Montpellier on the 15th and 16th of September.[4]

3783-8. Here comes to an end the most valuable part of the Poem, and that which the author himself evidently regards with the greatest complacence. The conclusion loses its personal interest; for although the Herald was still in France, and taking an active share in events, a share which continued even after the death of his master (he was sent by Cambridge and Pembroke with a message to the Duke of Bourbon in 1370), he spends no time over the recital of all that he must himself have witnessed, but merely gives a brief summary of the close of the Prince's career in France. But though little but a summary, it appears to have been conscientiously written, and can be verified by comparison with Froissart and the Grandes Chroniques.

3845. The Comte d'Armagnac was the real leader of the deserters: he had refused to pay *fouage* as early as 1367.[5] Jean, Comte de Lisle en Jourdain, Captain of Moissac[6] does not appear to have been amongst the number of those appealing to Charles, but he is mentioned as taking part against the English in the subsequent struggle.

Roger Bernard, Comte de Périgord was a sharer in the treaty made with Charles V in 1368 (see note on 3855-64); his son Talleyrand deserted the English about the same time; Archambaud, his successor in 1369, during that year or the next.

3846. Arnaud Amanieu, Sire d'Albret, married Marguérite, sister of the French Queen, on May 4, 1368.[7]

Pierre Raymond, Comte de Comminges, is mentioned by Froissart and the Grandes Chroniques as another deserter.[8]

3855-64. June 30, 1368. Charles made a treaty with Armagnac, Périgord and Sire d'Albret, by which he agreed to receive the appeal of the Gascons; mutual aid was promised in case of war and *fouage* was never to be imposed on them against their will.[9]

Nov. 19, 1368. Charles granted money to Albret, who had appealed to him, and promised aid in case of war against England.[10] In March, 1369, certain towns and castles were given to the Comte de Périgord, who had appealed against the English.[11]

There were also appeals from various towns, e.g. Montaubon,[12] Sauveterre, Villefranche,[13] &c.

3865-76. Dec. 25, 1368. Charles summoned a Council to discuss his action in regard to these appeals.[14]

The summons of Edward to appear before the Parliament of Paris, to which allusions are

[1] Froissart, vii. 61.
[2] Grandes Chroniques, vi. 248.
[3] Froissart, vii, p. xxiv, note 1.
[4] Chronique du petit Thalamus de Montpellier, 1840. p. 381.
[5] Rouquette, Le Rouergue sous les Anglais, Millau, 1869, 133.
[6] Sceaux de Clairambault, ii, No. 4087.
[7] Le Rouergue sous les Anglais, 140.
[8] Froissart, vii. 94; Grandes Chroniques, vi. 282.
[9] Arch. Nat., J 293; see also Bibl. Nat. Fonds Fr. 15490, fol. 22vo.
[10] Arch. Nat., JJ 105, No. 67.
[11] Arch. Nat., JJ 100, No. 431.
[12] Bibl. Nat. Fonds Doat, vol. lxxxvii, ff. 64, 171.
[13] Arch. Nat., JJ 102, No. 16; 100, No. 783.
[14] Arch. Nat., J 654, No. 3; Froissart, vii, p. 28, note 3; Bibl. Nat. Nouv. Acq. Fr. 6214, fol. 32vo.

made in various letters of the French King to the appellants,¹ was conveyed to him by Bernard Palot and Jean de Caponval, and dated from Paris, according to Froissart, 15th January, 1369. This date seems rather late; Luce thinks it must have been delivered at the end of 1368, or in the first week of 1369.² As King Edward was preparing help to send out to the Prince on Jan. 16, 1369, war must certainly have been declared by that date.³

3881-8. This answer is given in practically the same terms by Froissart.

3892. War began Jan., 1369. The Duke of Anjou had prepared an army which included in its ranks the Counts of Armagnac, Périgord, Comminges and Vendôme.⁴

3918. Edmund Langley, Earl of Cambridge.

3921. John Hastings, Earl of Pembroke.

3925. They must have arrived by April, 1369, and were sent into Périgord in the following May.⁵

3927-30. Froissart recounts the siege of Bourdeilles, but does not mention the knighting of Pembroke (vii. 150-3).

3932. La Roche-sur-Yon was invested by the English in July, 1369, and was given up by a traitor, Jean Belon, its captain. This town had never been handed over to England after the treaty of Brétigny, as it should have been by right.⁶

3933. Chandos was in Montauban at the end of January, 1369, where he was guarding the frontier with the Captal de Buch and others;⁷ but Froissart narrates various other undertakings in which he was engaged and names him at the siege of La Roche-sur-Yon. He must in any case have left Montauban before the 15th June, at which time the town submitted to the Duke of Anjou.⁸

3943-5. According to James and Francisque Michel,⁹ both Chandos and Froissart are mistaken in placing here the death of the celebrated Sir James Audeley, who, in their opinion, returned to England at this date, and did not die till 1386. It would be curious, however, for the Herald to be mistaken in an event touching his master so nearly, and about so well known a person. May not the Audeley who died in 1386 have been a son of the warrior and not Sir James himself? Froissart says his death took place at Fontenay-le-Comte, which is at a very short distance from La Roche-sur-Yon.

3950-1. Chandos was mortally wounded in the skirmish at Lussac, January 1, 1370, and died one or two days after at Mortemer, where he was buried, and where his tomb is still to be seen.¹⁰

3975. Bertrand du Guesclin had been ransomed after the Battle of Navarete and released on 27th December, 1367; he had rejoined Henry of Trastamare before Toledo, which he was besieging in the following year. After his recall, he arrived at Toulouse about the middle of July, 1370, where he met the Duke of Anjou.

4009-10. Anjou and du Guesclin had in their company a large number of the discontented Gascons; they marched towards Agen, taking Moissac, Agen, Port Sainte-Marie, Aiguillon, Tonneins, Montpazier, and laying siege to Bergerac.¹¹

4011. The Duc de Berry had been made Lieutenant-General on the 5th Feb. 1368.¹² On the 6th April, 1372, he received a large sum of money from Charles for his services and conquests in Guienne.¹³

---

¹ Arch. Nat., JJ 99, No. 345; J 105, No. 67.
² Froissart, vii. 96; ibid., p. xxxix, note 3.
³ Gascon Rolls, 42 Edw. III, m. 1. Letters of safe conduct to Pembroke to go out to Aquitaine, Jan. 16, 1369.
⁴ Le Rouergue sous les Anglais, 169.
⁵ Froissart, vii, p. lii, note 2.
⁶ Guérin, Archives du Poitou, vol. xvii, 387, note; Froissart, vii, p. liv, note 3.
⁷ Froissart, vii. 145, 147, 161.
⁸ Froissart, vii, p. lxxv, note 1.
⁹ Chandos, ed. F. Michel, 374; Froissart, vii, p. lxxiv, note 1.
¹⁰ Meyrick, Jean Chandos, in Archaeologia, xx.
¹¹ Froissart, vii. 226, 227.
¹² Delisle, Mandements de Charles V, Paris, 1873 (Documents Inédits), No. 495.
¹³ Arch. Nat., K 49 B, No. 59.

HISTORICAL NOTES 219

Louis de Bourbon, Comte de Clermont.[1] Named also by Froissart as accompanying Berry.

4014. Berry and his army arrived before Limoges on the 21st August.[2]

4025-7. According to the Grandes Chroniques, Lancaster arrived in Calais towards the end of 1369;[3] but he did not come south till this time (Aug., 1370), when he joined the Prince's army at Cognac.[4]

4037-8. This was the work of the Bishop, Jean de Cros, who 'turned French', as Froissart expresses it;[5] and the town was occupied by the Duc de Berry in the name of King Charles, 22nd August.

4040-1. Possibly the Herald thought it better for his hero's reputation to leave this incident without comment: even Froissart spares pity for the townsmen on this occasion. ' Il n'est si dur cœur . . . qui n'en plorât tendrement du grand meschef qui y étoit; car plus de trois mille personnes, hommes & femmes, et enfans, y furent délivrés et décolés celle journée. Dieu en ait les âmes, car ils furent bien martyrs.'[6] The siege was from the 14th to 19th Sept., 1370.[7]

4043. Roger de Beaufort was a son of Guillaume Roger, Comte de Beaufort and Vicomte de la Motte.[8]

4045. Jean de Villemur, son of the Vicomte de Villemur.[9]

To these two Froissart adds Hugues de la Roche, who had married a sister of Roger de Beaufort.

4061-2. Prince Edward, according to a note by Buchon, died in January, 1371, aged 6.[10] The Prince was probably in Angoulême before this, since the massacre of Limoges took place in September, and he was too ill to remain long in the field.

4069. The Prince must have left for England before Jan. 15, 1371, since the Duke of Lancaster is mentioned in an act of that date as governing for him.[11]

4074. Sept. 8, 1372, La Rochelle surrendered to the Dukes of Berry and Burgundy.[12]

4076. Pembroke was taken in a sea-fight with the Spaniards outside La Rochelle, June 23, 1372, before the town fell into the hands of the French.[13]

4077-92. In August Edward began to prepare a force to go to the help of La Rochelle, in which the Prince insisted on taking part despite his illness, and his son Richard was declared Guardian of the Kingdom during their absence. They must have been about eight weeks at sea altogether, since they embarked at Sandwich 30th August, and on the 31st August the King signed a document there arranging for the custody of the kingdom during his absence, while he was back in Westminster by the 28th October; for there is a document of that date ' teste rege apud Westmonasterium', whereas on Sept. 14th we find at the close of an Act ' teste Ricardo filio . . .'[14]

4165-85. The account given by Chandos of the Prince's death agrees closely with that given by a monk of St. Albans in a chronicle which is very valuable for the history of home affairs.[15]

The date is correct: Trinity Sunday, June 8, 1376.

4189-252. Francisque Michel suggests that this list of principal officers, which follows as a sort of appendix, may have been added by another hand. There are several arguments in favour of this view:—

---

[1] Chazaud, Chronique de Loys de Bourbon (Soc. de l'Hist. de France).
[2] Froissart, vii, p. cii, note 1.
[3] Grandes Chroniques, 307.
[4] Dict. of National Biography; Froissart, vii. 240.
[5] Froissart, vii. 242.
[6] Froissart, vii. 250.
[7] Froissart, vii, p. cxiii, note 4.
[8] Arch. Nat., K 44, No. 7.
[9] Guérin, Arch. du Poitou, vol. xiii, 41, note.
[10] Froissart, Panthéon Littéraire, 625, note.
[11] Froissart, viii, p. x, note 1.
[12] Delisle, Mandements de Charles V, No. 918.
[13] Guérin, Arch. du Poitou, vol. xix, introduction.
[14] Rymer, iii, pt. ii, 206; Froissart, viii, p. liii, notes 1, 3, 7.
[15] Chronicon Angliae auctore monacho quodam Sancti Albani, ed. Maunde Thompson, 1874 (Rolls Series), 85.

(1) Chandos has wound up his poem in the previous canto: 'Et ci fyn je lui ditz du très noble Prince,' &c.

(2) The list is a mere pretence of verse, without the life and spirit which characterize the rest of the poem, and even its lists of names.

(3) There are a few slight variations of spelling—as for example, Estephen, instead of Stephen, which is generally found; Poytoo instead of Poitou; Anguymis for Angoumois; Cressy, whereas elsewhere it is called Cressin and Cressyn; Perègore instead of Perigos; Gwichard for Guychard. This is, however, very little proof, since Chandos is rarely consistent in his spelling of names, and there are no radical differences.

(4) The list is certainly incomplete and not always correct, whereas Chandos is particularly accurate in all such questions.

(5) It is not given on the author's own authority: twice it refers to a list—'Après sa mort comme dit lestille' (4228).

4197. Sir John Chandos, Constable of Aquitaine, 1361-1370.[1]
4196. Captal de Buch, Constable of Aquitaine, 1371-1373.[2]
4197. Guichard d'Angle, Marshal to Black Prince in Aquitaine.[3]
4200. Stephen de Cosinton.[4]
4201. Sir Thomas Felton was Seneschal of Aquitaine from February 8, 1363, onwards: before that there had been Chandos 12 Nov., 1361, Chiverston 8 June, 1362.[5]
4203. Sir William Felton, Seneschal of Poitou.[6]
4206. Sir Baldwin de Fréville was Seneschal of Poitou, 1367.[7]
4209. Thomas Percy was certainly Seneschal of Poitou in March, 1369 and in 1371, although Chandos is mentioned in a document as holding that office in Nov., 1369.[8] Possibly Sir John took Percy's place when he went to La Rochelle, and the latter resumed his office after the death of Chandos at Lussac.
4212. Sir John Harpeden was Seneschal of Saintonge in 1369, and still held the place in 1371.[9] Chandos has not mentioned Baldwin de Fréville, who was certainly Seneschal in 1366.[10]
4213. Sir Henry de la Hey is called by Froissart Seneschal of *Angoulême* in 1372.[11] Angoumois was, I think, generally united to some other place.
4215. Thomas de Roos is mentioned by Froissart as fighting in 1367, but with no title.
In 1369 he speaks of John Devereux as Seneschal to the Prince of Wales in the Limousin.[12]
4218. Sir Richard Abberbury is mentioned in the Gascon Rolls as receiving letters of protection in 1369, but no title is added.[13]
4219. Sir Thomas Wetenhale became Seneschal of Rouergue in 1365, in place of Amanieu Fossard, who had been appointed in 1361.[14]
4223. Sir Thomas de Walkfare was Seneschal of Quercy and Périgord in 1366.[15]
Gaujal, in his book on Rouergue, says that he succeeded Fossard in 1364; but that is probably a mistake.[16]
4227. Sir Richard Baskerville.
4229. William le Moigne is called Seneschal of Agenais by Froissart in 1369.[17]

[1] Dictionary of National Biography.
[2] Beltz, Duchy of Lancaster Records.
[3] Beltz, 182.
[4] See Index.
[5] Tauzin, in Revue de Gascogne, 1891.
[6] Guérin, Archives du Poitou, xvii. 46; Bibl. Nat. Lat. 18391 speaks of him in 1366.
[7] Rymer, iii, pt. ii, 133.
[8] Froissart, vii, p. lxxiv, note 1; p. lxxv, note 1.
[9] Fillon, Vie de Chandos, 30, 31; Froissart, vii, p. lxxiv, note 1.
[10] Rymer, iii, pt. ii, 115.
[11] Froissart, viii, p. xxxviii.
[12] Froissart, vii. 156.
[13] Gascon Rolls, 42 Edw. III, m. 3.
[14] Le Rouergue sous les Anglais, 92.
[15] Arch. Nat., J 642, No. 2.
[16] Gaujal, Etudes historiques sur le Rouergue, Paris, 1858, i. 513.
[17] Froissart, vii. 98.

4234. Sir Richard Walkfare had letters of protection in 1356 and 1365.[1]

4236. Sir John Roches was Seneschal of Bigorre in 1366.[2]

4237. There certainly was a Seneschal of the Landes, since he is mentioned in Acts of the Black Prince.[3] I have not found the name of the Sire de Pyan. In 1371 the office was filled by Mathew de Gournay,[4] in 1375 by William d'Elmham.[5]

[1] Rymer (1836 edition), iii, pt. ii, 40, 763.
[2] Arch. Nat., J 642, No. 2.
[3] Bibl. Nat. Nouv. Acq. Lat. 1265.
[4] Delpit, Coll. des documents, i. 180.
[5] Gascon Rolls, 49 Edw. III, m. 8.

GLOSSARY

Square brackets indicate that the enclosed word or form has been supplied by the editor, round brackets that the enclosed word or form has not been adopted in the critical text.

The persons of the verb are denoted by the figures 1, 2, 3, 4, 5, 6, the 1st, 2nd, and 3rd persons of the plural being denoted by 4, 5, 6.

Abateis, *abatis* 3336, overthrowing.
Abuvrer 765, to water.
Accroistre : indic. perf. 3 accreut, *accreust* 1256; to become greater, more serious.
Acoeillir : past part. fem. acoeillie, *acoillee* 1709, (*quillie*) 3730. — sa voie 1709, 3730, to start on one's way.
Acompte, *see* **Aconte.**
Aconte, *acounte, acompte* 344, 876, 1205 &c., account ; estre granz — 288, estre uns granz — 1481, to be of great account, very numerous ; faire — de 96, [192], to take account of ; faire grant — de 556, faire un grant — de 338, to esteem highly ; tenir — de 16, to take account of.
Aconter, *acountier*, act. 427, to relate, tell ; neuter with prep. *a* [1341], to have regard for.
Acorder, accorder, act. 2937, to reconcile, 1866, 2229, to agree, decide, 846 &c., to grant ; refl. 1806, 2222, 2665, 2932 &c., to agree.
Acort, *acort, acord, acorde, accord, accorde* 1707, 1810, 2410 &c., agreement ; d'— 1862, willing ; estre d'— 550, 1955, 3851, 4003 &c., to agree ; mettre a — 818, to reconcile.
Acovrir : past part. acovert 371 ; to cover.
Acquerre : indic. perf. 3 acquist 384, 1308, 3236; to gain, win.
Ades 266, always.
Adevancier : indic. perf. 3 adeuantcea 760 ; to outstrip.
Adonc, adonques, adont, *adonqes, adonq*3, *adont* 447, 724, 905, 1070, 1295 &c., then.
Adrecier, *adresser*; refl. with preposition *a* 44, 80, 1650, to turn to, set oneself to.
Afaitie, *afaite* 322, prepared, ready.
Affaire 1927, 2969, *see* **Faire.**
Affaire, affere 1328, 1540, 1838, 2078 &c., rank, position, state, disposition, 2970 opinion.
Affier : neuter 710, 1080, 1528, &c., to assure ; refl. 1895, to trust.
Agu 566, eager, impetuous ; cf. agu in A. Scheler Geste de Liège, Glossaire Philologique.
Ahan, *ahan, aham, ahen* 1136, 1314, 3458 &c., labour, tribulation ; faire — 726, to lament, cf. Cotgrave.
Aide, *eyde* 275, help.

Aidier, *aider, eider* 1350, 1977 &c. ; imperative 5 aidiez, *aidez*, 3371 ; subj. pres. 3 aide 2567, 3212, eide 2714, aït, *aid* 3187, aiuwe [3448], 4153 ; to help.
Aincois, *ancois* 3053, but.
Ajorner, *ad journer* 3044, to dawn, become day.
Alegier : pres. subj. 3 aliegge, *alegge* 2349 ; to alleviate, diminish.
Alentir, *alentir, alenter, alentier, allenter* 1047, 2012, 2520, 2790, to slacken, flag, delay.
Aler 365, 776, 1676 &c., *alier* 2042 ; indic. pres. 1 vois, *voise* 2375, 3 va 2488, 3196, 3231 &c., 4 alons 1138, 6 vont [313], *vout* 1223 ; perf. 3 ala 358, 1949, 1973 &c., 6 alarent 2639, alerent 3562 ; cond. 3 iroit, *irroit* 554, 2666, 2668 &c., 6 iroient 1697 ; imperative 4 alons, *aloms* 2569 ; subj. pres. 5 alez 793 ; subj. imp. 3 alast 1631 ; past part. ale 1253, 2673, 2816, to go ;—son voiage 2042, to set out on one's journey.
Alongier, *alongier, alonger,* act. 202, 633, 862, 1954, to lengthen out, delay ; [refl.] 1482, to be lengthened out.
Amasser 227, 735, 736, to assemble.
Ambedeux 271, 1161, ansdeux, *ambedeux* 2937 ; nom. ambedoy 297, andoi, *ambedeux* 1433 ; both, the two.
Ame, *alme* 1388, 3423, soul.
Amener : indic. pres. 3 amayne 3338 ; perf. 3 amena, *amesna* 2354, 2694 &c. ; to lead.
Amenteveur, *amenceueur* 4, one who is mindful.
Amer 832, 1757, aymer 3806, 3824 ; indic. pres. 6 ayment 537 ; imp. 6 amoient 1620, 1623 ; perf. 3 ama 462, 1598, 4142 ; past part. ame 1760 ; to love.
Amiablement 2082, 2144 &c., graciously, courteously.
Amont 2703, 2742, up.
Amoureus 1512, lovable, charming.
Ancelle 1454, maidservant.
Angle, *angle, agle* 1196, 3240, angle, corner ; mettre en l'— 2286, to hold of no account, to pass over.
Apartenir : indic. pres. 3 apartient 1423 ; imp. to be fitting.

GLOSSARY

Apparaillier, *apparailler,* act. 226, 2013, 2982 &c., [neuter] 2236, refl. 2312, to prepare, make ready; past part. 3998, ready, willing.
Apparant 1761, evident, clear.
Appellement 3876, appeal.
Appeller, refl. 3859, to appeal, with *de* [3853], to appeal against.
Approchier, *approcher*; act. 2206, to bring nearer, facilitate.
Arbalastier, *arblastier* 2997, 3087, 3283, crossbowman.
Archigaie, *archigair* 3358, archigai 2765, archegay, assagai, dart.
Ardoir: indic. perf. 3 ardi 170; pres. part. ardant 221; past part. fem. arse, *arsee* 1009; to burn.
Ariere, *ariere, arere, a rere* 2903, 3550, 3588, 4089, back.
Armee 487, expedition, 4077 army.
Arroi, *arroi, arroy, aroi, arroie, arrai* 108, 283, [298], 388, 946, 1035, 4068 &c. arrangement, disposition, military equipment, army, 1762, situation, state.
Arroier, *arraier* 980, to bring into a situation or plight, to treat.
As 1449, [3545], contracted form of ' a les '.
Ascoulter, *see* Escouter.
Assaillir, *assailler* 2004, 2519, 2789 &c.; indic. imp. 6 assailloient 2763; perf. 3 assailli 1352; to attack.
Assamblee, *assemblee, assemble* 735, 2031, 2465, muster.
Assambler, *assembler, assemblier*; act. 580, 2045, to bring together, assemble; neuter 1167, 1289, 1292, to enter into action, attack; refl. 2033 &c., to assemble, 2717 with preposition *a*, to join. Infinitive used as substantive 786, engagement, fight. A l— ensamble 3260, when they joined battle.
Assaut 3376, attack; prendre sur — 713, prendre par — 3927, gaigner par — 4041, to carry by assault.
Assavoir; faire — 3436, inform.
Assener 2053, to destine, call, 3590, to marry.
Assentir, *assentier* 856, approve, agree to.
Asseür, *asseure* 3462, secure, safe.
Assez, *assetz, assetez* 205, 272, 472, 1474, 2172, very, much; 287, 2807, 3654, many, 3653, enough.
[Asouffire]: past part. asouffit (*a. suffice*) 805, to satisfy.
Asur, *aseure, asure* 986, 2595, azure.
Ataindre: past part. ataynt 3293; to hit, to strike.
Atant 1193, then.
Atargier, *atargier, atergier, atergiere, etergier*; neuter and refl. 1591, 2200, 3010, 3722 &c., to linger, delay.
Atemperance 1627, temperance, moderation.
Atour 742, 2106, equipment; [1692], character, quality.

Attendre, refl. 3153, to wait.
Attente, *attent* 3138, delay.
Attiser 3180, to urge, incite.
Attrait, atret 861, reception; 2677, arrangement, preparation.
Aucun, *ascum* 4, 38, 1916, some.
Autre 915 &c.; stressed oblique pronominal form, pl. autrui, *antru* 1723; other.
Aval 2703, down.
Avaler, avaller, act. 3056, refl. 2770, to descend, come down.
Avancier; act. 3912, give prosperity to; neuter 1154, to come forward, reach.
Avant 81, 1114, 1175 &c., on, forward.
Avanter, refl. 482, to flatter oneself, boast.
Avenement 316, the coming of Christ.
Avenir 46, 1652, 3955; indic. pres. 3 avient 1074, avyent 3958, 5 avenez, *auiendrez* 1087; perf. 3 avint 3815, *auient* 116, 480, 2209 &c., avynt, *auyent* 2892; neuter 46, 1087, 2499, 4060, to come; arrive, reach, befall; imp. 116, 417, 480 &c., to happen, come to pass.
Aventure 494, 2424, good fortune, success; mettre en — 3301, risk, expose, imperil.
Avis, *avis, auys* 1404, 1898, opinion, 1851, 2740, wisdom, prudence; m'est — 470, (3222), 3882, it seems to me.
Aviser; act. 366,to recognize, 1830, devise, discover; refl. 2111, 2400, to decide; estre avisez 1833, to remember.
Avoec, avoecques, *ouescq, ouesqe* 118, 274, 679 &c., with.
Avoier 662, 758, 2099 &c., to guide, direct.
Avoir 111, 1831, 2030 &c.; ind. pres. 1 ay 93, 1285, 2064 &c., ai 1273, 1894, 1902 &c., 3 a 936, *ad* 772, 799, 809 &c., 4 avons 1900, 2433, *auom* 2914, 5 avez 1822, 1896, 3175 &c., 6 ont 448, 514, 539 &c., *ount*, (34), 541; imp. 3 avoit 178, 278, 287 &c., 6 avoient 882, 1634, 1802 &c., avoyent 332; perf. 3 ot 122, 138, 168 &c., out 128, eut, *out* 1248, *eust* 142, 161, 446 &c., 6 orent 295, eurent 515, 574, 747 &c., *eussent* 3634, (*erent*) 1709; future 1 averai 2986, avroy, *aueroy* 1097, avray, *averay* 2994, 3 avra, *aura* 788, *auera* 3964, 4 avrons, *auons* 983, *auerons* 1137, 5 avrez, *auerez* 949, 966, 1150, *aueretez* 951, *aueretz* 963, averez, *aueritez* 1080; cond. 5 averiez, *auerez* 2940; imperative 5 aies 957, aiez 1076, 2984, 3193; subj. pres. 1 aye, *ay* 3004, 3 ait 2424, eit 2758, 3423, 4181, 4 aions 1179, 5 eiez 817, aies 1006; subj. imp. 3 eust 449, 450, 2705, euist, *eust* 162, 1336, 1791 &c., 6 eussent 2176, euissent, *eussent* 188, 1255; past part. eu, *ev* 1900, 2176, fem. eue, *ev* 1835; to have. En lui ot bon chevalier 942, he was a good knight. En ly n'avoit que corecier 3369, he was filled with anger.
Avoir used substantively 514, 1832, 2836, money, property, valuables.

GLOSSARY

Bachelerie, *bachelrie* 612, bachelry, bachelors collectively.
Bacinet 3895, bacynette 2027, bassinet.
Bail: nom. sing. baus 2482 ; governor, regent.
Baillie, *baillie, baille* 796, 1546, keeping.
Baillier 1545, 2440, 2953, 3142, to give.
Baneret, *baneret, banerer* 119, 193, 1368 &c., banneret, knight banneret.
Baniere ; estre a baniere, *banier* 3133, to have a banner, be a banneret.
Barnage, *baronage* 486, 1518 &c., baronage, barons, 748, valour.
Baron 119 &c., baron, 279, a man of noble qualities.
Baronie 118, 3630, barons.
Barre 632, obstacle, hindrance, cf. Scheler, Étude Lexicologique sur les Poésies de Gillon le Muisit.
Bataille, *bataille, batail* 1128 &c., battle, 302, 964, 991 &c., battle, corps, battalion.
Baus, *see* **Bail**.
Baut, *baut, baud* [596], 2954, 3928, [4042], joyful, glad.
Benir: past part. fem. benoite 3488 ; to bless.
Beubant, *beaubant* 3396, pride, presumption.
Bienveignier: 1448, 1504, to welcome.
Biere, *bere* 369, coffin.
Blicier: indic. imp. 6 bliceoient, *blisceoient* 3363 ; to wound.
Boire: past part. beu 3653 ; to drink.
Bondir, *bouder* 989, to resound.
Bonte, *bontee* 1280, merit, prowess.
Borde 2684, cottage, hut.
Bourdeour 18, buffoon, jester.
Bouter, act. 1305, to thrust, drive home ; neuter 3260, to thrust ; refl. 1196, to put oneself, go ; — avant, 81, 2225, to push forward.
Brief 342, 1105 ; nom. bris (*brysmos*) 767, *brifs* 2228, bries, *briefs* 3846 ; brief, short.
Bries, bris, *see* **Brief**.
Buisyne, *bussyne* 988, trumpet.

Capitaine, *capitaine, chieftayne, chieftaine, chifteine* 541, 944, 2338, 3070, captain, leader.
Car 1292 &c., for, 464, 775, 812, now, I pray you, 1877 that.
Cariage 1084, *coriage* 2699, baggage.
Carkier, *carker* 369, place, 603, load.
Cas ; pour — de 1873, on account of.
Cave 3455, cellar.
Ce, *see* **Cest**.
Ce, *ce, ceo, see* Introd. p. xl.
Cel, cele, ycelle, ciaux, *ceux,* cil, cils, cis, celui, celi, *see* Introd. p. xli.
Celi, *see* **Cel**.
Celestial 1272, celestial.
Certain, *cetain, certain, certein,* 1732 &c., certain, 3318 firm, resolute.
Cest, ycest, ce, ceste, yceste, ces, cez, cis, cesti, *see* Introd. p. xl.
Cesti, *see* **Cest**.

Champaigne 368, field.
Cheminer, *chiminer* 2438, 2511, 2890, to journey.
Cheoir: past part. cheu 3276 ; to fall.
Chescun 832, 1096 &c., each.
Chevalereusement, *chiualrousement* 315, 1225, chivalrously, valiantly.
Chevalerie, *chiualrie* 2246, 2289, 3924, chivalry, knights.
Chevaucherye, *chiuacherye* 1674, mounted troops.
Chevauchie, *chiuache, chiuachie* 376, 687, 709 &c., expedition.
Chevauchier, *chiuacher*; act. 169, 912, to ride over.
Chief 3895, head.
Chier ; avoir — 1510, to love ; se faire — 3926, to win renown.
Chiere, *chiere, chier* [2032], 2718, 3147, 3282, countenance, bearing, demeanour. Faire mate — 4090, to look downcast.
Choisir 761, 2522, to perceive, see.
Chor 988, horn.
Ci, cy 815, 1244, 2658 &c., here.
Ciaux, *see* **Cel**.
Cil, *see* **Cel**.
Cis, *see* **Cest, Cel**.
Clamer 1759, 2910, to call. For 1759 cf. Cotgrave under ' Subiect', Qui de ses subiects est haï n'est pas seigneur de son païs.
Coer 6, 462 &c., heart.
College 1452, probably here the members of a Collegiate Church, perhaps those of Saint-Seurin and Saint-André.
Combien que 15, although.
[Coment que] 27, although.
Compaigne [197], 2302, company, companionship ; 1738, 2124, 2396, company, troop.
Compaignon 1740, 2459 &c., companion, comrade, member of one of the companies ; 258, fellow.
Compleindre: indic. imp. 3 compleindoit 3595 ; refl., to lament.
Compleinte 592, lament.
Comprendre: perf. 3 comprist 996 ; past part. compris 2677, fem. comprise 1928 ; 996, to cover ; 1928, 2671, to arrange.
Comunalment 1607, 2101, all.
Comunes 244, the forces levied by the Communes.
Conclusion 3783, conclusion, end.
Conduire: imp. 3 conduisoit, *condussoit* 1041 ; perf. 3 conduist 2354, 3737 ; to lead, guide.
Conduit, conduyt 2472, 3572, escort, guides ; 1952, feast (?).
Conforter: act. 917, 1957, 2071, 3334 &c., to help, comfort, reinforce ; refl. 3913, to strengthen oneself.
Congie, *conge, congie* 2176, 2660, 2950 &c., leave ; se doner — 2088, to take leave of each other.

GLOSSARY

Conjoir, *conioier* 472, 637, to do honour to.
Conoistre, *conustre* 366; indic. pres. 5 cognissiez, *cognoissez* 2975; imp. 6 conissoient, 1796; past part. coneü, *conu* 3616; to know, recognize.
Conquerir, *conquerer* 1702, conquerre, *conquerere* 3159; indic. perf. 6 conquirent, *conquerent* 173, conquisent, *conquistrent* 1743; past part. fem. conquise 1744, 1811; to conquer, win.
Conquester, *conquester, conquestre* 364, 685, 3168 &c., to win, conquer.
Conseil, *conseil, conseilt, conselt, conseille*; nom. sing. consiaux 2481, [1925 &c.]; 1847 &c. council, 1907, 1929, 3871, counsel, decision. Trouver en son — 544, to decide.
Conseillier, *conseiller,* act. 2501 &c., to advise, 2447, decide; neuter 3870, to deliberate.
Consentir 1803: indic. perf. 3 consenti 2357; past part. consentu 1899; to agree to, permit.
Consiaux, *see* **Conseil.**
Conte, *counte* 123 &c., nom. sing. cuens, *counte* 867, *countes* 1172, quens, *counte* 2183, *see* Introd. p. xv; count.
Conte, compte, *counte, compte*; faire — de 15, 124 &c., to take account of, honour.
Conter, *counter* 201 &c., to relate; with *a* 2730, to value at; ne — rien a 1183, 2593, to have no interest or stake in.
Contre, *contre, countre* 1949, 2124, [3761], towards, to meet; — lour retour 437, on their return.
Contr.edire; sanz — 24, 2468, 4032, unquestionably.
Contrefaire: cond. 3 contreferoit 20; to counterfeit, imitate.
Contremont 1218, 2693, up.
Contrestant, *contreesteant*; nient — 835, nevertheless.
Contreval, *contrevale* 2695, down, along.
Corage 359, 2767 &c., heart.
Corecier, *coreucier, coroucer* 3879, to anger; inf. used as subst. 3369, anger, wrath.
Corps 307, man, person; ton — 3590, you; son — 103, 1499, 3301, he, himself, in person.
Coureur, *courreur* 2582, 2700 &c., currour, light horseman acting as scout or skirmisher.
Courir, *currir* 1138, *courrer* 3251; indic. pres. 3 court 26, 6 courent, *curront* 1093; imp. 3 couroit, *curroit* 2749, 6 couroient 2583, *courroien* 2703; perf. 3 courirent, *currerent* 1114, *courrerent* 1171; to run, to be current, in progress; — sus, active and neuter 1138, 1171 &c., to attack, set upon, charge.
Courroi 1016, battle, battalion, corps.
Cours; plus tost que le —, *see* **Tost.**
Coursier, *courser* 263, 1112, courser, charger.
Court 1692, *see* Critical Note to line.
Couvant, *couenant*; avoir en — 2433, to promise.

Couvine 3025, position, arrangement.
Covenir: indic. pres. 3 covient 1073; imp. 3 covenoit 2133, 3388, 4065; perf. 3 covint, *couient* 1069, 1302, 1754; future covenra, *couiendra* 4115; imp., to be necessary.
Coveyteus, *coueytous* 2010, eager.
Coyntement 3058, skilfully.
Crembre: indic. imp. 3 cremoit 1722; to fear.
Cremeus 3291, terrible.
Croire 186, *croiere* 2849; indic. pres. 1 croy 672, 934, 982 &c. 5 croies 1855; pres. part. croyant 1264; to believe.
Crueus, *cruos* 1682, [1826], cruel.
Cuens, *see* **Conte.**
Cul, *cult* 1154, crupper.

Damage 747, 781 &c., damage, mischief, misfortune.
Dampnedieu 1418, Lord God, God.
Dan, *Dan, Daun* 1708, 2984 &c., Sir, Don.
Dansele, *damoselle* 1511, maiden.
Darrein 519, last.
Debatre 1534, 4030, to contest.
Debonairement, *debonairment* 3799, gently, affably.
Decea; par — 2409, 2557, this side of.
Dedenz, *dedeinz* 1787, in; de par — 4048, within.
Deduit, *deduit, deduyt, desduit* 661, 1100 &c., pleasure, delight. Faire — 436, 1435, 3780, to rejoice, hold revel. Demener — 2180, mener — 3486, to make merry.
Dedure, refl. 2593, to be amused, find pleasure.
Defaut; sanz nul — 2438, without fail.
Defaute (3163), 3648, lack.
Deguerpir, *de guerper* 1755, to abandon, give up.
Del 2258, 2541, contraction of 'de le'.
Dela (*de lors*) 2553; par — 250, beyond.
Delit 3996, 4020, pleasure, delight.
Delivre, *deliure, deliuere*; a — 1570, freely, without reserve.
Delivrer, *deliuerer,* act. 428, 1543, to deliver, 1479, to dispatch, deal with the business of; — bataille 2435, to give battle; neuter 2095, to be delivered; refl. 1523, to hasten, 4097, to dispatch, finish.
Demain 2137, 2232, delay.
Demener: indic. pres. 6 demaynent 2826; imp. 6 demenoient 3766; perf. 6 demenerent 458, *demesnerent* 2159, 2180; 2826, to treat. — deduyt, *see* **Deduit.** — joie 458, 2159, 3766, to rejoice.
Demoere 1145, delay.
Demoeree, *demoeree, demoree* 22, 392 &c., delay.
Demorance 3858, 3974, delay.
Demorer: with varying radical, indic. pres. 3 demeure, *demoere* 2185, 6 demeurent, (*demoere*) 2999; perf. 3 demoera, 191;

BLACK PRINCE   G g

226 GLOSSARY

6 demourerent, (*demoerent*) 479 ; neuter 191, 295, 1617, 1971 &c., to remain, dwell, delay; refl. 1807, to remain ; imp. ne demoura gere 411, 517, 1586 &c., it was not long.
Demour, *demoere* 2387, delay.
Demoustrer 28, to set forth, describe.
Deniers 2014, money.
Departie 4155, departure, death.
Departir 2815, *departier* 589 ; indic. imp. 3 departoit 924 ; perf. 3 departi 1295, 2150, 2959, departy 889, 6 departirent 2228, 3742, *deptrent* 347, *depterent* 1346; fut. 6 departiront 899; past part. departy 739, (1252), departi (2116), 3751 ; act. 2815, to divide ; refl. 2228, 3742, to part, separate. se — 739, 3751 &c., s'en — 347, 2150 &c., to depart. Infinitive used as substantive 589, departure.
Deport, *deport*, *desport* 3740, delight, pleasure; n'avoir point de — 957, to be pitiless, not to hesitate.
Deporter, act. 3540, to spare ; refl. 903, to be delayed, put off.
Derier, *derere* 1177, last.
Deriere, *derere* 1364, 2636, behind.
Desaroy 434, confusion, rout.
Desconfir, *desconfire* 2851 ; perf. 6 desconfirent ; *disconferent* 1209; past part. *desconfit* 2845, *disconfit* 3564, desconfi, *discoufit* 497, *disconfit* 897, 3397, fem. desconfie, (*desconfist*) 1237 ; to defeat, rout.
Desconfiture, *disconfiture* 3445, destruction, havoc.
Descort, *discord* 3994, strife.
Descovrir, *descouer* 1110, to discover.
Desermer, *deseruier* 1420, to disarm.
Deservir 3501, to deserve, repay.
Desirier, *desirer* 2895, (*desire*) 2011, desire.
Deslogement 3047, raising (of a camp), removal.
Desoubz 2753, 2905, (3554), par — 2280, 2898, under, below.
Desployer, *desployer*, *desploier*, *disployer*; act. 985 &c., unfurl ; refl. 1904, to be deployed.
Desroi 656, damage.
Desseparer : indic. pres. 3 dessepere, *desappere* 1770 ; refl. with *de*, to part from, abandon.
Destourber, **destober** 1098, 2208, 3354, 3936, to disturb, hinder, interrupt.
Destourner, act. 785, 853, to avert, prevent ; refl. 4116, to avoid, escape.
Destre 3082, 3235, (*adestre*) 3308, right.
Destroit, **destroyt** 1700, defile ; 3646, hardship.
[**Desur**] 2711, on.
Detri, *detri*, *detry*, *destri* 1742, 1884, 3460 &c., delay.
Detriance 859, delay.
Detrier : act. and neuter 934, 1097, 1592, 1953, delay, hinder.

Deux 1599 ; nom. doy 1575, doi, *deux* 1114, 1278 &c., two. ·
Devaler 2813, to go down.
Devant : prep. (of place) 2556 &c., (of time) 719, before ; adv. (of place) 3196, 3229, in front, (of time) 3222 before ; par — 1823, before.
Devant que 1211, before.
Devers 745, 777, &c., towards, to ; par, *par*, *per* — 374, 741 &c., towards, to, 895, on, from.
Devier 4172, to die.
Deviser, **devyser** : act. 302, 577 &c., to arrange, 2241, 2291, 2444, 3678, to describe, enumerate, set forth, relate, 3005, to talk ; refl. 1099, 1433, 2581, to talk.
Devoir : indic. pres. 1 doy 470, 2318, 4124, doi 1424, 1854 &c., *doie* 3346, 3 doit 29, 454, 832 &c., *deit* 2932, 4 devons 1429, 6 doient 32, (1753), 2853 ; imp. 3 devoit, 111, 146, 1938 &c., 6 devoient [1753], 1828, 3824 ; cond. 5 deveviez, *deuevoiez* 2928 ; subj. pres. 5 doüez, *deussez* 2417, 2418 ; imp. 3 deust 2818, 3660, deuist, *deust* 2930, 6 deuissent, *deussent* 3032, 3824 ; to owe, ought &c., 146, to be about to, 832, to be wont to.
Di : touz dis, *tut dis*, *toutdiz* 2863, 3252, 3673, always, all the time.
Dieuesse 2052, goddess.
Digne 1571, noble, precious, 2486, worthy.
Dire 23, 144, 153 &c.; indic. pres. 1 di 2345, 2450, 2537, *die* 1549, 2348, dy 2015, 2600, 3155, 3473, *dye* 63, 3 dit 214, 279, 344 &c., 5 dites, *ditez* 823, ditez, *ditz* 2843, 6 dient 2101 ; imp. 3 disoit 547, 921, 1243 &c., 6 disoient 1119, 1914, 3602 &c. ; perf. 3 dist 229, 463, 727 &c., 6 dirent 3858, disent, *disrent* 3143 ; fut. 1 diroy 702, dirai, (*dirra*) 638, 3 dira, *dirra* 3584 ; cond. 1 diroye, *dirroy* 342 ; imperative 5 dites, *ditez* 1909, 2165 ; subj. pres. 1 die 456, 1235, dye 3377, 3 die 836 ; pres. part. disant 111, 1472, 2402 &c. ; past. part. dit 961, 2075, 3147 &c., *dist* 1276 ; to say, 23, to compose poetry.
Dit 2, 30 &c., poem ; 1638, 2115 &c., word, saying.
Ditter, **dicter** 1892, 2951, to compose, write.
[**Doel**] 278, 1826, grief.
Dolant 1824, 2117 &c., sorrowful.
Dolouser 592, 2090, 4160, complain, lament.
Doner : indic. imp. 6 denoient 3265 ; perf. 3 dona 2956 &c., 6 denerent 1772, doneront 2088 ; future 1 dourroi, *dourroie* 2839 ; subj. pres. 3 doint 3884, (*donast*) 3893 ; imperative 5 donez 3515 ; past part. done 1839, 3135 ; to give.
Dont, **donc**, **don**, *dont*, *dount*, *doun* 485, 791, [999] &c., then.
Dormir : indic. imp. 3 dormoit 2690 ; to sleep.
Doutance, *doutance*, *dotance* 2984, fear, 3194, doubt.

GLOSSARY

Doute, *doute, doubte* 1634, 1763, fear.
Douter, refl. 280, to suspect, 2973, to fear.
Drecier, *diescer*; refl. 3880, to rise.
Droit, adj. 631, 830, 2059 &c., true, lawful, proper; 1523, 2287 &c., right; adv. 673, 1405, 3635 &c., exactly, just, directly, straight.
Droiture 71, 1627 &c., right, justice, equity.
Droiturier, *droiter* 2296, just.
Drut 1190, 3228, 3361, thickly.
[Drut] (*dure*) 3496, friend.
Duc, nom. ducs 1013 &c., dus 1377 &c.; duke.
[Duire]: past part. duit, (*droit*) 3062; to instruct.
Dur 493, 3291, fierce, violent.
Dure, *duree* 1682, duration.
Durement 1598, 2152, 2678, 2763, 3279, violently, mightily, greatly.
Durer 115, 3433 &c., to last, 2786, to hold out.
Durte, *duretee* 2358, 3673, hardship.
Dus, *see* Duc.
Dusque; — a 686, 3433, 3771, as far as, to.

Effort, *effort, esfort* 1334, 3390, effort, struggle, 1727, army.
Einz, *einz, eins, ains* 398, 1197, 2573 &c., rather, but.
Embataillier: past part. embataillie, *embataille* 1533; to prepare (for battle).
Embatre, act. 3285, to drive, plunge; refl. 2068, to rush, enter.
Emprendre 2837; indic. perf. 6 emprissent 2530; subj. imp. 3 empreist, *emprist* 1643; to undertake.
Emprise, *emprise, empris* 1642, 1927, enterprise; 408, 1743, 1812, 4058, spirit of enterprise, prowess.
En 6 &c., in, 363, 1266, 2297, on.
En, *see* On.
Enchaus, *enchaus, enchace* 3432, 3437, pursuit.
Enclore: past part. enclos 231; to shut in.
Encombrier, *encombrer* 2000, annoyance, damage; faire — 3214, hinder.
Encontre 1733, 2793, 3527 &c., against; 707, 1261, towards; (*et contre*) 3876, to; (*lencontre*) 1497; — de, (*enconte de*) 3600, towards, to meet.
Encontre: venir en l'— de 1451, a l'— de, 2155, a l'— a 2212, 2546, to come to meet.
Encontremont, 690, up.
Encontrer, act. 2697, 2727, to meet; refl. 3768, to meet one another; with *a* 3256, to meet.
Encontrier, *encontrer* 1303, meeting, encounter.
[Encoste]; par d'—, (*p deux costees*) 3461, beside.
Endroit 553, 767, 806 &c., used with *la* to emphasize it.
Endurer 3646, to endure, 3365, to hold out.
Enforcier, act. 3356, to render fiercer, more violent, 3662, to constrain; refl. 3335, to re-double in violence, wax fiercer, 2724, 3360, to make efforts, endeavour.
Enfuir: indic. imp. 6 enfuyoient 1131; refl. to flee.
Engrant, *egrant* 179, 1141, eager.
Enhort 1541, advice, counsel.
Enseigne, *ensegne* 4060, sign.
Ensement 406, 550, 756 &c., thus; 504, 1063, 3067, also; — que 2488, as, exactly as.
Ensi, ensy, 101, 479 &c., thus; — que, come, [com] 672, 1464, 1524 &c., as.
Entalente 323, 614, 3351, desirous, eager.
Entendre, neuter 1853, to attend, listen, 3154, to give one's attention, devote oneself.
Entente 838, intention, 3867, proposal; mettre s'— 39, to devote oneself, strive.
Entet 1222, complete, whole, cf. Jeanroy, Rom. xxii, p. 62.
Entier 1322, loyal, steadfast.
Entieu 821, sad; cf. Froissart, Poésies, ed. Scheler: plours entieus, vol. i, p. 290, l. 2330, S'en sui entieus Et tres pensieus, vol. ii, p. 109, l. 3669, *see also* Glossary.
Entour, prep. 1439, round; adv. —s 2524, round about; la —, thereabouts, 3641, near there.
Entracoler, entrecoller, *entcoller, entre coller,* refl. 2087, 3767, to embrace one another.
Entre; — lui et ses compagnons 1207, he and his companions.
Entreci; — jusques, (*iesqes*), a 2298, as far as.
Entremettre 31; indic. pres. 3, entremet (*entrement*) 3314; refl. with *de*, to set about, apply oneself to.
[Entr'encontrer], refl. 313 (*entre acountier*), 2160 (*entre contrer*) to meet one another.
Entreset, *entre set, entrefeat, entre fait, entreet,* 623, 2623, 3036, 3490, at once.
[Entreus] (*en trois, entre eux, en trewes*) 3718, meanwhile; — que 1939, 2478, while.
Entroes, *see* Entreus.
Entr'oublier, *entre oubleer* 2375, to forget.
Entrues, *see* Entreus.
Envaie 3250, onset, charge.
Envair, *envaoir* 1228, to attack.
Envers 1726, to.
Environ, *enuiron, enveron*; prep. 1251, around; adv. 1604, 2683, 3428 &c., around, round about, 2620 thereabouts, 3451 about.
Envoier 551, 1881, *envoir* 545; indic. imp. 3 envoioit 3734; perf. 3, envoia 1460, 3021, 3918; past part. fem. envoiie, *enuoie* 1477; to send.
Enz, *eins* 1491, [2035], [2704], 2901, [3029], [3209], in, used with *en* to emphasize it.
Ermyn, hermyne 987, 2957, ermine.
Errant, *errantz,* 2664, at once, straightway.
Erraument 1868, 2542, 3033, speedily, straightway.
Es 655, [2035], 2517, 2901, [4129], contracted form of 'en les '.

Esbahir, active 308, 1336 &c., to dismay; neuter 1250, to be dismayed.
Esbatement 3583, pleasure.
Esbatre, [refl.] 236, to amuse oneself; infinitive used as subst. 3652, pleasure.
Escarmuche, scarmouche, *escarmuche, escarmiche, escarmusshe* 211, 267, 1102, 2873 &c., skirmish.
Escars 866, 1162, chary.
Esclari 3008, light, bright.
Escouter, *escouter, ascoultier, ascouter* 1648, to listen, 1976, 2072 to hear.
Escrier 1174, to call to.
Escrire: indic. pres. 3, escript 1868; past part. fem. escripte 824; to write.
Esfraer, *(enfraer)* 2198, to frighten.
Esfrois 2534, tumult.
Esjoir: indic. perf. 3 esjoy 1470; subj. pres. esjoye 1456, 1506; act. 1456, 1506, refl. 1470, to rejoice.
Eskipper 607, to put on board ship.
Esle, *eele* 2989, [3082], wing.
Eslire: past part. esleu 1684, esly 2238; to choose.
Esmay 1554, anxiety, emotion.
Esmayer, act. 2398, to dismay; refl. 852, 1230, 2076, to be dismayed, afraid.
Esmoudre: past part. esmelu, *esmellu* 2765; to grind; past part., sharp.
Esmouvoir: past part. esmeu, *esmou* 3158, fem. esmeue 2587; 2587 to move, past part. 3158, eager.
Espace, space, *espace* 996, 1516, space, extent.
Espardre: past part. espars 1393; to scatter.
Esparnier, act. 974, to spare; refl. 1049, to spare no pains.
Espie 2899, 3045, spy.
Esprendre: past part. espris 312, 1155, 1588; to fire, inflame, animate.
Esprouver, neuter 1181, to strive; refl. [2794], to prove oneself, to show one's mettle.
Essilier, *see* Exillier.
Estal; estre en — 3394, to stand firm.
Estille, *estille, estilt* 737, 868, 1374, 1522, 2348 list.
Estoch, *estoch*; d'— et de taille 3392, with the point and edge of the sword, with cut and thrust.
Estoire 3048, story, account.
Estormye 816, fight, battle.
Estour, *estour, estoure* 696, 2632, 2761 &c., attack, fight.
Estrange 3616, stranger.
Estre 308, 455, 887 &c., yestre 3342; indic. pres. 1 sui 1560, 2494, 2830 &c., *su* 849, 1264, 2986, 2 es 1269, [3580], 3 est 8, 9, 10 &c., 4 somes, *sumes* 2919, 3998, 4114, soms, *sumes* 3163, 5 estes 1265, 2910, (3580), estez 792, 1148, 2411, 3990, 6 sont 739, 824 &c., *sount* 24, 218, 2554, 2916; imp. 1 estoie, *estoi* 3577, 3 estoit 215, 245, 288 &c., 4 estiemes, *estoiasmes* 1177, 6 estoient 3, 321, 481 &c.; perf. 1 fui 467, 3¦ fu 156, 488, 877 &c., fu, ffu, *fuist, ffuist* 56, 60, 356, 407 &c., *fust* 37, 530, 671 &c., *fuiste* 577; *fut, ffut* 2889, 2952, 3113 &c., *fui* 2106, 2329, 3356 &c., *fuy* 476, 1797, 3386, 3450, *fuit* 3336, 3345, 3403, 3405, *feu* 3091, fut, ffut 2951, 3239, 3262, 4038 &c., 6 furent, ffurent 264, 346, 442 &c., feurent, ffeurent 184, 222, 497 &c.; fut. 1 serai, *(serra)* 14, seray, *sarray* 3131, 3 sera, *serra* 780, 781, 901 &c., 4 serons, *serrons* 1178, serrom 2434, 5 serez, *serrez* 804, 1088, seres, *serres* 947, 962, 6 seront [904], *serront* 2988; cond. 2 seroies, *serroiez* 2063, 3 seroit, *serroit* 34, 1052, 1699 &c., 6 seroient, *serroient* 546; imperative, soiez 1473, 1863, 2772 &c.; subj. pres. 3 soit 469, 918, 974 &c., 4 soions 911, 5 soiez 1152, 6 soient [34], 977, 2980; subj. imp. 1 fusse, *feusse* 465, 3 fust, *fuist* 1182, 2644, 2673 &c., *fut* 3044, 3380, feust 2817, 6 fussent 2175, feussent 2777, fuissent 3389; past part. este 449, 450, 3530 &c., *estee* 466, 572, 2705 &c.; — a with infinitive, 148, (256), 552, 568, 941, to merit, to deserve to be. *See* Critical Note to line 3576.
Estroit 2298, painful, difficult.
Estudie; mettre s' — a 47, 70, to study to, apply oneself to.
Eu 363, 4162 [1087, 1093 &c.], contracted form of 'en le'.
Excuser, *excuser, excusier* 863, 1067, 1128, to avoid.
Exillier, *exiller, exiler* 170, 221, 647 &c., to lay waste, sack.
Expres; par moz — 1119, 2831, expressly.

Faille; sanz —, 306, 512, 720 &c., assuredly, in truth, without doubt.
Faillir: indic. pres. 3 faut 2170, 2942, 3168, 4097; imp. 3 faloit 3661; perf. 3 failly 2800, failli 4088; sub. pres. 3 faille 2065; past part. failli 1827; neuter 1827, 2065, to fail; imp. 2170, 2942 &c., to lack, be necessary.
Faindre: subj. pres. 1, faigne 1639, 3 faigne, *faine* 3339; to be backward to hesitate.
Faire, ffaire 48, 179, ¹ ,—, 1514 &c., *feare* 21, *fair* 1468, 1845, 2171, 2629; fere, *feare* 3418; indic. pres. 1 fai 377, fay 1679, fac, *face* 3436, 3 fait 468, 535, 773 &c., 4 faisons, *faceoms* 2934, 6 font 588, 2169, 2663, 3572; imp. 3 fesoit 338, 569, 1101, *fesot* 990, (*ffaissoit*) 1515, 6 faisoient, ffaisoient 2, 402, 437, fesoient, ffesoient 618, 697, 757 &c.; perf. 3 fist, ffist 110, 147, 189 &c., *fit* 3211, fit 2655, 6 firent, ffirent 211, 216, 1491 &c., fissent [1939], *firent* 1793, *fesissent* 3031, fisent [4007]; future 1 feroy, *ferroy* 632, 1034, 1583, feroi, *ferroy* 1706, 3556, *ferrai* 804, 855, 3886, *ferray* 841, 3 fera, *ferra* 1096, 1146, 4 ferons, *ferrons* 795, 982; cond. feroie, *ferroie*

GLOSSARY

330, 2057, 2137, *ferroi* 2939, 3 feroit, *ferroit* 22, 3104, 3111, 6 feroient, *ferroient* 1698, 2680, fferoient 1701 ; imperative 4 ffaceons 1179, 3170, 5 ffetez 817, faitez 1294, ffaites, *ffaitez* 946, 3544, faites, *facez* 2855, *faitz* 3136; subj. pres. 1 face 839, 3 face 15, 914, 3217, 5 faciez, *facez* 2982 ; imp. 3 feïst, *fist* 194, 1931, fesist [733], *faisist* 647, *feisist* 2505, *feisit* 1861 (*fecist* 732), 5 fesissiez, *faisissez* 544 ; pres. part. faisant 314, fesant 1224, 1576 ; past part. fait 34, 161, 386 &c., fet 3784, *feet* 3206, fem. faite, *fait* 2671, *fet* 1505, 1507 ; act. 48, &c., to make, do ; act. and neuter 2146, 2165, 2169, 2663, to be, to bear oneself (of health or situation); neuter 468, 535 &c., to say ; [— a with inf.] 256, to deserve to be; — d'armes 161, 2795, 2797, to perform deeds of valour ; refl. 3926, *see* Chier, se — fort 4044, to pride oneself, boast.
Fait, *fait, faite, feet, fet* 134, 386, 862, 1720, 2201 &c., deed, feat, matter, business ; de, *du* — 2372, in truth ; du — [de] 97, concerning.
Fauxete, *fauxetee, fauxtee* 3909, deceit, treachery.
Fereis, *ferreis*, 3335, smiting, blows.
Ferir 1048, 1244, 1307, 2743, 2851, *ferer* 1329, 3169; indic. pres. 3 fiert 1299, 1694 ; imp. 3 freoit 1197, 6 feroient 140 ; perf. 3 fri 2739, 6 frirent 2531 ; past part. feru 263 ; act. 1048 &c., to strike ; neuter 1197, refl. [1299], 2531, 2739, to rush, charge.
Festoier 464, 474, 3765 ; indic. imp. 3 festoioit, *festoit* 622, festioit, *festoit* 3778, 6 festioient, *festoient* 3746, festoioient, *festoient* 3758 ; perf. 3 festoia 461, 1417, 1558 &c., 6 festoierent 1502, ffestierent 3740; past part. ffestoie 530, 1447, 1503; act. 464, 530, 1417 &c., to make much of, do honour to; neuter 474, to make merry.
Fflorir 13, to flower, flourish ; past part. flori 2742, painted with flowers.
Fi 2846, 2986, certain, sure ; de fi, *fit*, 245, 498 &c., assuredly, of a truth, for certain.
Fiance 3911, trust, confidence.
Fiancier 2920, to pledge.
Fie ; a ceste — 959, this time ; a une — 261, at once.
Fier, *feer* ; — vestu 910, soldier in armour.
Fier, *fier, feer*, 317, 566, 3124, &c., fierce, proud, courageous.
Fierement, *fierment*, 2791 fiercely.
Fieux, *see* Fiiz.
Filz, *filtz, fitz* 1354, &c. ; acc. pl. fieux 1943 ; son.
Fin ; mettre a — 1187, to kill.
Flum 248, tide.
Foial 3705, loyal, faithful.
Foison, *foison, fuyson, fuysone, fuison* 143, 426 &c., multitude, number.
Fonde 3089, sling.
Fors, ffors 3119, 3178, — que, forsque 65, 1861, 2169, &c., except, but.

Franc, *franc, frank*, 55, 63, 74 &c., noble.
Franchise 66, 3179, &c., nobility, high-mindedness.
Frayn, *frayne, fraine* ; ordener ou frayn de 575, to appoint as tutor or adviser to ; cf. ' De par le Roy Sire de Moreul vous savez comme nous vous deymes l'autre jour que nous vous aviens ordené pour estre avecques Jean nôtre fils et a son frain.' Moreri, Grand Dictionnaire Historique, under Moreul. Cf. Littré, under ' Frein '.
Freoit, *see* Ferir.
Fret, *freet*, cold.
Fri, frirent, *see* Ferir.
Frontier, Frontiere, *frontier, ffrontier* 3090, frontier, front line or foremost part of an army ; venir en — 3925, to go forward, *see* Critical Note to line.
Frun 3938, frowning.
Fumiere, *fimiere* 3271, steam, reek.
Fut, *fuit* 216, wood, beam.
Fuyer 4064, fuir, *fuyer* 3388 ; indic. pres. 3 fuit 3393, 6 fuyent 1143 ; perf. 6 fuirent, *fuyerent* 1345 ; pres. past. fuyant 3384 ; act. 4064, to flee from, escape ; neuter 1345, 3384, 3388, refl. s'en — 1143, 3393, to flee.
Fyn 122, 992, &c., loyal, noble.
Fyner 4184, to finish.

Gage ; tenir son — de bataille 3621, seems to mean ' to preside at combats following upon a gage of battle ', cf. the corresponding passage in Froissart, ed. Luce, vol. vii, p. 51, l. 13 : ' y tint gage et camp de bataille.'
Gaignage 1394, gain, plunder, booty.
Gaires ; ne . . . gaires 295, 1485 &c., not much, but little.
Gait 2529, 2532, watch.
Galee, *galaye* 1781, galley.
Galle, 1994, pleasure, merriment (possibly intended for a play upon words, cf. Tobler, Vermischte Beiträge zur französischen Grammatik, zweite Reihe, p. 199, ' Gales ').
Gantilette 2028, gauntlet.
Garant 3216, protection, defence.
Garde ; prendre — 254, examine, investigate, 354, to note, observe, 2240, to apply oneself to ; se prendre — de li 3042, to be on one's guard, look to oneself.
Garder ; act. 293 &c., to guard, 2962, to look at ; neuter 955, 1005, 1011, to take care.
Garir, *garrer* ; [refl.] 1846, to extricate oneself from one's difficulties.
Garnir 67, to endow; past part. garni 3629, rich.
Garnison, *garison* 3900, fortified place.
Gaster 221, 650, 799, to ravage, pillage.
Geneteur 2005, 2873 &c., genetor, a soldier riding a jennet.
Gent 251 &c., graceful, beautiful, 2916 gracious, courteous.
Gentieux, *see* Gentil.
Gentil : nom. sing. gentieux 1797 ; noble.

Genz, *gentz*; — d'armes 1933, men at arms, warriors.
Gesir: indic. imp. 3 gisoit 368, 3961, 4018; perf. 3 gist 3995; neuter 368, 3961, 3995, refl. 4018, to lie.
Gille 1028, deceit.
Glaive, Glayve, *gleyve* 952, 2028 &c., lance.
Gorge; a haute — 1391, 3399, with all their might.
Goules 987, 2596, gules.
Governer act. 1626, 2110, 3101, 3823, govern, have command of, sway; refl. 326, 2477, to bear oneself.
Gracier 1418, 3487, 3759, 3963, to give thanks to.
Granter, *grantier* 2454, to grant.
Gre 856, 1675, will, pleasure; bon —, 927, gratitude; prendre en — 4065, to accept with resignation.
Grever, *greuer*, *greuir* 979, 1765, 2774, 3829, injure, harm.
Grief 784; nom. sing. [gries] 3449; grievous, terrible.
Gries, *see* **Grief**.
Grimache 19, grimace.
Gueredon, *guerdon* 4127, reward, payment, guerdon.
Guigne, *gynge* 2730, a kind of cherry.
Guyse 86, 2493, manner, way.

Hair, *heier* 2417.
[**Hante**] 3142, handle, staff.
Hardement, *hardement*, *hardiement* 188, 1150, 2748, boldness, courage.
Hatiplat 1330, buffet, blow.
Hautece, *hautesce* 68, excellence, nobility.
Hautein 87, high, lofty.
Hayette 1221, little hedge.
Herbergier, act. 291, 675, refl. 693, 764, to lodge, encamp.
Hermyne, *see* **Ermyn**.
Het, wish. En — de 3350, anxious, eager to.
Home 1333, 1763 &c.; nom. sing. hom, *hōme*, *home* 1269, 1300, 1860 &c., home 1692; man.
Hontage, *hountage* 2680, shame.
Hos, Host, *see* **Ost**.
Hostagier 676, to lodge.
Hosteller 2234, 3482, to lodge.
Huee, *huee*, *heuee*, 1121, 1157, outcry, clamour.

Iaux, *see* **Le**.
Il, *see* **Le**.
Illoec, illoecques, *illoeqes*, *ylloeqes*, *illoqes* 346, 390, 453, 883 &c., there.
Ire, 278, 312, 1168, sorrow, anger.
Issir: imp. 3 issoit 3443; to issue.

Ja 1213, 3675, already; expletive 1006, 1150, 3618, 4159 &c.
Jadys 42, formerly. Du temps — 1, in bygone days.
Janglour, *janglour* 17, chatterer.

Je, *see* **Moi**.
Joglour, *jogelour* 18, itinerant minstrel and entertainer.
Joiant, *ioiant*, *ioyant* 1390, 2954, joyful.
Joindre: perf. 3 joindi 3173; pres. part. joindant, *ioinant* 1471; to join, fold.
Joli, *ioli*, *ioly*, 1553, 3594 &c., merry, fair.
Joliement 3013, fairly, in order.
Joliete, *ioliette*, *iolitee*, *iolite* 76, 478, 663, gaiety, good humour.
Jouvente, *iuuente* 837, youth, young men.
Jus 2746, 3116, down.
Jusques, iusqes, *iesqes* 723, 1501, 1529 &c., as far as, up to.
Justement 2551, accurately.

Kenu 878, white, hoary.

[**Laire**]: indic. pres. 3 [lait] 2018; to leave off, cease.
Largece, *largesce*, *largesse*, *largitee* 62, 75, 1619 &c., liberality.
Larmoyer 4130, to weep.
Las, wretched, unhappy; invariable, with the force of an interjection, 3576.
Le, la, les, li, ly, *luy*; art. *see* Introd. p. xxxvii.
Le, les, il, elle, lui, li, ly, lour, yaux, iaux, eux; pron. *see* Introd. p. xli.
Leece, *leesse* 1056, 1618, joy, gladness.
[**Legal**] (*legasi*) 770, envoy.
Lequel, liqueus, pron. *see* Introd. p. xlii.
Les, *les*, *lees* 1037, 3308 &c., side.
Leur, *leure* [682], 3977, where.
Lever: neuter 1122, 1158, 3226, refl. 300, to rise, arise.
Li, *see* **Le**.
Lie, *lee* 596, 3928; fem. lye 2718, lie, *lee*, 3147; joyful, glad.
Lieu; prendre — 2570, to take up a position; avoir son — 3964, to have its course; bone parole tient bon — 774, cf. Cotgrave, 'bone parole bon lieu tient: a good word hath great acceptation, good language brings its welcome along with it.'
Lieuwe, *leuge*, *lenge* 2637, 3017 &c., league.
Lignie 1660, lineage.
Lire: past part. fem. lue 1887; to read.
Logement 2710, 3483, lodging, quarters.
Logier, *loger*; act. 395, 1532 &c., to lodge, encamp, quarter; neuter 1436, 3597 &c., refl. 2036, 2311 &c., to lodge, take up one's quarters, encamp, be encamped.
Logis, *logiez*, *loges*, 2702, 3492, quarters.
Loial, loiel 2266 &c., loyal 2933, legal.
Lointain, *lointayn*, *lointaigne* 2046, distant, 3557, long.
Los, *los*, *loos* 440, 692, 882 &c., honour, reputation.
Ly, *see* **Le**.
Lymache 20, snail, cf. Cotgrave, 'Faire le limaçon: to wind, twirl or turne round about.'

GLOSSARY

Main, *see* **Maint.**
Main 2138, morning.
Mainsne, *maisne* 1646, younger.
Maint, main, *maint, main, meint, ment,* 1186, 1239, 1676, 1741, 2336 &c., — *de,* 630, many a, many a one.
Maintenir: indic. pres. 3 maintient 2110; imp. 3 meintenoit 3934; perf. 3 maintint, *maintient* 114; cond. 6 maintenroient, *maintiendroient* 4148; act. 114, 2110, 4148, to maintain, carry on; refl. 3934, to bear oneself.
Mais; onques — 445, — onc 4153, never; — que 54, 3532, provided that.
Malmetre: past part. malmis (*maluais*) 650; to devastate.
Mander, act. 579, 1730, 1920 &c. to send for, 1480, 2400, to send; act. 1713, 2171 &c., neuter 195, 1856, 3975, to send word, communicate.
Manecier: indic. imp. 3 manecoit, *manceot* 206; to threaten.
Maneir: indic. pres. 3 mest, *mist* 1820; to dwell.
[Mar] 2833, to his cost.
Marir 358, 1116 &c., to grieve.
Mat 4090, sad.
Matere, *matiere, matier* 44, 81, 202 &c., subject, 454, 843, 1848, matter, affair.
Matinet, *matinet, matinent*; le — 1441, 2661, early in the morning, at dawn.
Mautalent, *mautalent, mautalant* 312, 1149 &c., anger.
Me, *see* **Moi.**
Meismement, *meisment* 3663, even.
Meismes 1499, self.
Meistrier 3593, to overcome.
Membre 2032, wise, prudent.
Memore, *memorie, memoire* 1343, sense, wisdom; avoir en — 2555, to intend.
Mencion, *mencion, mencioune*; faire — de 377, 1679, 3414, 3784, to mention, speak of.
Mencoigne, *mencoigne, mecoigne* 526, 1319, lie, falsehood.
Mener 1597, 2259 &c.; fut. 3 merra, *mesnera* 1091, 5 [merrez] 1002; to lead.
Menour, *meinour* 1774, lesser.
Mentir 826, 2944, 3657, *mentier* 3514; indic. pres. 1 menk 260, 268, ment [1126], 3 ment 790, 3048; perf. 3 menty 3942; fut. 1 menteray 1602, 2382, 3618, 3738, *menterai* 3872; cond. 1 mentiroie 2629, mentiroye 3773; subj. pres. 1 mente 375; past part. mentit 3788; to lie.
Mercier 3800, to thank.
Mesavenir (*mvs a venir*): imp. 3956, to happen (of misfortunes), to mishap.
Meschief 1087, 3896, 3957, 3959, mischief, misfortune, harm.
Mesfaire: perf. 1 mesfis 2415; to injure.
Mesprendre: perf. 1 mespris 2416; to transgress.

Message 1884, messenger.
Mest, *see* **Maneir.**
Mestier, *mestier, mestrer* 314, 1224, profession; avoir — 2981, avoir — de 3690, 3989, to need, require; estre — a 926, faire — a 1982, to be necessary to.
Mestire, *mestiere* 1818, authority, power.
Mettre 32, 39, 47 &c.; indic. imp. 3 mettoit 1065, 3301, 4082, 6 [mettoient], (*mentoient*) 3463; perf. 3 mist 608, 643, 666 &c., 6 mirent 1219, 2759, 2784, 2824, misent, *mistrent* 237, 3931; imperative 5 mettez 1007; subj. pres. 5 mettez 958, 975; past part. mis 434, 932, 2286, mys 273, 3367, mise, *mis* 1187, 3588; to put; [3134], to spend.
Mie, *mie, mye, my* 2634, at all. Non —, ne ... mie 25, 184, 243 &c., not at all, not.
Misericort 2356, merciful.
Moi, mi, me, je, *see* Introd. p. xli.
Mon, ma, mes, *see* Introd. p. xliii.
Mont, *monde* 4170, world.
Mont 3436, *see* **Moult.**
Morir 784, 2680, mourir, *morir* 786, 2858, 3440, 3581; perf. 3 morut, *morust* 3420, 3945, *morist* 4180, 6 morurent, *morirent* 3417; subj. pres. 1 moerge 837; past part. mort 33, 507, 1239 &c., (*morte*) 904; to die: past part. 33, 368 &c., dead, 333, 497, 507 &c., killed.
Mot; de — en — 2492, every word, right through.
Moul, *see* **Moult.**
Moullier, *moullier, muliere, mulliere, mulier* 603, 1509 &c., wife.
Moult, moul, mont 134, 476, 529, 3436 &c., very, much; — de 386, 2246 &c., many, much.
Moustrer 5, 1891, 2443, to show, 1848, to explain.
Mucier, refl. 1364, to hide oneself.
My, *see* **Moi.**
My; par —, *see* **Parmy.**

Naistre: perf. 3 nasqui 378, 1550, 2021, 3015, nasquy [64], 102, 2016 &c.; past part. ne, *nee* 471, 1609, 4062, (*nasquy*) 64, fem. nee 3576; to be born.
Ne: conj. 10, 51, 979 &c., nor, or, and; ne ... ne, 191, 1832, 3583, either ... or.
Nef, *nief* 482 &c., ship.
Neige, *niege* 2305, snow.
[Neis] 4101, even, just.
Nepourquant, *nepquant, ne pur quant* 281, 3671, 3913, nevertheless.
Nient, *see* **Contrastant.**
Niviier 2880, to snow.
No, *see* **Nostre.**
Noet, nuyt 363 &c., night.
Noise 1122 &c., noise, clamour.
Nombre 993, enumeration, list.
Noncier 3649, relate, repeat.
Noriture [72], 1820, nurture, *see* Critical Note to l. 1820.

GLOSSARY

Nostre, no, noz, nos, *see* Introd. p. xliii.
Nul, pron. and adj. masc. sing. nom. nus, *nul* 1162, nuls, *nult* 1756, 2068 &c., nulli, *nult* 3120; acc. nuli, *nul* 329, nulli (*nulle*) 928, nul, *nul, null, nult* 455, 582, 1763 &c.; dative nulli, *nult* 2950; no one, no.
Nuli, nulli, *see* **Nul.**
Nus, *see* **Nul.**
Nyce 1788, foolish.

O, ou, *oue* 251, 388, 2645 &c., with.
Occire 3280, 3392, to kill.
Oet, *oept, oep* 1553, 2468, eight; dis et oet, *disoept* 180, eighteen.
Oir 1821, *oier* 53, 105, 1647 &c,; indic. pres. 1 oy 508, 3852, 4004, oi [888], 1930; perf. [1 oi 394, oy 734], 3 oy, 277, 743, 1469 &c., oi 2115, [2626], 6 oirent, *orent* 4031; future 5 orrez 104, 2403; subj. imp. 3 oist 2589, 5 oissiez, *oissez* 989; past part. oy 1902, 3481, 3649 &c., oi 1822, (2626 &c.); to hear.
On, *hom, hōm* 474, 522, 1557, 1558, 2098, *home, hōme* 1, 8, 1465 &c., en 162; one.
Onques, *unqes* 37, 307, 316 &c., ever.
Ordenance, *ordenance, ordinance* 578, 932, 1065 &c., arrangement, marshalling, order of battle, preparation; a son — 3624, at his discretion, in his control.
Ordenement 299, arrangement, disposition.
Ordener, *ordeigner* 301, 998, 1016 &c., to arrange, marshall, arrange in battle array; 553 [2941], to ordain; 575, 2379, 3642, 3691, to appoint, assign.
[**Ordonner**] 2941, *see* **Ordener.**
Orfanyn, *orphanyn* 239, orphan.
Orgoeil, *orgoille* 836; nom. orguieus, *orgoilles* 782; pride.
Orguieus, *see* **Orgoeil.**
Ort, *hort* 2876, foul.
Ose 976, bold.
Ost, *ost, oost, hoost, hooste* 758, 807 &c., army.
Ottroier, *ottroier, ottroiere* 1431, 3534 &c., to grant.
Ou 2184, *oue* 2524, contracted form of 'en le'; 575, 2184, 2193, confused with 'au'.
Ou, *see* **O.**
Ous, *see* **Vous.**
Outrage 782, 854, 2679, outrage, excess, insolence.
Outrageus 166, presumptuous, rash.
Outre 1213, 2355 &c., beyond, across.
Ouvrir, *ouurer* 1701, ovrir, *ouerer* 1717, ouvrir, *ouůer* 4119, to open.

Par 164, 247, 283 &c., intensive particle generally separated from the word it modifies.
Parage 1663, rank.
Parfaire 2924, to carry out.
Parfit 60, 452, perfect.
Parfitement 77, 1072, perfectly.

Parlement 883, 2181, 3556, speech, conversation, conference.
Parmy, *par my* 616, 722 &c., through, across; 758, 989, 2301, in the midst of, 190, throughout.
Parole; bone — tient bon lieu 774, *see* **Lieu.**
Part, *part, pte* 2940, share, 1060, 1317, 3906, side, hand, direction, party.
Parti, *partie*; tenir son — 3905, to take sides.
Partir 1754, 2503, 3171, 3321, *partier* 2066; indic. pres. 6 partent 919; imp. 3 partoit 4158; perf. 3 parti 858, 2103, 3729, party 2048 3559, 6 partirent 1010, 2823, 3311, 3813; subj. pres. 1 parte 2498; past part. fem. partie 1050; act. 1050, to divide; neuter 1010 &c., refl. 919, 2103 &c., to depart.
Partraitier, *partraiter* 847, to treat fully.
Pas 259, 1221, 1700 &c., passage, pass, ford; prendre — 2711, to take up a position; plus tost que le —, *see* **Tost.**
Passer, act. 2888 &c., to pass through, 1410 to pass over, 1882 to bring across; neuter 2134 &c., to pass, pass over.
Payne; a grant — 3535, with great difficulty, reluctantly.
Pechie, *pecchie*; par — 418, a — (*a pieciez*) 800, sinfully, wrongfully.
Peignon, penon 2280 &c., pennon, 1974, 2370, pennon, knight bachelor.
Pener: indic. pres. 3 payne 1326, *payn* 3261; imp. 3 paynoit 3279, 6 [penoient], (*tenoient*) 271; cond. 1 peneroye 2938; refl. to exert oneself, labour, endeavour.
Per, *pier* 2061, equal.
Percevoir 3026, 3364, to see, perceive.
Perir, *perrer* 506, to destroy.
Petitet; un — 3097, a little.
Pie, *pee* 1094 &c., foot, 978, man, soul.
Pietaille, *pee taillie* 3391, foot soldiers, infantry.
Pisson 3166, fish.
Plain, *palnie* 3426, plain.
Player 3281, to wound.
Pleindre 4159; indic. pres. 6 pleindent 3888; neuter 4159, to lament; refl. 3888, to complain.
Plente, *plente, plentee* 3856, great number; a — 3735, in plenty.
Plere: indic. pres. 3 plest 892, 1176, 2500; imp. 3 plesoit 3906; perf. 3 pleut, *plust* 2633, *pleust* 3494, 3941; fut. 3 plera, *plerra* 2949; pres. subj. 3 plese 775, 1877; imp. subj. pleust, *pluest* 2453, *plust* 3689; neuter 892, imp. 1176 &c., to please.
Plesant 1589, agreeable, gracious.
Ploovoir: indic. pres. 3 pleut, *pluit* 2880; imp., to rain.
Plueve, *pluine* 3362, rain.
Poeste, *poestee*; par leur — 2750, with all their might.
Poi, poy 229, 639, 727 &c., little; a — 4158, wellnigh.

GLOSSARY 233

Poindre : pres. part. poignant 1193 ; past part. fem. pointe 319 ; 319, to embroider, 1193, to prick, spur.
Point ; a — 1908, opportune, in season ; en tel — 2084, en ce — 2809, in such, in this wise.
Pooir : inf. used as subst. see below ; indic. pres. 1 puis 3885, (*pluis*) 843, *puisse* 845, 2495, 2995, 3319, 4126, 3 poet 914, 1056, 1534 &c., *poit* 785, (818), peut, *poet* 1301, (*peust*) 3294, (*purra*) 298 ; imp. 1 [pooie], (*purroie*) 2937, [pooye], (*purroye*) 3965, 3 pooit 186, 192, 840 &c., *poeit* 308, pooyt 165, 6 pooient 887, 2786, 2797 ; perf. 3 pot, *poot* 2592, (*pooit*) 3568, [peut] 298, 6 peurent, (*purroient*) 2823, 3320, 3365, 4087 ; fut. 1 pourray, *purray* 3501, pourroi, *purroi* 3935, 3 pourra, *purra* 1095, 5 pourrez, *purrez* 53, 1814, 1821 &c. ; cond. 1 pourroie, *purroie* 1666, 3582, pourroye, *purroye* 2207, *purroy* 1953, 3701, 3702 ; 3 pourroit, *purroit* 21, 778, 820 &c., 6 pourroient, *purroient* 255, 815, 1703 ; subj. pres. 1 puisse 776, 2497, 3133, 3264, 4 puissons 3171, 5 puissiez, *puissez* 1151, 6 (*puissent*) 2042 ; imp. 3, peuist, *poist* 610, 1211, 1466 &c., *peust* 1765, 1985, *puist* 3264, peust 4083, 6 [peussent] 2042, 2774 ; to be able.
Pooir 2975, *poir* 841, *poair* 189, 227, 708 &c. ; 1327 power ; faire tout son — 841, to do all in one's power ; 189, 227 &c., army, force.
Port, *port*, *porte* 1711, 1918, 2187 &c., defile.
Porteure, *porture* 1476, offspring, child.
Possesser 831, to possess.
Pour ; — ce que 552, 2421 &c., because, 375, in order that.
Pouraler, *pur aler* 1702, to go about (?).
Pourchacier, *purchaser*, *purchacer* 2000, 3637, 3725, to seek, procure, obtain.
Pourpos, *purpos*, *ppos*, *ppose* 45, 232, 1651 &c., subject, opinion.
Pourriere, *power* 3226, dust.
Poursivre : indic. imp. 3 poursuoit, *pursuoit* 2264 ; perf. 3 poursuit, (*poursuirent*) 1992 ; — guerre 1992, 2264, to follow the profession of arms.
Praiel, *praiell* 698, meadow.
Prendre 146, 158, 254 &c. ; indic. pres. 3 [prent] 1749, 4 prenez, preignez 1011, 6 prendent, *preignent* 3477 ; imp. 3 prendoit [230], 728, 1306 ; perf. 3 prist 72, 75, 585 &c., *prise* 595, 6 prisent 1159, 3670, *pristrent* 175, 220, 688 &c., prirent 212, 920, 2532 &c., prissent, *pristrent* 160 ; fut. 5 (*prendrez*) 812 ; cond. 1 prenderoye 3966 ; imperative 4 preignons, *preignoms* 3216, 5 [prendez] 812 ; subj. pres. 1 preigne 2240 ; past part. pris 177, 465, 717 &c. ; fem. prise (*pris*) 1494 ; to take ; — terre 146, 158 &c., to land ; — a 1111, [1159], se — a 1250, 3321 &c., to begin to.
Pres, *see* **Prest**.

Pres 3163, almost ; a... pres 3039, except, but for ; — a — 3246, side by side.
Present ; en — 4132, present.
Prest 2632 ; nom. sing. pres. 601, 2610 ; ready, eager.
Preu 3144, profit.
Preudhomye, *pdhomye* 4105, excellence, worth.
Preudome 3829 : nom. preudons, *pdhom* 559, preudom, *pd home* 1414, preudhom, *pdhome* 1858 ; pl. nom. [preudome] 904, preudhome, *prodhomes* 2282 ; a man of moral and intellectual excellence.
Principalment 1572, certainly (?).
Principaute, *principalte*, *principaltee* 2008, 3795, principality.
Pris 178, 440, 466, 1587 &c., reputation, honour, prowess, worth.
Prisier, *priser*, act. 148, 200, 205 &c., to honour, esteem, value ; refl. 229, 727, to esteem oneself.
Prive, *priue*, *priuee* 1913, intimate, familiar, 2046, belonging to the country.
Promettre : perf. 6 promisent, *promistrent* 4146 ; past part. promis 1286, 3001, 3698 ; to promise.
Proprement 1608, 2812, 3068, 3484, truly, justly, properly, exactly.
Prover ; refl. 441, 503, to show one's mettle, to distinguish oneself.
Publique, *publīq* 4108, public-spirited (?).
Pucelle 1453, maiden.
Puis, prep. 51, 102, 2209 &c., since, after ; adv. 501, 2618, 3820, &c., afterwards, then.
Puisque 798, 2296, 3015, (of time) since.

Quant ; tout — que, *tut* — 3128, all that.
Quant ; — de 2945, as for.
Quart 1017, fourth.
Quartime ; lui — 284, himself the fourth, he and three others.
Que, qui, quoi, quoy : relative and interrogative pron., see Introd. pp. xliii and xliv ; qui, 1631, 3653, if one ; que . . . que, *quei* . . . *quei*, 2734, 3074, both . . . and, whether . . . or ; que mieulz mieulz, *qe meulz* ? *meulz* 2713, in emulation of one another, for the fastest ; de quoi 3134, the means.
Que, conj. 2, &c., that ; causal use [364], 1589, 1839 &c. ; modal use 38, 194, 3010 &c.
Querre, *quere* 1934, 1973, querir, *querer* 3749 ; indic. imp. 6 queroient, *quoient* 678 ; to seek, fetch.
Qui, *see* **Que**.
Quidier, neuter 203, 231, 1125 &c., [refl.] 1127, refl. 2715, to think, intend to.
Quite, (verbal adj. from quiter) abandoned, given up.
Quoi, *see* **Que**.

Rade, *radde* 248, 2474, 3430, swift, rushing.

GLOSSARY

Raison, rayson 1628 &c., reason, 824, 3110, speech, words, 2444, substance, matter; estre —s 1639, 1641, to be right.
Raler, *realer*; s'en — 1577, to return.
Ravoir, *reauoir* 2495; indic. pres. 4, ravons, *reanons* 796; fut. 5 ravrez, *reauez* 1864, *reaueretz* 3192; to have back, have again.
Rebatre, *rebater* 2723, to beat back.
Reconforter, active 1242, to encourage, 1088, 2080, to support, succour, reinforce; refl. 3916, to strengthen, succour oneself.
Reconissance, 4102 (4110), recognition.
[Reconoistre]: pres. part. reconissant 4110; to acknowledge.
Recorder, *recorder, recordir* 41, 48, 93 &c., to relate, tell.
Recort, *recort, record, recorde* 34, 1930, 3852 &c., report, account.
Refaire 3477: indic. perf. refist, 709, 1517; to make again, once more.
Referir: indic. pres. 3 refiert 3290; refl. with *en*, to dash into once more.
[Regestrir] 1822, to record, relate.
Regracier 3508, to thank.
Regreter 359, 594, to lament for, 2052, to reproach.
Relenquir: indic. perf. 6 *relinquerent* 3847; cond. 3 *relinqueroit* 1799; to abandon.
Relure 2594, to shine.
Remander 3889, to send word in his turn, to send back word.
Remanoir: indic. perf. 3 remest, *remist* 1792; to remain.
[Remanant] 1944, remnant.
Remembrer, refl. 2066, to remember.
Remest, see **Remanoir.**
Remettre: ind. perf. 3 remist 1644; to put back.
Remordre: subj. pres. 3 remorge 2287; refl., to remember.
Renforcier: indic. pres. 3 *reenforce* 3376; to grow fiercer.
Renvoier 2448, to send back.
Repairier, *repairer* 3689, to return.
Reposer, act. 641, to give rest to, rest.
Requerir, *requerer* 1878; indic. imp. 3 requeroit, *requiroit* 1961; to beg, ask.
Rescourre: indic. perf. 3 rescoust 432, 453; to rescue.
Resvertuer, refl. 532, to grow more courageous, be encouraged.
Retenir 30: past part. retenu 1115; to keep, 30, to remember.
Retraire 1070, 1386, 1387 &c., retrere 1566; indic. pres. 3 retrait 3461; perf. 3 retraist, *retrahist* 4187; act. 1386, 1566, 2798, 4187, to relate; neuter, sanz — 1070, 1387, 3143, without hesitation, delay; refl. 3461, to retire.
Revel, *reuell,* 475, 1615, 3268, 3750, revel, delight; faire —, reviaux, *reueaux* 618, 652, 1484, 3812, demener reviaux, *reueaux* 2955, to rejoice.

Revenir 1667: indic. perf. 3 revint, *reuient* 1987, revynt 4059, 6 revinrent, *reuindrent* 412, *reuiendrent* 2538; past part. revenu 1966; neuter 412, 1667; refl. 1966, 1987 &c., to come back.
Revoir: fut. 4 reverrons, *reuerons* 2083; refl. to see one another again.
Riche 945, 1013, 3984, powerful, 2106, rich, splendid.
Rien 2170, anything; ne ... rien 3031 &c., nothing, 2415, 3010, not at all.
Roial 1755, royal state, kingdom (?).
Roine, *Royne, Roigne, Roygne, Royn, Reigne* 586, 1462, 3577 &c., queen.
Romant, *romant, romance* 1113, 1205, French book.
Route 950, band, troop.
[Royon], (*roialme*) 1565, kingdom.

Sage; faire — 2934, to inform.
Saieler, *sealler, seailler* 1868, 2436, 2952, to seal.
Saiete, *seatte* 606, arrow.
Saillir, *sailler* 2003, (*fallir*) [3439]; perf. 3 sailly 2710, sailli 3288; to spring, spring out, sally forth.
[Saisson], (*ffarson, faison, faisson*); en courte — 1593, 1712, 3793, 3931, in a short time.
Salvement 1882, safely.
Samblance, *semblance* 1066, opinion; avoir de — 665, to believe.
Sanler, *sembler* 570 &c., to seem.
Sauf 804, safe, secure.
Saus, see **Sauf.**
Savoir 820, 2431, 2918 &c.; indic. pres. 1 say 144, 349, 885 &c., sai 351, 3 siet, *sciet* 3887, 4 savons 2421, 2426, *sauoms* 823, 5 savez 107, 536, 828 &c., 6 scevent 31; imp. 3 savoit. 637, 2189, 3831, 3911, 6 savoient (1990), 3837, 3967; perf. 3 sceut, *sciet* 1830, 2965, 3118, *scieust* 1997, *scient* 1947, *scieut* 2900, sot 2543, 2548, [3567], 6 sorent 2541; fut. 3 savra 902, 5 savrez, *sauerez* 3191; cond. 1 savroie, *sauoroi* 153, 3 savroit, *saueroit* 23; imperative 5, sachiez, *sachez* 112, 154, 190 &c., *saches* 2372, sachies, *sachez* 245, *saches* 2179, 2995; pres. part. sachant 84, 792; to know; pres. part. 84, 792, wise.
Scarmouche, see **Escarmouche.**
Se, *si* 105, 230, &c., if; se ... non 3720, if not, except.
Seigniourie 2432, dominion.
Seintisme 1270, 4128, most holy.
Selonc, *solone* 3429, along, beside, 1404, according to.
Semblant; ne faire — de rien 3031, to give no sign.
Semondre: pres. indic. 3 semont, *semonte* 3180; to incite, urge.
Sendal 2599, 3095, sendal, a kind of silk.
Senestre 3078, 3317, left.

GLOSSARY

Sentir, *sentier* 2744, 3513, *senter* 2928 ; indic. imp. 3 sentoit 4157 ; to feel.
Serement, sierement, *serement,* ſ*ement, seurement,* 2221, 3373, 3634, oath.
Servir 1753 ; indic. imp. 3 servoit 3978, 6 servoient 4122 ; subj. pres. 5 servez 4138 ; past part. servi 3127, 3680, 3807 &c. ; to serve.
Si, se, *si,* adv. so 83 &c. ; expletive particle sometimes used as copula, sometimes between subject and predicate to indicate a pause (cf. Introd. p. xxiv) 8, 115, 510, 691 &c. ; conj. introducing an optative clause 293, 758, 1001 &c. ; 29, 541, yet ; si que 1637, 1758 &c., so that.
Si, sy ; sanz null — 289, 582 &c., without fail, without doubt.
Si, *see* **Son.**
Siecle 2056, world.
Sien, *see* **Son.**
Sigler 615, 616, 1492, 1785, to sail.
Sivre : indic. imp. 3 sievoit, *seuoit* 266 ; perf. 6 suirent 2751 ; cond. 3 siewroit, sieweroit 1051 ; to follow.
Socourir, *socourer* 1845, 1877, 2816, 4084 ; past part. socouru, *socurru* 467, *socoure* 1962 ; to help, succour.
Soer 587, sister.
Sojour, *soiour, seioure* 668, [695], sojourn ; 2105 delay ; prendre — 3018, 3731, to halt ; sanz — 2762, 2770, without ceasing.
Solas 1601, 3583, 3798, pleasure, happiness.
Solempnite 88, solemn feast.
Some 2316, list, enumeration ; ce est le — 814, 1764, 3830, that is all, in short.
Son, sa, si, ses, sien, *soen, senes,* see Introd. p. xliii.
Soubtil, *subgit* 1621, subject.
Soubtil, *subtil* 3101, cunning, resourceful.
Souffissant, *sufficiant* 3195, 3402, noble.
Souffrete, *suffrete* 2040, privation.
Souffrir, *soeffrir* 2883, 3710, *soeffrer* 3105, *soeffrer* 3258, *soeffur* 3458 : indic. imperf. 6 souffroient, *suffroient* 2300 ; perf. 3 souffri, *suffrist* 2358, *soeffri* 2509, 6 souffrirent, *soeffrerent* 3672 ; to suffer.
Souprendre : past part. fem. souprise, *supprise* 2706 ; to surprise.
Sourdre : indic. imp. 6 sourdoient 3959 ; to arise, to come to pass.
Souvenir : indic. imp. 3 sourvenoit, (*venoit*) 1257 ; perf. 3 sourvint, *suruient* 2465, 6 survinrent, *suruiendrent* 2779 ; to come unexpectedly, to come up.
Soustenir, *sustenir* 89, *sustiner* 825, 2927 ; indic. imp. 3 soustenoit, *sustenoit* 1625 ; perf. 3 soustint, *sustient* 91 ; pres. part. sustenant 113 ; past part. soustenut, *sustenut* 3178 ; to maintain, uphold, celebrate.
Soyng, *seyng* 2894, wish.
Space, *see* **Espace.**
Supplier, neuter 4143, to beg, to implore.
Surveoir ; past part. fem. surveue, *survewe* 1888 ; to read through.

Sus 1039 (*desus*), 3463, on, on the top.
Synnoble 2597 (heraldic), sinople, vert.
Taille, *taillie* ; d'estoch et de — 3392, *see* **Estoch.**
Talent 884, opinion.
[Tamaint] 2194, many.
Tamps, *temps* ; par — 1132, soon.
Taner, *tasner* 3702, to weary.
Tant, *tant, taunt,* adj. 837, 904, so many ; adv. 68, 164 &c., so much, so ; quatre tanz escuiers 1614, four times as many squires ; pour — 3687, therefore ; — poy que 2419, the little that ; — que, — come, tanque 390, 659, 1219, 2439 &c., tant . . . que 600, until ; — faire que 216, 804 &c., to do so much that, arrange, act so that.
Tantost, *tantos, tantos, tantostz* 2401, 2440, 2821, 3122, 4023, at once, soon.
Tarder, refl. with *a* 1666, to delay.
Targier, *targier, targer* (1134), 3200, to delay.
Tas ; a — 1329, with might and main.
Tel, *tel, tiel* 1055 &c., such ; acc. pl. [teus] 1726 ; tele fois fut 3273, on one occasion.
Temprement 2974, soon.
Tenant ; en un — 389, consecutively.
Tencier 3650, to dispute.
Tendre 106, to aim.
Tenir 362, 1804, 2852 &c., *tener* 831 ; indic. pres. 3 tient 774, 2936, 4 tenons, *tiegnons* 2922, 6 tienent, *teignont* 3883 ; imp. 3 tenoit 1162, 1836, 1984 &c., 6 tenoient (271), 1279, 1607 ; perf. 3 tint 4070, *tient* 387, 400, 1794 &c., 6 tinrent, *tinrent* 1773, *tenirent* 3772 ; future 6 tenront, *tiendront* 3002 ; cond. 3 tenroit, *tiendroit* (16), 1906, 6 tenroient, *tiendroient* 1573 ; subj. pres. tiegne [16], 27 ; past part. tenu 3, 1610, 2830, 3697 ; to hold ; — rien de 27, to think nothing of ; estre tenuz a 2830, to be beholden to ; refl. with *de* 29, to abstain from.
Tentir, *tenter* 990, to resound.
Termine, termyne 2195, 3026, time, 3161, issue, end.
Terrien, terriien, *terrien, terreen* 1704, 1850, 2422, holding land.
[Teus], *see* **Tel.**
Tolir, *tollir, toller* 1985, 2418, 2833, to take away.
Tost ; plus — que le pas 1144, 3306, plus — que le cours 2787, at full speed.
Tour 1830, means, expedient.
Tournier 50, [1632], to extend.
Tourser, Trousser, *tourser, trusser* 1486, 1781, 1939, 3570, to load, pack.
Tout ; [a] — 604, with.
Trahin, *trahin, trahim, traim* 746, 1219, 4010, train, convoy, troop.
Traire 270, 1160, 1247 ; indic. pres. 6 traient 3227 ; imp. 6 traioient, 3252, 3361, *traoient* 1189 ; perf. 3 traist, *trahist* 1671, 6 traissent, *trahierent* 3857 ; past part. fem. traite 2749 ; act. 1671, 2749, to draw ; neuter 270, 1160

&c., to shoot; refl. 1247, 3857, to go, betake oneself.
Traitie 417, treaty.
Tramettre: indic. perf. 3 tramist 372, 2199, 2437 &c.; subj. imp. 3 tramessist 1465; to send.
Traveillier, act. 3324, 3862, to do damage, to harass, oppress; refl. 3022, to take pains, make great efforts.
Tres 78, 90, from; — a 3061, at, just at; — dont que 73, from the time that.
Tresbuchier, *tresbuschier*, *trebbucher*, *tresbouchier* 2301, 2746, 3269, to fall.
Trestout, *trestout*, *tretout* 667, 2127 &c., emphatic form of 'tout'.
Trieuwe, *triewe* 415, truce.
Tristour 1829, sadness.
Trop 235, 637, very.

User 100, to employ, spend.

Vaillance 496, 1880 &c., excellence, valour.
Vaincre: past part. vaincu 356; to conquer.
Valoir: indic. pres. 3 vaut 3375; perf. 3 valli, vailli 1351, 1750, *vailly* 2757, *(vaille)* 2799; subj. imp. 3 vallist, *(vailli)* 1798; to avail.
Valour 3172, 3218, valour.
Vasselage, *vasselage*, *vassellage*, *vessellage* 485, 1844, 3207 &c., valour, prowess.
Venir 45, 309, 621 &c., *venier* 3783, *vener* 4089; indic. pres. 3 vient 2109, 2565, 3957, 6 vienent, *veignont* 1144, *veignent* 3129; imp. 3 venoit 265, 2676, 2698 &c., 6 venoient 3333, 3757, 3863 &c.; perf. 3 vint 1884, 2514, 3597 &c., *vient* 392, 525, 589 &c., 6 vinrent, *viendrent* 1216, 1451, 1483 &c., *vindrent* 726, 3601, *venirent* 2177, 3771, *viendroient* 213, 385, 634, *vindroient* 241; fut. 4 venrons, *viendrons*, 1142, 6 venront, *viendront* 1120, 2832; cond. 3 venroit, *viendroit* 2546, 6 venroient, *vindroient* 2556; imperative 5 veigniez, *veignez* 2164, 2580, 3602; subj. pres. 6 veignent, *(beignent)* 3533; subj. imp. 3 venist 3613, 3874, 6 venissent 2634, 3749; pres. part. *(venant)* 2747; past part. venu, 25, 468, 872 &c., venue 2588, 3573, *venu* 2515, 4073; s'en — [3925], 3983, to come; bien — 2164, 2580, 3602, estre bien venuz 25, 468, 2829, to be welcome.
Venir, used as subst. 90, youth; cf. Glossary to Froissart, Poésies, ed. Scheler, under Venir.
Veoir 165, 611 &c., *veoer* 1259, *voier* 298, veir 327, 3059, *veoir* 1227; indic. pres. 1 voi 1894, 3882, 3 voit 3955, 5 veiez 1908; imp. 3 veoit 318, 1172, 2299 &c., 6 veoient 2785; perf. 1 vys 1652, 3 vit, *vist* 1057, 1058, 1249 &c., *veist* 474, [veit] 1069, 6 virent 2783; fut. 5 verrez 2858, 2990, *varrez* 2857; cond. 1 verroye, *verray* 1287; imperative 5 vez, *veiez* 913, 3137, 3148 &c., *veissez* 1193, *veetz* 1244, *veez* 2102, veiez, *veez* 3164; subj. imp. 3 veist 309, 2605,

3246, 5 veissiez, *veissez* 590, 620, 985 &c., *veisses* 1329; past part. veu 2572, 2578, 2586, 3092, *view* 1896, fem. veuwe, *vewe* 3447, *viewe* 4154; to see.
Vers 597, 808, 1344, 3857 &c., towards, to.
Verser, act. 3273, to throw; neuter 1302, to fall.
Vertu 1900, strength, power, 1018, 2330, valour; plural 1839, 1965, 2114, virtues, valour.
Vespres 2639, evening.
Vesque, *(euesqe)* 3797, bishop.
Vestir: past part. vestu 910; to dress.
Veve, *veofe* 238, widow.
Virge 2021, virgin.
[Vis]; estre — a, 2586, 2650, 3222, to seem to.
Vitaille; sing. 2856, (3163), 3667, 3735, pl. 582, 604, provisions, victuals.
Vivre: pres. part. vivant 1860, 2980, 4162; to live. Pres. part. used as subst. 3500, life.
Vivres, *vieures* 2512, [3163], provisions, victuals.
Vo, *see* **Vostre**.
[Voer] 1285, to vow.
Voidier, *voider*; neuter 3686, [refl. 1068], go away, depart.
Voir, adj. 8, 185 &c., true; used as subst. 94, 547, 610 &c., truth.
Voir, voire 1293, in truth, 2238, that is to say, be it understood.
Volee; a le — 1189, 3227, quickly, thickly, at random.
Voler 1513, to hawk.
Voloir, inf. used as subst. see below; indic. pres. 1 voeil, *voil* 39, 47, *voille* 835, 976, 1290 &c., 3 veut, *voet* 1485, 1591, 3115, voet 1879, *voit* 3535, 4 volons 825, *voillons* 793, 5 volez, *voillez* 907, 1235, 2849 &c., *voilleitz* 1648, *voilliez* 2659, 6 voeillent, *voillient*, 848, *voillent* 3153, 3154; imp. 3 voloit, *voillait* 1247, 1845, 1977 &c., *voleit* 1883, *voilleit* 3511, voleit, *voilleit* 69, 6 voloient 3464, *voilloient* 1801, 3859; perf. 5 vosistes, *voisistes* 1267; fut. 1 vorai, *(voloi)* 45, vorray 980, 2256, *(vorroi)* 2260; cond. 1 vorroie 3538, 3581, 3 vourroit, *voudroit* 19, 5 vourriez, *vouldroiez* 2918; imperative 5 veuilliez 464, *voillez* 1270, 1734; subj. pres. 3 voeille, *voille* 917, 1717, 2236, 2681, 5 veuilliez, *voilles* 1291, 2430, voeilliez, *voilliez* 3183, *voilles* 4118; subj. imp. 3 vousist 405, 1067, 1715 &c.; to wish.
Voloir: inf. used as subs. voloir, *voilloer* 1214, *voilloir* 1248, 1294, 3510, *voiller* 3544, will, desire.
Vostre, vo, vos, *see* Introd. p. xliii.
Vous 469 &c., [ous] 2944, you.

Ycel, *see* **Cel**.
Ycest, *see* **Cest**.
Yre 3386, sad, angry.
Ytant; pour — 1684, 2659, 2835, therefore.

INDEX OF PROPER NAMES

(1) The spellings in brackets are the variants which occur in the text of the MS.
(2) 'Kervyn de Lettenhove' means his Index to Froissart. Vols. xx-xxiii contain index of persons; xxiv, xxv, of places.

A.

Abberbury, Richard, 4218.—Fighting abroad in 1356 (French Rolls, 30 Ed. III, m. 15), and in 1366 and 1368 (Gascon Rolls, 40 Ed. III, m. 14, and 42, m. 4).

Abbeville (Aueuille), 282.—Dept. Somme.

Agen (Agent), 686.—Dept. Lot-et-Garonne.

Aimery de Pavia (Amery de Pauye), 422.— A Lombard mercenary, in service of Edward III. 1348. Captain of the King's Galleys. 1349. Captain of the Castle of Calais. Share in plot for surrender of the town. 1352. Taken at Fréthun, Froissart says, by Geoffroi de Charny, and put to death at St. Omer (Froissart, iv, p. xxxviii, n. 2).

Airaines, p. 183. Note to 240-76.—Dept. Somme, arr. Amiens, c. Molliens-Vidame.

Albret, Arnaud Amanieu, Sire d' (Prince de la Bret or Labret), 2388, 3313, 3846.—Son of Bernard Ezi and nephew of the Comte d'Armagnac. Succeeded his father in 1358. 1363. Did homage to the King of England. 1366. Accompanied the Black Prince on the Spanish Expedition. Offended, either by rejection of his offer of a large force, or by non-payment of rent (Froissart, vi, p. xcvi). 1368. Appealed to the King of France (Arch. Nat., JJ 99, no. 345), and married Marguerite de Bourbon, sister of the Queen. 1372. Was granted lands of the Sire de Poyanne captured at La Rochelle (Bibl. Nat., Colbert, 31, f. 1085). 1382. Was made Grand Chamberlain of France. 1401. Died. (L'Art de vérifier les dates; Anselme, Hist. généalogique, vi. 209; Kervyn de Lettenhove; Arch. Nat., J 293, no. 16; JJ 105, no. 67 ; JJ 99, no. 345, &c., &c.)

Albret, Bérard d' (Berart or Berard de la Bret), 2366, 3349.—There were two of this name : (1) The son of Bernard Ezi, who married Hélène de Caumont, dame de Sainte-Bazeille, and took that title. In 1369 he was made Captain of Lavardac, Durance and Feuguerolles ; he joined the French in 1370 (Arch. Nat., JJ 100, no. 670), and is probably the Bérard d'Albret spoken of as prisoner to Sir Thomas Felton in 1374 (French Rolls, 48 Ed. III, m. 7). (2) Chandos is more probably referring to a nephew, not a brother of Arnaud Amanieu; the son and heir of Bérard d'Albret, Sire de Puch Normand (Gascon Rolls, 28 Ed. III, m. 13). The father, in 1354, signs a truce between England and France and is already on the English side. The son, in 1359, receives a reward for services done for England (Rymer, iii, pt. i, p. 183), and in 1373 is spoken of as 'dear and faithful', and restored to possession of his father's lands (Rymer, iii, pt. iii, 4).

Albret, Bernard Ezi, Sire d' (Prince de la Bret, Breet), 624, 1323.—Vicomte de Tartas, father of Arnaud Amanieu and Bérard, Sire de Sainte-Bazeille. Married (1) Isabelle de Gironde, (2) Mathe d'Armagnac. An early ally of England, doing homage in 1340. 1354. Given lands in recompense for what he had lost in English service (Gascon Rolls, 27 Ed. III, m. 7), and again in 1356 (Ibid., 29 Ed. III, m. 5). 1358. Died. (Anselme, vi. 209 ; Kervyn de Lettenhove.)

Albret, Bertucat d' (Bertrukat de la Bret), 2371, 3350.—A younger brother or bastard of the House of Albret (Froissart, vi, p. lxxii). Captain of Companies. Fought at Cocherel and in Spain, at Nájera on side of Black Prince. Fought for England in S. of France (Froissart).

Alby, William (Guilliam Alby), 3156.—Called by Froissart 'Alery' (Froissart, vii. 35). He carried the banner of Sir John Chandos at Nájera.

Alein, John, 2276.—Fighting under Chandos at the Battle of Nájera. Possibly the John Aleyn who received letters of protection in 1372 (French Rolls, 46 Ed. III, m. 19).

Alençon, Charles, Comte du Perche et d' (Alencion), 338.—A brother of Philip VI of France. Was killed at Crecy.

Amusco (Haumousque), 3664.—Spain, Province Valencia.

Anbeguy. See **Aubigny.**

Angle, Guichard d' (Guychard or Gwichard), 1041, 1195, 2285, 3239, 4199.—Lord of Pleumartin, Boisgarnault and Rochefort-sur-Charente. Lived about 1323-1380. At first served the French King as Seneschal of Saintonge (Beltz, 182, and Bibl. Nat. Fonds Fr., 2619, fol. 80) ; fought at Poitiers (Froissart). 1360. Ordered by King John to go to La Rochelle and take oath to the King of England (Bibl. Nat. Fonds. Fr., 23592, fol. 7). 1363-71. Marshal to the Black Prince in Aquitaine (Froissart). 1367. Joint Marshal of

English army in Spain, and distinguished at Nájera. 1370-2. Still fighting on side of the English (Arch. Nat., JJ 102 and 104). 1372. Made a Knight of the Garter (Beltz). Was taken prisoner with Pembroke at La Rochelle (Froissart). 1374. Released and went to England. 1376. Governor of Richard, P. of Wales. 1377. Earl of Huntingdon. 1380. Died in England. (Beltz, Order of the Garter; Doyle, Official Baronage; Kervyn de Lettenhove; Archives du Poitou, vol. xvii, 258, note.)

Angoulême (Anguileme or Anguyleme), 1616, 3816, 4059.—Dept. Charente.

Angoumois (Danguymois), 4214.

Anjou, Louis, Duc d' (Danio, Danioo), 1021, 4009.—Second son of King John of France. 1339-84. Was only Count of Anjou when he fought at Poitiers. 1360. Created Duke. One of King John's hostages in England, but escaped by breaking his parole. 1370-7. Fought against English in Guienne. 1382. Crowned King of Sicily. 1384. Died in Italy. Married Marie de Bretagne, daughter of Charles de Blois. (L'Art de vérifier les dates; Kervyn de Lettenhove.)

Aragon (Daragon), 1716, 2676, 3573.

Ariñez, Note to lines 2735-55.—Spain, Province Alava.

Armagnac, Jean I, Comte d' (Darmynak), 1921, 2365, 3347, 3845, 3855, 3868.—Comte de Fézensac and de Rodez. 1319. Became Count. At first allied with French King and his Lieutenant in Languedoc (Arch. Nat., JJ 76, June 1347, and Sceaux de Clairembault, ii. 273, 1353). 1363. Did homage to England. 1366-7. Fought with Black Prince in Spain. 1368. Appealed to King Charles (Arch. Nat., J 293, nos. 16 and 18; JJ 100, no. 881). 1371. Did liege homage to Charles (ibid. no. 20). Fought under Duke of Anjou. 1373. Died. (Froissart; Kervyn de Lettenhove, &c.)

Arruiz (Sarris), 2507.— Spain, Province Navarre.

Artois, 1525.—Old province. Now department of Pas-de-Calais.

Artois, Charles d'. See **Longueville**.

Athènes, Gautier, Duc d', Comte de Brienne (Dataine, Datainnes), 943, 1378. — 1341. Being driven out of Duchy came to France, and took part in war in Brittany. 1356. Made Constable of France (Arch. Nat., JJ 86, no. 16). Was killed at the Battle of Poitiers.

Aubeterre, Guardia Raymond, Sire d', (Dambeterre), 1991, 2263.—A great recruiter of the Anglo-Gascon Companies, who first went with du Guesclin, but returned and fought at Nájera under Lancaster (Froissart, vi, p. lxxxi). There was also a Robert d'Aubeterre of the same family, whom Froissart names as with the Prince in Spain, but he was not the Sire.

Aubigny, Renaud, Sire d' (Dangebuguy, Anbeguy), 1043, 1201.—A French noble captured by Winkfield at Poitiers. In 1358 money was paid to Winkfield for his prisoner 'Lord Dauboneye' (Issue Rolls, 32 Ed. III, ed. Devon). Was released in 1360 (Bibl. Nat. Fonds Fr., 23593; cf. Rymer, iii, pt. i, 216).

Aubréchicourt, Eustace d' (Dabrichecourt), 1106, 1691, 1988, 2322.—A Knight of Hainault, who became Captain of a Company; his brother Sanchet was a Knight of the Garter (Beltz, 90); he himself fought for the English and was one of their plenipotentiaries at Calais in 1360. Fought in Gascon campaigns of 1355 and 1356 (Froissart). First accompanied Bertrand du Guesclin to Spain, but returned at Black Prince's summons, and fought for him at Nájera. 1370-2. Fought on side of English in Gascon Wars (Gascon Rolls, 44 Ed. III, m. 9). 1373. Died at Carentan. (Fréville, Des Grandes Compagnies; Bibl. de l'École des Chartes, vol. v; Kervyn de Lettenhove; Froissart.)

Audeley, Sir James (Audelee), 139, 573, 677, 881, 1281, 1283, 1294, 3943.—Eldest son of Sir James Audeley of Stratton-Audeley, Oxon. Great friend and constant companion of Sir J. Chandos. 1346. Present in Crecy Campaign (French Rolls). 1350. At Battle of Espagnols-sur-Mer (Froissart). 1355-6. Campaigns of Black Prince in Gascony (Household Book, quoted Beltz, and Gascon Rolls, 29 Ed. III, m. 11), and especially rewarded for valour at Poitiers. 1367. Governor of Aquitaine while Black Prince in Spain. 1369. Fought under Cambridge, and was present at Siege of La Roche-sur-Yon. Died same year at Fontenay-le-Comte. (Dict. of Nat. Biography (a very poor notice); Beltz; Kervyn de Lettenhove, who agrees with Francisque Michel in giving the date of his death in 1386, but that much more likely to have been his son, cf. note to lines 3943-5, p. 183.)

Audrehem, Arnoul, Sire d' (Dodrehem, Doudenham, Daudenham, Dodenhem), 940, 1135, 1145, 1689, 2669, 2780, 2841, 3065, 3403.—1305-70. 1349. Lieutenant of King of France in Angoulême. 1351. Marshal of France after Edouard de Beaujeu (cf. Arch. Nat., JJ 84, no. 115). 1356. Captured at Poitiers (Froissart) and a prisoner till 1360 (safe-conduct to his valet 1355, French Rolls, 31 Ed. III, m. 14). 1366. Went with Bertrand du Guesclin to Spain. 1367. Captured at Nájera. 1369. Ransomed by Charles V. 1370. Died. (Molinier, in Mémoires des Savants, 1883; Archives du Poitou, vol. xvii, 376; Froissart.)

INDEX OF PROPER NAMES 239

Auvirmetri, Sir Thomas d (Dauvirmetri) 2618.—A doubtful name. Froissart speaks of a Thos. de Daimery, who fought at Nájera and was knighted by Lancaster. Francisque Michel suggests that this might really be a Thomas Daventrie, mentioned as fighting abroad with Earl of Stafford, in 1355 (Gascon Rolls, 29 Ed. III, m. 11), and with Lancaster in 1366 (Ibid. 40 Ed. III, m. 4) and 1369 (Ibid., 43 Ed. III, m. 15. Printed by Rymer).

Auxerre, Jean de Chalon III, Comte d' (Dantoire), 751.—Son of Jean II, killed at Crécy. 1356. Captured with Joigny before Battle of Poitiers. Mentioned as a prisoner in 1357 (French Rolls, 31 Ed. III, m. 12). 1360. Freed (Rymer, iii, pt. ii, p. 205) and died not long after. (L'Art de vérifier les dates; Kervyn de Lettenhove.)

B.

Baigerant. See **Naudon de Bageran**.
Barfleur (Barflewe), 171.—Dept. Manche, arr. Valognes, c. Quettehou.
Baskerville, Richard de, 4227.—Seneschal of Agenais according to Chandos. Mentioned as receiving letters of attorney in 1355 (Gascon Rolls, 29 Ed. III, m. 11) and 1372 (French Rolls, 46 Ed. III, m. 15), but without the addition of any title.
Basque (Baskle), 2037.—A Pyrenean country, including, in Spain, the Provinces of Alava, Guipuzcoa and Biscaye; in France, the SW. corner now part of the Basses-Pyrénées.
Basset, Ralph, of Drayton, 568, 1311.—Accompanied the Black Prince to Gascony in 1355 (Gascon Rolls, 29 Ed. III, m. 11) and fought at Poitiers (Froissart). He was again in the Prince's retinue in 1365-6 (Gascon Rolls, 39 Ed. III, m. 5; 40 Ed. III, m. 13), and fighting in Aquitaine during the campaigns of 1372 and 1373 (French Rolls, 46 Ed. III, m. 17; 47 Ed. III, m. 19). He died in 1390. (Beltz, 159; Froissart.)
Bayane, 1528,—doubtful.
Bayeux (Bayeus), 172.—Dept. Calvados.
Bayonne (Baione, Bayone), 1932, 1941, 1949, 3743, 3751.—Dept. Basses-Pyrénées.
Beauchamp, John (Beauchamp, Jehans), 131. — Second son of Guy Beauchamp, Earl of Warwick and brother of Thomas; he carried the royal standard at Crécy (Patent Rolls, 25 Ed. III), was made Captain of Calais in 1349 (Rymer, iii, pt. i, p. 175; cf. also Gascon Rolls, 29 Ed. III, m. 2; French Rolls, 31 Ed. III, m. 16 dorso); Constable of the Tower, 1360, and died in 1361. (Beltz, 47; Dugdale, i. 226.)
Beauchamp, Thomas, Earl of Warwick. See **Warwick**.
Beauchamp, William, Lord of Bergavenny, 2250, 3210.—Youngest son of Thomas, Earl of Warwick. 1366. Went with Lancaster to Spain, and fought at Nájera. 1370. Accompanied the Duke to Gascony (Gascon Rolls, 44 Ed. III, m. 3), and fought at Limoges and Montpaon (Froissart). 1411. Died. (Beltz, 227; Kervyn de Lettenhove.)

Beaufort, Roger de (Rogier de Beauford), 4043.—1342-89. Son of Guillaume Roger II, Comte de Beaufort and Vicomte de la Motte, whose brother was Pope Gregory XI. He shared command of Limoges at the time when the Black Prince took and sacked it (Froissart). (Anselme, vi. 316.)

Beaujeu, Edouart, Sire de (Biaugiu), 420.— 1316-51. Son of Guichard de Beaujeu, Chamberlain of France. 1347. Succeeded Charles de Montmorency as Marshal of France (Arch. Nat., JJ. 78, fol. 258). 1352. Killed at Ardres fighting against the English. (Anselme, vi. 724; Ferdinand de la Roche la Carelle, Histoire de Beaujolais.)

Beaumont, Jean de Hainault, Sire de (Johan de Baiumont), 199.—Son of Jean II, Comte de Hainault. Married Marguerite de Nesle, through whom he became Comte de Soissons, a title which he resigned, however, in 1344. Fought for Philip VI at Crecy, and forced him to escape, accompanying his flight. Died in 1357. (L'Art de vérifier les dates, under Comte de Soissons.)

Beguer, Gaillard, or Vighier, 2731, 2804.— Did homage to England after the Peace of Brétigny. Became a member of the Companies; went to Spain with du Guesclin, and then returned to accompany the Prince (Froissart).

Benesques. See **Briviesca**.

Bernard de la Salle (Barnat de la Salle, Bernard de la Sale), 1993, 2377.—A native of Navarre, and member of Great Company. Went with Bertrand du Guesclin to Spain, 1366, but returned on summons of Black Prince, and fought for him in campaign of Nájera. Was fighting for English, 1370-2, and at Siege of Limoges (Froissart).

Berry, 720.—An old province; now departments of Cher and Indre.

Berry, Jean Comte de Poitiers, and Duc de (Barry), 1021, 4011.—Third son of John of France, 1340-1416. Married Jeanne d'Armagnac. Was only Comte de Poitiers when he fought at Poitiers, wrongly called Berry by Chandos. 1359. Became Lieutenant for the King in Languedoc (Delisle, Mandements de Chas. V, no. 495). 1360. Created Duke of Berry and Auvergne. Successes against the English, especially at La Rochelle and Thouars (Arch. Nat., K 49^b, no. 59). (L'Art de vérifier les dates; Kervyn de Lettenhove.)

Bertuls. See **Breteuil**.

Bertrand du Guesclin (Bartram de Claykyn, Bartrem de Klaykyn, Bertrans), 1661, 1669, 1685, 1708, 1813, 2673, 2971, 2984, 3068, 3257, 3318, 3401, 3975, 3987, 4001.—1320. Born of a poor though ancient Breton family. 1338. Distinguished himself at a tournament at Rennes. Fought in Brittany for Charles of Blois. May 16, 1364. Defeated the Captal de Buch at Cocherel, and was made Count of Longueville and Marshal of Normandy. Sept. 28, 1364. Was defeated by Chandos in the Battle of Auray and taken prisoner. 1365. Ransomed by the Pope, King Charles and Henry of Trastamare. 1366. Led the Companies into Spain to help Henry. 1367. Taken prisoner at the Battle of Nájera, but ransomed the same year (Arch. Nat., J 351, no. 7). March 14, 1369. Aided Henry in his victory over Pedro at Montiel and was created Duke of Molinas. 1370. Fought with the Duke of Anjou against the English. Oct. 1370. Was made Constable. 1388. Died at Château-Neuf, and was buried at St. Denis (Luce).

Bertrand, Robert, Baron de Briquebecq. (Bertrans), 155.—1325. Marshal of France (Sceaux de Clairembault, ii, Nos. 1572, 1573). 1342. Fought in Brittany (Froissart). 1345. Captain of the sea-coast of Normandy (Sceaux de Clairembault, ii, p. 362), and was in defence of the country in 1346 (La Roncière, Hist. de la Marine Française, i. 478. Quotes from a chronicle, Bibl. Nat. Fonds Fr., 20363, fol. 175 verso, which seems to support the story of his vain attempt to check landing of English). Died in 1348, when Guy de Nesle succeeded as Marshal. (Anselme, vi, p. 688.)

Béziers (Vesier), 648.—Dept. Hérault.

Biaugiu. See **Beaujeu**.

Bigorre (Pygor), 2344, 4235.—An old Vicomté ; now Department of Hautes-Pyrénées.

Blanchetache, 259.—Passage of the Somme, between Abbeville and Saint-Valery.

Blois, Charles de, 1657.—1319-64. Son of Guy de Châtillon, Comte de Blois, and Marguerite de Valois, sister of Philip VI. Married Jeanne de Penthièvre, daughter of Guy, Duke of Brittany. 1341. Claimed the Duchy of Brittany against Jean de Montfort, brother of the Duke, Jean III ; a decision was given in his favour, and he was supported by French King, Edward III helping his rival. 1345. Jean de Montfort IV died, leaving claims to Jean V, who continued the struggle. 1346. Taken prisoner by English at Battle of Roche-Derrien ; Jeanne de Penthièvre continued the war. 1356. Given safe-conduct to come to France (French Rolls, 30 Ed. III, m. 10). Sept. 29, 1364. Defeated and slain at Auray. (L'Art de vérifier les dates ; Kervyn de Lettenhove.)

Blois, Louis de Châtillon, Comte de. Might possibly be read instead of Joii, 341.—He married Jeanne, daughter of Jean de Hainault ; and was killed at the Battle of Crécy (Froissart).

Bohemia, Jean de Luxemburg, King of (Roi de Beaume), 195, 285, 334, 367.—1295-1346. Son of Henry III, Comte de Luxemburg. Married the daughter of Wenceslas I of Bohemia. 1311. Became King of that country. His sister married Charles IV of France, and he became a firm ally of the French. 1338-41. Fought in Gascony. 1346. Killed at Crecy.

Bohun, William de. See **Northampton**.

Bond, Nicholas, 2613.—Accompanied the Black Prince to Spain, and was knighted before Nájera. 1368-9. Still in the Prince's retinue (Gascon Rolls, 42 Ed. III, m. 4, and 43, m. 3). 1370. Fought under the Duke of Lancaster (Ibid. 44 Ed. III, m. 9). 1372. Was rewarded for good services (Ibid. 47 Ed. III, m. 1).

Bordeaux (Burdeux), 617, 639, 657, 1442, 1446, 1455, 1484, 1616, 1966, 2025, 2048, 2117, 2139, 2150, 3753, 3774, 3789.—Dept. Gironde.

Boteller, Willecock le, 2273.—Possibly the same as Willemus le Botiller, mentioned repeatedly in the French and Gascon Rolls, who fought in 1355 (French Rolls, 29 Ed. III, m. 9), went to Spain 1367, and married Joan Sudley. (Kervyn de Lettenhove.)

Bouciquaut, Jean le Maingre dit (Buscikant, Buscicaunt), 714, 871.—Born in Touraine. 1337. Fighting against the English in Guienne. 1349. Was made prisoner by the English, and does not seem to have been freed before 1354 (Rymer, iii, pt. i, 93). In 1356 he fought with King John in Poitou and Languedoc. Aug. 29, 1356. Captured at Romorantin. 1357. Signed the truce between England and France at Bordeaux, as did the other prisoners (French Rolls, 31 Ed. III, m. 14 dorso). June 1, 1357. Was given a safe conduct to go to Poitou (Ibid. m. 12), and apparently freed the same year. He was made Marshal of France, Jean de Clermont his predecessor having been killed at Poitiers. 1361. Was charged to deliver towns to Chandos, and became eventually a vassal of the English (In Bibl. Nat. Fonds Lat. 17041, is spoken of as having been Guardian of the Castle of Lésignan, for 'notre Seigneur le roi d'Angleterre'). 1367. Died. (Archives du Poitou, vol. xvii, Introduction ; Anselme, vi. 753.)

Bourbon, Jacques de, Comte de Ponthieu and La Marche (Jakes de Burbon), 1025, 1355.—Third son of Louis I, Duc de Bourbon.

INDEX OF PROPER NAMES 241

1347. Was Lieutenant for the King of France in Saintonge, Poitou, Touraine, Anjou, Maine, Berry and Limousin (Arch. Nat., JJ 76, no. 195). Became Constable of France after the murder of Charles d'Espagne (Rymer, iii, pt. ii, 38) in 1354 but surrendered the office to the Duke of Athens in 1356. Was taken prisoner at Poitiers by the Captal de Buch; signed truce of 1357 (French Rolls, 31 Ed. III, m. 14 dorso); was set free in 1360 (Rymer, iii, pt. ii, 27). 1361. Mortally wounded at Battle of Brignais (Archives du Poitou, vol. xiii, 340, note; Anselme, vi. 164).

Bourbon, Jean de, Comte de la Marche, 1687.—A son of Jacques de Bourbon; Captain of Companies; accompanied Bertrand du Guesclin to Spain to fight against Pedro; died in 1393.

Bourbon, Louis II, Duc de, Comte de Clermont, 4011.—A son of Pierre I, whom he succeeded in 1356. 1360. Went with King John to England, and became his hostage. 1367. Ransomed himself (French Rolls, 41 Ed. III, m. 2). 1370-3. Fought against English under Duc de Berry. Present at Siege of Thouars, &c. (Chazaud, Chronique de Loys de Bourbon; Froissart.)

Bourbon, Pierre I, Duc de, Comte de Clermont, 965, 1377.—Son of Louis I. Married Isabelle, sister of Philip VI. 1353. Commissioner to treat for peace with England (Rymer, iii, pt. i, 86). 1356. Killed at Poitiers. (Arch. Nat., JJ 78, no. 91; 85, no. 112; Bibl. Nat. Fonds Doat, tome 132, fol. 28.)

Bourchier, John, Lord (Bourcier), 2335.—Evidently John Bourchier, who accompanied the Black Prince in 1367 (Gascon Rolls, 41 Ed. III, m. 3). 1370. He served under the Earl of Cambridge (Ibid., 44 Ed. III, m. 9). 1373. Was taken prisoner by the French (French Rolls, 47 Ed. III, m. 19).

Bourdeilles, 3927.—Dept. Dordogne, arr. Périgueux, c. Brantôme.

Breteuil, Bour de (Bourt de Bertuls), 2373.—A Captain of the Companies. 1361. Fought at the Battle of Brignais. Went with Black Prince to Spain and fought at Nájera. Fought on the side of the English at Limoges. Finally joined the Marquis de Montferrat, and was put to death. (Kervyn de Lettenhove; Froissart.)

Brian, Guy de, 135.—A Knight of Devonshire, who fought at Crécy, and died in 1349. His son, Guy de Brian, Lord of Laghern, is the more celebrated. It was he who distinguished himself at the time of the Calais plot (see note to lines 429-32), took a leading part in wars and treaties with France, became Admiral of the Fleet and Knight of the Garter. (Beltz, 179; Kervyn de Lettenhove.)

BLACK PRINCE   I i

Brie (Vrie), 1527.—Part of the Dept. of Seine-et-Marne.

Briquet, Robert (Briket), 1989, 2270, 3205.—One of the Captains of Companies, who first went to Spain with Bertrand du Guesclin (Thalamus de Montpellier, 369), then returned and accompanied the Black Prince in 1367; was knighted by Chandos, and fought at Nájera. He afterwards took part, with many other members of the Companies, in the war in Lombardy (Froissart).

Brittany, 1653, 2124.—Includes departments of Ille-et-Vilaine, Côtes-du-Nord, Finistère, Morbihan, Loire-Inférieure.

Briviesca (Benesques), 3597.—Spain, Province Old Castile.

Buch, Jean de Grailly III, Captal de, 526, 679, 1321, 2389, 3311, 3322.—Son of Jean de Grailly II and Blanche de Foix, the cousin of Gaston Phoebus; succeeded to the title in 1343. An ally of the English, and fought under the Black Prince in 1355 and 1356. At Poitiers he captured Jacques de Bourbon. After that he became Lieutenant to the King of Navarre (Arch. Nat., K 49ᵃ, no. 32), and was captured at Cocherel. In 1367 he accompanied the Black Prince to Spain, and fought at Nájera. In 1370 Edward gave him Bigorre in reward for his services (Gascon Rolls, 44 Ed. III, m. 8). 1371. He was made Constable of Aquitaine. 1373. Was captured by the French at the Battle of Soubise. 1377. Died in prison. (Beltz; Froissart; Kervyn de Lettenhove.)

Burghersh, Bartholomew de (Bertreme, Bartholomeus, Bartrem de Burghees), 133, 563, 879, 1315.—The son of Bartholomew de Burghersh, Lord Chamberlain of England. Shared in the French Campaign of 1346; fought at Crécy (MS. in Bibl. Corpus Christi College, Cambridge); took part in the Siege of Calais, and the Battle of Espagnols-sur-Mer (Froissart). 1355. Accompanied the Black Prince to Gascony (Household Book, quoted Beltz, App. iv). 1356. Fought at Poitiers. 1357. Signed truce at Bordeaux (French Rolls, 31 Ed. III, m. 15). 1366. Still abroad (Ibid., 40 Ed. III, m. 15). 1369. Died. (Beltz, 45; Dugdale, ii. 35; Dict. of Nat. Biography.)

Burgos (Burhes, Burghes), 3555, 3559, 3565, 3603, 3620, 3629. Capital of Old Castile.

Burgundy (Burgonie), 1527.—Old province; now depts. of Yonne, Côte-d'Or, Saône-et-Loire, Ain.

Burhes. See **Burgos**.

Burleigh, Simon (Simond de Burelee), 2466, 2535.—1336-88. A relative of Walter Burleigh, tutor of the Black Prince. 1367. He accompanied the Prince to Spain. 1369. Was captured by the French, but exchanged.

242   INDEX OF PROPER NAMES

1370. Fought under Lancaster. 1380. Was tutor to King Richard, and took a leading part in the government. 1388. Was impeached and beheaded. (Dict. of Nat. Biography; Kervyn de Lettenhove.)

C.

Caen (Ken), 172.—Dept. Calvados.
Cahors (Caours), 686.—Dept. Lot.
Calais (Caleys, Calois), 374, 385, 407, 419, 1562. —Dept. Pas-de-Calais, arr. Boulogne-sur-Mer.
Calatrava, Master of the Order of, 3109, 3456.—Pero Moñiz or Muñiz, an ally of Henry of Trastamare, took the place of Don Diego Garcia de Padilla, who held the office under Pedro the Cruel. He was taken prisoner at Nájera, and submitted to Pedro, but was again on Henry's side at the Battle of Montiel, March, 1369. (Catalina Garcia, Castilla y Leon, Madrid, 1892.)
Calverley, Hugh de (Calvelee), 1693, 1739, 2197, 2202, 2696, 3348.—A son of David de Calverley, and possibly a half-brother of Sir Robert Knolles (Dict. of Nat. Biography). He fought in the Breton War and was present at the Battle of Auray in 1364; went to Spain first with du Guesclin, afterwards with the Black Prince; he became Seneschal of Limousin (Froissart), Deputy of Calais, and Governor of Brest; and died in 1393. (Dict. of Nat. Biography.)
Cambridge, Edmund of Langley, Earl of (Esmond, Comte de Cantebrigge), 3918, 3940. —1341-1402. Fifth son of Edward III. Married (1) Isabel, second daughter of Pedro the Cruel; (2) Joan, daughter of Thomas Holland, second Earl of Kent. 1362. Created Earl of Cambridge. 1369. Was sent with the Earl of Pembroke to Aquitaine, where he fought during the following year (Gascon Rolls, 44 Ed. III, m. 4) and took Bourdeilles and La Roche-sur-Yon. 1373. Captain General in France and Brittany. 1385. Created Duke of York. 1402. Died. (Doyle, Official Baronage; Beltz, 136; Froissart.)
Camois, Raoul (Cammois), 2615.—In Lancaster's army at the Battle of Nájera. (Ayala, i. 553.)
Campayne. See **Caupene.**
Camus, Bour or **Bâtard** (Bourt Camus), 2374.—A member of the Companies, who went to Spain, first with du Guesclin, afterwards in the Black Prince's army. He was either a Navarrais or a Gascon. (Froissart, vi, p. xxii; Kervyn de Lettenhove.)
Camyn, Robert (Camyyn), 2269.—A member of the Companies, who followed the Black Prince to Spain, 1367.
Cantebrigge. See **Cambridge.**
Carcassonne (Carkason), 648.—Dept. Aude.
Carentan, 171.—Dept. Manche, arr. Saint-Lô.

Castro, Fernandez de (Ffarrantz, Fferant de Castres), 1795, 1852, 3625.—A descendant of the old Lords of Biscay, and brother of Inez de Castro (Mérimée, Hist. de Don Pedro, 133). He at first joined the rebellion of Henry of Trastamare and married his sister; but in 1154 permanently rejoined Pedro, Henry having apparently annulled his marriage. He was Governor of Galicia for Pedro, and remained faithful to him (Catalina Garcia, 354), being taken prisoner at the Battle of Montiel.
Caupene, Raymond Guillaume, Sire de (Campayne), 1325.—A powerful Gascon noble, who joined the English in 1348; in 1354 he signed a truce between England and France as representing the former (Gascon Rolls, 28 Ed. III, m. 13). He fought at Poitiers, and there took prisoner the Comte de Vendôme (Issue Rolls, 35 Ed. III). In 1374 he was Châtelain of Mauléon (Gascon Rolls, 48 Ed. III, m. 1).
Caux, 220.—An old country in present department of Seine-Inférieure.
Chandos, the Herald, 4187.—The Herald of Sir John Chandos from about 1360; was employed to treat with the Comte de Foix in 1366; accompanied his master to Spain in 1367; joined the Earl of Buckingham in 1381; and became Ireland King-at-Arms in 1382. Kervyn de Lettenhove thinks that he was a Breton, and that his name was Guyon, but this is by no means a certainty. (Anstis, Order of the Garter, i. 432; Froissart.)
Chandos, Sir John, 139, 573, 677, 881, 1281, 1307, 1910, 1971, 2214, 2227, 2257, 2279, 2720, 3121, 3145, 3199, 3235, 3287, 3718, 3722, 3933, 3950, 3979, 3993, 4197.—Son of Thomas Chandos, Sheriff of Herefordshire, and descendant of Robert de Chandos who came over with William the Conqueror. He fought at Sluys, Crécy and Poitiers, being rewarded for his gallantry at the latter, where he is supposed to have saved the Prince's life. 1360. Became Vicomte of Saint-Sauveur-le-Vicomte. 1361. Constable of Aquitaine. 1364. Won the Battle of Auray. 1367. Was in the Spanish campaign and captured Bertrand du Guesclin at Nájera. 1369. Was Captain of Montauban and Seneschal of Poitou (Froissart, vii, pp. lxxiv and lxxv). Dec. 31, 1369. He was mortally wounded in a skirmish at Lussac. Jan. 1, 1370. Died at Chauvigny, and was buried at Mortemer. (Dict. of Nat. Biography; Fillon, Life of Chandos.)
Charles V, King of France, 960, 981, 1220, 1240, 3857, 3865, 3889, 3973.—1337-80. Charles, Duke of Normandy, eldest son of King John; married Jeanne de Bourbon;

fled from the Battle of Poitiers and became Regent on the capture of his father. 1360. He negotiated the Peace of Brétigny. April 8, 1364. Became King of France. 1368. Received appeals of the Gascon Nobles. 1369. Summoned the Black Prince to answer for his conduct. 1370. Declared Aquitaine confiscated. 1380. Died.

Charles IV, Emperor (Roy Dalmanye, Dalmeyme), 198, 286.—1316-78. Son of John, King of Bohemia. 1346. Was elected King of the Romans. Fled from the Battle of Crécy. 1347. His election to the Empire opposed, but established later. 1356. He published the Golden Bull. 1378. Died.

Charles II, King of Navarre, 1917, 1920, 1956, 2192, 2198, 2210, 2319, 2479, 3309, 3725.—1332-87. Eldest son of Philip III, King of Navarre, and Jeanne, daughter of Louis X of France. 1350. Succeeded his father as King of Navarre. 1351. Married Jeanne, eldest daughter of King John of France. 1353. Suspected of share in the murder of Charles d'Espagne. He intrigued with the English and also with Étienne Marcel, was for a time imprisoned by the French King, but later came to terms with the Regent. 1366. He made treaties both with Henry of Trastamare, and with the Black Prince and Pedro. 1367. Imprisoned for a time by Olivier de Mauny. 1370. Made a treaty with Edward III. 1371. Did homage to Charles V. 1357. Died at Pampeluna. (Secousse, Hist. de Charles le Mauvais; L'Art de vérifier les dates.)

Charles de Blois. See **Blois.**

Charny, Geffroi de (Charguy), 421, 871, 890.—Seigneur of Pierre-Perthuis, Montfort and Savoisy. Served under the Constable d'Eu on the frontiers of Flanders. 1348. Received grants from Philip VI for loyal services (Arch. Nat., JJ 77, no. 275). 1349. Was made Captain of St. Omer. 1350. Tried to win back Calais by a plot. He was captured in the fighting at Calais, but ransomed in the following year. He bore the oriflamme at Poitiers, and was killed in the battle. (Arch. du Poitou, xiii. 357, note; Kervyn de Lettenhove.)

Chartres, 735, 1537.—Dept. Eure-et-Loir.

Chauvigny.—Dept. Vienne, arr. Mont-Morillon.

Clermont, Jean de, Marshal of France, 871, 939, 1139, 1147, 1199, 1379.—1347. Became Seigneur de Chantilly. 1352. Succeeded Guy de Nesle as Marshal of France. 1353. Was Captain in Picardy and Artois (Arch. Nat., J 637, no. 7 *bis*). 1354. Lieutenant in Poitou, Saintonge and the Limousin, &c. (Arch. Nat., JJ 86, no. 37). 1356. Was killed at Poitiers. (Arch. du Poitou, xvii. 192, note; Anselme, vi. 750.)

Clisson, Olivier de (Clisceōn, Ciichon), 2129, 2327, 3329.—1364. A Breton ally of the English; he fought for them at Auray. Received the Duke of Lancaster at Nantes, went to fight in Spain, and was at the Battle of Nájera. 1370. He swore allegiance to Charles V, who had made him grants of land (Froissart, vi, p. lxxvii), and became sworn brother-in-arms of du Guesclin. 1371. Lieutenant of Charles in Poitou. 1380. Constable. 1397. Died.

Cobham, Reginald, of Sterburgh, Lord, 132, 571, 1312.—Son of John Cobham and Joan Nevyll. Fought at Crécy, Calais and Winchelsea (Froissart). Was Captain of Calais in 1356 (Rymer, iii, pt. i, p. 94); but was fighting with the Black Prince in 1355 and 1356 (Gascon Rolls, 29 Ed. III, m. 11; 30 Ed. III, m. 5). 1356. Fought at Poitiers, where he captured Charles d'Artois (Patent Rolls, 33 Ed. III). 1357. Signed the truce at Bordeaux (French Rolls, 31 Ed. III, m. 14). 1361. Died of the plague. (Beltz; Kervyn de Lettenhove; Dugdale, ii. 67.)

Comminges, Pierre Raymond II, Comte de (Corages), 3846.—Son of Pierre Raymond I, whom he succeeded in 1342 or 1343. He only joined the English very reluctantly after 1360. 1367. Went with the Black Prince to Spain, and fought at Nájera (Froissart). 1370. Joined the Duke of Anjou and fought against the English until his death in 1376. (L'Art de vérifier les dates; Kervyn de Lettenhove.)

Constantyn. See **Cotentin.**

Corages. See **Comminges.**

Cordova (Cordual, Cordeval), 1809, 3611.—Spain, capital of Andalusia.

Corunna (Calonge), 1786, 1825.—Spain, Province Galicia.

Cosinton, Stephen de, 2282, 3237, 4200.—1355. Went with the Black Prince to Gascony (Gascon Rolls, 29 Ed. III, m. 11; 30 Ed. III, m. 6), and fought at the Battle of Poitiers (Froissart). Was still abroad in 1365 and 1366 (Gascon Rolls, 39 Ed. III, m. 5; 40 Ed. III, m. 12). Went to Spain and fought at Nájera. 1370 and 1371. Fought under various English commanders in the struggle for Gascony (Froissart).

Cotentin (Constantyn), 121, 169, 2119, 2124.—A part of Normandy; now in the department of Manche.

Couchon, 1324.—A Gascon who fought for the Black Prince at Poitiers.

Courteney, Hugh de (Huon), 2611.—Eldest son of Hugh, Earl of Devon and Baron of Okehampton, and of Margaret de Bohun. He went with the Black Prince to Spain, and fought at Nájera.

Courteney, Peter de (Peron), 2612.—Brother of the above; also in Spain. 1388. Became

Chamberlain of Richard II. 1399. Captain of Calais. 1409. Died.
Courtenay, Philip de, 2612.—Brother of Hugh and Peter; also in Spain. 1372. Was made Admiral of the Fleet (French Rolls, 46 Ed. III, m. 46). 1384. Lieutenant of Ireland.
Craon, Amaury IV, Sire de, 715.—Son of Maurice VII. 1350. Lieutenant of the French King in Poitou, Limousin, Saintonge and Périgord (Arch. Nat., JJ 84, no. 224). 1356. Captured, together with Bouciquaut, at Romorantin. 1360. Released (Rymer, iii, pt. ii, 27). 1366-7. Was Lieutenant of Charles V in Anjou, Touraine and Maine (Arch. Nat., JJ 85, no. 590). May 30, 1371. Died. (Arch. du Poitou, xiii. 378 note; Kervyn de Lettenhove.)
Crécy en Ponthieu (Cressy), 290.—Dept. Somme, arr. Abbeville.
Cressyn. See **Quercy.**
Creswell (Cressewell), 1989, 2270.—A Captain of the Companies, who went to Spain with du Guesclin, but afterwards joined the Black Prince, and fought with him at Nájera. He appears also to have served under the Duke of Lancaster in 1371 (Gascon Rolls, 45 Ed. III, m. 3). In the end he went off to fight in Italy, where he was taken prisoner, and died (Froissart).
Curson, 3201.—Fighting in Spain in the English army, and knighted by Chandos. Identity rather uncertain. There was a Gascon family named Curzon; but this man being mentioned with other English, he is far more likely to be one of the Cursons who occur from time to time in the Gascon Rolls; very probably the 'Rogerus Curson Miles', receiving letters of protection in 1373 (French Rolls, 47 Ed. III, m. 26). (Gascon Rolls, 47 Ed. III, m. 8, speak of Hugh Cursoun; French Rolls, 46 Ed. III, m. 14, speak of John Curson.)
Curton, Petiton de (Courton), 627, 1107, 2328.—A Gascon noble and early ally of the English. Went to Spain with the Black Prince, was knighted by Chandos, and fought at Nájera. 1370. Was made one of the Captains of Montauban; and fought under Lancaster. 1381. Went to serve the Comte de Foix. (Froissart.)

D.

Dabrichecourt. See **Aubréchicourt.**
Dambeterre. See **Aubeterre.**
Dammartin, Charles de Trie, Comte de (Daunmartyn), 1033. 1359.—Son of Jean II, Comte de Dammartin. Fought for Charles de Blois in Brittany. 1356. Was made prisoner by Salisbury at Poitiers (French Rolls, 31 Ed. III, m. 10). 1364. Ransomed.

1365. Godfather of Charles VI. 1394. Died. (Anselme, vi. 671; Kervyn de Lettenhove.)
Dangebuguy. See **Aubigny.**
Danio, Danioo. See **Anjou.**
Dantille. See **Tello.**
Dantoire. See **Auxerre.**
Darminak. See **Armagnac.**
Dataine, Datainnes. See **Athènes.**
Dax (Dasc), 2107, 2153, 2178.—Dept. Landes.
Degori Says, 2729, 2803.—Or, according to Froissart, d'Aghorisses; possibly the same as Gregori Seys, Seigneur de Gencey (Froissart, viii, p. lx), who was still in France in 1375 (Arch. Nat., JJ 106, no. 249). He took part in Felton's skirmish before the Battle of Nájera, and was one of the prisoners. Fought later at Limoges, Moncontour, and Rochelle (Froissart). (There was an English family of Say mentioned occasionally in the Rolls. Letters of protection in 1355 were granted to Galfridus de Say. French Rolls, 29 Ed. III, m. 9.) It is very doubtful whether Froissart's d'Aghorisses and Gregori Seys, Seigneur de Gencey, were really one and the same, since the former was said by the Chronicler to be an Englishman with lands on the Welsh border. (Kervyn de Lettenhove.)
Delawarre. See **Warre, de la.**
Denia, Alfonso, Comte de (Dene), 3067, 3405. Son of Don Pedro, the Infant of Aragon, and Jeanne de Foix. An ally of Henry of Trastamare. 1366. Made Marquis of Villena by Henry. 1367. Taken prisoner at Nájera. 1383. Became Constable of Castile. 1412. Died. (Kervyn de Lettenhove.)
Despenser, Édouard le, 567, 1309.—Grandson of Edward II's favourite, Hugh le Despenser. 1355. Accompanied the Black Prince to Gascony (Gascon Rolls, 29 Ed. III, m. 3), fought at Romorantin and Poitiers (Froissart). 1360. Became a Knight of the Garter. 1372. Accompanied the King on his attempted voyage to France. 1374. Prepared again for war abroad (Gascon Rolls, 48 Ed. III, m. 9). 1375. Died at Cardiff. He was a friend of Froissart; and married a daughter of Bartholomew de Burghersh. (Beltz, 140; Kervyn de Lettenhove; Dugdale, i. 394.)
Devereux, John, 1989, 2281, 3238.—1367. Accompanied the Prince to Spain, and fought well at Nájera. Remained with the Prince next year (Gascon Rolls, 42 Ed. III, m. 4). 1370. He was Seneschal of La Rochelle and Limousin (Froissart, viii, p. xxxii). 1379. Captain of Calais. 1387. Constable of Dover. 1393 or 1394. Died.
Dipre. See **Ypres.**
Dodrehem. See **Audrehem.**
Doudenham. See **Audrehem.**

E.

Edward III, King of England, 57, 107, 208, 292, 361, 399, 409, 413, 428, 445, 1461, 1469, 1517, 1530, 1579, 4077, 4091, 4139.—1312-1377. Eldest son of Edward II and Isabella of France. 1325. Count of Ponthieu and Duke of Aquitaine. Did homage for his fiefs to Charles IV of France. Jan. 29, 1327. Crowned King of England. 1328. Married Philippa of Hainault. Laid claim to French throne, which was, however, adjudged to Philip VI of Valois. 1329. Did homage to Philip with certain reservations. Jan. 26, 1340. Assumed the title of King of France. Feb. 24, 1340. Won the Battle of Sluys and besieged Tournay. 1342. Joined Jean de Montfort against Charles de Blois. 1346. In the Crécy campaign. 1347. Capture of Calais. 1350. Victory of Espagnols-sur-Mer. Oct. 1359. Expedition to France, ending in (1360) Peace of Brétigny, ratified at Calais. 1372. Abortive expedition to France; winds hostile. June 25, 1377. Died at his Palace at Sheen.

Edward the Black Prince, 55, 63, 68, 147, 178, 208, 251, 293, 324, 410, 413, 429, 450, 489, 532, 551, 576, 595, 621, 636, 658, 703, 743, 752, 760, 777, 807, 821, 880, 935, 1064, 1116, 1123, 1165, 1240, 1249, 1260, 1284, 1296, 1337, 1412, 1426, 1436, 1459, 1478, 1502, 1519, 1563, 1580, 1585, 1596, 1856, 1869, 1885, 1947, 1965, 1977, 2023, 2032, 2048, 2072, 2078, 2099, 2104, 2134, 2185, 2200, 2215, 2314, 2346, 2353, 2360, 2401, 2405, 2441, 2457, 2491, 2561, 2584, 2682, 2687, 2720, 2810, 2822, 2834, 2861, 2882, 2907, 2964, 3007, 3033, 3051, 3122, 3133, 3160, 3172, 3188, 3195, 3328, 3337, 3453, 3469, 3483, 3496, 3518, 3536, 3543, 3549, 3558, 3596, 3604, 3619, 3627, 3639, 3645, 3659, 3677, 3687, 3703, 3713, 3733, 3743, 3752, 3769, 3776, 3785, 3799, 3813, 3817, 3832, 3843, 3861, 3908, 3914, 3949, 3995, 4019, 4032, 4050, 4081, 4091, 4119, 4156, 4171, 4190, 4241, 4244.—4330-76. Edward of Woodstock, eldest son of Edward III and Philippa of Hainault. Duke of Cornwall, Earl of Chester, &c. 1338 and 1342. Guardian and Lieutenant of England during his father's absence. 1343. Created Prince of Wales. 1346. Accompanied his father to France and was knighted. Prowess at Crécy, Calais and Winchelsea. 1355. Lieutenant of Aquitaine; his campaign in Gascony. 1356. Victory at Poitiers. 1357. Returned to England with King John. 1359. Accompanied his father to France. 1360. Took a leading part in negotiating the Peace of Brétigny. Oct. 10, 1361. Married Joan of Kent, daughter of Edward I's son, Edmund of Woodstock, and widow of Thomas, Lord Holland. July 19, 1362. Made Prince of Aquitaine and Gascony.

1363. Established his Court at Bordeaux. 1366. Arranged treaties with Pedro and Charles of Navarre. Was created by Pedro Lord of Biscay and Castro de Ordiales. April 3, 1367. Victorious at Nájera or Navarete. Sept. 1367. Returned to Bordeaux. Jan. 1368. Levied a *fouage* or hearth-tax, which roused much discontent. Jan. 1369. Summoned by Charles V to appear before parlement of Paris; his refusal. Sept. 19, 1370. Captured Limoges; massacred inhabitants. Jan. 1371. Left Aquitaine for England. 1372, Shared King's unsuccessful attempt to come to Gascony to relieve Thouars. Oct. 5, 1372. Resigned his position as Prince of Aquitaine. July 8, 1376. Died at Westminster on Trinity Sunday. Sept. 29, 1376. Buried in Canterbury Cathedral. (Doyle; Dict. of Nat. Biography.)

Edward of Angoulême, son of Black Prince, 3763, 4062.—Born in 1364 probably (the chroniclers vary from 1363 to 1365). Died Jan. 1371. (Dict. of Nat. Biography.)

Eliton, 3201.—Knighted in Spain before the battle of Nájera; probably the same as Cliton (Kervyn de Lettenhove) or Clyton (John), who was fighting in 1355 and 1356 (French Rolls, 29 Ed. III, m. 9; 30 Ed. III, m. 15).

Espuke. See Guipuzcoa.

Eu, Jean d'Artois, Comte d', 1026, 1357.— Son of Robert d'Artois and Jeanne de Valois. 1350. Created Comte d'Eu after execution of Raoul de Brienne. 1356. Was captured at Poitiers. 1357. Signed Truce at Bordeaux (French Rolls, 31 Ed. III, m. 14 dorso). Remained a prisoner till 1360 (French Rolls, 31 Ed. III, m. 12, 13), when he was freed after Brétigny (Rymer, iii, pt. ii, p. 27).

Eu, Raoul II de Brienne, Comte d', et de Guines, 177.—Son of Raoul I, whom he succeeded as Constable in 1344. 1346. Was captured at Caen, and remained prisoner in England for three years. Nov. 19, 1350. Was executed for treason in the Hôtel de Nesle. (Arch. du Poitou, xiii. 307 note; Anselme, vi. 161.)

F.

Felton, Thomas (Ffelleton), 1911, 1936, 2323, 2451, 2458, 2547, 2647, 2805, 3330, 4201.— Son of John Felton, Governor of Alnwick, and descended from Pagan, Lord of Upper Felton in Northumberland. He fought at Crécy, Calais and Poitiers (Gascon Rolls, 30 Ed. III, m. 5). 1363. Became Seneschal of Aquitaine (Tauzin, in Revue de Gascogne, 1891), or, as he seems equally often to be called, Seneschal of Gascony (Gascon Rolls, 45 Ed. III, m. 5, 6; 47 Ed. III, m. 7). 1367. Accompanied the Black Prince to Spain and was captured in the skirmish before Nájera.

He was exchanged after the battle for Marshal Audrehem. 1370. He fought under Pembroke. 1372. Together with Sir R. Wykford received special charge of Aquitaine, and became Seneschal of Bordeaux. 1375. Returned to England, but very shortly left again for Gascony (Gascon Rolls, 49 Ed. III, m. 8). 1377. Captured by the French, but ransomed by the King. 1381. Died. (Dict. of Nat. Biography; Berry and W. Suffolk, Arch. Institute, vol. iv, Playford and the Feltons.)

Felton, William, 2272, 2462, 2648, 2727, 2737, 2756, 2805, 4203.—A kinsman, but not a brother of Thomas. He was also descended from Pagan of Upper Felton: but his father was Sir William Felton of Northumberland (French Rolls, 29 Ed. III, m. 11, especially call him William de Felton *Junior*). He fought at Crécy and Poitiers. 1362. Was made Seneschal of Poitou (Rymer, iii, pt. ii, p. 60), also of Limousin. 1364. He accompanied the Black Prince to Spain (Gascon Rolls, 41 Ed. III, m. 6), and was killed in the skirmish before the Battle of Nájera in 1367. (Dict. of Nat. Biography; Playford and the Feltons; Kervyn de Lettenhove calls him a brother of Sir Thomas.)

Ferinton, William de (Ffaryndon), 3202.—He accompanied the Prince to Spain, and was knighted by Chandos. Fought later at Saintes and in the Battle of Soubise (Froissart). 1376. Was one of the witnesses of the truce with France. 1377. Carried the body of Sir J. de Misterworth, traitor, to different parts of England (Issue Rolls, 51 Ed. III). There seem to have been other members of the same family taking part in French wars. John is mentioned in 1366 (Gascon Rolls, 40 Ed. III, m. 10), and Thomas in 1373 (French Rolls, 47 Ed. III, m. 11). (Kervyn de Lettenhove.)

Fernandez, Martin (Martins Fferantz), 3278. —A Castilian who fought with Chandos at Nájera, and was killed by him.

Ferrers (Seigneur de Fferriers), 3421.—The one Englishman killed at Nájera, according to Chandos. Froissart calls him Raoul, and there was a well-known Ralph de Ferrers who was Captain of Calais in 1360, and whose name appears amongst the signatures to the treaty of that date confirming the terms made at Brétigny (Rymer, iii, pt. ii). If this is the man here intended, it may have been his son who is mentioned in 1370 as Admiral of the Fleet (Issue Rolls, 47 Ed. III).

Ffarrantz or **Fferant de Castres.** See **Castro.**

Ffaryndon. See **Ferinton.**

Flanders, Louis de Nevers et de Crecy, Comte de, 337.—1304-46. Son of Louis I.

1322. Succeeded as Count of Flanders. Married Marguerite de France, daughter of Philip V, and became a close ally of Philip VI. Was involved in struggle with the Flemish burghers under Van Artevelde. 1346. Killed at the Battle of Crécy.

Foix, Gaston Phoebus III, Vicomte de Bearn and Comte de, 2158, 2183.— Son of Gaston II, whom he succeeded in 1343. 1347. Was made Governor of Languedoc by Philip V. 1363. Did homage to Edward III, but not for Béarn, which he claimed to hold in full sovereignty (French Rolls, 39 Ed. III, m. 3: Edward complained of this to the French King). 1376. He joined the French, and was again made Governor of Languedoc, but resigned the office to the Duke of Berry in 1381. 1391. Died suddenly at Orthez. He was a friend of Froissart, who resided some time at his Court.

Fossard, Amanieu de (Ffaussard, Fforssard), 628, 1324.—A Gascon noble, Sire de Madeillan, allied early with the English. 1354. He signed a truce between England and France as representative of the English (Gascon Rolls, 28 Ed. III, m. 13). In 1355 he received a grant of rents from King Edward (Ibid., 29 Ed. III, m. 15). Fought in the Battle of Poitiers and signed the truce of 1357 at Bordeaux (Rymer, iii, pt. i, 135). In 1364 he held the office of Seneschal of Rouergue (Gaujal, Essais historiques sur le Rouergue, i. 513).

Fréville, Baldwin de (Baudewyn), 4206.— 1356. He fought in the Battle of Poitiers (Froissart). 1364. Was made Seneschal of Saintonge. 1365. Was in the Black Prince's army, and again in 1368, probably having accompanied him to Spain (Gascon Rolls, 39 Ed. III, m. 5; 42 Ed. III, m. 2). 1367. Became Seneschal of Poitou on the death of William Felton (Rymer, iii, pt. ii, 133). 1370-2. Fought under Knolles, Chandos and Pembroke (French Rolls, 46 Ed. III, m. 18), and surrendered at La Rochelle. (Kervyn de Lettenhove.)

G.

Galicia (Galice), 1787.—Old province in northwest of Spain.

Garsis du Castel, 2265.—A member of the Companies, who came to Nîmes in 1362 (Comptes du Clavaire des Consuls de Nismes, quoted Ménard, Histoire de Nismes, Paris, 1751, ii. 238), and acted as receiver of money for the alliance formed between Henry of Trastamare and Marshal Audrehem (Froissart, vi, p. xxii., note 3). He accompanied the Black Prince's army to Spain, in Lancaster's force, and did good work at Nájera. His nationality is disputed. Ménard calls him an Englishman (Hist. de Nismes, ii. 235, 246), but that may merely have been

INDEX OF PROPER NAMES

a mistaken idea because he fought for the English; Luce and Francisque Michel agree from his name that he should be a native of the Pyrenees; while Anselme says that Garsiot du Chastel, who fought for the English at Nájera, was a Breton, and son of Tanneguy du Chastel (viii. 357).

Gernade. See **Granada**.

Godemar du Fay (Godomars, Godemard Defait), 246, 274.—Froissart calls him a Norman, but Luce thinks he was probably a Picard. 1337. He was Governor of Tournay. 1346. Failed to guard the Passage of the Somme, being driven back at Blanchetache. Captain on frontiers of Flanders and Hainault (Arch. Nat., JJ 76, no 378). 1348-50. A 'Godemarde Fayn', possibly the same man, was Seneschal of Beaucaire (Ménard, Hist. de Nismes, ii. 126).

Gomez Carillo de Quintana (Gom Garilles, Gomes Garille), 3102, 3540, 3553.—Grand Chamberlain of Henry of Trastamare, and evidently a special enemy of Pedro. He was excepted from the amnesty arranged with Aragon in 1361 (Mérimée, 1302), and was put to death after his capture at the Battle of Nájera, 1367.

Gournay, Matthew de (Maheu de Gournay), 1695, 1740.—1310-1406. Son of Thomas Gournay, one of the murderers of Edward II. Fought at Sluys, Crécy, and Poitiers (Froissart). 1357. Was made Governor of Brest (French Rolls, 31 Ed. III, m. 5). 1360. Witness to Peace of Brétigny. 1364. Fought at Auray. 1366. Went to Spain with Bertrand du Guesclin. 1367. Afterwards with the Black Prince, and fought at Nájera. 1369-70. Still in the Prince's army (Gascon Rolls, 43 Ed. III, m. 4; 44 Ed. III, m. 2). 1379. He became Seneschal of the Landes. 1388. Constable of army in Portugal. 1406. Died at the age of ninety-six. (Dict. of Nat. Biography.)

Granada (Gernade), 1701.—Town and kingdom in Andalusia.

Grendon, John, 2619.—Knighted by Lancaster before the Battle of Nájera. Again fighting under Lancaster in 1369 (Gascon Rolls, 43 Ed. III, m. 15. Printed Rymer).

Groyng. See **Logroño**.

Guesclin, Bertrand du. See **Bertrand**.

Guines (p. 198, note to 1546).—Dept. Pas-de-Calais, arr. Boulogne-sur-Mer.

Guipuzcoa (Espuke), 2511.—One of the Basque Provinces in north-west of Spain.

H.

Hainault, Jean de. See **Beaumont**.

Harcourt, Jean IV, Comte de, 341.—Son of Jean III. Was charged with the defence of Rouen in 1346, and killed at Crécy.

Harcourt, Louis de (Lowyke), 2321. Second son of Jean IV, and Vicomte of Châtellerault. 1367. He accompanied the Black Prince to Spain, and fought at Nájera. 1369-70. Remained faithful to the English (Arch. Nat., JJ 102, no. 259, spoken of as 'notre ennemi'), and fought at La Roche-sur-Yon and Limoges. 1388. Died. (Kervyn de Lettenhove.)

Harfleur.—Dept. Seine-Inférieure, arr. Le Havre, c. Montvilliers.

Harpeden, Sir John, 4212.—Seneschal of Saintonge in 1369, and still holding the office in 1371 (Fillon, Vie de Chandos, 30, 31; Froissart, vii, p. lxxiv, note 1); Froissart also gives him the title of Seneschal of La Rochelle, and later of Bordeaux. He fought under Pembroke 1369-70 (Gascon Rolls, 43 Ed. III, m. 13).

Hastings, Hugh de, 2249, 3232.—There was a 'Hugo de Hastyngs' fighting abroad in the campaigns of 1355 and 1356 (French Rolls, 29 Ed. III, m. 8; 30 Ed. III, m. 15). He went out to Spain, in Lancaster's force (Gascon Rolls, 40 Ed. III, m. 3), and fought at the Battle of Nájera. Later he fought under Knolles and Lancaster in the Gascon wars (Froissart).

Hastings, John de. See **Pembroke**.

Hastings, Ralph de (Raoul de Hastynges), 2729, 2803.—Son of Ralph Hastings, who died of his wounds after Neville's Cross. He accompanied Lancaster from England to join in the Spanish campaign (Gascon Rolls, 40 Ed. III, m. 4). He took part in the skirmish before Nájera, and was taken prisoner. 1370. He was again setting out under Lancaster to fight in France (Ibid., 44 Ed. III, m. 4). 1397. Died. (Dugdale, i. 579.)

Hauley, Robert (Haulée), 2277.—Was given letters of protection when setting out in 1366 (Gascon Rolls, 40 Ed. III, m. 4). He served in Spain; together with Shakell captured the Count de Denia at Nájera, who was freed on leaving his son as hostage. Hawley was still in the Prince's service in 1365 and 1369 (Gascon Rolls, 42 Ed. III, m. 4; 43, m. 3), and serving also in 1374 (French Rolls, 48 Ed. III, m. 21). He was killed in 1379, by followers of Lancaster, having refused to give up Denia's son as the Duke had placed (Collins, Life of John of Gaunt).

Haumousque. See **Amusco**.

Hay, Henry de la, 4213.—Chandos calls him Seneschal of Angoumois, Froissart says of Angoulême; the latter was certainly true in 1372 (Gascon Rolls, 46 Ed. III, m. 10: 'Henry Haye d'Engoulesme Seneschal'). He was taken prisoner at the Battle of Soubise.

Henry of Trastamare (almost always called le Bastard), 1771, 1788, 1804, 1979, 2193, 2395, 2543, 2654, 2828, 2911, 2962, 2985,

3045, 3060, 3083, 3368, 3387, 3484, 3564, 3708.—An illegitimate son of Alfonso XI; after whose death in 1350 he claimed the throne against his half-brother Pedro the Cruel, and was supported by the Kings of Aragon and the Kings of France. 1365-6. The Companies under du Guesclin were sent to his aid, and, on the flight of Pedro, he was crowned King of Castile and Leon, &c. 1367. He was defeated at Nájera. 1369. Victorious at Montiel, killed Pedro after battle, and mounted the throne. Married Donna Juana de la Cerda, and died in 1379.

Hewet, Walter (Gautier Hewet), 3331.—One of the Captains of Companies. He fought at the Battle of Auray. 1366. Joined the Prince's army (French Rolls, 40 Ed. III, m. 17) about to set out for the Spanish expedition, and distinguished himself at Nájera (Froissart). 1369-70. He took part in the Gascon wars (Gascon Rolls, 43 Ed. III, m. 12; 44 Ed. III, m. 7). 1372. Surrendered at La Rochelle (Froissart).

Holland, Thomas de, Earl of Kent, 141.—1320-60. Second son of Robert Lord Holland. 1346. Went with the King to Normandy, and captured the Constable, Comte d'Eu, at Caen (Rymer, iii, pt. i, p. 13). He fought at Crécy, Calais and Winchelsea (Froissart). 1355. He was Lieutenant in Brittany and Poitou (French Rolls, 29 Ed. III, m. 14). 1359. Warden of Saint-Sauveur-le-Vicomte. 1360. Captain in Normandy, and died the same year. He married Joan, Countess of Kent, daughter of Edmund of Woodstock (son of Edward I), who was afterwards wife of the Black Prince, and so became Earl of Kent. (Doyle, Official Baronage; Beltz, 55.)

Holland, Thomas de, 2609.—1350-97. Son of the above, whom he succeeded as Baron de Holland in 1360. 1366. He was given a troop to lead to Spain. 1367. Was knighted by the Black Prince, and fought at Nájera. 1385. Became Earl of Kent. (Doyle; Kervyn de Lettenhove.)

J.

Jean de Beaumont. See **Beaumont.**
Joan, Countess of Kent, 1587, 1597, 1599, 2051, 2093, 2141, 4156, 5761.—1328-85. Daughter of Edmund of Woodstock, Earl of Kent, son of Edward I. Married (1) Thomas de Holland; (2) Earl of Salisbury, from whom she was divorced; (3) the Black Prince. 1385. Died.

John, King of France, 725, 759, 771, 791, 860, 931, 945, 997, 1016, 1347, 1416, 1544.—1319-64. Son of Philip VI and Jeanne de Bourgogne. Married (1) Bona of Luxemburg, daughter of John of Bohemia; (2) Jeanne d'Auvergne. 1331. Duke of Normandy. Aug. 22, 1350. King of France. 1356. Captured at Poitiers and taken to England. 1360. Went back to France after the Peace of Brétigny, but returned in 1363, because unable to raise ransom. 1364. Died in England.

John, Duke of Lancaster, 499, 2109, 2136, 2140, 2163, 2213, 2243, 2708, 3140, 3196, 3209, 3229, 3296, 4026, 4140.—1340-99. Fourth son of Edward III. 1342. Earl of Richmond. 1350. Took part in the Battle of Espagnols-sur-Mer. He was either knighted after this (Chandos), or when on an expedition with Henry of Lancaster in ·1355 (Froissart). 1359. Married Blanche, daughter of Henry of Lancaster. 1360. Took part in French Expedition and Peace of Brétigny. 1361. Became Earl of Lancaster in right of his wife. 1362. Created Duke of Lancaster. 1366. Present at the negotiations between the Black Prince and Pedro. 1367. Led the vanguard into Spain; fought at Nájera, and returned to England. 1369. Was made Captain in Guines and Calais. 1370. Fighting in Aquitaine. 1371. Left by Black Prince as Lieutenant during his absence, but resigned command same year. Married Constance of Castile, daughter of Pedro. 1372. Returned to England, and took title of King of Castile. 1373. Captain-General in France and Aquitaine. Marched through country doing nothing. 1386. Vain attempt to obtain throne of Castile. 1388: Lieutenant in Duchy of Guienne. 1390. Duke of Aquitaine. 1397. Married Catherine Swynford. 1399. Died. (Dict. of Nat. Biography; Doyle.)

John de Montfort. See **Montfort.**
Joigny, Jean de Noyers, Comte de (Jogny), 750, 1361.—Became Count in 1337. 1356. Captured just before the Battle of Poitiers (French Rolls, 31 Ed. III, m. 12). 1360. Freed after Peace of Brétigny (Rymer, iii, pt. ii, p. 27). 1361. Killed at the Battle of Brignais.
Joii, 341.—Killed at the Battle of Crécy. Identity doubtful (see **Blois, Charles de**). Might be Joigny: but Jean de Noyers was Comte at this time, and certainly not killed. There was a Charles de Valois, Comte d'Alençon, killed at Crécy, who had married Jeanne, Comtesse de Joigny, and taken the title at her death in 1336, but he had exchanged it with Jean de Noyers in the following year. He, however, has been already mentioned in the list of killed.

Juana del a Cerda, 3565 (see note).—Wife of Henry of Trastamare.

K.

Ken. See **Caen.**
Kent, Earl of. See **Holland.**
Kersin. See **Quercy.**
Knolles, Robert (Cauolle), 2129, 2331, 2463. —A native of Cheshire and possibly a half-

brother of Hugh de Calverley, on whose tomb the arms of Knolles are engraved. 1346. Served in Brittany with Calverley and Hewet. 1357. Fought under Henry of Lancaster. Joined the Great Companies. 1367. Went to Spain with the Black Prince and was present with Felton at the successful skirmish, but not at the defeat (Froissart, vii, p. vii). Fought at Nájera (Wright, Pol. Songs). 1369. He again came to Aquitaine, and was made Master of the Prince's household. 1373. Lieutenant of Jean de Montfort in Brittany. 1407. Died in Norfolk, and buried in Whitefriars at London. (Dict. of Nat. Biography; Froissart.)

L.

La Bret, Bérard de. See **Albret, Bérard d'**.
La Bret, Prince de. See **Albret, Arnaud Amanieu, Sire d'**.
La Carra, Martin Enriquez de (Martyn de la Carre), 2203, 2484, 2504, 3310, 3724.— Councillor or 'Alferez' of the King of Navarre (Yanquas y Miranda, Diccionario, iii. 89). Went with the Black Prince into Spain; fought at Nájera, and arranged the return of the English to Aquitaine later (Froissart).
Lagoulam. See **Langoiran**.
La Guardia (Pas de la Garde), 2889.—Spain, Province Alava.
La Hogge. See **Saint-Vaast de la Hougue**.
Lami (Lamy), 2377.—A Breton 'routier'. Captain of Longwy in 1365-6. Went with the Companies to Spain to help Henry.
Lancaster, Henry, Duke of, 1520.—1299–1361. Son of Henry, Earl of Lancaster, grandson of King Henry III, father of Blanche who married John of Gaunt. Earl of Lancaster, Leicester, Derby, and Lincoln, Lord of Bergerac and Beaufort in France; created Duke in 1352. 1344-55. Lord Lieutenant of Aquitaine (Gascon Rolls, 27 Ed. III, m. 6; Rymer, ii). 1349. Captain and Lieutenant in Poitou. 1355. Lieutenant in Brittany (French Rolls, 29 Ed. III, m. 6). 1360. Shared in expedition to France and Peace of Brétigny. 1361. Died on March 13. (Doyle; Dict. of Nat. Biography.)
Lancaster, John, Duke of. See **John**.
Landas, Jean de Mortagne, Sire de, 1380.— Fought on the side of the French; was an especial ally of Charles Duke of Normandy (Arch. Nat., JJ 84, no. 432); was killed at the Battle of Poitiers (Froissart).
Landes, 4238.—Country south-west of Bordeaux, now a department.
Langoiran, Amanieu d'Albret, Sire de (Lagoulam), 1323.—Amanieu, a member of the House of Albret, held this title in 1354 (Gascon Rolls, 28 Ed. III, m. 10; 29 Ed. III, m. 5), and still in 1360 (Rymer, iii, pt. i,

214), having married the daughter of the Sire de Logoyran or Langoiran. He joined the Black Prince and fought for him at Poitiers, and later at Limoges. (Froissart.)
La Réole (Roil), 669.—Dept. Gironde.
La Rochelle, 4074.—Dept. Charente-Inférieure.
Lemoine, William. See **Moigne**.
Leon (Lions), 1809, 3611.—An old province and kingdom in Spain. Now includes Leon, Salamanca and Zamora.
Lesparre, Cénébrun IV, Sire de, 631, 1323.— Held the Seigneurie from 1324-62; married Jeanne de Périgord, daughter of Archambaud. An ally of the English; in 1345 made Guardian of castles of Lavardac, Feuguerolles and Caudéroué. Praised for his fidelity in 1347 (Rymer, iii, pt. i, p. 12). 1355. Joined the Black Prince, and fought at the Battle of Poitiers (1356). 1362. Died, and was succeeded by his better-known son, Florimont Sire de Lesparre. (Rabanis, Notice sur Florimont de Lesparre, Bordeaux, 1843.)
Libourne (Leybourne), 674.—Dept. Gironde.
Limoges, 4014, 4037.—Dept. Haute-Vienne.
Lions. See **Leon**.
Lisle, Comte de, 700, 3845.—Probably Jean Comte de L'Isle-en-Jourdain, Captain of Moissac. He fought for the Prince in the Gascon wars, and against him after 1367.
Logroño (Groyng), 2473, 2893, 2897, 2901, 3009.—Spain, Province Old Castile.
Longueville, Charles d'Artois, Comte de, 1027, 1357.—Son of Robert d'Artois and Jeanne de Valois. 1356. Was taken prisoner at Poitiers. 1357. Signed truce at Bordeaux (French Rolls, 31 Ed. III, m. 4 dorso). 1360. Set free (Rymer, iii, pt. ii, p. 27), but left as hostage for King John. 1372. Allowed to go to France on parole (French Rolls, 46 Ed. III, m. 42), but broke oath, and never returned.
Lorraine, Raoul, Duc de (Lorayne), 335.— Son of John I, whom he succeeded in 1328. An ally and friend of Philip VI. 1346. Killed at the Battle of Crécy.
Lussac-les-Châteaux (Lusak), 3951.—Dept. Vienne, arr. Montmorillon.

M.

Madrigal (Mandregay), 3714.—Spain, Province Avala.
Magnelais, Tristan de (Maguelers), 969.— 'Jean de Magnelais dit Tristan.' He carried the Dauphin's banner at the Battle of Poitiers; was taken prisoner by Walkfare, and served King John in England as Cup-bearer. He was grandfather of Agnes Sorel. 1378. Died. (Kervyn de Lettenhove; Anselme, viii. 540.)
Maguelers. See **Magnelais**.
Maiole or **Maiogre.** See **Majorca**.
Majorca, James II, King of (Maiole), 285.— Son of Ferdinand, Infant of Majorca, and

succeeded to the throne in 1324. Fought for the French at the Battle of Crécy. 1349. Killed fighting against Pedro of Aragon, who had turned him out of his kingdom.

Majorca, James III, King of (Maiogre), 2363, 3345.—Son of James II, who had been dethroned by Pedro of Aragon. He spent his life trying in vain to regain his throne, so that he was never king *de facto*. Sometimes known as King of Naples, from his marriage with granddaughter of King Robert. 1367. Accompanied the Black Prince to Spain. 1368. Was captured by Henry of Trastamare. 1376. Died. (Froissart, vi, p. xcv; vii, p. xx; Kervyn de Lettenhove.)

Mandregay. See **Madrigal.**

March, Roger Mortimer I, Earl of, 149.—1327-60. Son of Edmund. Married Philippa Montagu, daughter of William of Salisbury. 1346. Took part in Crécy campaign, being knighted on landing. 1355-6. Fighting in France (French Rolls, 29 Ed. III, m. 11; 30 Ed. III, m. 11). 1359. Was made Constable of English army. 1360. Died on Feb. 26. (Doyle, Official Baronage.)

Martin Enriquez de la Carra. See **La Carra.**

Martin Fernandez (Martins Fferantz). See **Fernandez.**

Matas, 1380.—Uncertain, but possibly Robert de Matas, son of Foulques de Matas and Yolande de Pons (Arch. du Poitou, xvii, no. 381), who was given Bergerac by King John in 1355 (Arch. Nat., JJ 84, no. 16). He had a son, Foulques de Matas, Seigneur de Royan (Arch. Nat., JJ 86, no. 37), who fought constantly in Poitou and Saintonge; but as he is said to have died in 1359, it cannot be he, since this man, according to Chandos, was killed at Poitiers.

Maunee, 569.—See **Mohun, John of Dunster, Lord** (Mawne).

Mawne, 1311.—See **Mohun, John of Dunster, Lord.**

Medina del Campo (Medisnes de Camp), 3665.—Spain, Province Leon.

Melun, Guillaume de. See **Sens.**

Miranda-de-Arga (Mirand), 2196.—Kingdom of Navarre.

Mitton, 2807.—Captured in Felton's skirmish before Nájera. There was a Thomas de Mytton, who was made *contrarotulator* of the Castle of Bordeaux in 1376 (Gascon Rolls, 50 Ed. III, m. 5).

Mohun, John of Dunster, Lord (Mawne, Maunee), 569, 1311.—1320-76. Fought at Crécy and Winchelsea. 1356. Was with the Prince in Gascony (Gascon Rolls, 29 Ed. III, m. 3), and fought at Poitiers. 1370. Fought under Lancaster (Froissart), and was still abroad in 1373 (French Rolls, 47 Ed. III, m. 26). 1376, Sept. 14. Died. (Dict. of Nat. Biography; Beltz, 48.)

Moigne, William le, 4229.—Seneschal of Agenais (Froissart). Was fighting abroad in 1355 (Gascon Rolls, 29 Ed. III, m. 11); went to Spain with the Black Prince (Froissart), and shared in Nájera campaign (Gascon Rolls, 41 Ed. III, m. 2).

Moñiz, Pero. See **Calatrava.**

Montagu, John de, 151, 565, 1310.—Brother of William, Earl of Salisbury; married Margaret de Monthermer. Took part in the Crécy campaign, and was knighted on landing. 1355-6. Fought in the Gascon campaigns (Gascon Rolls, 29 Ed. III, m. 1; 30 Ed. III, m. 6), and distinguished himself at Poitiers. Fighting abroad in 1372 (French Rolls, 46 Ed. III, m. 15). Must have died before 1397, since it was his son John who succeeded to the title on the death of his uncle William of Salisbury.

Montagu, William de. See **Salisbury.**

Montaubon (Mont Auben), 3933.—Dept. Tarn-et-Garonne.

Montferant, Amaury de Biron III, Sire de (Moutferantz), 625, 1326.—Did homage to the Black Prince in 1355, took part in the Battle of Poitiers, and signed the truce at Bordeaux 1357 (French Rolls, 31 Ed. III, m. 14 dorso). Remained faithful to England during the last campaigns of Edward's reign, being rewarded for his good services in 1376 (Gascon Rolls, 50 Ed. III, m. 5. (Anselme, vii. 357.)

Montfort, Jean de, Duc de Bretagne, 2125, 2136.—1339-99. Son of Jean IV of Brittany, the first opponent of Charles de Blois, who died at Hennebon in 1345. He succeeded to his father's claims, and was also supported by England. 1364. Won the Battle of Auray, at which Charles de Blois was slain, and became Duke *de facto*. 1373. He was created Earl of Richmond. 1375. A Knight of the Garter. 1399. Died. He married (1) Margaret, fourth daughter of Edward III; (2) Joan of Holland, half-sister of Richard II; (3) Jeanne of Navarre, daughter of Charles II. (Doyle; Kervyn de Lettenhove.)

Montpellier. Note to lines 645-9.—Dept. Hérault.

Motte, Gaillard de la (in one place called Gilbard), 2267, 3204.—A noble of the Bordelais, co-Seigneur with Amanieu and Pierre de la Motte of the Castle of Rochetaillée, 1328. He went to Spain, and fought at Nájera; remained faithful to the English (Froissart). 1377-8. Joined the Comte de Foix; and died before 1405. (Duchesne, Hist. des Cardinaux, vol. i, p. 410; Froissart.)

Mussidan, Auger de Montaut, Sire de (Mussinden), 627, 1325.—A Gascon noble, who favoured the English. He was given the Castle of Blanquefort in 1354 (Gascon Rolls, 28 Ed. III, m. 14) ; was amongst those who welcomed the Black Prince in 1355 ; fought at Poitiers ; was killed before Rheims in 1359 or 1360. (Froissart ; Anselme, vii. 352.)

Mussidan, Raymond de Montaut, Sire de (Muscyden), 2367.—Also an ally of the English. Fought at Cocherel ; went to Spain in 1367, and fought at Nájera. Remained faithful to the English during the last campaign of Edward's reign (Gascon Rolls, 50 Ed. III, m. 6: grant of land in reward), and fought at Bourdeilles and Limoges. (Anselme, vii. 603.)

N.

Naddres. See **Nájera**.
Nájera (Naddres, Nazars, Nazareth), 2905, 3028, 3435, 3480, 3559.—Spain, Province Logroño.
Nandous de Baigerant. See **Naudon**.
Narbonne, 649.—Dept. Aude.
Naudon de Bageran (Nandous de Baigerant), 2376.—A Gascon Captain of Companies. 1366. Went to Spain with du Guesclin. 1367. Returned and joined the Prince's army instead. Fought for the English during later campaigns in Gascony. Was captain for them at Segur in the Limousin. Went to Lombardy to fight for the Marquis de Montferrat. 1394. Died. (Froissart, vi, p. xxii.)
Navarete (Navaret), 2475, 2526, 2539, 2549. —Spain, Province Old Castile. There is another in Province Alava ; probably *not* intended in poem (see note to line 2475).
Nazareth or **Nazars.** See **Nájera**.
Neufville, Jean de (Noefville), 2781, 3071, 3409.—Nephew of Audrehem, whose place as Marshal he supplied for a short time after his capture at Poitiers. 1367. Went to Spain with his uncle to fight against Pedro. Was in skirmish of Sir Thomas Felton before Nájera. Captured at Nájera, and imprisoned in England (Issue Rolls, 45 and 47 Ed. III, make an allowance for his keep in the Tower). 1375. Allowed to go to France to arrange about his ransom (French Rolls, 48 Ed. III, m. 16). (Froissart ; Anselme, vi. 755.)
Neville, John (Neofuyll), Lord of Raby, 2253.—Son of Ralph Neville of Raby. 1355. Went to France in the Earl of Northampton's following (French Rolls, 29 Ed. III, m. 5). 1360. Knighted at Paris (Froissart). 1367. Went with Black Prince to Spain (Gascon Rolls, 40 Ed. III, m. 4 : about to set out in 1366). 1372. Was sent to Brittany (French Rolls, 46 Ed. III, m. 30). 1375. Seneschal of Bordeaux (Rymer, iii, pt. iii, p. 34). 1388. Died. (Kervyn de Lettenhove.)
Northampton, William de Bohun, Earl of 125.—1314-60. Fifth son of Humphrey, Earl of Hereford. 1346. Took part in Crécy campaign. 1347. Commanded fleet off Calais. 1350. Fought at Winchelsea (Froissart). 1356. Granted letters of protection (French Rolls, 30 Ed. III, m. 11). 1358-60. Was in command in Guienne. 1360. Died. (Beltz, 101 ; Doyle.)

O.

Orléans, Philippe, Duc d', Comte de Valois and de Beaumont, 1000.—1336-75. Fifth son of Philip VI. 1356. Fought at Poitiers (Froissart). 1360. One of the hostages for Peace of Brétigny. 1365. Was set free 'on account of the love shown to our dear son Thomas' (French Rolls, 39 Ed. III, m. 8).
Oxford, John de Vere I, Earl of (Oxenford), 130, 561, 1318.—1313-60. Fought in the Crécy campaign, 1346 ; also at Calais and Winchelsea (Froissart). 1355-6. Was in Gascony (Gascon Rolls, 29 Ed. III, m. 11 ; 30 Ed. III, m. 5), and distinguished himself at Poitiers (Baker of Swynebroke). 1360. Died on January 24. (Dugdale, i. 192 ; Doyle.)

P.

Pampeluna (Pampilon), 2383.—Capital of Navarre.
Parthenay, Guillaume, L'Archevêque Seigneur de (Pauteney le Baron), 2324.—A Gascon ally of the English. Fought at Poitiers (Froissart), went with the Prince's army to Spain ; fought under Chandos in 1369 (Froissart, vii, p. liv). Present at La Roche-sur-Yon, Limoges and Thouars (Froissart).
Pedro the Cruel, King of Castile (Petre or Peron), 1713, 1747, 1777, 1824, 1867, 1935, 1941, 1957, 1978, 2219, 2318, 2521, 2607, 3139, 3189, 3495, 3509, 3560, 3598, 3614, 3640, 3673, 3704.—1334-69. Son of Alfonso XI of Castile and Marie of Portugal. 1352. Married Blanche of Bourbon, whose suspicious death in prison (1361) alienated the French King. Henry, his half-brother, rebelled against him, helped by Kings of Aragon and France, and in 1366 seized his throne. Pedro allied with the Black Prince. 1367. Was restored by victory of Nájera. 1369. Defeated at Montiel by Henry and du Guesclin, and killed by his brother after the battle. (Mérimée ; Catalana Garcia ; Ayala.)
Pembroke, John de Hastings III, Earl of, 3921, 3930, 4076.—1347-75. Succeeded his father as Earl in 1348. Married Walter Manny's daughter. 1369. Accompanied the Earl of Cambridge into Aquitaine (Gascon Rolls, 42 Ed. III, m. 2 : about to set out 1368 ; 44 Ed. III, m. 10 : now in Aquitaine, 1370). Was present at the Siege of Bourdeilles, La Roche-sur-Yon and Limoges. 1372. Taken prisoner together with Guichard d'Angle at

La Rochelle (French Rolls, 48 Ed. III, m. 7, speak of him as still prisoner). Apparently set at liberty Aug. 1375 (Arch. Nat., J 381, no. 16), but died the same year. (Beltz, 173; Doyle.)

Percy, Thomas. See **Worcester**.

Périgord (Pieregos and Peregos), 711, 2341, 4222.—Old County, now the department of Dordogne and part of Gironde.

Périgord, Roger Bernard, Comte de, 701, 3845.—Count from 1336 to 1369. At first an opponent of the English, and was guarding Périgueux against them in the winter of 1355-6. He did homage to Edward in 1361, and went with the Black Prince to Spain (Froissart); but returned to his allegiance to France in 1368, joining Armagnac and Albret in the treaty with Charles, June 30 (Arch. Nat., J 293, no. 16). 1369. He died and was succeeded by his son Archambaud V, who joined the appeal against England. (L'Art de vérifier les dates ; Froissart.)

Périgord, Talleyrand de, Cardinal (Pieregos), 768, 803, 857, 922.—Son of Hélie de Talleyrand, Comte de Périgord, and brother of Roger Bernard. 1329. Bishop of Auxerre. 1331. Made Cardinal by Pope John XXII. 1343. Head of the Order of St. Francis. Was appointed Legate to France by Innocent VI, in order to arrange peace between King John and the King of Navarre. He also endeavoured to settle the quarrel between England and France and tried to prevent the Battle of Poitiers. Went, after that, to England to treat for peace there. 1364. Died, and was buried at Avignon. (Duchesne, Hist. des Cardinaux, i. 465, ii. 318.)

Périgueux, 691.—Capital of Périgord, dept. Dordogne.

Peverell, 2274.—Probably Thomas Peverell, son and heir of Henry Peverell, Knight, who was fighting in Brittany under Walter Hewet in 1365 (French Rolls, 29 Ed. III, m. 10); he was preparing to set out for Spain in 1366 (Gascon Rolls, 40 Ed. III, m. 6), where he fought in Lancaster's army. There are, however, various other members of this family mentioned in the Rolls, and John Peverell appears also to have set out with his brother (Ibid.).

Peyrehorade (Piers Forard), 2217.—Dept. Basses-Pyrénées, arr. Mauléon.

Philippa of Hainault, 59, 461, 518, 1474, 1509.—1314-69. Daughter of William the Good, Count of Holland and Hainault. 1328. Married Edward III.

Philip VI, King of France, 277, 357, 393, 397, 834.—1293-1350. Eldest son of Charles of Valois, the brother of Philip IV of France. 1328. Became King of France on death of Charles IV. Married (1) Jeanne de Bourgogne ; (2) Blanche de Navarre. Aug. 22, 1350. Died.

Philippe le Hardi, 1023, 1354.—1342-1404. Youngest son of King John, with whom he was captured at Poitiers. 1360. Was released; created Duke of Touraine. 1365. Became Duke of Burgundy. 1369. Married Margaret of Flanders. 1404. Died, and was succeeded by his son Jean sans Peur.

Picardy (Pikardie), 244, 424, 1526.—Old province, now department of Somme and parts of Oise and Aisne.

Pieregos. See **Périgord**.

Plymouth (Plummuth), 579, 597, 599.—Devonshire.

Poissy, 213.—Dept. Seine-et-Oise, arr. Versailles.

Poitiers (Paitiers), 745, 925.—Dept. Vienne.

Poitiers, Jean, Comte de. See **Berry**.

Poitou (Paytoo), 4204.

Pommiers, Amanieu de, 1081, 2325.—Brother of Guillaume Sans ; at first on the side of the English, and fought at Poitiers and in Spain (Froissart). 1364. Began to treat with Charles V. Eventually Chamberlain of Charles VI. (Kervyn de Lettenhove.)

Pommiers, Guillaume Sans, Sire de (Pouners), 629, 1077, 1321, 2325.—Head of a very important Gascon family ; an early ally of the English (was signing truce between England and France as witness on English side in 1354, Gascon Rolls, 28 Ed. III, m. 13). Married Jeanne, daughter of the Vicomte de Fronsac. 1356. Fought for the Black Prince at Poitiers. 1357. Was made Governor of La Réole (Ibid., 31 Ed. III, m. 5). 1367. Took part in Spanish campaign. 1369-70. Continued faithful to the English, and fought at Limoges and Thouars (Froissart).

Pommiers, Hélie de, 1081, 2325.—Brother of Guillaume Sans ; also signed truce in 1354, and fought at Poitiers and Nájera. 1357. Seneschal of Périgord, Limoges and Cahors (Gascon Rolls, 28 Ed. III, m. 9).

Pommiers, Jean de, 1081, 2325.—Another brother; fought at Poitiers (Froissart) ; rewarded for services in 1365 (Gascon Rolls, 39 Ed. III, m. 3). 1367. Went to Spain. 1381. Seneschal of the Landes. (Kervyn de Lettenhove).

Pons, Renaud, Sire de, de Blaye and de Riberac (Pontz), 1381.—A baron of Poitou and adherent of the King of France ; his Captain in Périgord, Limoges and all the country about the Dordogne (Arch. Nat., JJ 84, no. 35 ; K 47, no. 29). Killed at the Battle of Poitiers (Froissart).

Ponthieu (Pontieu), p. 198, note to 1546.—Old County in Picardy, now in Dept. of Somme.

Port-Sainte-Marie, 688.—Dept. Lot-et-Garonne, arr. Agen.

Prior, Thomas (Priour), 3200.—Possibly son of Thomas Prior, valet of Queen Philippa, mentioned in 1353 (Issue Rolls, 27 Ed. III). 1367. Went to Spain, and was knighted by Chandos. 1368-9. Still with the Black Prince in Gascony (Gascon Rolls, 42 Ed. III, m. 2, especially call him son of Thomas Prior, senior ; 43 Ed. III, m. 6).
Puente la Reina (Point la Reine), 2196.—Navarre.
Pyan, Sire de, 4237.—Doubtful. Might be *either:*
(1) **Poyanne, Gerard de Tartas, Sire de.** A Gascon ally of the English, who fought at Poitiers (Froissart), receiving a grant of lands the next year (Gascon Rolls, 31 Ed. III, m. 5). 1367. Took part in Spanish campaign. 1369-70. Fought under Pembroke (Froissart, viii, p. xxvii), and was captured with him at La Rochelle. *Or:*
(2) **Pyan, Lord of.** Possibly this is the man who was Seneschal of the Landes. He was allowed safe-conduct for wines in 1374, to pay off debt which he owed to Bertrand du Guesclin (French Rolls, 48 Ed. III, m. 4).
Pygor. See **Bigorre.**

Q.

Quercy (Kersin, Cressyn), 711, 2341, 4009.—Old County. Now the greater part of the departments of Lot-et-Tarn and Garonne.

R.

Rainchenanus. See **Roncevaux.**
Rays, Sire de (Rees), 2261, 3245.—Probably Gérard Chabot, Sire de Retz or de Rays, who was in Charles de Blois' army before the Battle of Auray (Chron. Anonyme, 31-40), and was taken prisoner there (Lobineau, i. 294, 336). 1367. He went in Lancaster's force to Spain and fought at Nájera. 1370. He fought for the English at La Roche-sur-Lyon, but joined the French later (Froissart).
Rees. See **Rays.**
Ribemont, Eustace de (Rippemouth, Ripemont), 1045, 1200, 1380.—Chiefly renowned for his combat with Edward at the time of the Calais plot (Dec. 31 1349 and Jan. 1, 1350), and for the King's gift to him of the chaplet of pearls (Froissart). He was Governor of Lille and Douai from 1361 onwards (Arch. Nat., JJ 76, no. 378 ; Sceaux de Clairembault, ii, nos. 7695, 7696). 1356. Was killed at the Battle of Poitiers.
Richard of Bordeaux, 2097.—Born Jan. 6, 1367. 1372. Appointed Guardian and Lieutenant of England, when Edward and the Black Prince set out in vain attempt to sail to Gascony. 1376. Earl of Chester, Duke of Cornwall, and Prince of Wales. 1377. King of England. 1389. Murdered.

Rippemouth or **Ripemont.** See **Ribemont.**
Roarge. See **Rouergue.**
Roche, John de, 4236.—Seneschal of Bigorre in 1366 (Arch. Nat., J 642, no. 2).
Rochechouart, Aimery de (Rochewarde), 2268, 3203.—Son of Aimery, Seigneur de Mortemart, whom he succeeded in 1369. 1360. Became vassal of England. 1367. Went to Spain in Lancaster's troops, and fought at Nájera. Eventually joined Charles V, and helped to drive the English from the south-west of France (Rochechouart, Hist. de la Maison de Rochechouart, Paris, 1859, 4to, 118 sq.)
Rochechouart, Louis, Vicomte de, 2333.—Son of Jean I, whom he succeeded in 1356 (the father was killed at Poitiers). 1363. Did homage to the Black Prince and, according to Chandos, went with him to Spain in 1367. Fought against him later. 1394. Died. (Anselme, iv. 653 ; La Maison de Rochechouart).
Roche-sur-Yon, La (Roche Surion), 3932, 3939.—Dept. Vendée.
Rochelle, La, 4074. — Dept. Charente-Inférieure.
Romorantin (Roumorentyn), 712.—Dept. Loir-et-Cher.
Roncevaux or **Roncesvalles** (Rainchenanus), 2191.—Valley and Pass in Navarre, between Pampeluna and Saint-Jean-Pied-du-Port.
Roos, Thomas de, 4215.—Probably Thomas de Roos, Lord of Harnelak, who was fighting under Lancaster in 1370 (Gascon Rolls, 44 Ed. III, m. 4) ; he was present at Limoges and Thouars (Froissart), and, according to Chandos, was Seneschal of Limousin.
Roson or **Rauzan, Guillaume Amanieu de Maduilhan, Sire de** (Roson, Rosain), 627, 1324.—A Gascon ally of the English. Fought for the Black Prince at Poitiers, and in 1367 took part in the Spanish campaign. He remained faithful to the English in the wars of 1369-76 (Froissart).
Rouergue, le (Roarge), 4220.—An old County, now the department of Aveyron.

S.

Sainte Foy.—Dept. Landes, arr. Mont-de-Marsan, c. Villeneuve.
Saint-Émilion (Seint-Million), 673, 3794.—Dept. Gironde, arr. and c. Libourne.
Saint-Jacques or **Jame.** See **Santiago.**
Saint-Jean-Pied-du-Port (Seint Johan du pee des portz), 2211, 3739.—Dept. Basses-Pyrénées, arr. Mauléon.
Saint-Lô (Seint Lou), 172.—Dept. Manche.
Saintonge (Seintonge), 2340, 4211.—Old province, now part of Dept. Charente-Inférieure.
Saint-Vaast de la Hougue (La Hogge), 171.—Dept. Manche, arr. Valognes, c. Quettehou.

Saint-Venant, Robert, Sire de, 967—Son of Robert de Saint-Venant, who was killed at Crécy. He was especially put in charge of the Dauphin at the Battle of Poitiers. 1360. Was one of the hostages for King John (Rymer, iii, part ii, 4, 26, and 39). Died in 1367.

Salesburce, Comte de, 1363. See Sarrebruck.

Salisbury, William de Montagu, Earl of (Saresburi), 129, 150, 557, 671, 1089, 1164, 1206, 1318.—1328-97. Son of the first Earl, who died in 1343. 1346. Took part in Crécy campaign, being knighted at Saint-Vaast de la Hougue. 1350. Fought at Winchelsea (Froissart). 1355. Went to Gascony (Gascon Rolls, 29 Ed. III, m. 11, and 30 Ed. III, m. 6). 1356. Commanded rear at Poitiers. 1360. Took part in negotiations for Peace of Brétigny. 1374. Captain of the Fleet (French Rolls, 47 Ed. III, m. 34). 1379. Governor of Calais. 1397. Died. He married (1) Joan of Kent, divorced in 1349; (2) Elizabeth, daughter of Lord Mohun of Dunster. (Beltz; Doyle; Dugdale, i. 647.)

Salle, Bernard de la. See **Bernard.**

Salm, Comte de. Note to line 343.

Salvatierra (Sauveterre), 2517.—Spain, Province Alava.

Sancerre, Jean III, Comte, de (Sausoire), 1031, 1365.—Son of Louis II, who was killed at Crécy. Was captured at the Battle of Poitiers, but was amongst those released in 1360 (Rymer, iii, part ii, p. 27), although the Black Prince still seems to have been receiving money for him in 1363 (Issue Rolls, 36 Ed. III). He was brother of Louis, Marshal of France, under whom he was fighting in 1370 and 1371. (Arch. Nat., K 49 b, no. 56.)

Sancho, Don, Comte d'Albuquerque (Sauses), 3066, 3406.—Brother of Henry de Trastamare. Taken prisoner at the Battle of Nájera. 1370. Became 'Alferez Mayor' of King Henry on the death of the other brother Don Tello. Married Donna Beatriz, daughter of the King of Portugal, and died in 1379. (Alonso Lopez de Haro, Nobiliario de los Reyes y Títulos de España, i. 14.)

Sandes, John, 2275.

San Juan, Prior of the Order of, 3103, 3457.—Gomez Perez de Porres held this office in 1367, as well as that of Master of the Order of Santiago in Galicia. He was an adherent of Henry of Trastamare, and taken prisoner at Nájera. (Catalina Garcia, 354; Kervyn de Lettenhove.)

Santiago in Galicia, Master of the Order of (Meistre de Seint-Jaques), 3107, 3459.—Gonzalo Mejia, an adherent of Henry of Trastamare; he received the office, before 1367, from Garcia Alvarez de Toledo, who had filled the place under Pedro. (Catalina Garcia, 340, 426; Mérimée, 434; Ayala, 411.)

Santo Domingo de la Calzada, 2397.—Spain, Province Alava.

San Vincente, 2903.—Spain, Province Badajos.

Sarrebruck, Jean II, Comte de (Salesburce), 1363.—An ally of France, who fought at Crécy and Poitiers (Froissart). Was thanked for services in 1348 (Arch. Nat., JJ 77, no. 279.). Was taken prisoner at Poitiers (French Rolls, 31 Ed. III, m. 6), but released in 1360 (Rymer, iii, pt. ii, 27). In 1364 he was made 'Bouteiller' of France (Delisle, Mandements de Charles V, no. 56). Died in 1381. (Kervyn de Lettenhove.)

Sarris. See **Arruiz.**

Sauses. See **Sancho.**

Sausoire, 1365. See **Sancerre.**

Saverak. See **Sévérac.**

Seine (Sayne), 233.—River in north of France.

Sens, Guillaume de Melun, Archevêque de, 869. He was Archbishop from 1345 to 1376. Took part in the Council summoned by King John before Poitiers to discuss the Cardinal's suggestions; was taken prisoner in the battle by the Earl of Warwick (Rymer, iii, pt. i, p. 180); was ransomed in 1362 (Ibid. pt. ii, 57); and died in 1378. (Gallia Christiana.)

Sévérac, Gui de (Saverak), 3348.—A noble of Rouergue, posthumous son of Guy V, who died 1350. Fought for the Black Prince at the Battle of Nájera (Froissart), but was summoned by Charles V in 1369, and served under the Duke of Anjou. (Froissart; Anselme, vii. 70.)

Seville (Siuylle), 1779, 3539, 3610.—Spain, Province Andalusia.

Shakell, John, 2277.—Fought under the Black Prince at Nájera, and, together with Hauley, captured the Comte de Denia in the battle (Rymer, iii, pt. ii, 133). He left his son as hostage. In 1379 John of Gaunt ordered his release, hoping thereby to curry favour. Hauley and Shakell refused, and were imprisoned in Tower. Escaping, they took sanctuary at Westminster, but were captured; Hauley was killed, and Shakell yielded, in return for an annual payment as compensation. (Collins, John of Gaunt.)

Siuylle. See **Seville.**

Sluys (Lescluse), (481).—Zealand.

Somme, 233, 234.—River in north of France.

Soria, Valley of (Sorye), 3716, 3726.—Spain, Province of Old Castille.

Stafford, Hugh de, 2463.—Son of Ralph I, Earl of Stafford. 1366. Sent to join the Black Prince while very young. Took part in Spanish campaign (Gascon Rolls, 40 Ed. III, m. 10) and in Felton's reconnaissance.

INDEX OF PROPER NAMES 255

Succeeded his father in 1372 (French Rolls, 47 Ed. III, m. 9, speak of him as Earl in 1373); went on a pilgrimage, and died at Rhodes in 1386. (Beltz, 252; Kervyn de Lettenhove.)

Stafford, Ralph I, Earl of, 127, 562.—1299-1372. Son and heir of Edward, Lord Stafford. 1345. Seneschal of Aquitaine (Gascon Rolls, 27 Ed. III, m. 8, speak of 'lately our Seneschal'). 1346. Took part in the Crécy campaign. 1335-56. Fighting abroad, possibly in the North (French Rolls, 29 Ed. III, m. 6). 1360. Witness of the Peace of Brétigny (Froissart). 1372. Died. (Doyle; Beltz; Dugdale, i. 159.)

Suffolk, Robert Ufford, Earl of, 127, 559, 673, 877.—1298-1369. Son of Robert, Lord Ufford. 1346. Took part in Crécy campaign (Froissart). 1355. Set out for Gascony (Gascon Rolls, 29 Ed. III, m. 14) and garrisoned Libourne and Saint-Émilion during the winter. 1356. Distinguished at Poitiers (Baker of Swynebroke). 1357. Signed truce at Bordeaux (French Rolls, 31 Ed. III, m. 14 dorso). 1369. Died. (Doyle; Beltz, 95; Dugdale, ii. 47.)

T.

Talaru, Jean de (Thalrus), 870.—1353-60. Dean of Lyons. 1375. Archbishop of the same. 1389. Cardinal. No reason for connecting him with Poitiers; Chandos seems to have mixed him up with the Archbishop of Sens. (Duchesne, i. 705; Gallia Christiana.)

Talbot, Richard, 137.—1346. Took part in Crécy campaign. 1347. Made 'Seneschallus hospitii nostri' (Rymer, iii, pt. i, p. 12). 1354. Signed a truce between England and France (Ibid. 101). 1355. Went abroad (French Rolls, 29 Ed. III, m. 6). 1356. Died, leaving a son who fought in Spain.

Tancarville, Jean I de Melun, Sire de, 176.—Not 'Comte' as Chandos calls him. 1346. Captured by the English at Caen. 1348. Received grants from the French King for his ransom (Arch. Nat., JJ 77, no. 216; JJ 79ᵃ, no. 32). 1350. Died.

Tancarville, Jean II de Melun, Comte de, 867, 1362.—Son of the Sire de Tancarville above. 1351. Created a Count. 1356. Made prisoner at the Battle of Poitiers. 1357. Signed truce at Bordeaux (French Rolls, 31 Ed. III, m. 14 dorso). 1360. Released (Rymer, iii, pt. ii, 27). 1363. Was given power to inquire into evil deeds of the Companies, and to punish them (Arch. Nat., J 641, no. 15). 1366. Was arranging about King John's ransom (French Rolls, 40 Ed. III, m. 13). Died in 1382.

Taunton, Richard, 2271, 2728, 2806.—Member of a Devonshire family. 1367. Fought for the Black Prince in Spain. Made prisoner, but exchanged. 1369-72. Fought in the South under Chandos and Pembroke. (Froissart.)

Tello, Don, Seigneur de Biscaye (Comte de Dantille), 2652, 2689, 3079, 3316, 3321.—A brother of Henry of Trastamare. Married Donna Juana de Lara. Fought against Pedro in 1367, and defeated Felton at the skirmish before Nájera. Commanded left wing at Nájera, but fled from the battle. 1369. Fought at the Battle of Montiel (Froissart). Was 'Alfarez Mayor' for his brother (Catalina Garcia). 1370. Died.

Thalrus. See **Talaru.**

Thomas of Woodstock, 521.—1355-97. Youngest son of Edward III. 1385. Duke of Gloucester. 1397. Murdered.

Toledo (Toulette), 3808, 3610.—Province and town, New Castile.

Toulouse, 3983.—Dept. Haute-Garonne.

Tours (Toures), 723, 741.—Dept. Indre-et-Loire.

Tristan de Magnelais. See **Magnelais.**

Trivet, John, 2613.—1366. With Black Prince in Gascony (Gascon Rolls, 40 Ed. III, m. 15), and went with him to Spain (Froissart). 1370. Still fighting in the South (Gascon Rolls, 44 Ed. III, m. 10). 1372. Went to the help of Thomas Felton (Froissart).

U.

Ufford, Robert d'. See **Suffolk.**

Ufford, Thomas d', 2247, 2461, 3231.—Probably a younger son of the Earl of Suffolk. He was a Knight of the Garter. Went in Lancaster's troop to Spain. Shared in the reconnaissance of Sir Thomas Felton at Navarete, and fought in the Battle of Nájera. (Beltz, 127.)

Ursewick, Walter (Gautier Ursewek), 2617.—1367. Accompanied the English army to Spain; was knighted by Lancaster, and fought at Nájera (Froissart; Rymer, iii, pt. ii, 132). In 1369 he was again given letters of protection to cross over to France with the Duke (Gascon Rolls, 43 Ed. III, m. 15; Chandos, ed. Francisque Michel, 363).

V.

Vache, Richard de la, 136.—Belonged to a family of Gascon origin. 1346. Possibly took part in Crécy campaign. 1347. Sent for by Edward to come to Calais. 1356. Fighting abroad (French Rolls, 30 Ed. III, m. 4). 1360. Signed the Peace of Brétigny (Rymer, iii, pt. i, p. 209). 1365. Was still abroad (French Rolls, 39 Ed. III, m. 13). 1366. Died. (Beltz, 106.)

Valladolid (Valedolif). 3641.—Province and town in Old Castile.

Venant, Saint. See **Saint-Venant.**

Ventadour, Bernard, Comte de, 1366.—Son of Eblés VIII. 1350. Ventadour was made from a Vicomté into a Comté for him (Anselme, iv. 1). 1356. Was taken prisoner at the Battle of Poitiers. 1357. Signed truce at Bordeaux (French Rolls, 31 Ed. III, m. 14). 1358. Released on leaving his son Louis as a hostage (French Rolls, 31 Ed. III, m. 2 ; see also Rymer, iii, pt. i, 183 and 187).
Vermandois, 1526.—Old County in Picardy.
Vesier. See **Béziers.**
Viana, 2891.—Kingdom of Navarre.
Vighier. See **Beguer.**
Villaines, Pierre de, dit le Bègue (Beghes de Vellaine), 3069, 3408.—Seneschal of Carcassonne in 1361, at which time he was sent to Nîmes to fight against the Companies (Ménard, Hist. de Nismes, ii. 221). 1362. He was Chamberlain of the Duke of Normandy. 1367. Went to Spain with du Guesclin, and was taken prisoner at Nájera, but ransomed. 1369. Fought for Henry again at Montiel (Froissart). 1390. Governor of La Rochelle. (Kervyn de Lettenhove.)
Villemur, Jean de (Villemer), 4045.—Son of the Vicomte de Villemur. 1369-70. Fought in Limousin, Auvergne, and Quercy, under the Duke of Berry (Delisle, Mandements de Charles V, no. 624). 1370. Left with Roger de Beaufort and Hugh de la Roche to garrison Limoges, which was captured and sacked by the Black Prince. 1375. Died. (Archives du Poitou, xiii, 41, note.)
Villiers, Adam de, dit le Bègue, 3412.—Seigneur de Villiers-le-Bec, de Vitry and de la Tour de Chaumont (Froissart, vi, p. lxxxiii). 1367. Went to Spain with Bertrand du Guesclin, and was killed at the Battle of Nájera.
Vitoria (Vitoire), 2556, 2558, 2570, 2571, 2683, 2861.—Spain, Province Alava.
Vrie. See **Brie.**

W.

Walkfare, Richard de, 4234.—According to Chandos succeeded Le Moigne as Seneschal of Agenais. He was certainly fighting abroad in 1356 and 1365 (French Rolls, 30 Ed. III, m. 15 ; Gascon Rolls, 39 Ed. III, m. 5), and he also held the office of Mayor of Bordeaux.
Walkfare, Thomas de, 4223.—1355. Serving in Gascony (Gascon Rolls, 29 Ed. III, m. 8). 1356. Fought at Poitiers, where he captured Tristan de Magnelais. 1366. Was Seneschal of Quercy and Périgord (Arch. Nat., J 642, no. 2). 1370. Was hanged at Toulouse by order of the Duke of Anjou (Froissart, viii. 17).
Warre, Roger de la (Waure), 2329.—1340-70. Son of John de la Warre. Was abroad in 1355 (Gascon Rolls, 29 Ed. III, m. 11), and fought at Poitiers, where he claimed to have captured King John. He had letters of protection, as serving abroad in 1366, 1368 and 1370 (Gascon Rolls, 40 Ed. III, m. 14 ; 42, m. 6 ; 44, m. 7), and was Knight of the Household to Prince of Wales and Councillor of Aquitaine. He died about 1370. (Doyle.)
Warwick, Thomas Beauchamp, Earl of, 123, 555, 669, 875, 906, 1071, 1309.—1313-69. First Earl ; Baron of Elmley and Hanstap. 1346. Marshal of the army in France, and at Crécy. 1347. Commander of fleet before Calais. 1350. Fought at Winchelsea (Froissart). 1355. Constable of army in Gascony (Gascon Rolls, 29 Ed. III, m. 14). 1356. Commander of a division at Poitiers, where he captured the Archbishop of Sens. 1369. Died of plague at Calais. (Doyle ; Beltz ; Dugdale, i. 231.)
Wetenhale, Thomas de, 4219.—A cousin of Hugh de Calverley (Froissart, vii, p. xlii, note). Seneschal of Rouergue in 1365 (Rouergue sous les Anglais). 1367. Went to Spain with the Black Prince (Froissart). Was still with him in 1368 and 1369 (Gascon Rolls, 42 Ed. III, m. 6 ; 43 m. 4), and died in Sept. 1369 of wounds received at Montlaur (Froissart, vii, p. lxxii, note 2).
Willecock le Boteller, 2273. See **Boteller.**
Winchelsea, 510.—Sussex.
Worcester, Thomas Percy, Earl of, 4209. —1342-1403. Brother of Henry, Earl of Northumberland. 1367. Fought at Nájera. 1369. Seneschal of Poitou, and Councillor of the Duchy of Aquitaine. Apparently Seneschal of La Rochelle also in this year, but at Poitiers again in 1370 (Froissart, viii, p. lxxxvii). 1372. Defeated the French at Soubise, was taken prisoner, but ransomed the next year. 1378-80. Admiral of the North.

Y.

Ypres, Jean d' (Dipre), 3224.—A Flemish ally of Edward III, who fought at Nájera. Was given letters of protection in 1366 (Gascon Rolls, 40 Ed. III, m. 4). Water bailiff of Bristol in 1368. Seneschal of a hospice in 1376 (Gascon Rolls, 50 Ed. III, m. 6). Was given a pension in 1378. (Kervyn de Lettenhove.)